故宮

博物院藏文物珍品全集

故宮博物院藏文物珍品全集

宋代書法

軾啟。新歲未獲展慶，祝頌無窮。稍晴，起居何如？數日起造必有涯，何日果可入城？昨日得公擇書，過上元乃行，計月末間到此。公亦以此時來，如何？如何？竊計上元起造，尚未畢工。軾亦自不出，無緣奉陪夜遊也。沙枋畫籠，旦夕附陳隆船去次，今先附扶劣膏去。此中有一鑄銅匠，欲借所收建州木茶臼子并椎，試令依樣造看。兼適有閩中人便，或令看過，因往彼買一副也。乞暫付去人，專愛護，便納上。餘寒，更乞保重。冗中，恕不謹。軾再拜。季常先生丈閣下。正月二日。

子由亦曾言，方子明者，他亦不甚怪也。得非柳中舍已到家言之乎？未及奉慰疏，且告伸意，伸意。柳丈昨得書，人還，即奉謝次。知壁畫已壞了，不須快悵。但頓著潤筆新屋下，不愁無好畫也。

主編：王連起

商務印書館

宋代書法

Calligraphy of the Song Dynasty

故宮博物院藏文物珍品全集

The Complete Collection of Treasures of the Palace Museum

主　編…………………王連起
副主編…………………傅紅展
編　委…………………趙志成　傅東光　張　彬
攝　影…………………馮　輝

出版人…………………陳萬雄
編輯顧問…………………吳　空
責任編輯…………………段國強
設　計…………………張婉儀
出　版…………………商務印書館（香港）有限公司
香港筲箕灣耀興道 3 號東滙廣場 8 樓
http://www.commercialpress.com.hk
發　行…………………香港聯合書刊物流有限公司
香港新界大埔汀麗路 36 號中華商務印刷大廈 3 字樓
製　版…………………中華商務彩色印刷有限公司
香港新界大埔汀麗路 36 號中華商務印刷大廈
印　刷…………………中華商務彩色印刷有限公司
香港新界大埔汀麗路 36 號中華商務印刷大廈
版　次…………………2009 年 12 月第 2 次印刷

ISBN 978 962 07 5320 6

All inquiries should be directed to:
The Commercial Press (Hong Kong) Ltd.
8/F., Eastern Central Plaza, 3 Yiu Hing Road, Shau Kei Wan, Hong Kong.

故宮博物院藏文物珍品全集

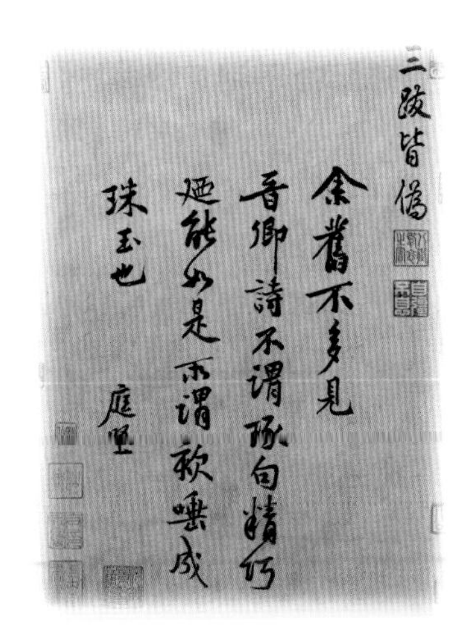

總序

楊新

故宮博物院是在明、清兩代皇宮的基礎上建立起來的國家博物館，位於北京市中心，佔地72萬平方米，收藏文物近百萬件。

公元1406年，明代永樂皇帝朱棣下詔將北平升為北京，翌年即在元代舊宮的基址上，開始大規模營造新的宮殿。公元1420年宮殿落成，稱紫禁城，正式遷都北京。公元1644年，清王朝取代明帝國統治，仍建都北京，居住在紫禁城內。按古老的禮制，紫禁城內分前朝、後寢兩大部分。前朝包括太和、中和、保和三大殿，輔以文華、武英兩殿。後寢包括乾清、交泰、坤寧三宮及東、西六宮等，總稱內廷。明、清兩代，從永樂皇帝朱棣至末代皇帝溥儀，共有24位皇帝及其后妃都居住在這裏。1911年孫中山領導的"辛亥革命"，推翻了清王朝統治，結束了兩千餘年的封建帝制。1914年，北洋政府將瀋陽故宮和承德避暑山莊的部分文物移來，在紫禁城內前朝部分成立古物陳列所。1924年，溥儀被逐出內廷，紫禁城後半部分於1925年建成故宮博物院。

歷代以來，皇帝們都自稱為"天子"。"普天之下，莫非王土；率土之濱，莫非王臣"（《詩經·小雅·北山》），他們把全國的土地和人民視作自己的財產。因此在宮廷內，不但匯集了從全國各地進貢來的各種歷史文化藝術精品和奇珍異寶，而且也集中了全國最優秀的藝術家和匠師，創造新的文化藝術品。中間雖屢經改朝換代，宮廷中的收藏損失無法估計，但是，由於中國的國土遼闊，歷史悠久，人民富於創造，文物散而復聚。清代繼承明代宮廷遺產，到乾隆時期，宮廷中收藏之富，超過了以往任何時代。到清代末年，英法聯軍、八國聯軍兩度侵入北京，橫燒劫掠，文物損失散佚殆不少。溥儀居內廷時，以賞賜、送禮等名義將文物盜出宮外，手下人亦效其尤，至1923年中正殿大火，清宮文物再次遭到嚴重損失。儘管如此，清宮的收藏仍然可觀。在故宮博物院籌備建立時，由"辦理清室善後委員會"對其所藏進行了清點，事竣後整理刊印出《故宮物品點查報告》共六編28冊，計有文物117萬餘件（套）。1947年底，古物陳列所併入故宮博物院，其文物同時亦歸故宮博物院收藏管理。

二次大戰期間，為了保護故宮文物不至遭到日本侵略者的掠奪和戰火的毀滅，故宮博物院從大量的藏品中檢選出器物、書畫、圖書、檔案共計13427箱又64包，分五批運至上海和南京，後又輾轉流散到川、黔各地。抗日戰爭勝利以後，文物復又運回南京。隨着國內政治形勢的變化，在南京的文物又有2972箱於1948年底至1949年被運往台灣，50年代南京文物大部分運返北京，尚有2211箱至今仍存放在故宮博物院於南京建造的庫房中。

中華人民共和國成立以後，故宮博物院的體制有所變化，根據當時上級的有關指令，原宮廷中收藏圖書中的一部分，被調撥到北京圖書館，而檔案文獻，則另成立了"中國第一歷史檔案館"負責收藏保管。

50至60年代，故宮博物院對北京本院的文物重新進行了清理核對，按新的觀念，把過去劃分"器物"和書畫類的才被編入文物的範疇，凡屬於清宮舊藏的，均給予"故"字編號，計有711338件，其中從過去未被登記的"物品"堆中發現1200餘件。作為國家最大博物館，故宮博物院肩負有蒐藏保護流散在社會上珍貴文物的責任。1949年以後，通過收購、調撥、交換和接受捐贈等渠道以豐富館藏。凡屬新入藏的，均給予"新"字編號，截至1994年底，計有222920件。

這近百萬件文物，蘊藏着中華民族文化藝術極其豐富的史料。其遠自原始社會、商、周、秦、漢，經魏、晉、南北朝、隋、唐，歷五代兩宋、元、明，而至於清代和近世。歷朝歷代，均有佳品，從未有間斷。其文物品類，一應俱有，有青銅、玉器、陶瓷、碑刻造像、法書名畫、印璽、漆器、琺瑯、絲織刺繡、竹木牙骨雕刻、金銀器皿、文房珍玩、鐘錶、珠翠首飾、家具以及其他歷史文物等等。每一品種，又自成歷史系列。可以說這是一座巨大的東方文化藝術寶庫，不但集中反映了中華民族數千年文化藝術的歷史發展，凝聚着中國人民巨大的精神力量，同時它也是人類文明進步不可缺少的組成元素。

開發這座寶庫，弘揚民族文化傳統，為社會提供了解和研究這一傳統的可信史料，是故宮博物院的重要任務之一。過去我院曾經通過編輯出版各種圖書、畫冊、刊物，為提供這方面資料作了不少工作，在社會上產生了廣泛的影響，對於推動各科學術的深入研究起到了良好的作用。但是，一種全面而系統地介紹故宮文物以一窺全豹的出版物，由於種種原因，尚未來得及進行。今天，隨着社會的物質生活的提高，和中外文化交流的頻繁往來，無論是中國還是西方，人們越來越多地注意到故宮。學者專家們，無論是專門研究中國的文化歷史，還是從事於東、西方文化的對比研究，也都希望從故宮的藏品中發掘資料，以探索人類文明發展的奧秘。因此，我們決定與香港商務印書館共同努力，合作出版一套全面系統地反映故宮文物收藏的大型圖冊。

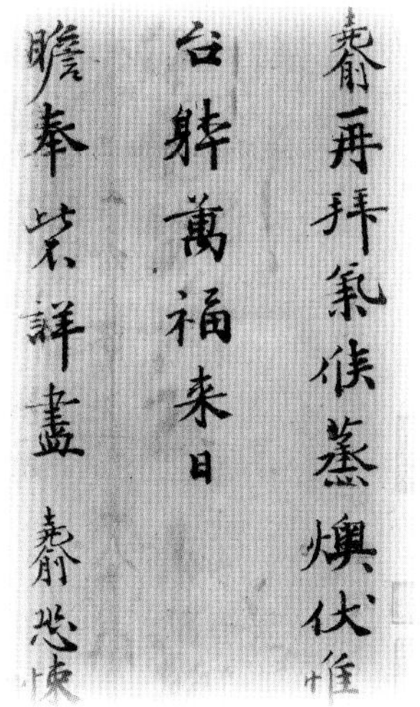

要想無一遺漏將近百萬件文物全都出版，我想在近數十年內是不可能的。因此我們在考慮到社會需要的同時，不能不採取精選的辦法，百裏挑一，將那些最具典型和代表性的文物集中起來，約有一萬二千餘件，分成六十卷出版，故名《故宮博物院藏文物珍品全集》。這需要八至十年時間才能完成，可以說是一項跨世紀的工程。六十卷的體例，我們採取按文物分類的方法進行編排，但是不囿於這一方法。例如其中一些與宮廷歷史、典章制度及日常生活有直接關係的文物，則採用特定主題的編輯方法。這部分是最具有宮廷特色的文物，以往常被人們所忽視，而在學術研究深入發展的今天，卻越來越顯示出其重要歷史價值。另外，對某一類數量較多的文物，例如繪畫和陶瓷，則採用每一卷或幾卷具有相對獨立和完整的編排方法，以便於讀者的需要和選購。

如此浩大的工程，其任務是艱巨的。為此我們動員了全院的文物研究者一道工作。由院內老一輩專家和聘請院外若干著名學者為顧問作指導，使這套大型圖冊的科學性、資料性和觀賞性相結合得盡可能地完善完美。但是，由於我們的力量有限，主要任務由中、青年人承擔，其中的錯誤和不足在所難免，因此當我們剛剛開始進行這一工作時，誠懇地希望得到各方面的批評指正和建設性意見，使以後的各卷，能達到更理想之目的。

感謝香港商務印書館的忠誠合作！感謝所有支持和鼓勵我們進行這一事業的人們！

1995年8月30日於燈下

目錄

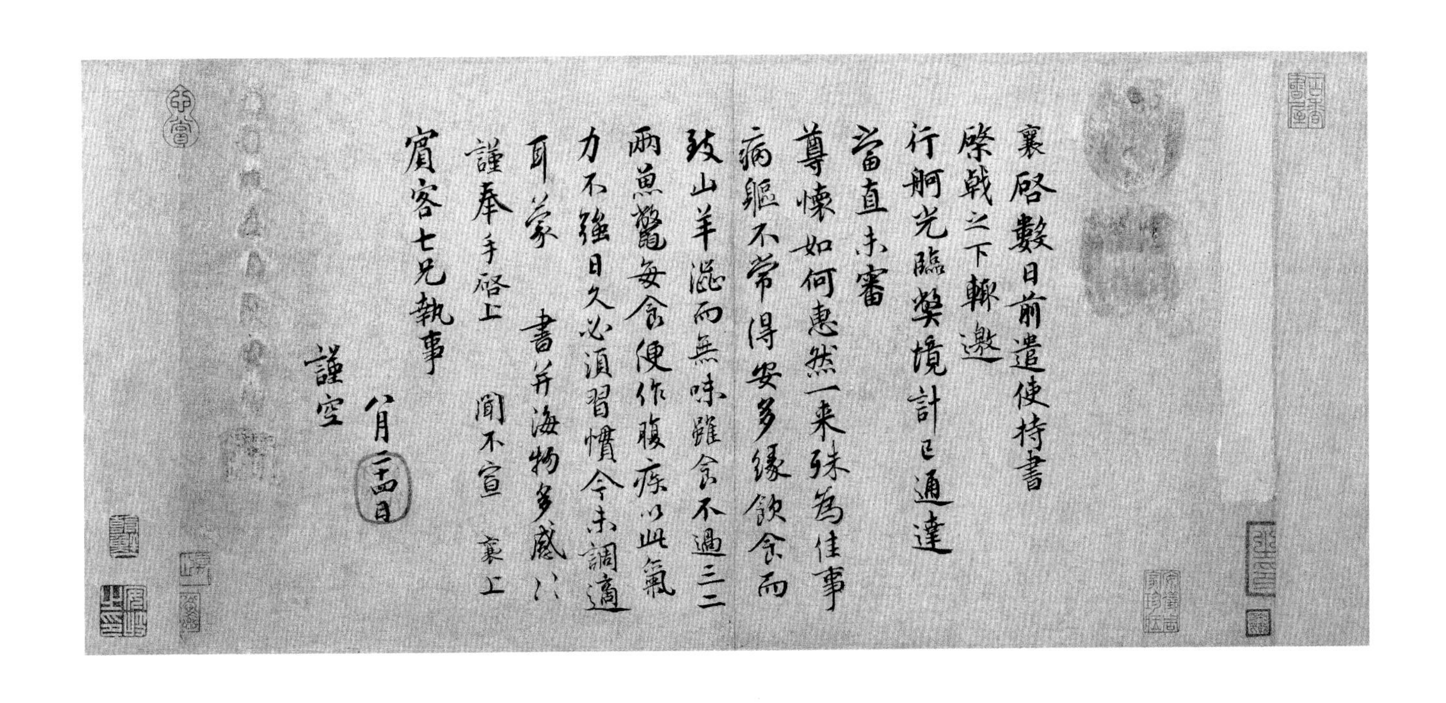

襄啟數日前遣使持書
棨戟之下輒邀
行舸光臨榮境計已通達
當直未審
尊懷如何惠然一來殊為佳事
病軀不常得安多緣飲食而
致山羊混而無味雖食不過三二
兩魚鼈每食便作腹疼以此氣
力不強日久必須習慣今未調適
耳蒙 書并海物多感之
謹奉手啟上 問不宣 襄上
賓客七兄執事
月二十四日
謹空

文物目錄

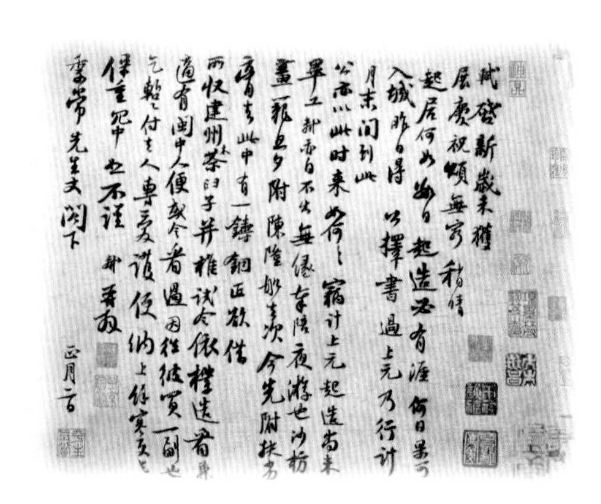

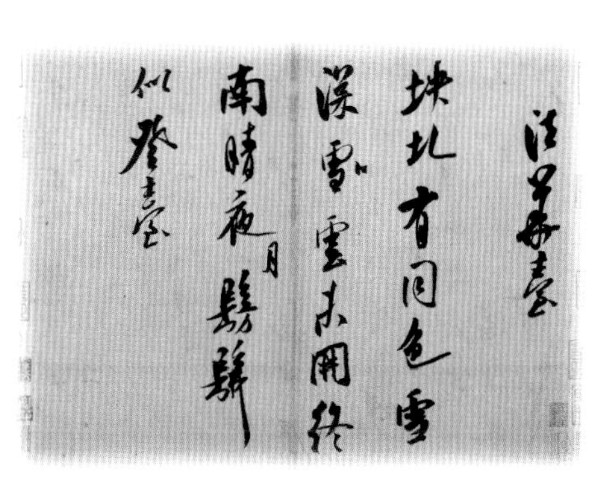

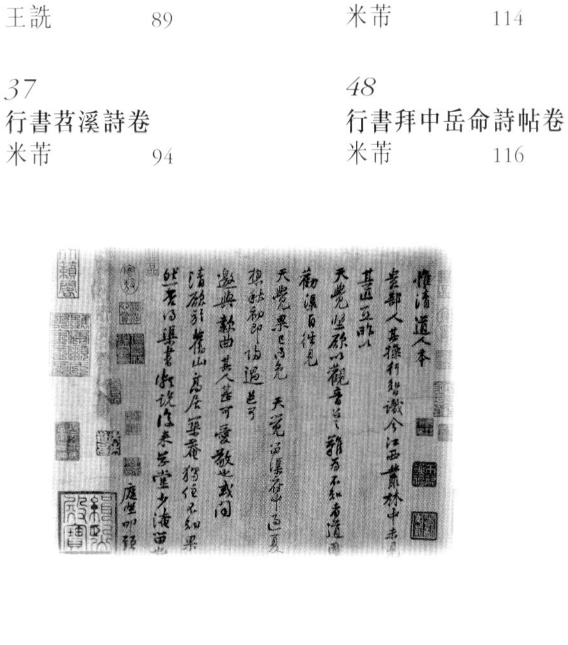

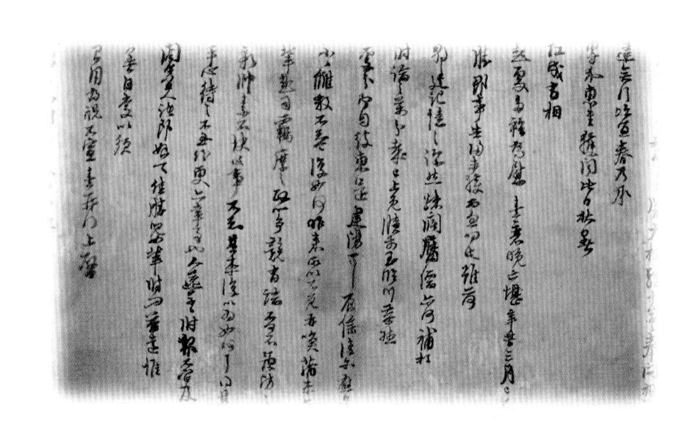

尚意主流的宋代書法

導言

王連起

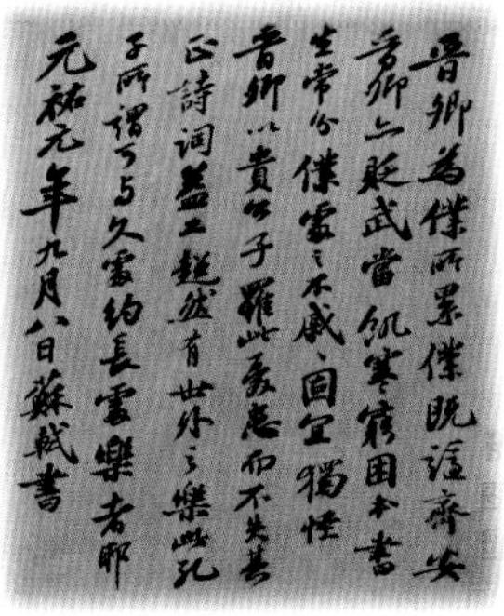

傳世的宋代書法墨跡，在清代乾隆年間大部分都被搜羅到了皇家內府，之後有部分藏品流出宮外。故宮博物院現藏法書珍品小部分是清宮舊藏，相當部分是早年由清宮流散出去、1949年以後從民間徵集、收購來的。本卷從故宮博物院所藏宋人法書中特選名家法書百件，從中可以看到兩宋眾多書法家的風格面貌和藝術成就，以及宋代書法發展變化的基本脈絡。

尚意輕法風格的成因

宋代書法在中國書法史上佔有重要地位，是魏晉和隋唐書風向元明清過渡的轉折階段，其時代風格是很鮮明的。這種風格的形成，既受當時社會歷史條件的影響，又是書法藝術本身發展的必然結果。

宋代建立於公元 960 年，至公元 1126 年京都被金兵佔領，史稱北宋。南宋定都臨安（今杭州），公元1279年，為元所滅。南北兩宋共歷320年。宋初，朝廷為爭取和安撫士人，幾十倍地擴大了科舉取仕的人數，以至“官五倍於舊”。這個龐大的生活優裕的官僚階層在精神生活方面的需求是推動宋代文化藝術繁榮的重要因素。因此，宋代對法帖樣本的需要就遠遠超過了唐代。但由於唐末、五代戰亂對文化遺物造成的破壞極大，傳說連唐太宗殉葬昭陵的王羲之《蘭亭序》也被溫韜盜陵毀掉。法書真跡日見其少，而學書之人日見其多，這就迫使法帖的複製由唐人盛行的雙鈎廓填改變成了刻木或刻石傳拓，這是宋代刻帖興盛的直接原因。

宋代經濟的發展，科學的進步，商業的繁榮，使宋人重視物質享受而對宗教淡薄。銘功紀事的書碑及寺廟刻碑、寫經不僅數量大減，而且失去了唐代的莊嚴神聖。士大夫不論是仕宦的得意還是失意，都要屬文揮毫，而方正端嚴的楷書或“點畫費煩求”的草書，自然都不如揮灑任意的行書更能遣興適意，抒發情懷，這是宋代行書獨盛的社會原因。前朝戰亂，還使以往師生父子親相授受學書筆法的傳統中斷，以至於歐陽修發出了“書之廢莫廢於今”的感嘆。但也正因如此，反而促使有識之士少有束縛而更能發揮獨創精神。蘇軾、黃庭堅、米芾是其中的代表人物，他們幾乎都近於“自學成才”而無所謂名師指授。蘇、黃相交最深，但評蘇書，黃庭堅多次說："東坡少時規模徐會稽"，即學徐浩，而東坡之子蘇過，則說乃父"少時喜二王書，晚乃喜顏平原，故時有二家風氣。俗子不知，妄謂學徐浩，陋矣。"蘇軾最得意的門生和其子的意見竟是如此相左！對此還是東坡自己說的貼切，即"自出新意，不踐古人"。蘇、黃、米名氣大，天下翕然習之，形成了宋代書法風格的主流——"尚意"，實際上應當是尚意輕法，書貴自逞。

宋人書尚意輕法同書法藝術本身的發展變化規律亦有直接關係。在書法史上，雖然人們常說"晉人尚韻"、"唐人尚法"、"宋人尚意"（清人劉熙載《藝概》語），但又往往將晉、唐並稱，這是因為中國書法作為一門藝術，其基本的構成因素是筆法、結構和章法，因此，它和漢字的發展變化有着極其重要的關係。魏晉是行草、楷書"新體"的創立期，人們必須首先重視字的點畫、結構、形態，所以魏晉有關"書勢"、"筆勢"的論述最多。此時期"美姿容"、"尚韻度"的審美風尚也無形地助長了書法藝術對形式美的關注。儘管此時已有"意在筆先"的提法，但這個"意"不是指情感，而是指創作前的藝術構思，是"理性"的概念。隋唐書融南北，楷書確立定型，特別是唐代"楷法遒美"還是入仕的一條途徑，更兼當時國勢強盛，宗教文化發達，社會對莊嚴端正的楷書需求量非常大。從豐碑巨製到墓誌塔銘，以及無論是名家還是經生的寫經，可謂既風格多樣又法備意足。正因為唐人重視法度，所以他們強調情理的和諧統一，"情"更嚴格受控於"理"。虞世南、李世民強調作書要"心正氣和"，孫過庭《書譜》探討了各種形式美的對立統一，主張的依然是"不激不厲，心氣平和"，而且更強調了"學成規矩，思通楷則"。但隨着書法形式美的完善和唐楷法則的成熟，書法藝術的抒情功能便越來越表現出來了。《書譜》已談到書法藝術可以"達其情性，行其哀樂"。唐代李嗣真在《書後品》中更首創"逸品"這一書法品評標準，並置於"上上品"之前。"逸品"在繪畫理論中曾引起廣泛的討論，是文人畫興起的重要理論支點。竇蒙《述書賦語例字格》解釋為"縱任無方曰逸"，很明顯是針對維護中和平正之美的"方"，即"法"的。宋人正是從這一點上找到了自己書法的發展方向，這是宋人為甚麼獨尊顏真卿、楊凝式的主要原因。顏真卿是對初唐以來人們奉為圭臬的王書成法進行變革的第一人，特別是他的行書，幾乎完全為適應情感的抒發，徹底打破了不即不離的中和之美；而楊凝式的書法可稱為由唐入宋的轉折，是在繼承二王、歐、顏的基礎上大膽地對他們的成法進行改造，創造了一種真兼行、行兼草，融各種書體遺意而又不為成法所縛的新體勢，最適於抒發性情。這無疑啟迪了宋人對書法發展方向的思考。在這方面做出突出貢獻的是當時的文壇領袖歐陽修，他雖然不以書法著名，但他搜集金石碑刻千卷為《集古錄》，今尚可見跋尾四百餘篇，對書法問題進行了較全面的分析總結。其跋《晉王獻之法帖》最能代表他的書學見解，其文云：

"余常喜覽魏晉以來筆墨遺跡，而想前人之高致也。所謂法帖者，其事率皆吊哀候病，敘睽離通訊問，施於家人朋友之間，不過數行而已。蓋其初非用意，而逸筆餘興，淋漓揮灑，或妍或醜，百態橫生，披卷發函，爛然在目，使人驟見驚絕，徐而視之，其意態愈無窮盡，故使後世得之以為奇玩，而想其為人也。於高文大冊，何嘗用此！……”

這簡直是對法帖所下的定義。他首先針對“高文大冊”——應指法度嚴謹的楷書，強調了書法的抒情功能。其次，將“意態無窮”放在了書法審美的最重要位置，並提出了“或妍或醜”的審美判斷，打破了晉唐以來書法中和平正、重視形式統一和諧的“盡善盡美”的審美思想。在他的其他論述中，還提出了“學書為樂”、“學書消日”，學書要“不害性情”。這同將書法視為“闡《典》、《墳》之大猷，成國家之盛業”，關係到“紀綱人倫，顯明君父”的唐人相比，其審美意識是完全不同的。他在給石介的信中說：“夫書，一藝爾”，認為藝術就是藝術，使書法進一步擺脱和淡化了儒家宣揚的濟世功能。唐代楷書確立後，以往中國書法賴以發展的文字不再演變更體，書法藝術變化從此失去了字體變更這一重要的依附條件。書法藝術應該怎樣發展，使宋初幾十年的書法家們感到困惑。雖然前後有李建中、周越、宋綬、蘇舜欽等以能書著名，但沒有一人能跳出前人舊軌。蔡襄是當時最傑出的書法家，歐陽修推崇他是有宋第一，但他對當時的書壇也是“不肯主盟”。針對書壇的因循守舊和怯懦，歐陽修理直氣壯地提出“學書當自成一家之體，其模仿他人，謂之奴書。”他的這些觀點及作風，直接影響和鼓勵了稍後的宋代書風的代表人物蘇、黃、米，特別是蘇軾。所以蘇軾一方面高喊“魯公變法出新意”，一方面大講“君子可寓意於物而不可留意於物”，甚至説“苟能通其意，常謂不學可”，“我書造意本無法”，從而為宋人書的“尚意”和輕法風氣奠定了基礎。

刻帖、學帖與帖學

宋代書法，近人多稱之為帖學書法，此説除了受到清代阮元、包世臣和康有為等人的“南帖北碑論”影響外，主要有兩方面的原因，第一，宋代刻帖之風大盛。前面講到，由於雙鈎廓填的複製方法供不應求，刻石傳拓的複製方法便應運而生。這方面最有代表性的是宋太宗於淳化三年（992）以內府所藏歷代法書刻了十卷《祕閣法帖》，因為刻於淳化年間，所以又叫《淳化閣帖》，簡稱《閣帖》。當時傳拓極少，只有登二府的大臣才能得到賜本，後來版毀不賜，於是就有了翻刻、再刻，如《絳帖》、《潭帖》、《汝帖》、《泉州帖》等等。這些帖本身也有翻刻和再刻，如宋徽宗時刻《大觀帖》，宋高宗時刻《紹興米帖》。《閣帖》所刻基本上是行、草書，這對於宋人的尚意書風無疑是起了推動作用。但是，從本書所收宋人墨跡可知，《閣帖》刊行的影響並不像一些論者所説的那麼大。因為《閣帖》中歷代帝王名臣書佔了五卷，王羲之佔了三卷，王獻之佔了兩卷，但宋人學書，真正師法二王者可謂寥寥，大多數人係師法時人，即米芾所説的“師權貴書”。相反，《閣帖》既沒有收顏真卿書，也沒有收楊凝式書，而此二公之書卻是對宋代影響最大的。所以研究宋代書法也同樣需要具體問題具體分析。宋代不僅皇家官府刻帖，私人刻帖也成了風氣；不僅有彙帖，也講究刻單帖。以王羲之的《蘭亭序》為例，“自南渡後，士大夫家刻一本”（趙孟頫《蘭亭十三跋》語）。南宋理宗內府、丞相游似、桑世昌等所收《蘭亭序帖》都在百種以上。其時不僅刻古人之帖，當代人之書也刻。宋仁宗給蔡襄的御賜詩，蔡襄很快就刻石傳拓並進呈皇帝。蔡襄為歐陽修寫的《集古錄序》，歐陽修也很快刻石傳拓。刻帖在推動書法的普及上是有積極作用的，但是，自從有了刻帖，學書必求真跡的原則被打破了，因此筆法也就由於不能像勾填那樣被真實反映而逐漸消亡，這是後人指責宋人筆法破壞的主要原因。

第二，宋人傳世書法以帖為多，以帖著名。宋人雖然也有碑刻之書傳拓存世，但影響甚微，人們寶愛的是他們的簡札、詩文草稿和題跋。簡札是原始意義上的帖，詩文題跋是對帖的補充和擴大，特別是題跋，可以說是宋人對帖的獨特貢獻。雖然，傳世的所謂王獻之《送梨帖》、《洛神十三行》有唐代柳公權題，但只是極個別的，其他多僅為題名。前代畫作上偶然有對題，但那只是圖文互做的說明，只有到了宋代，才有了專為前代或同時代人、甚至自己的詩文書畫作品發議論做題跋的普遍現象。這些題跋或長或短，或楷或行或草，書風自然流便，議論活潑不拘，是了解題跋者和被題跋者生平事跡、藝術風格，甚至軼聞趣事的第一手資料。有些歷史名人、著名書畫家，已經沒有專門的帖傳世或傳世極少，但有題跋，所以彌足珍貴。米芾對自己關於古法帖的題跋還起了個專門名詞"跋尾書"。故宮博物院所藏的宋人名家題跋有：章友直篆書跋《閻立本職貢圖》、王欽若隸書跋《楊凝式夏熱帖》、文同行書跋《范仲淹道服贊》、蘇軾行楷詩題《林逋自書詩卷》、蘇軾、黃庭堅行書跋《王詵自書詩》(圖 27、33)、米芾行楷書跋《王羲之破羌帖》(圖 51)、《褚摹蘭亭序》(圖 50)、蔡京行書跋《王希孟千里江山圖》、《宋徽宗雪江歸棹圖》、米友仁自跋《瀟湘奇觀圖》等等。這些題跋如果單獨存世，同樣也是法書珍品。

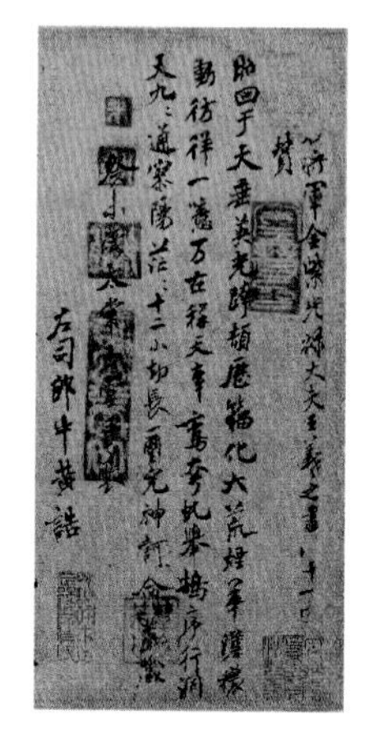
圖51 《王羲之破羌帖》

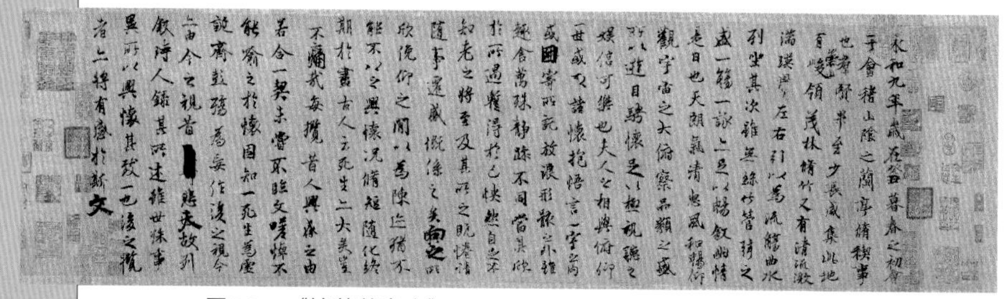
圖50 《褚摹蘭亭序》

寫碑寫帖只能是書法藝術創作的師承和選擇，而稱為"學"者，當是指有系統地研究。如果說宋人寫帖就稱之為"帖學書法"的話，那麼唐人書法就應當稱之為"碑學書法"了。但實際上，迷信帖學碑學之說的人並沒有這樣稱，原因是其倡導者如康有為等是鄙視唐碑的。他們所稱道的碑主要指的是六朝碑，他們稱道的帖也基本上是指刻石後的傳拓本。如果說宋人有所謂"帖學"的話，那應當是指對帖的專門研究，米芾對《閣帖》的真偽已經有所指摘，黃伯思更有專著《法帖刊誤》，其他人如劉次莊《法帖釋文》、曹士冕《法帖譜系》、姜夔《絳帖平》、桑世昌《蘭亭考》、俞松《蘭亭續考》等等可作代表。尤袤、王厚之也是這方面的專家。因此，真正稱得上是帖學的話，只能是指這些。

從李建中到蔡襄的嚴守法度

北宋前期書法家首推李建中。李建中，《宋史》傳列《文苑》，稱他"善書札，行筆尤工，多構新體，草隸篆籀，八分亦妙。人多摹習，爭取以為楷法。”曾受到歐陽修的推重，在當時影響很大。其《同年帖》（圖1）、《貴宅帖》（圖2）收入本卷，筆力紮實，轉折有法，尚有唐人遺風，但結構用筆任意處，已開宋人尚意之端。

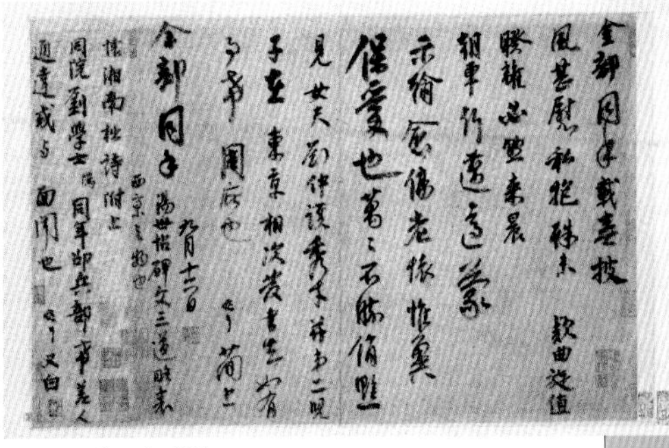

圖1　《同年帖》

這一時期，周越，蘇舜元、蘇舜欽兄弟，宋綬父子皆有書名於當世，名臣杜衍、范仲淹、富弼、文彥博、韓琦，詩人林逋等，皆有墨跡傳世。歐陽修書超拔流俗，雖對“法帖”情有獨鍾，但作書卻非常認真規矩，其所書《集古錄跋尾》皆為楷書。這一時期的館閣大臣書札也基本都是楷書，如李宗諤、呂公弼、葉清臣、趙抃、韓絳、司馬光等，可見一時風氣。本卷所收呂大防《示問帖》（圖20）和傅堯俞《蒸燠帖》（圖19）就是這類作品。

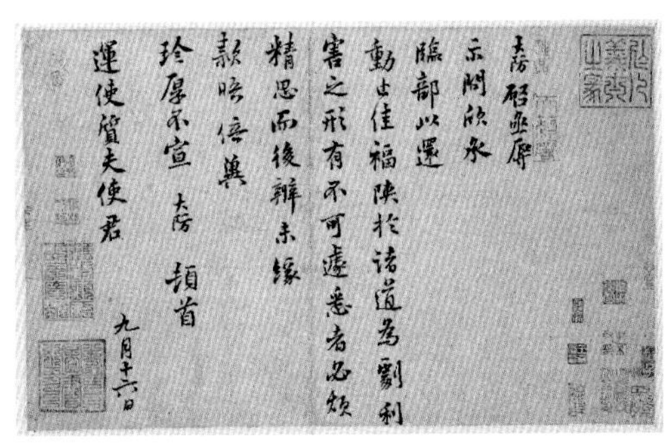

圖20　《示問帖》

這一時期最傑出的書法家是蔡襄。他以書名世，在政壇也頗受人重視。歐陽修評蔡襄書法云：“蘇子美兄弟後，君謨書獨步當世，行書第一，小楷第二，草書第三。”蔡襄書學師承得虞世南、顏真卿法較多，楷書尤為明顯，但與顏書筆致有明顯區別。顏端穩而顯大方，蔡恭謹而近矜持；顏書似不經意而豪壯，蔡書特精緻而有修飾美。本卷所收《蒙惠帖》（圖15）雖只有四行，卻端麗圓潤，墨妙筆精，且少拘謹態，為蔡襄楷書精品。《山堂帖》（圖17）、《持書帖》（圖18）、《門屏帖》（圖14）、《虛堂帖》（圖9），清健謹嚴，運筆有法，亦為名篇。《自書詩卷》（圖10）是蔡襄的行書代表作，沉穩端麗，意新筆古，開卷行楷相間，信筆寫來漸為行草，而牽連映帶，曲折停蓄依然分明有致。《京居帖》（圖13）由楷入行而漸草，楷書意態雍容，清健秀潤，行草則筆意婉轉。《入春帖》（圖12）草書細筋入骨，流便縱逸。《扈從帖》（圖16）、《紆問帖》（圖11）也是楷中有行、行中見草，流利任意，體現作者求新求變的藝術探索。董逌《廣川書跋》記蔡襄書《晝錦堂記》：“蔡君謨妙得古人書法，其書《晝錦堂記》每字作一紙，擇其不失法度者，裁截布列，連成碑形，當時謂‘百衲本’，故宜勝人也。”董逌是在讚揚蔡書的守法嚴格，宋以後的人們更因宋人肆意輕法而看中蔡書的有法，但從另一角度看，這實是為法所拘造成的不足，因此米芾稱蔡襄“勒”字。蘇軾雖極推崇蔡襄書法，但在這一點上，也只好承認其不足：“張長史、懷素，得草書三昧，聖宋文物之盛，未有嗣之，唯君謨頗有法度，然而未放，只與東坡相上下耳。”（朱弁《曲洧舊聞》）“頗有法度”在當時固然難能可貴，但“未放”也是蔡書不能成為宋人書法真正代表的主要原因。緊隨其後的蘇、黃、米諸家便都開始“放”了起來。

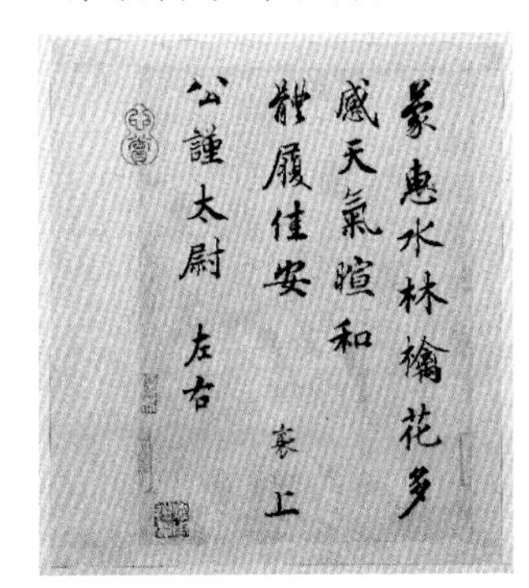
蒙惠水林檎花多
感天氣暄和
體履佳安
公謹太尉左右
襄上

圖15　《蒙惠帖》

蘇黃米為代表的新書風

宋神宗熙寧、元豐年間，宋建國已過百年，北宋書壇的興盛時期終於出現了。其代表人物是蘇軾、黃庭堅、米芾。而蔡京、蔡卞、薛紹彭、沈遼、章惇、錢勰等也都各具體勢，自成風格，功力不凡。這時的書法家，非常重視書法之外的文藝修養。蘇軾讚揚米芾是："邁往淩雲之氣，清雄絕俗之文，超妙入神之字。"其實蘇、黃當之，似更無愧。而且，東坡將"邁往淩雲之氣"放在議論之先，也說明創造書法新貌，需要徹底擺脱成法，實際上是指擺脱唐法束縛的勇氣。所以，這時的書論，很多人程度不同地表現了對"法"的輕視。蘇軾跋黃庭堅草書，借張融言："不恨臣無二王法，恨二王無臣法。"而黃庭堅駁斥人譏東坡用筆不合古法，用"前王所是以為律，後王所是以為令"以比喻"古法從何出"。米芾索性連蘇、黃尚且尊重的二王、顏、柳，也斥為"惡札"、"挑踢"。蘇門學士中，晁補之云："法可以人人而傳，而妙必其胸中所獨得，書工筆吏，竭精神於日夜，盡得古人點畫之法而模之，濃纖橫斜，毫髮必似，而古人妙處已亡，妙不在法也。"秦觀也說"不以法度病其精神。"所言都是東坡的主張。

蘇軾學識淵博，才氣豪邁，是宋代最傑出的文學藝術家。他評吳道子畫時，曾說過"出新意於法度之中，寄妙理於豪放之外"，這句話也是他的書法創作追求。他推崇顏真卿是因為"魯公變法出新意"，推崇柳公權是柳"本出於顏而自出新意"，他自負的也是"自出新意，不踐古人"。這方面的代表作品是現存台北的《寒食詩二首》和收於本卷的《治平帖》（圖22）、《新歲展慶帖》（圖23）、《人來得書帖》（圖24）等。其書或"端莊雜流麗，剛健含婀娜"，或寓巧於拙，儀態淳古，極具才情與功力。蘇軾在書法美學方面更是有突出的貢獻。他在《次韻子由論書》詩中所說："吾雖不善書，曉書莫如我。苟能通其意，常謂不學可"，被後世視為"尚意"的經典之論。他還提出了"貌妍容有矉，璧美何妨橢"的新的美學思想，將妍與矉、駿與跛對立並存，從而肯定了所謂"醜"的審美功能，這一美學思想直接影響了北宋中後期及南宋、金的書法創作，並對以後，特別是明代書法以巨大影響。

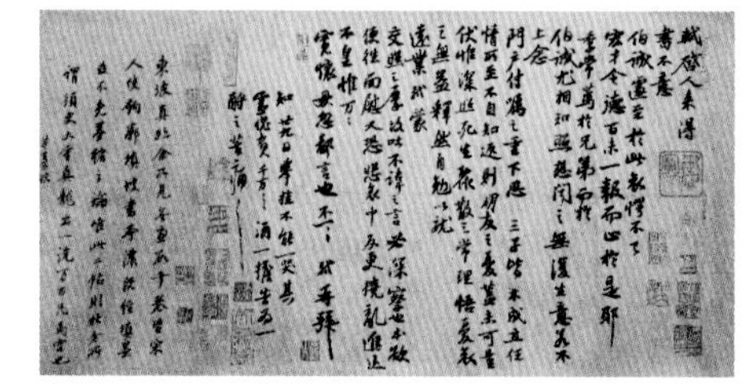

圖24　《人來得書帖》

黃庭堅在談到自己書法時，自言："余學草書三十餘年，初以周越為師，故二十年抖擻俗氣不脱。晚得蘇才翁、子美書觀之，乃得古人筆意。其後又得張長史、僧懷素、高閑墨跡，乃窺筆法之妙。"這些師承特點，在其草書上反映得很明顯。本書所收山谷草書《杜甫寄賀蘭銛詩》（圖35）、《浣花溪圖引卷》（圖32）、《諸上座帖卷》（圖30）皆其中晚年代表作。他的大草書牽連時，常常不提筆，牽絲粗細幾於筆畫相同，這本有違於以往草書的法則，但他卻能因之而使其書氣脈流暢。山谷形容柳公權草書是鐵絲纏繞，可見他對此有所悟得。山谷的行楷書取法《瘞鶴銘》，中宮緊收，筆畫外放，一波三折，還可見周越的影

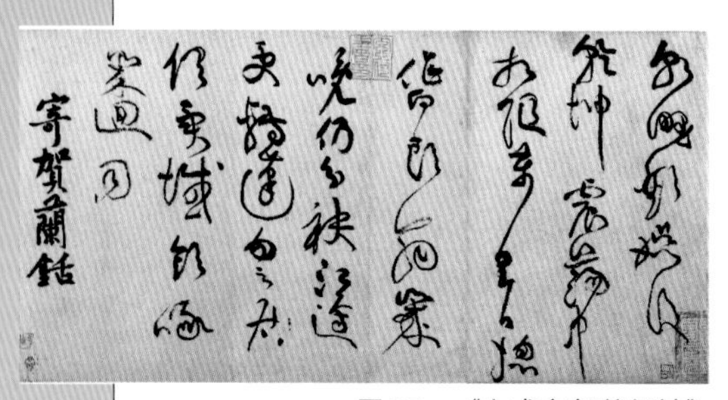

圖35　《在甫寄賀蘭銛詩》

響。本卷所收《惟清道人帖》(圖 29)、《題王詵詩帖》(圖 33)是其小行書,《送四十九侄詩卷》(圖 31)是其大行書。小行書行間寬綽而字間緊密,所以筆畫多取橫勢,體態欹側。山谷行書結法多得於柳公權,須大字才能盡其筆勢,撇捺特長,筆力挺拔矯健,字勢舒展浩逸,可謂變態生新。書法如其詩法,山谷作詩講究脱胎換骨,點鐵成金,化腐朽為神奇,其書也是這樣,雖然學的是周越,但他的一波三折三過筆,卻使其字極其跌宕雄健,完全是新面目。特別是他的草書,在書法史上可稱是里程碑。

米芾,書法之工、意態之新,堪與蘇、黃鼎立。米芾書法所學極廣,其初學唐人,自言:"學書以來,寫過麻紙十萬。"用功之勤可謂前無古人。後廣搜博訪以求晉人墨跡,家藏漸富,隨着鑑賞能力的提高,審美思想的轉變,遂又崇晉卑唐,遍學晉人筆法,因此,其於古也得意最多。自云:"壯歲未能立家,人謂吾書為集古字,蓋取諸長處總而成之。既老,始自成家,人見之不知以何為祖也。"他的這種"集古字"而造成的"出新意"書法,藝術造詣之深,筆法變化之豐富,結態造勢之新奇,特別是筆勢的淩厲無前,堪稱宋代之冠。山谷評其書云:"如快劍斫陳,強弩射千里,所當穿徹,書家筆勢,亦窮於此。"但對於米書因滿紙的精彩過分而顯示出的火氣,山谷還有一句評價是:"然亦似仲由未見孔子時風氣耳",所評尤為中的。

米芾傳世作品,包括題跋以及被當作前人書的臨古帖,約七十餘件。閻立本《步輦圖》卷後題名為最早,其書體勢緊結,可見歐、柳風規。《砂步扁舟二詩帖》(圖 42、43)、《法華臺詩帖》(圖 40)、《道林詩帖》(圖 41)是較早年書。《秋暑憩多景樓詩帖》(圖45)體勢開張,筆力雄健,運筆如刷,沉着飛動的本家豪爽面目已漸顯露出來了。《寒光帖》(圖 38)、《盛制帖》(圖 39)二帖都是給好友蔡肇(天啟)的,其筆法遒媚,筆勢連綿,於圓轉流美中見欹側生姿之態。前帖最後一行"天啟親"三字,忽放筆為大行草,極其酣暢雄逸,這種肆意是前無古人的。《張季明帖》、《李太師帖》豐腴流暢、寬展肥美,《長者帖》、《祕玩帖》變化多端,結法老到,皆為四十歲前後的得意之作。北宋元祐戊辰(三年)八月,三十八歲時所書的《苕溪詩》(圖37)和同年九月寫的《蜀素帖》是米芾書法的代表作品。前者書於紙上,秀潤勁利,欹側生姿;後者書於絹上,多有渴筆,筆鋒轉側變換刷掠之妙,毫髮畢見。二帖肥不沒骨,瘦不露筋,體勢在開張中有聚散,用筆在遒勁中見姿媚,確實可稱"有雲煙捲舒翔動之氣"。米芾自稱學褚遂良最久,稱褚書"如熟馭陣馬,舉動隨人,而別有一種驕色。"這個評語,正可用於他自己的書法。

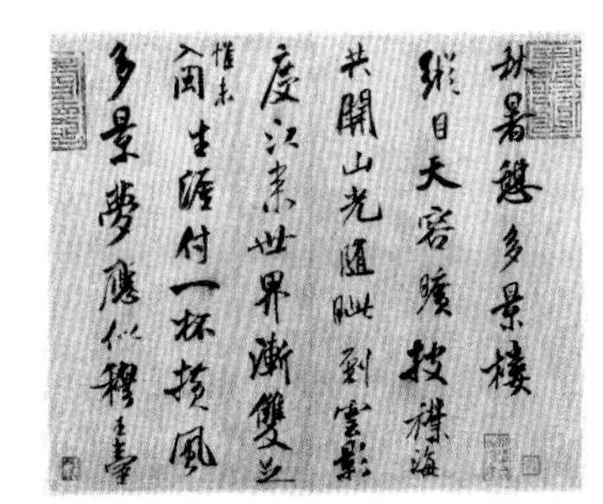
圖45 《愁暑憩多景樓詩帖》

"宋四家"中,"蔡"指蔡襄還是蔡京尚有爭論。其實以藝術水平論,蔡襄是可以和蘇黃米並稱的,以風格新舊而論,則蔡京似乎更合適。蔡京學書師承同米芾大同小異,用功也都

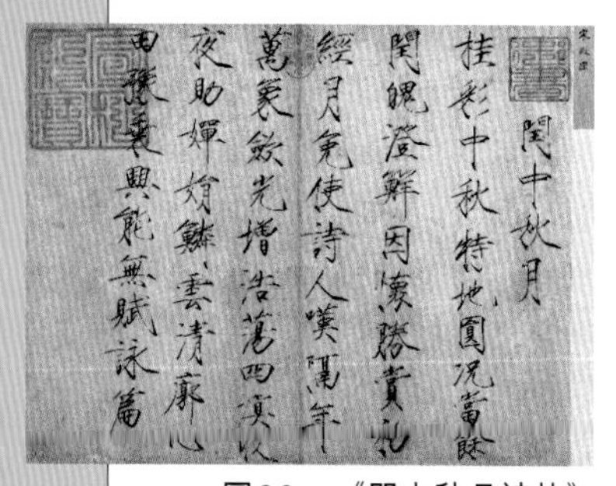
圖63　《閏中秋月詩帖》

是重在結態造勢。但蔡京書筆畫多有遲滯，不如米書清輕爽利，結構也時有惡態而乏自然天真，有些字如跋宋徽宗《聽琴圖》，入筆牽連處尤見滯澀，幾讓人以為是勾摹，米芾稱他“不得筆”，稱其弟得筆而乏逸韻，是切中要害的，所以他不足與蘇黃米並稱。

趙佶（徽宗）是傑出的書畫家。趙佶書法，人稱“瘦金（筋）體”，是有獨創性的。本卷收其楷書兩件，《閏中秋月詩帖》(圖63）、《夏日詩帖》(圖64），筆法誇張，橫豎收筆皆重按作點，特見鋒芒頓挫，筆畫細勁，瘦硬爽麗，飄逸秀挺。

蘇黃米流風籠罩的南宋書法

宋欽宗靖康元年（1126），金兵攻破汴京，北宋滅亡。趙構遷都臨安，是為南宋。金人入汴時，盡取北宋搜羅的書畫以歸。再遭此劫，前代法書墨跡更如鳳毛麟角，從而使刻帖作臨池範本的風氣益盛，“尚意”書風也益盛。縱觀南宋書法，幾乎被蘇黃米書風的影響所籠罩。

宋高宗趙構，耽心筆札，用功極深，自稱五十年間不捨筆墨，“余自魏晉以來至六朝筆法無不臨摹”。他的學書師承，據王應麟《玉海》中稱：“高宗龍飛之初，頗喜黃庭堅體，後又採米芾，已而並置不用，專意羲獻父子”。其寫二王，面貌卻似智永。本卷收趙構草書《後赤壁賦》(圖69），筆法老勁，寓飛動於矩度之中，用筆凝重，轉換得法，極見功力。其書對南宋書壇影響甚深，特別是孝宗、光宗朝以來，帝王及后妃皆效其體。

吳説，是南宋著名書法家，其書曾得高宗讚譽。當時人説他“行書直逼虞永興，娟秀大雅。正書出入楊羲和內景經，翩翩有逸致”。本卷收其《門內星聚帖》(圖71）書札，筆畫精妙，圓美流麗，內含筋骨，外示姿媚，是書家之以韻勝者。陸游是南宋最著名的愛國詩人，兼工書法。本卷收其墨跡四件：《懷成都十韻詩卷》(圖72）、《長夏帖》(圖74）、《桐江帖》(圖73）、《尊眷帖》(圖75）。“長夏”、“桐江”小草連綿，筆畫細勁，體勢修長縱逸；“尊眷”行草秀潤亦取縱勢；《懷成都十韻詩》體勢更加豪縱，筆力也更勁健，自然灑脱中時露奇倔不平之氣。他雖自言學張旭、楊凝式，但蘇黃的影響似乎更大，只不過遺貌取神，生新變態，更加縱肆罷了。

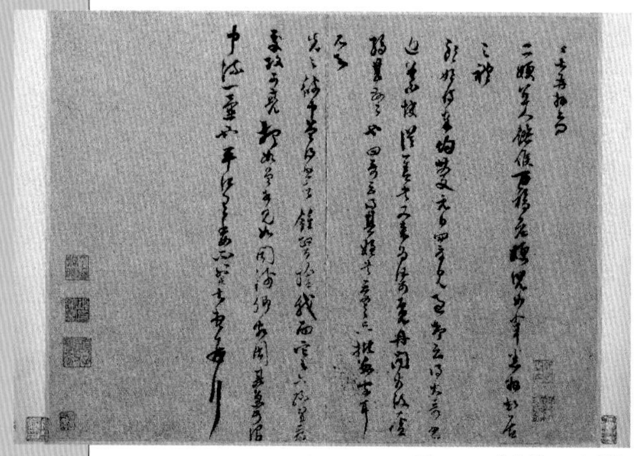
圖76　《中流一壺帖》

范成大同陸游、尤袤（本卷收其墨跡《蘭亭序跋》，圖90）、楊萬里以詩名當世，其亦工書，《書史會要》稱他“字宗黃庭堅、米芾，雖韻勝不逮而遒勁可觀”。其書《中流一壺帖》(圖76）極為流便，字字相接，纏繞團聚，圓轉中見勁利，流便處有頓挫，細筋入骨，轉換精微。

王升，行書似米芾，草書有唐人風致。《首夏帖》（圖61）筆法老健，侵侵入古，尚可見學米的結態和筆法，但無芒角刷掠之病，牽連處尤見情致。阮元評其書：“濃麗跌宕可喜，近米而活潑”。虞集評其書：“殊有旭顛轉折變態”，即言其有唐人風，因此，作偽者往往將王升書款割去以充唐人。如《餘清齋帖》、《墨妙軒帖》中之“孫過庭千字文”，都是以王升書改款而成的。

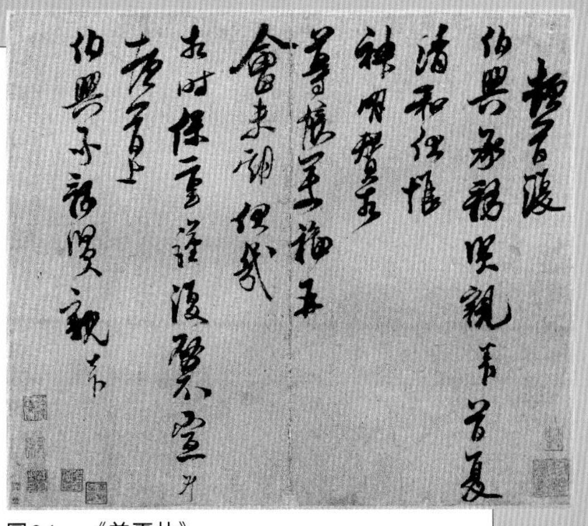
圖61 《首夏帖》

今傳世吳琚書，面貌多學米。本卷收錄吳琚《壽父帖》（圖79）及“雜詩”二帖（圖80、81）。安岐在《墨緣彙觀》中說：“初視之以為米書，見款始知為雲壑得意書”。吳琚的《雜詩十帖》後曹溶為張應甲鑑定，亦斷為米書。由此可知吳琚學米的惟妙惟肖。其實，他同米的區別還是可見的。米遍學前賢，人稱集古字，吳則只見米書；米筆勢淩厲，縱奇弄險而擒縱任意，吳雖也傾側求勢、聚散弄姿，但不敢過分用險，而是欹正互補、婉轉精意。

本卷還收入了一些南宋禦敵抗侮的愛國志士（包括一些將領）的墨跡。他們書法的珍貴價值，就不能只以書法優劣來論了。

韓世忠，與岳飛等並稱中興四將。《高義帖》（圖65）結構方扁，略取橫勢，筆法圓熟學東坡體，有一定的藝術水平。有的學者根據其子彥直言：“先人生長兵間，不解書，晚乃稍稍能之耳。”認為世忠書或出於幕僚代筆。《宋史》本傳亦記其因戰負傷，“十指僅全，四不能動”。此帖是否為韓世忠親書，附識備考。與韓世忠同時將領劉光世的墨跡《即辰帖》（圖66）亦效東坡書體，轉側似更靈動，頗見姿態。宋《鳳墅帖》有岳飛書札，同樣學蘇，可見一時風氣。

張浚，一生志在恢復，力扼金兵，不附和議，為時稱道，但有志大才疏之譏。其《笑談措置帖》（圖68）筆力勁健沉着，結體寬博質樸，似受東坡書影響但寫得更率意些。

朱勝非，因反秦檜廢居八年。其書《杜門帖》（圖67）體勢亦仿東坡而略帶疏散拙意。

文天祥，忠義貫日月，而書法筆意精緻細微。其《上宏齋帖》（圖99）小行書，字字獨立而章法氣韻連貫，細勁飄逸，筆法純熟。

辛棄疾，志在恢復而兼資文武。他有非凡的政治軍事才能，但不為所用，滿腔忠憤，發為歌詞，人以詞人視之，為豪放派代表。存世墨跡《去國帖》（圖88）點畫精到，使轉有法，入筆見斬截之勢，牽連亦頗精微，略見蘇黃筆意而遺貌取神，有相當的藝術水平。

張孝祥，登第出湯思退之門而受張浚薦，授建康留守，宦海沉浮，卒年只有三十八歲。《宋史》稱其“俊逸，文章過人，尤工翰墨。”其《臨存帖》（圖78）書取縱勢，上舒下促，筆畫柔弱但點畫轉換交待清楚。孝祥另有《適聞帖》，則縱肆迅急，勢如風雨，用米之意，去米之形。

朱熹，書學鍾繇，本卷選其書三件。《城南唱和詩卷》（圖82）是其傳世力作。結體瘦長，字法俊逸，凡豎筆中間皆向右彎。矩度張弛而疏宕搖曳，筆畫豐腴而牽帶細微。不以筆畫求工，不以姿態取勢，而其工其勢盡在其中。《上時宰二札卷》（圖83）、《大桂帖》（圖84）都是書札，轉側任意，行筆迅急，圓轉流便。朱熹曾引張栻語説王安石書法是大忙時所寫，譏其躁迫，但他也説過其父就是學王安石。其實，朱子自己的書法，也有些王荊公的“無法之法”。

張栻是一位理學家，本卷收其一帖《嚴陵帖》（圖85），用筆虛和，轉側輕靈，外柔內勁，牽連細若蚊足而筆筆送到，頗見姿致。

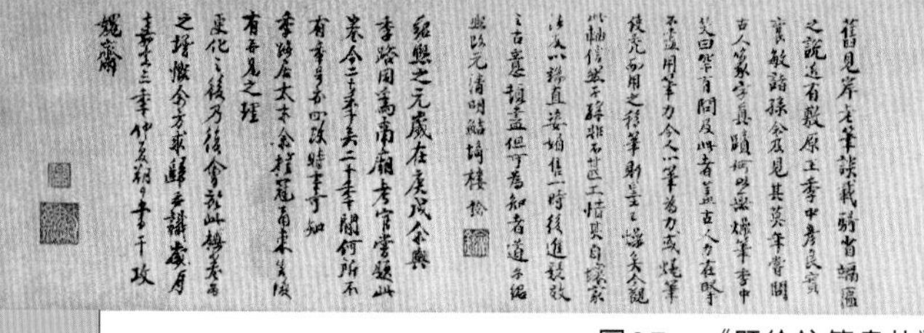

圖87　《題徐鉉篆書帖》

其他以理學著稱者如呂祖謙、喬行簡、魏了翁等人墨跡，本卷都有收錄。其中魏了翁篆書有名而傳世只見行草。其《提刑提舉帖》（圖94），筆畫秀潤而見勁利，行筆迅疾而曲折停蓄交待分明。筆法結態似受朱熹、范成大影響。樓鑰名氣很大，其書則行筆任意，點畫無法，捺筆微參隸意，是“尚意”書風的末流（圖87）。

趙孟堅，博識，工詩文，尤以畫名顯。《自書詩卷》（圖96），挺拔勁健，縱逸橫放，其放筆不羈，草法連綿處，尚可見米顛筆致，而體勢修長，撇捺奔放。張紳跋其書云：“子固筆力雄健，固出豫章（黃庭堅），而縱逸又有米襄陽標度。”可稱確評。

南宋還有一些名人墨跡，大都是縱意輕肆，從本書所選可知，雖同屬尚意書風，而意態情致各不相同，其中以張即之成就最高。

張即之，父張孝伯，同張孝祥為族兄弟，亦有墨跡傳世，即之受其影響而書名過之遠甚。即之書功力深厚，面貌獨具，緊結收斂，點畫精微，筆畫粗細變化明顯。以端楷寫經文長卷，首尾功力不懈，為南宋書家中僅見，然有時過於刻急峭厲。推崇者稱其功力驚人，楷法嚴整，以行草筆破楷則，筆有新意；批評者以其作用太多而顯刻露以致怒張筋脈，有屈折生柴之態。本書收其寫經長篇一件，大行楷一件，小行書一件。楷書瘦峭飛動，結構精嚴，暗用歐褚之法而實得益於唐人寫經。一些字豎筆過粗，一些字又細若蚊足，求變過於刻意而無蘊藉之美（圖93）。大行書《雙松圖歌卷》（圖91）筆勢雄強，結法險勁，但有怒張燥露之疾。書法到張即之，雖然有很深的功力，很高的成就，但宋人的“尚意”書風也已走到盡頭了。

圖版

1

李建中　行書同年帖頁

紙本　行書
縱33厘米　橫51厘米
清宮舊藏

Tong Nian Tie in running script
By Li Jianzhong
Leaf, ink on paper
H. 33cm　L. 51cm
Qing court collection

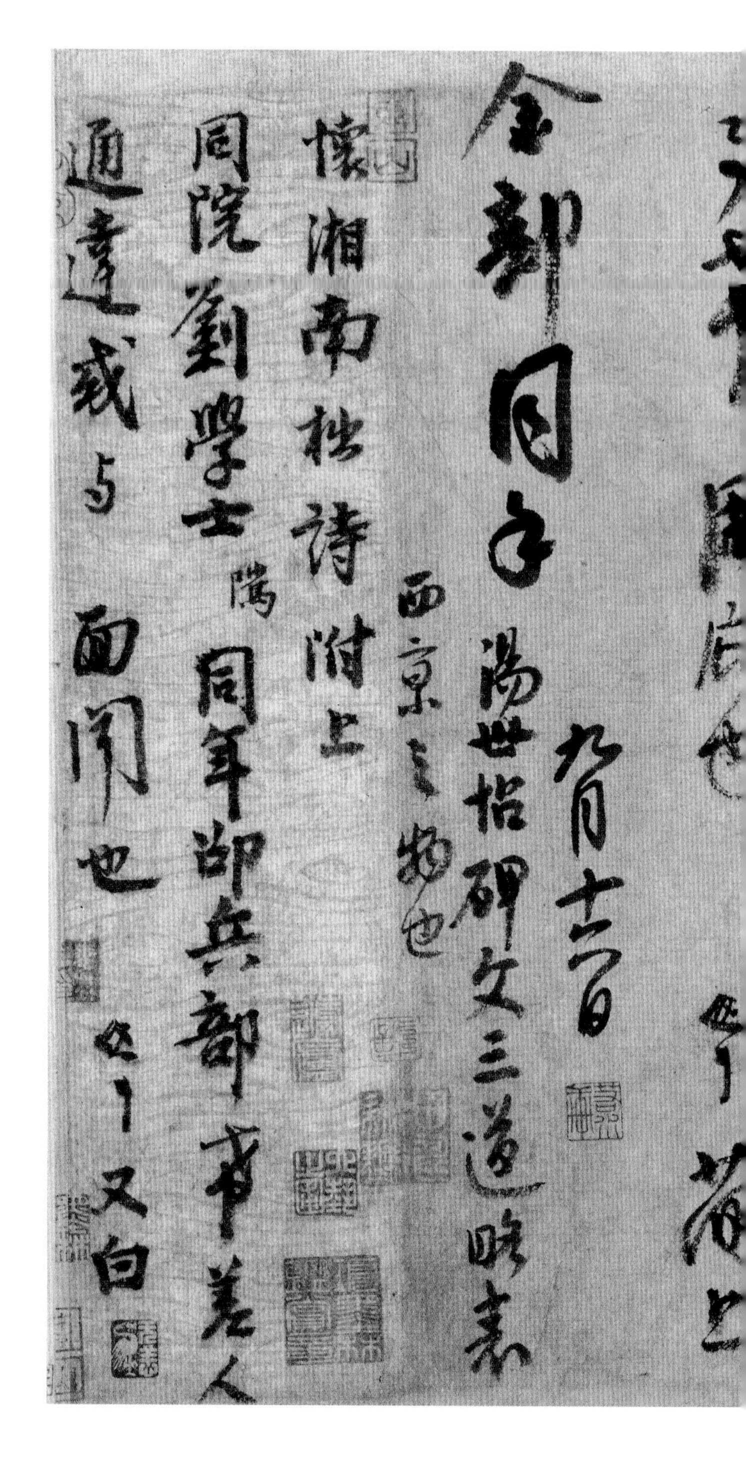

李建中(945－1013)，字得中，號巖夫民伯。北宋洛陽(今屬河南)人。曾掌西京御史台，世稱"李西台"。為北宋初期著名的書法家。書法主要受唐、五代歐陽詢、顏真卿、楊凝式三家影響。其作品對於由唐入宋書法藝術的過渡發展具有重要意義。

《同年帖》是李氏傳世極少的墨跡之一，為致友人"金部同年"的一通尺牘。札中有"略表西京之物"語，因知此信是其"景德至大中祥符初年間"在西京御史台任時所書，是李氏晚年的作品。帖後附《懷湘南詩》，李氏曾通判道、郢兩州，詩應是懷念宦遊舊跡之作。

此帖代表了李氏書法的一般特點，風格樸厚而不乏姿態，善於把歐陽詢修長嚴謹的結體，與顏真卿書法中的豐肥點畫巧妙結合，拙中藏巧，渾厚不滯，格調溫潤沖和。正如黃庭堅評論的："西台書出羣拔萃，肥不剩肉，如世間美女，豐肌而神氣清秀者也。"但李書的格局不夠開展，還沒有完全擺脱唐末以來衰弊的書學風氣，所以蘇軾又説："建中書雖可愛，終可鄙，雖可鄙，終不可棄"。

鑑藏印記："東山"(朱文)，項元汴諸印，"無恙"(白文)。

歷代著錄：《珊瑚網書跋》、《式古堂書畫彙考》、《郁氏續書畫題跋記》、《平生壯觀》、《大觀錄》。

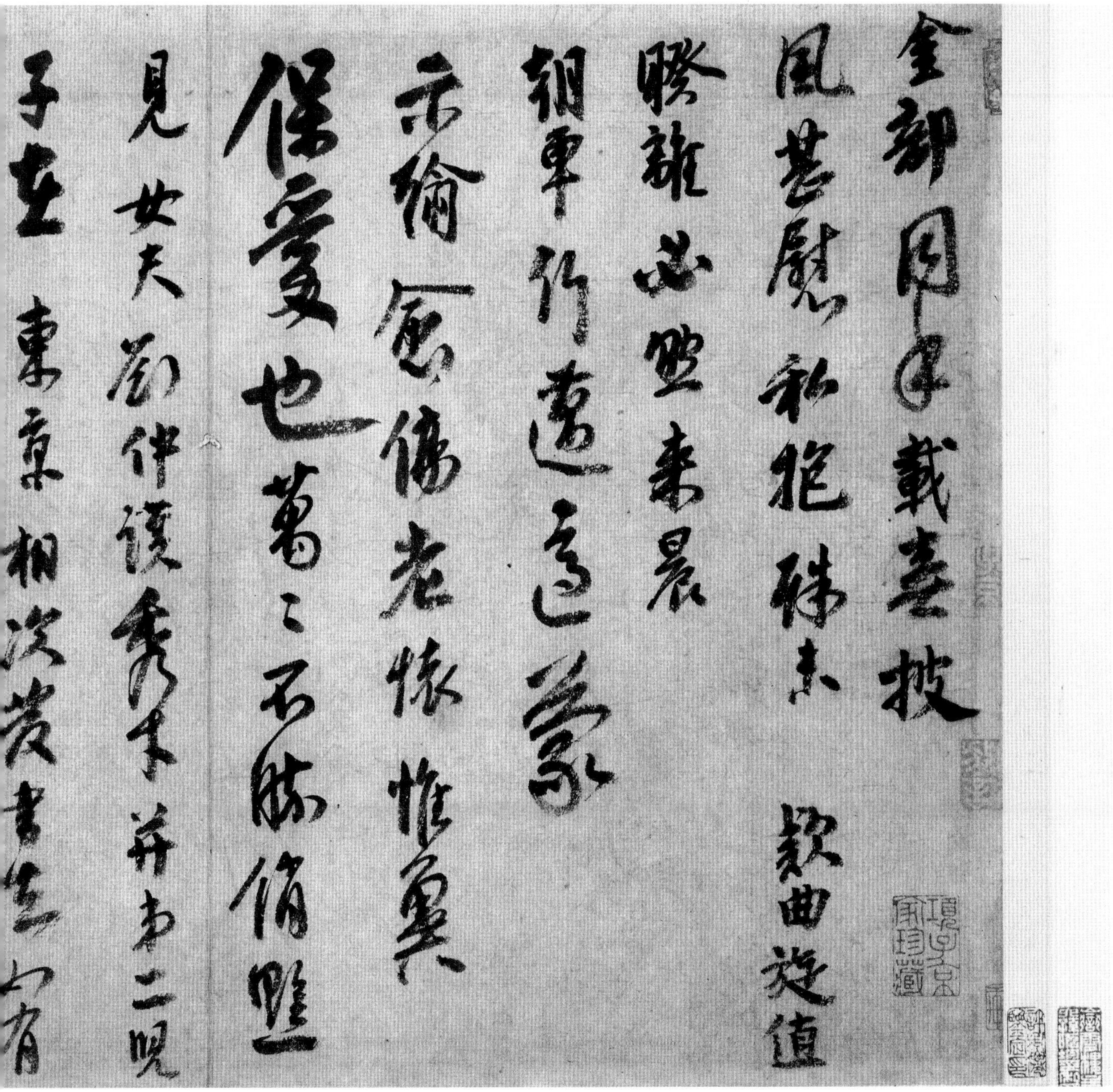

釋文：

金部同年，載喜披
風，甚慰。私抱殊未款曲，旋值
睽離，必然來晨
朝車行邁。適蒙
示翰，愈傷老懷。惟冀
保愛也。萬萬。不勝銷黯。
見女夫劉仲謨秀才，並第二兒
子在東京，相次發書去，如有
事，希周庇也。建中簡上　九月十六日
金部同年
湯世帖碑文三道，略表西京之物也。
懷湘南拙詩附上。
同院劉學士騭、同年邵兵部希差人
通達，或與面聞也。建中又白

2

李建中　行書貴宅帖頁

紙本　行書
縱31厘米　橫27.5厘米
清宮舊藏

Gui Zhai Tie in running script
By Li Jianzhong
Leaf, ink on paper
H. 31cm　L. 27.5cm
Qing court collection

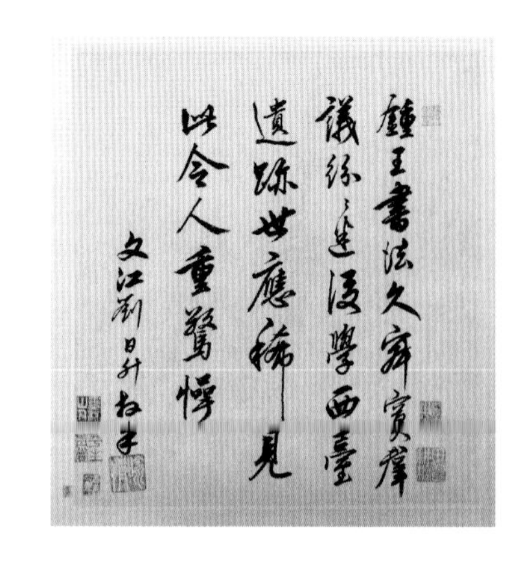

《貴宅帖》是李建中致親家的一通尺牘。其中提到"東封"，應指北宋大中祥符元年(1008)封祀泰山之事(事見《宋史》)。因此，推知為李氏六十四歲時書。此帖風格與《同年帖》大致相同，但章法較為緊密，結體、點畫更為修謹。帖後附明代劉日升行書對題。

鑑藏印記："東山"(朱文)，項元汴諸印，"無恙"(白文)。

歷代著錄：《珊瑚網書跋》、《式古堂書畫彙考》、《郁氏續書畫題跋記》、《平生壯觀》、《大觀錄》、《吳氏書畫記》。

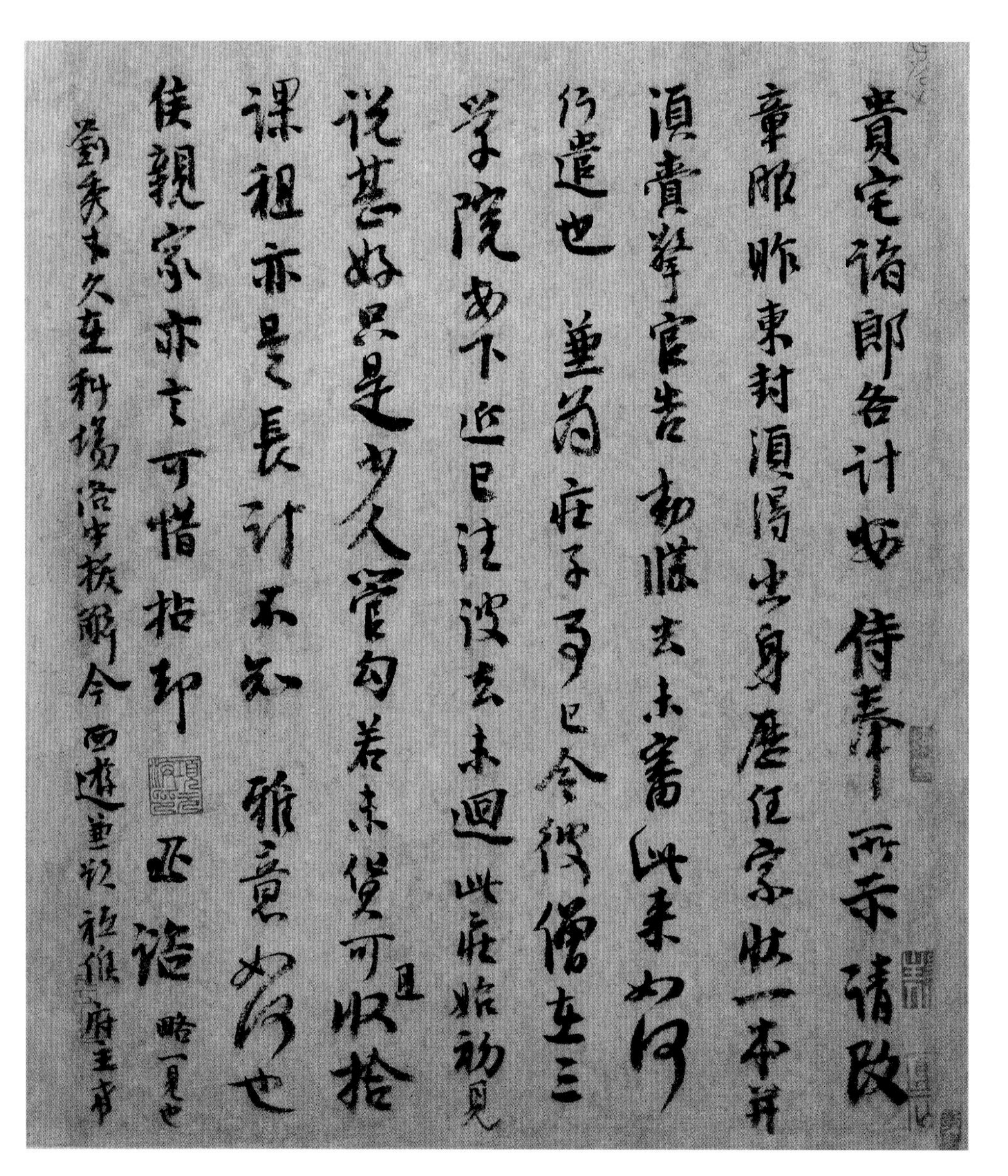

釋文：
貴宅諸郎各計安侍奉。所示請改章服。昨東封須得出身歷任家狀一本，並須賚擎官告敕牒去，未審此來如何行遣也。兼為莊子事。已令彼僧在三學院安下，近已往彼去未回。此莊始初見說甚好，只是少人管勾，若未貨，可且收拾課租，亦是長計。不知雅意如何也。侯親家亦言可惜拈卻。建中(草押)咨
劉秀才久在科場，洛中拔解，今西遊兼欲祗候府主，希略一見也。

3

林逋　行書自書詩卷

紙本　行書
縱32厘米　橫302.6厘米
清宮舊藏

Zi Shu Shi Tie in running script

By Lin Pu
Handscroll, ink on paper
H. 32cm　L. 302.6cm
Qing court collection

林逋(967－1028)，字君復，北宋杭州錢塘(今浙江杭州)人。隱居於杭州西湖孤山，為宋代著名詩人。工書法，擅行草書，風格清勁，被陸游稱為"高勝絕人"。

《自書詩卷》是林逋存世的唯一長篇巨製，為其代表作。是應"殿值丁君"之請錄寫自作五、七言詩五首。"殿值"在宋代是負責儀衛監察一類的官員。"丁君"其人，從屬款的語氣看，大約為林氏舊識，此次由沂(山東)赴閩(福建)，路過杭州，特移舟相訪。時間是"皇上登寶位歲夏五月"，即宋仁宗趙禎天聖元年(1023)，林逋五十七歲。卷後附蘇軾七言長詩一首，明代王世貞、王世懋兄弟，清代王鴻緒、乾隆帝跋。

此卷章法佈局極為疏朗，字的大小差別也不大，極富整體效果，給人以清新、靜逸、脫俗之感。林氏書法雖受同代書家李建中影響明顯，但並不是亦步亦趨，而能獨出心裁，結字清峭勁緊，點畫多用尖鋒入筆，俊爽斬截，轉折處棱角分明，善於把情感、性格體現在筆鋒的起收轉落之間，表現出自己獨有的藝術氣質和意韻，頗有"瘦鶴孤高之趣"。在北宋前期的書家之中，林氏是將書法與人品修養結合得最完美的一位。

鑑藏印記："濟陽文府"(朱文)、"奭"(朱文)、"寶奎堂"(朱文)、"寶晉山房"(白文)、"怡老堂珍藏印"(朱文)，清王鴻緒、安岐諸印，乾隆、嘉慶、宣統內府諸印。

歷代著錄：《東圖玄覽編》、《珊瑚網書跋》、《吳氏書畫記》、《式古堂書畫彙考》、《平生壯觀》、《大觀錄》、《江村銷夏錄》、《裝餘偶記》、《墨緣彙觀續錄》、《石渠寶笈續編》、《石渠隨筆》。

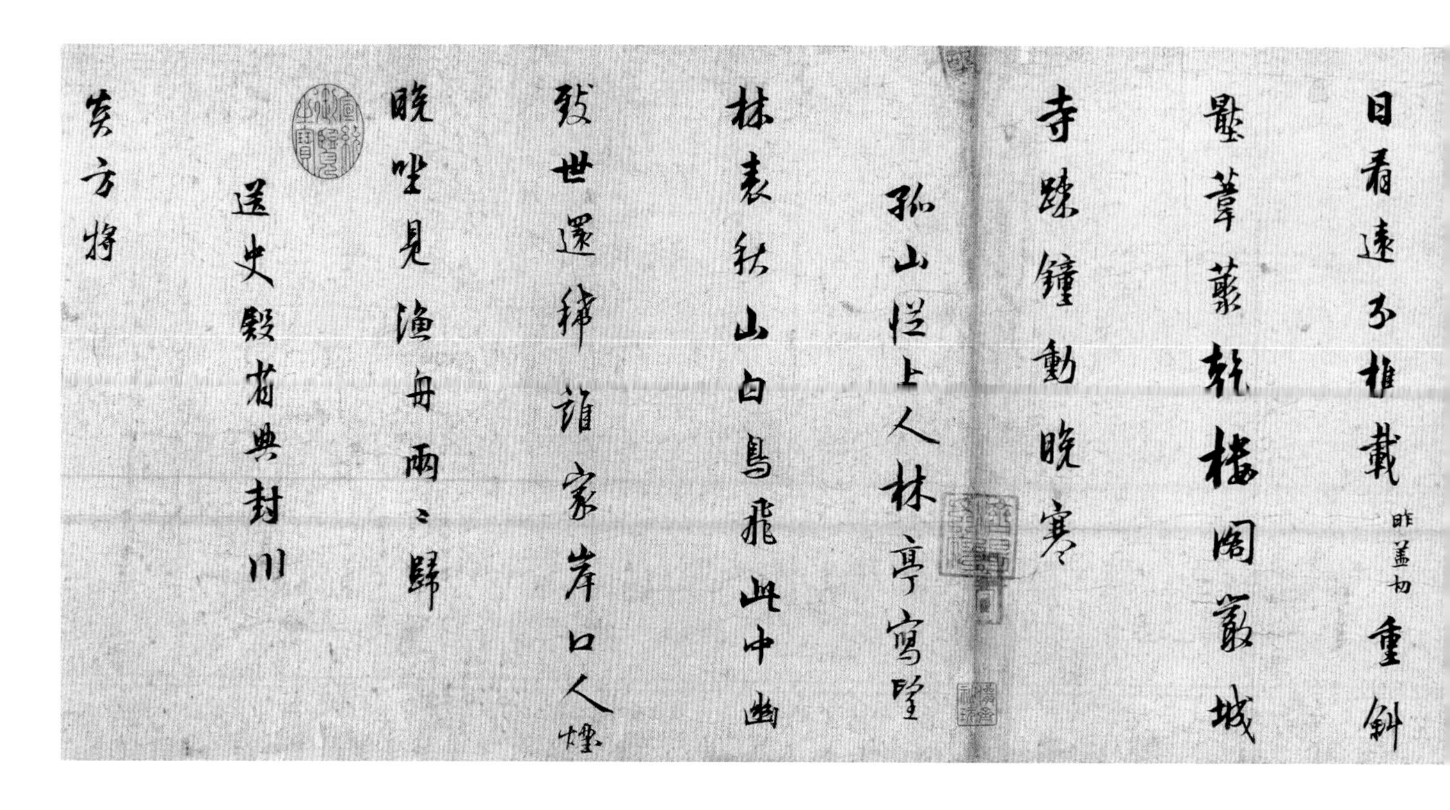

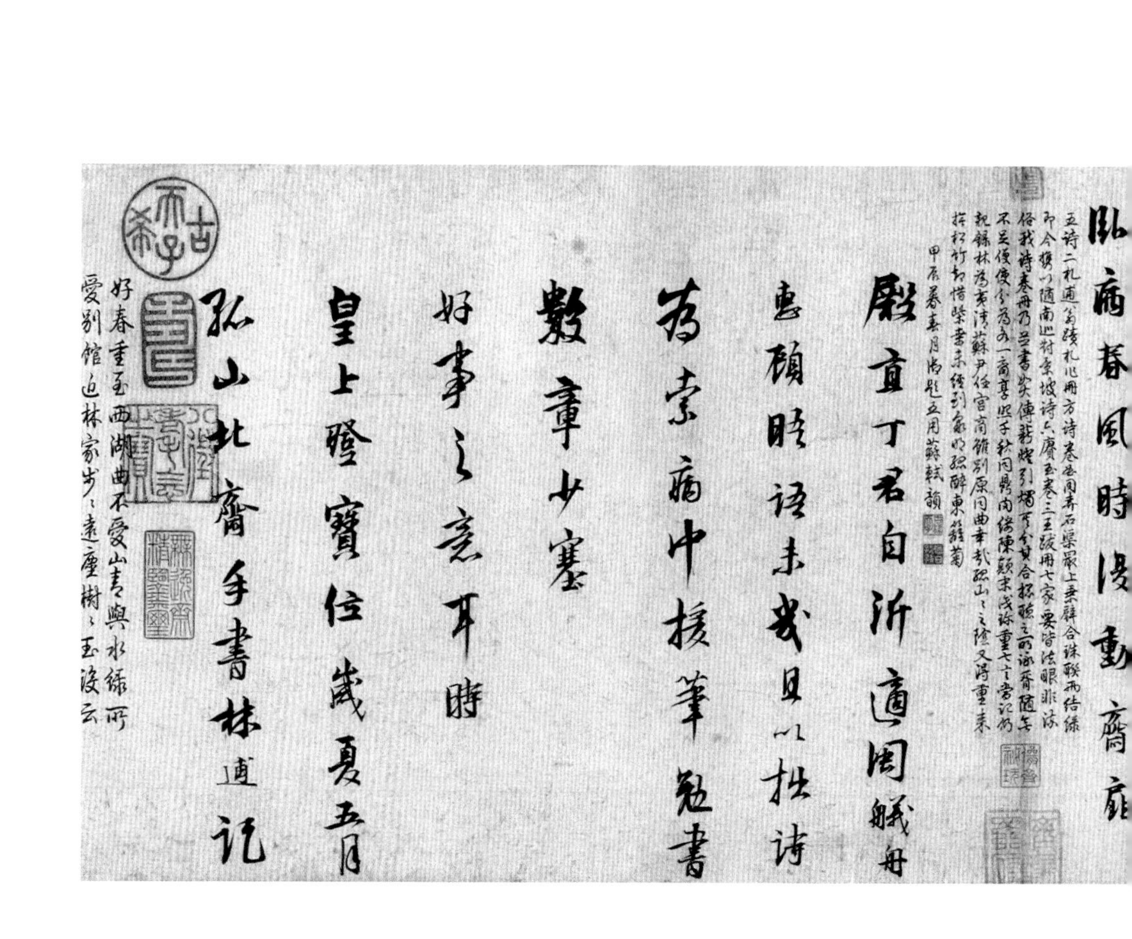

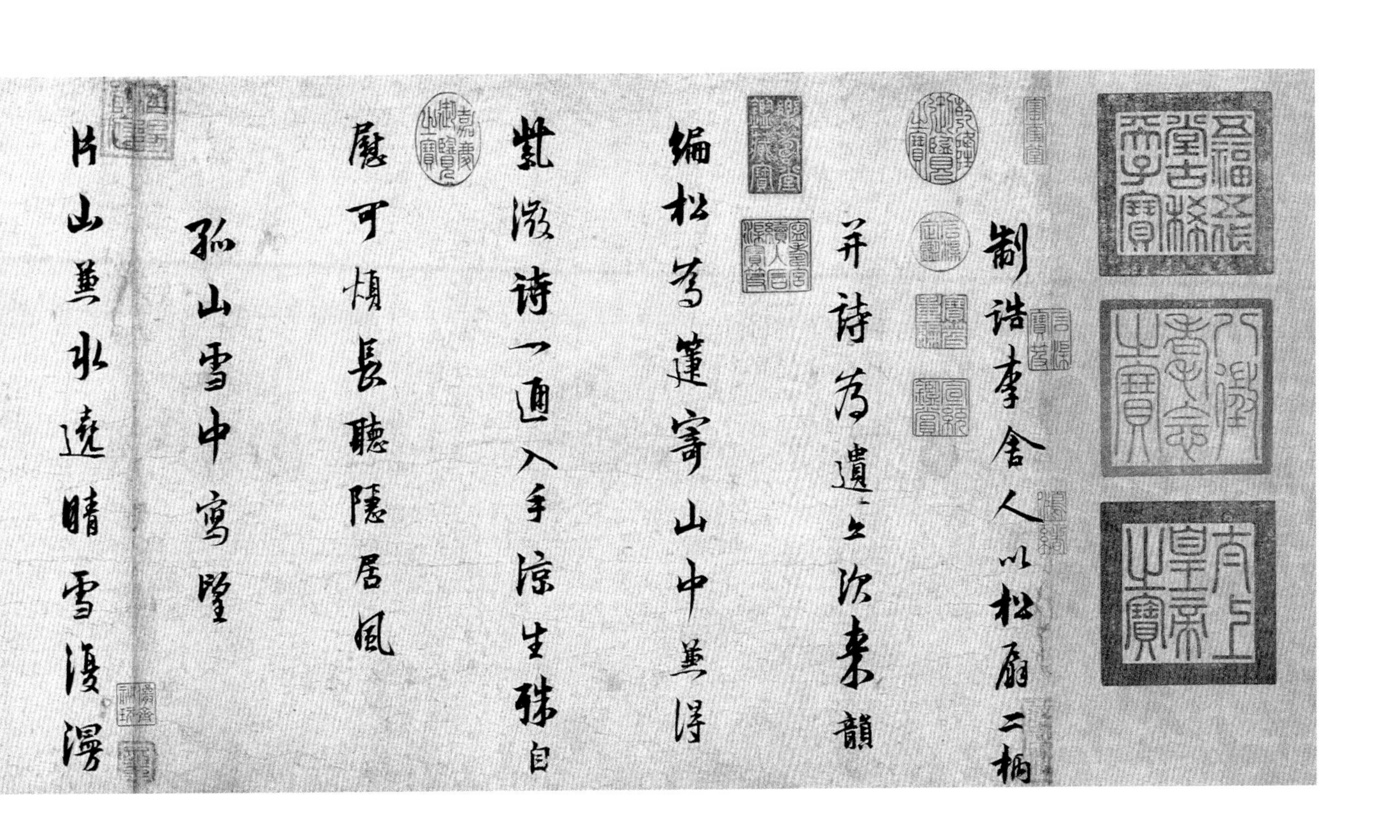

釋文：

制誥李舍人，以松扇二柄
並詩為遺，亦次來韻
編松為篷寄山中，兼得
紫微詩一通。入手涼生殊自
慰，可煩長聽隱居風。

孤山雪中寫望

片山兼水遶，晴雪復漫
漫。一逕何人到，中林盡
日看。遠分樵載昨蓋切重，斜
壓葦叢乾。樓閣嚴城
寺，疎鐘動晚寒。

孤山從上人林亭寫望

林表秋山白鳥飛，此中幽
致世還稀。誰家岸口人煙晚，
坐見漁舟兩兩歸。

送史殿省典封川

炎方將
命選朝倫，治行何嘗下古
人。擁旆肯辭臨遠郡，登艫
還喜奉慈親。水連芳草江
南地，煙隔寒梅嶺上春。若
過中途值歸雁，慰懷能
與致音塵。

春日齋中偶成

空階重疊上垣衣，白晝初
長社燕歸。落盡海棠人
臥病，春風時復動齋扉。
殿直丁君自沂適閩，艤舟
惠顧晤語。未幾，且以拙詩
為索。病中援筆勉書
數章，少塞
好事之意耳。時
皇上登寶位歲夏五月
孤山北齋手書　林逋記

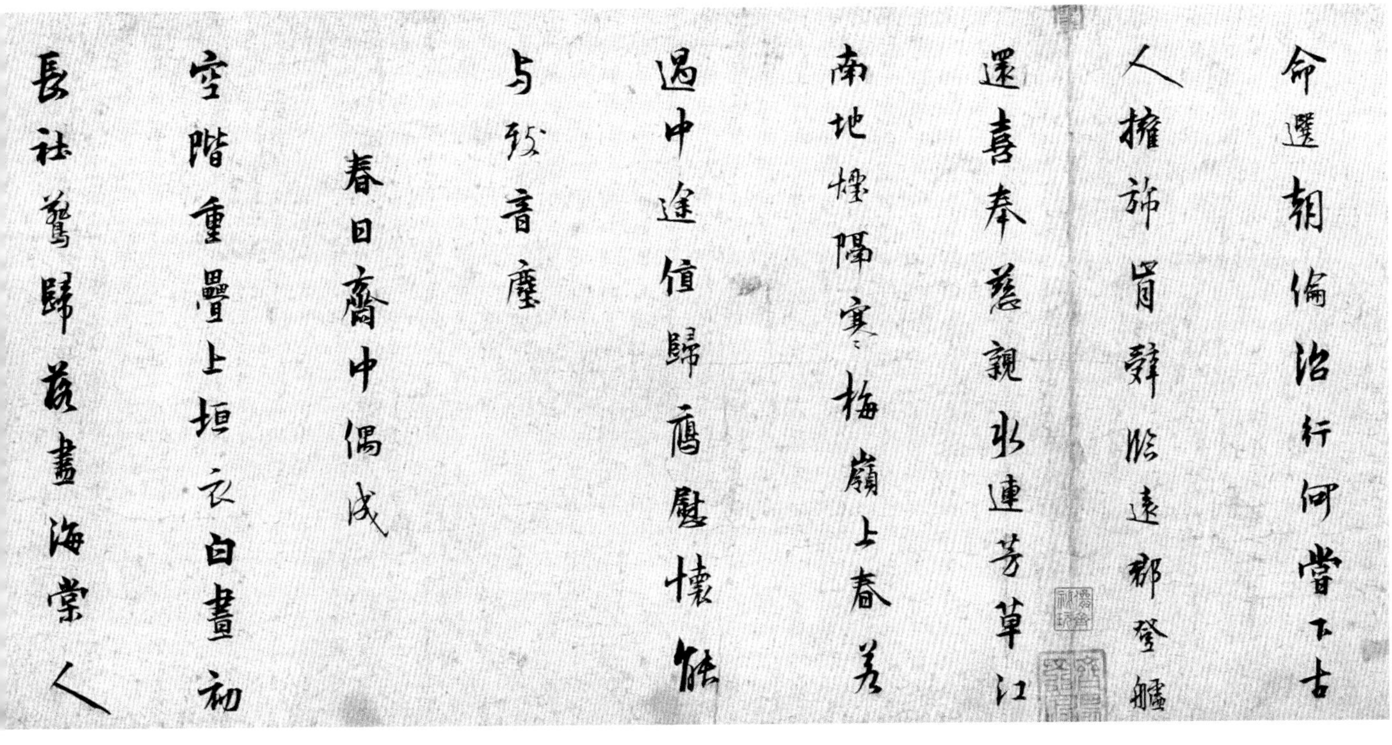

林表秋山白鳥飛，此中幽致世還稀。頭家岸口人煙晚，坐見漁舟兩兩歸。

送史殿省典封川

爰方將命選朝倫，治行何嘗下古人。擁旆胥辭臨遠郡，登艫還喜奉慈親。水連芳草江南地，煙隔寒梅嶺上春。若過中途值歸雁，壟懷饒與致音塵。

春日齋中偶成

曲俗我不識君，曾夢見眸子瞭然光可燭。遺篇妙字處處有，步繞西湖看不足。詩如東野不言寒，書似留臺（留臺李建中）差少肉。平生高節已難繼，將死微言猶可錄。自言不作封禪書，更肯悲吟白頭曲。（司馬長卿欲娶富人女，文君作白頭吟以絕之。先生臨終詩云：茂陵他日求遺草，猶喜曾無封禪書。）我笑吳人不好事，好作祠堂傍修竹。不然配食水仙王，一盞寒泉薦秋菊。（西湖有水仙王廟）

錢塘孤山放鶴亭，宋處士林逋舊隱處，蘇軾兩為賦詩者也。西湖行宮在焉。丁丑南巡，適得處士詩帖，坡詩究在，墨彩猶新。頃來湖上，重展是卷，緬高風於千載，抒雅興以重賡，並紀卷末以誌緣起。御筆

先生昔隱孤山曲，結廬愛就深林躅。廿年足不及城市，欬唾皆成珠與玉。賸迹不殊名一時，況復世希識超俗。韋武五首留世間，片羽吉光霄澤燭。東坡見詩如見翁，四字長言吟示足。三百餘篇雖未世，知青誰藉絲與肉。今去坡又七百載，兩賢高躅誠宜錄。西湖上讀西湖詩，橫琴似奏水仙曲。漫說吳人不好事，祠堂寫梅復有竹。和詩墨跡向贅再，仙謹覺嘉蘭嘆秋菊。

壬午暮春月御題再用蘇軾韻

右和靖林處士君復手書五七言近體五首，其語冲澹可詠，而結體尤瘦勁，然有顏魯不作怒骨立也。蘇長公一歌，具推許此君至矣。然其詩如東野不言寒，書似留臺差少肉二語，便是汝南月旦，何嘗少屈孤筆也。留臺者李建中也，嘗為司御史臺，考之集稱西臺。以偶東野，當是稱不長。公書法自穩妍妙，風神在波拂間而麗，向唐出尤剌人眼。始錢唐人即孤山故廬以祀和靖，游者病其湫隘，因長公詩後有我笑吳人不好事，好作祠堂傍修竹，遂徙置白香山祠，與長公配，迄於今香火不絕。乃其遺蹟與長公同卷，價踊貴十倍。太史公有云，伯夷叔齊得夫子而名益彰，若君復者，抑何其多幸也歟。

壬午嘉平月吳郡王世貞謹題

稱其善行書，喜為詩，今遺墨數篇為坡公所題，備極稱許。君復詞翰得坡公而增重，數百年來人奉為至寶。夫以坡公之才學品望，可涵蓋君復數輩，而長篇秀句推獎不容於口，可見坡公樂道人之善，而不輕視前哲，如是其至也。君復書亦肖動坡公，乞則出入魯公、季海間，姿媚可愛，而藏鋒斂鍔，運方圓於規矩之外，真得折釵股、屋漏痕之妙，駸駸乎直逼晉王侍中書矣。蓋能於佛家所謂正中妙見側相生互用，遂為大家。董文敏謂其妙用偃筆，似猶未知坡公之深也。康熙五十七年歲次戊戌十一月六日

橫雲山人王鴻緒謹題於長安邸舍，時年七十有四

宋和靖處士林逋高節邁俗，詩文筆札，當時即嚮之。蘇軾題其五詩卷，又有二札冊，明吳寬諸人皆疊軾韻題末。二種先後入內府珍藏。予自丁丑至甲辰五次南巡，攜卷就題。己丑得二札，復題之。六疊韻互書卷冊，聯匯彙弄，誌延津之合。

乾隆辛亥御識

臣董誥奉敕敬書

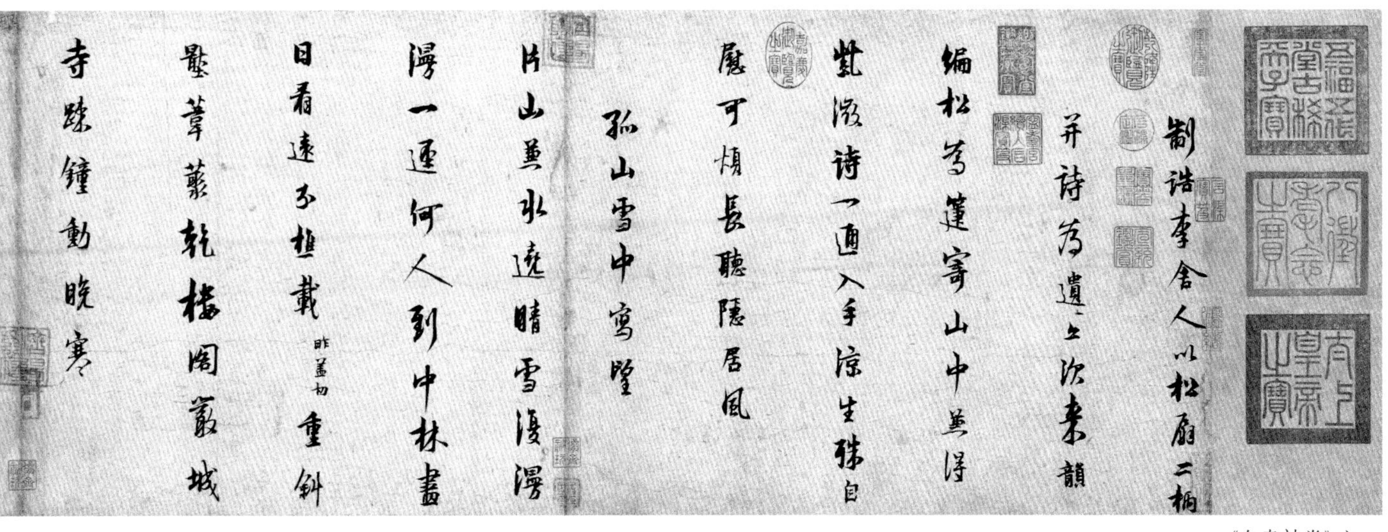

《自書詩卷》之一

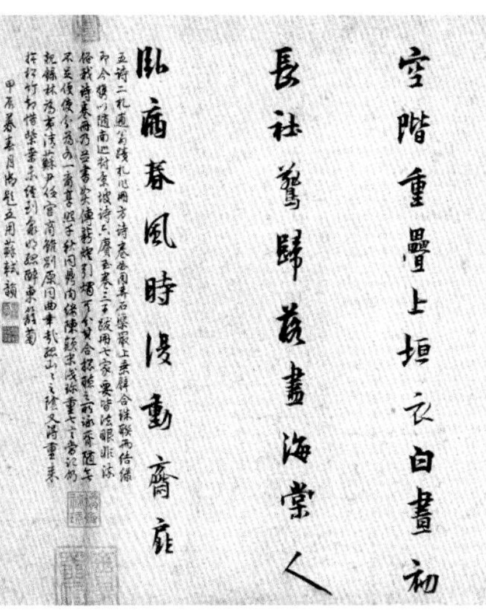

《自書詩卷》之二

世言林和靖先生字不如詩詩不如人然觀
此卷之自瘦勁有法杜襄詩陽云書貴瘦
硬方通神豈先生謂耶世人貴耳若無坡
翁詩此卷當無以重價售者第藉長公去
先生時代無幾為長歌題其卷後推重
至此吾輩固當以坡翁語為证使言未而
公其本耶若藉書則又是其生平合作竟
謂君復多幸識然、 丁亥春二月廿
郡王世懋書于奉常齋中

金錯刀書狀標曲玲瓏錦贉古色綠是謹
遺蹟乃驚人林句蘇和兩珠玉世間書卷
豈不彩半屬偽為半荏偽通清坡健此聯
珠煥覺飢光歷梁燭攜來印境證精神三
度賡吟意未足論帖早匹乞麼膈说偶不
磔燒猪肉兩翁出處從殊致一例高風有
史録佳湖山受緬芳踪奕代同时通款如
謹謂兩翁真法乾後人常接祠前竹祠中
古穀粹如生鄙夫長生学服蜀
乙酉暮春月御題三用前韻

不到西湖十五載物景民情在心曲重來情景
未殊前祇覺鬢霜異前緣重間試步孤山陰一
泓碧水浸羣玉其間知有處士墳無神道碑已
絕俗依然梅樹護墓門千秋地下安漆燭樂飢
樂道趣有餘卅年城市不及足向題三詩和蘇
韻真蹟不厭神蛮肉總為二札仍叠吟更識沈
作先我録攜來崔冊相印證朗潤那藉招隱曲
緋細畢晌命歸與掃塵踪動清風竹竹風拂徑
菜花黃雜第紫桑ふ腥菊
庚子暮春月御題四用蘇軾韻

史稱林逋力學好古結廬西湖之孤山
二十年足不及城市真宗聞其名賜粟
帛詔長吏歲時勞問常自為墓於其廬

《自書詩卷》之三

4

范仲淹　行書遠行帖

紙本　行書
縱31厘米　橫41厘米
清宮舊藏

Yuan Xing Tie in running script
By Fan Zhongyan
Ink on paper
H. 31cm　L. 41cm
Qing court collection

范仲淹(989－1052)，字希文，北宋蘇州吳縣(今江蘇蘇州)人。為北宋著名的政治家、文學家，其表達憂國憂民政治理想的名句“先天下之憂而憂，後天下之樂而樂”歷來為後人所稱道。

《遠行帖》是寫給朋友的應酬私函。為范氏於北宋慶曆年(1041)以前“放逐數年”家居時所寫，因為札中有“以慰貧交”一類的話，並且還以“蘇醞”、“金山鹽豉”這樣的江南土產為朋友送行。

此帖書法風格，與《道服贊帖》的瘦硬方勁相似，但尺牘不像“贊文”那麼正規，因此書寫時較為率意。

鑑藏印記：“吳郡張頊”(白文)、“仲均父”(朱文葫蘆形)、“振叔”(朱文)，“尊□祠院記”(朱文)、“嗣康”(白文)、“招隱蔣氏”(朱文)、“至樂胡”(朱文半印)，清乾隆、嘉慶、宣統內府諸印。

歷代著錄：《石渠寶笈續編》、《石渠隨筆》。

釋文：
仲淹再拜，運使學士四兄。兩次捧教，不早修答，牽仍故也。吳親郎中經過有失款待，乞多謝。吾兄遠行，瞻戀增極。萬萬善愛，以慰貧交。蘇醞五瓶，道中下藥。金山鹽豉五器。別無好物，希不責。不宣。仲淹再拜景山學士四哥座前　八月五日

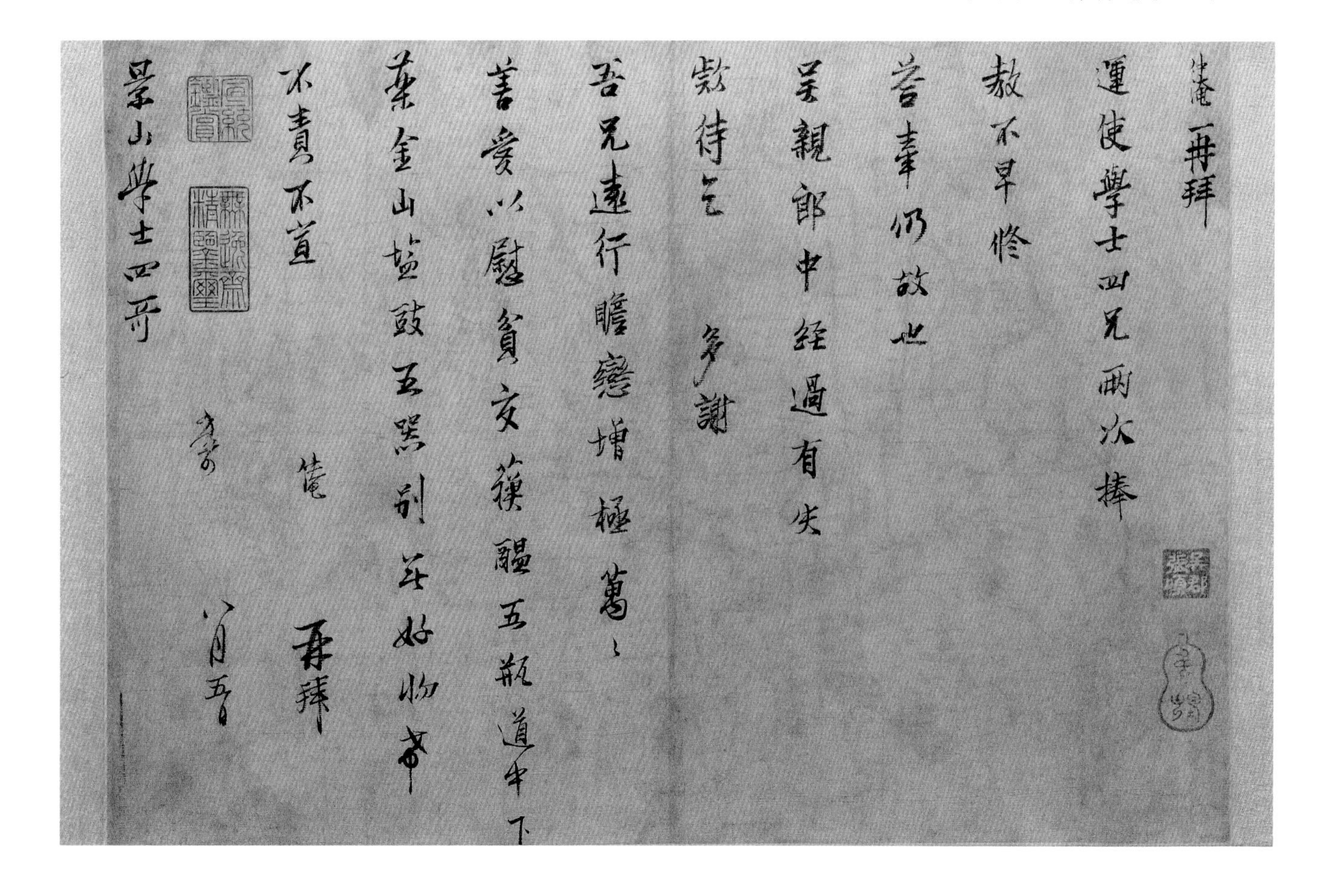

5

范仲淹　行書邊事帖

紙本　行書
縱32厘米　橫39厘米
清宮舊藏

Bian Shi Tie in running script
By Fan Zhongyan
Ink on paper
H. 32cm　L. 39cm
Qing court collection

《邊事帖》是寫給蘇州知府富嚴的。富嚴"慶曆初由三司戶部判官除刑部郎中，出知蘇州。"(《吳縣志》)與帖中上款稱"知府刑部"，及"施鄉曲之惠"、"占江山之勝"正合。帖中"此間邊事，夙夜勞苦，仗朝廷威靈即目寧息，亦漸有倫序。"當指"趙元昊曾多次入邊東掠，到三年四月，許冊封為夏國主，以後西陲稍寧。"(《宋史》)此事。因知此帖書於慶曆三年(1043)三月十日，范氏在陝西招討使任上，時年五十四歲。

釋文：
仲淹再拜，
知府刑部仁兄。伏惟
起居萬福，施
鄉曲之惠。占江山之勝，
優哉樂乎。此間邊事，夙夜勞
苦，仗
朝廷威靈，即目寧息，亦漸有
倫序。鄉中交親，俱荷
大庇，幸甚。師道之奇，尤近
教育，乞
自重，自重。不宣。仲淹拜上
知府刑部仁兄左右　三月十日

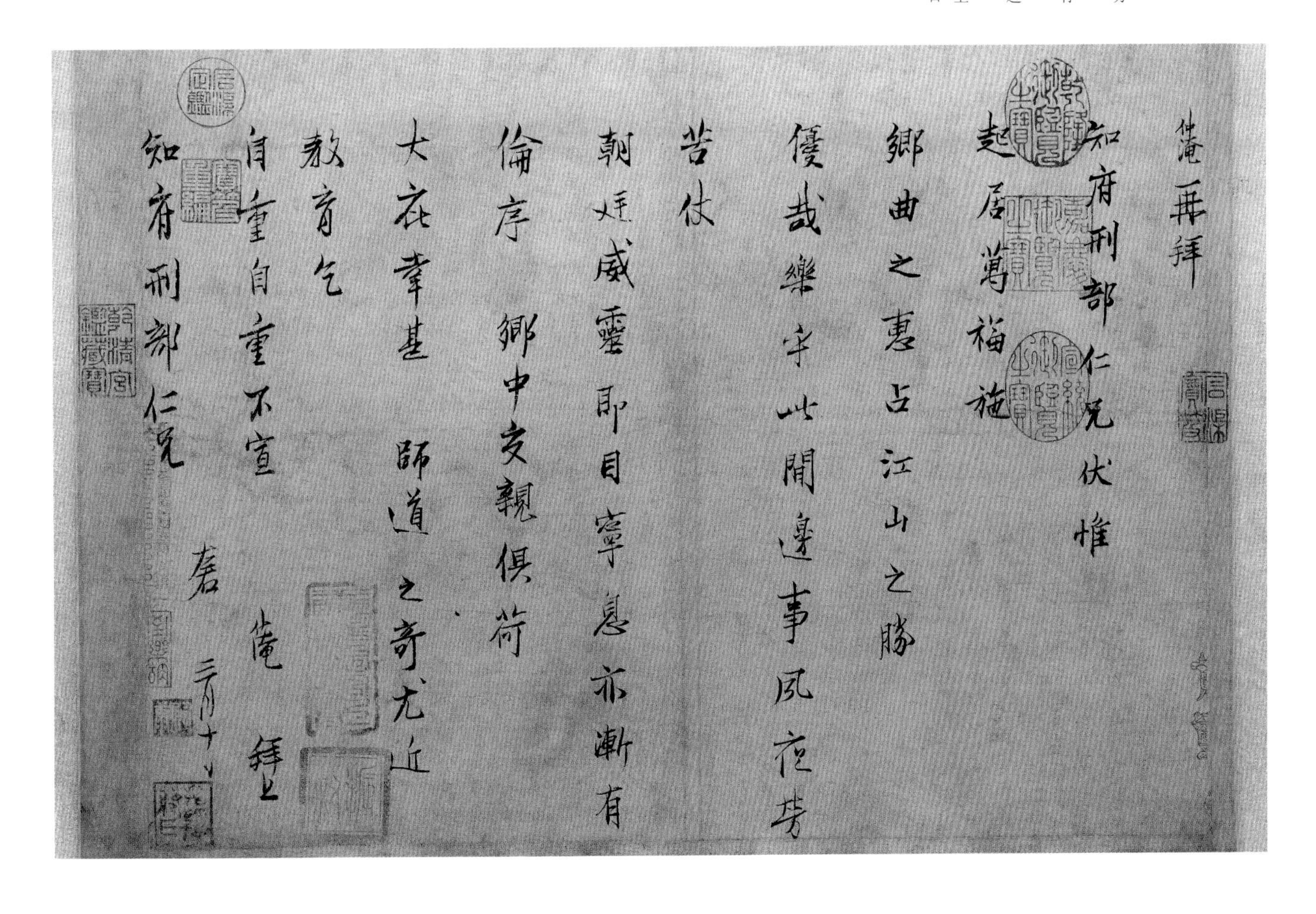

6

范仲淹　楷書道服贊卷

紙本　楷書
縱34.8厘米　橫47.9厘米
清宮舊藏

Dao Fu Zan in regular script
By Fan Zhongyan
Handscroll, ink on paper
H. 34.8cm　L. 47.9cm
Qing court collection

《道服贊卷》係范仲淹為同年好友的道服撰書的贊和序。宋代是中國歷史上道教較為流行的時期，當時的文人士大夫大都喜歡與道士交往，衣着道服，成為一時風氣。

此帖是范仲淹傳世的唯一楷書作品，筆法清勁，結字端謹，頗有王羲之《黃庭經》、《樂毅論》遺意，正如黃庭堅所說：“落筆痛快沉着，似近晉、宋人書”。范氏的書品和人品一致，在卷後宋代文同、吳立禮、戴蒙，元代柳貫等人的跋文中，都反覆強調了這一見解。

鑑藏印記：“高陽圖書”(朱文)、“東漢太尉祭酒家學”(朱文)、“高陽德暉圖書”(朱文)、“庚寅”(朱文)、“才子之裔”(朱文)、“高陽之瑞”(朱文)、“十六世孫主奉右勝謹藏圖書”(朱文)、“仙系”(朱文)、“高陽”(朱文)、“壽國公圖書”(白文)、“頤齋之印”(白文)、“高氏圖書之印”(白文)、“孔愉之印”(朱白文)、“懷州軍康記”(朱文)、“懷州考試院記”(朱文)、“監德州鹽務新朱記”(朱文)、“監德州酒務印”(朱文)、“監德州商稅印”(朱文)、“懷州常平倉給納之記”(朱文)、“懷州常平庫給納之記”(朱文)、“文正書院主奉范元理印”(白文)、“清白傳家”(白文)、“頤齋珍玩”(白文)、“東蜀文氏”(白文)、“范原理氏”(朱文)、“適軒”(朱文)、“貞元”(朱文)、“吳舜升印”(朱文)、“康文氏書畫記”(白文)、“保光之印”(朱文)、“尹誠私印”(白文)，清梁清標諸印，安岐諸印，乾隆、嘉慶、宣統內府諸印。

歷代著錄：《朱氏鐵網珊瑚》、《清河書畫舫》、《清河見聞表》、《式古堂書畫彙考》、《平生壯觀》、《大觀錄》、《裝餘偶記》、《墨緣彙觀續錄》、《石渠寶笈初編》。

釋文：
道服贊並序
平海書記許兄制道服，所以清其意而潔其身也。同年范仲淹請為贊云：
道家者流，衣裳楚楚。君子服之，逍遙是與。虛白之室，可以居處。華胥之庭，可以步武。豈無青紫，寵為辱主。豈無狐貉，驕為禍府。重此如師，畏彼如虎。旌陽之孫，無忝於祖。

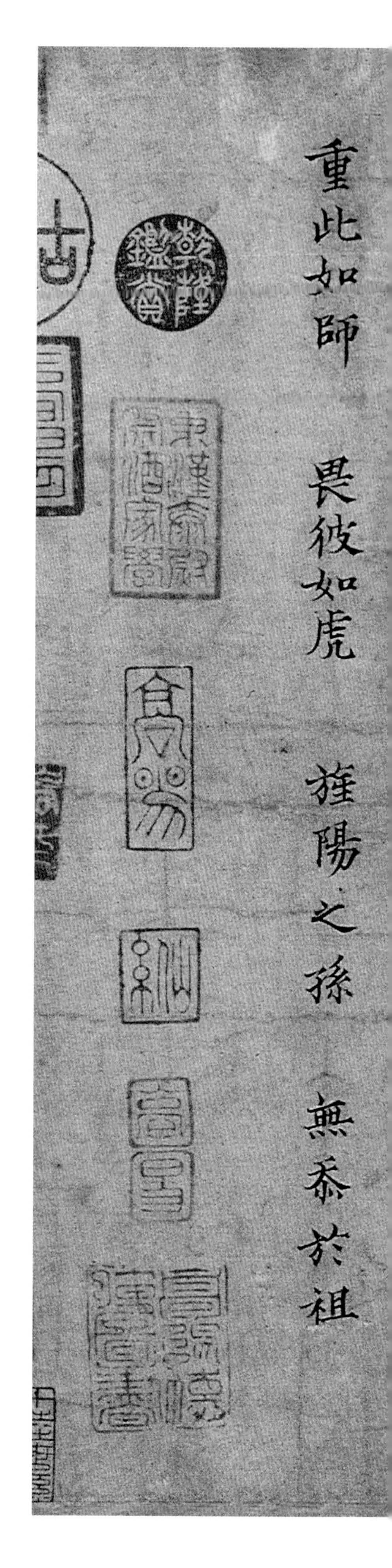

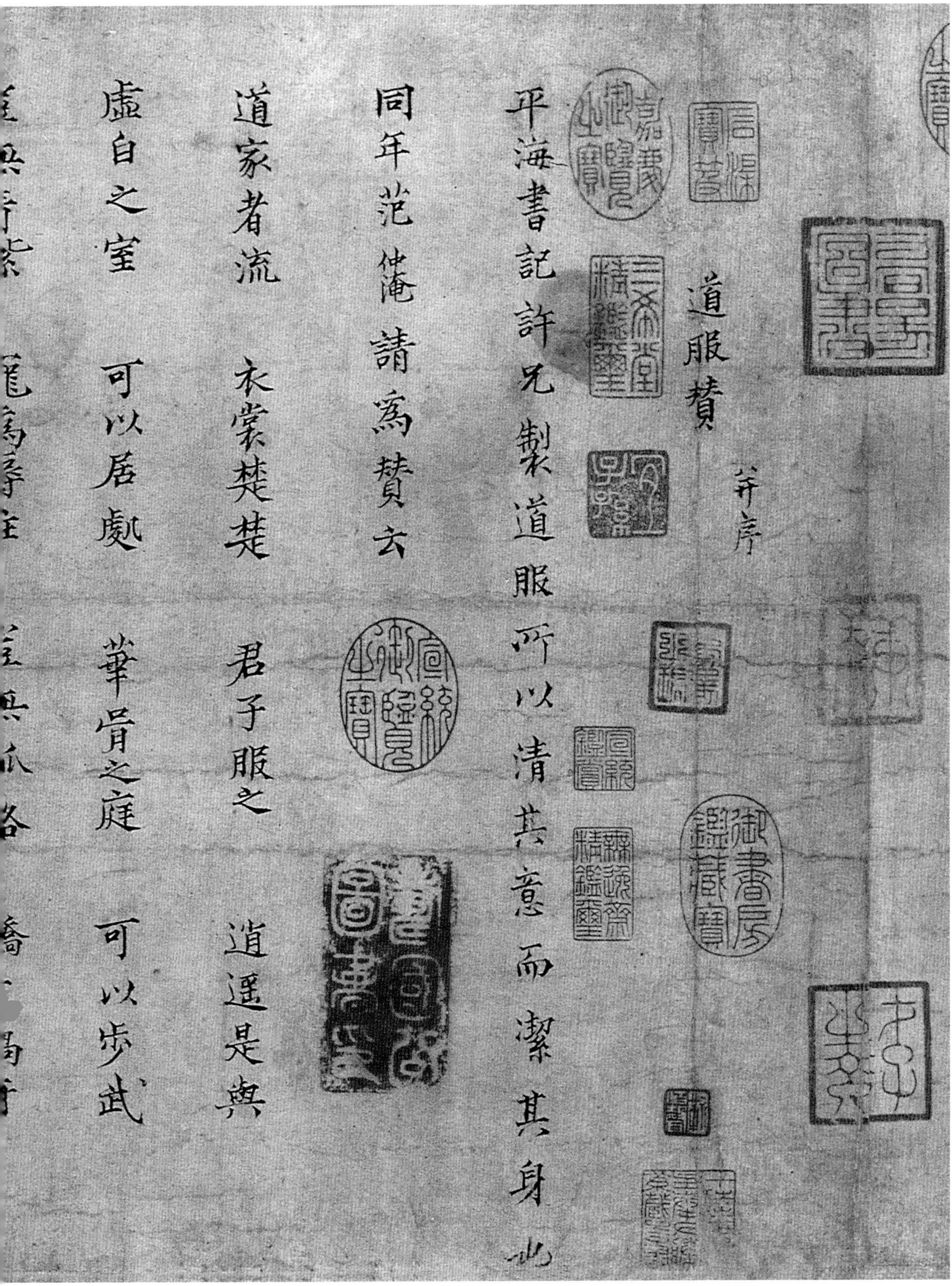
道服贊 并序
平海書記許兄製道服所以清其意而潔其身也
同年范仲淹請爲贊云
道家者流 衣裳楚楚
君子服之 逍遥是與
虚白之室 可以居處
華胥之庭 可以步武

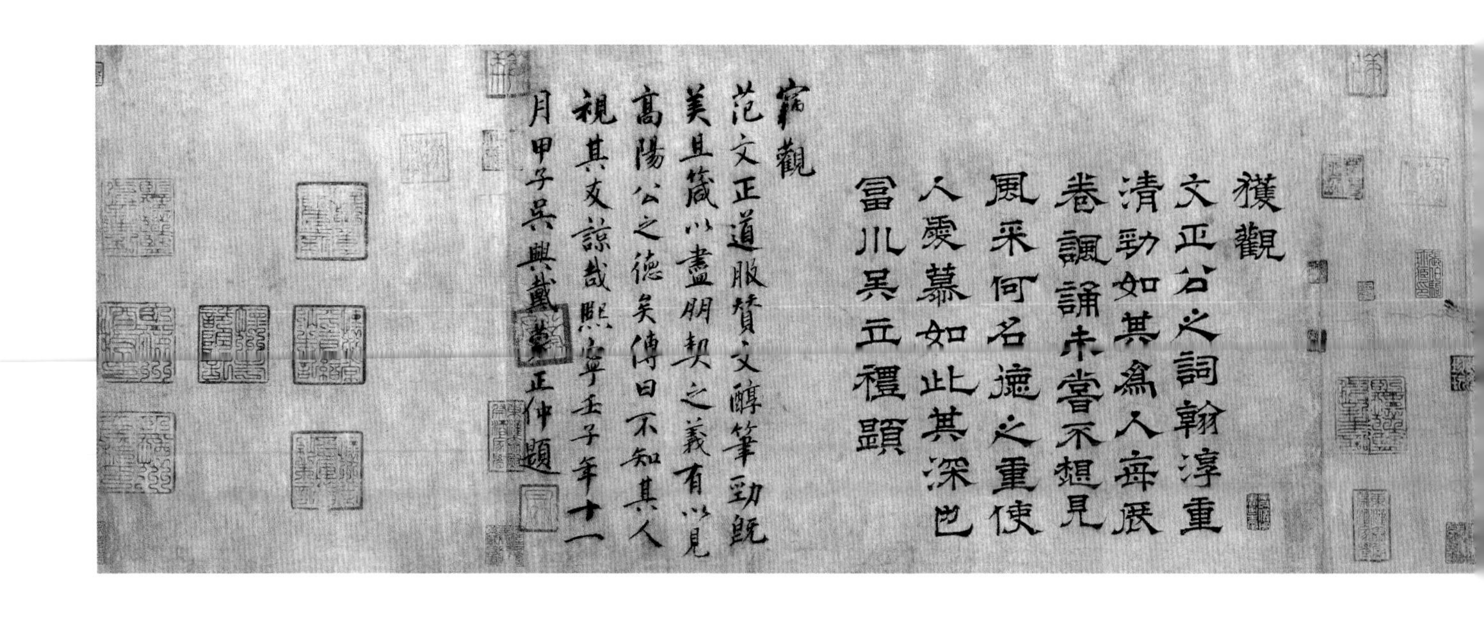

獲觀
文正公之詞翰淳重
清勁如其爲人再展
卷諷誦未嘗不想見
風采何名德之重使
人愛慕如此其深也
富川吳立禮題
竊觀
范文正道服贊文醇筆勁既
美且箴以盡朋契之義有以見
高陽公之德矣傳曰不知其人
視其友諒哉熙寧壬子年十一
月甲子吳興戴蒙正仲題

正集中則公之文之遺者有矣柳亦藏年之
作而或失於編次也耶因綴廿字以寓景行
之意云文正道服贊忠宣布衾銘家乘撰
一德名言符六經至正癸未春正月廿日金
華胡助書

黃山谷古今名書者猶推文正公小楷筆
精而瘦勁自得古法世人可不知所重耶
成化辛丑六月廿日高唐劉珝拜題

范文正公道服贊其書有法而
詞有氣前人題跋盡之矣余
復何言敢僭用公韻敬作遺
墨贊欲范氏後裔益知所
寶重云

式觀遺墨　端嚴濟楚
柳骨顏筋　微公孰與
龜文龍鱗　或翔或處
烈士忠臣　兼文兼武
畫見諸形　曰心爲主
詞發諸口　曰學爲府
石抉怒猊　章成纁虎
百世珍藏　弗替厥祖
成化辛丑秋八月八日句曲戴仁題贊

姸媚極類元人筆如揭伯防陳文東
輩亦能為之恐魯直真蹟已亡佚
為元人所補耳成化中御史戴仁
贊乃頗得吳興意而名不稂莠故
指出之
己卯王世貞識

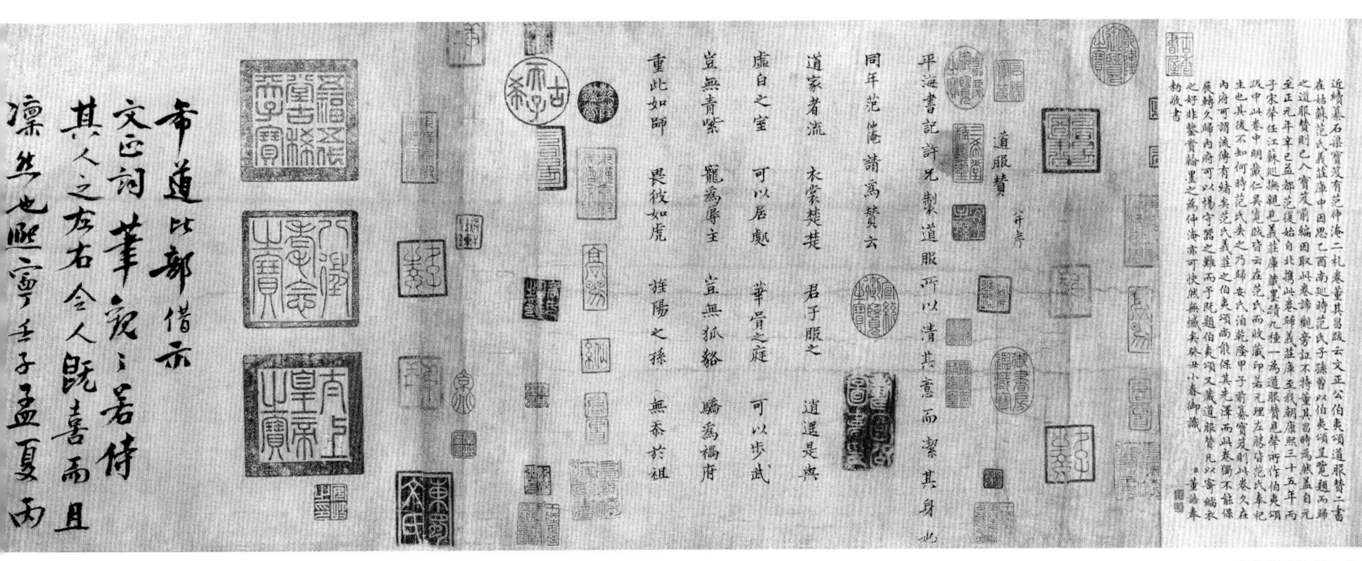

《道服贊卷》之一

魏文正公祥符八年進士也其為同年許比部作道服贊辭莊義舒鬱乎有德之言哉南北分合餘二百年而幅員疆理復混為一區公之孫曾嗣守先業不懈益恭得公書遺蹟于翁韓文公伯夷頌真迹而寶蓄之且摹刻于石今年至正元年益都宗人復自北攜此贊并公侍祠像來南而歸之合浦之珠曲阜之履得於既失所以委重宗祊藩飾世緒者夫豈偶然之故有相之矣熙寧間文公與可題識云希道比部而不著其名宋登科記當自可考也卷中有東漢太尉祭酒家學印高陽及仙系小印皆緣許氏則是贊之為許氏物蓋已久矣不知何時而遂失之也耶作贊時許公為平海掌書記耳熙寧始轉至比部其恬於進取如此於以見許公亦盛德之士不然公豈肯輕以清其意潔其身者而許之哉昔公書伯夷頌以遺才翁今復見公為希道譔書此贊則希道亦才翁一等人哉宋三百年文運休明泰治熙洽自景德祥符而始盛觀公此贊則公與許公之聯芳科甲信人才與時升降者為不誣矣元年冬十有一月二十七日東陽柳貫書

《道服贊卷》之二

《道服贊卷》之三

7

文彥博　行草書三札卷

紙本　行草書
縱43.6厘米　橫223厘米

San Zha in running-cursive script
By Wen Yanbo
Handscroll, ink on paper
H. 43.6cm　L. 223cm

文彥博（1006－1097），字寬夫，北宋汾州介休（今屬山西）人。北宋著名政治家，歷仕四朝，任將相五十年，為當時重臣。善詩文，工書，“筆勢清勁”（黃庭堅語）。

第一札所稱“趙待制卨”，即趙卨，宋神宗朝官天章閣待制。第三札，論洛水入汴河和水磨事，二事《宋史．河渠志》有記載。此帖大約作於北宋元豐三年（1080）後文氏復官河南府判的時候，是其晚年手筆。卷後附有宋代米友仁、向水，清代永瑆、綿億跋。

文氏是當時政治上相當顯赫的人物，但據卷後米友仁的跋，知其對書法也“極留心”。此三札，特別是最後一札，的確顯示了相當高的藝術水準。其散朗的結體，清勁的筆勢，以及省略細節、毫不經意的態度，都極有唐人風致。

鑑藏印記：“榕林居士”（朱文）、“許氏”（朱文）、“浮玉道人許孝蘀仲謀廓齋文籍之印”（朱文）、“孝蘀”（朱文）、“秦氏”（朱文）、“豹隱仙裔”（朱文）、“賈似道圖書子孫永寶之”（朱文）、“秋壑珍玩”（朱文）、“長”（朱文）、“悅生”（朱文葫蘆形）、“生機”（朱文葫蘆形）、“觀古齋鑑賞書畫記”（朱文）、“江表黃琳”（朱文）、“美之”（朱文）、“休伯”、“琳印”（白文）、“觀古齋”（朱文）、“黃氏淮東書院圖籍”（朱文）、“觀古齋”（朱文）、“觀古齋藏”（白文）、“黃美之氏”（朱文）、“關內侯印”（白文）、“滇生過眼”（朱文）、成親王永瑆、奕繪、完顏景賢、葉恭綽諸家印。

歷代著錄：《辛丑消夏記》、《三虞堂書畫目》。

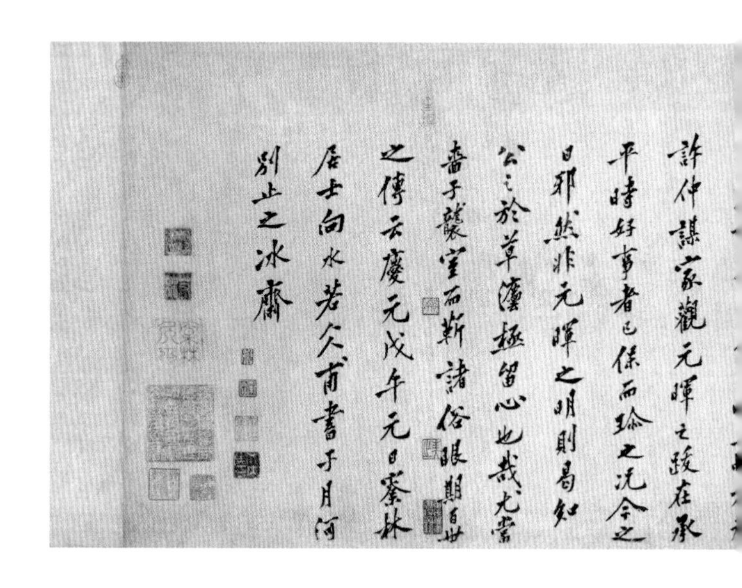

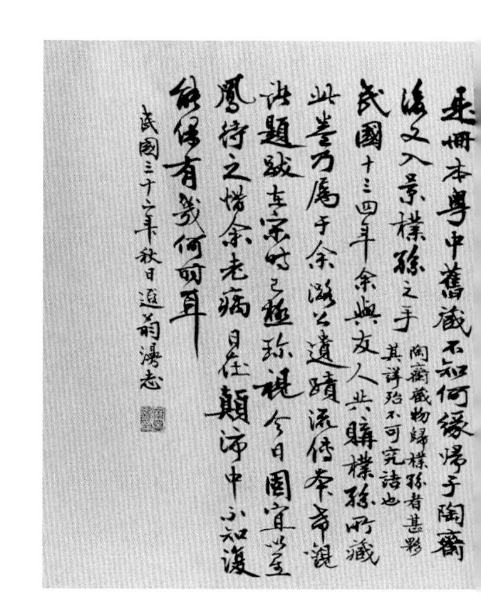

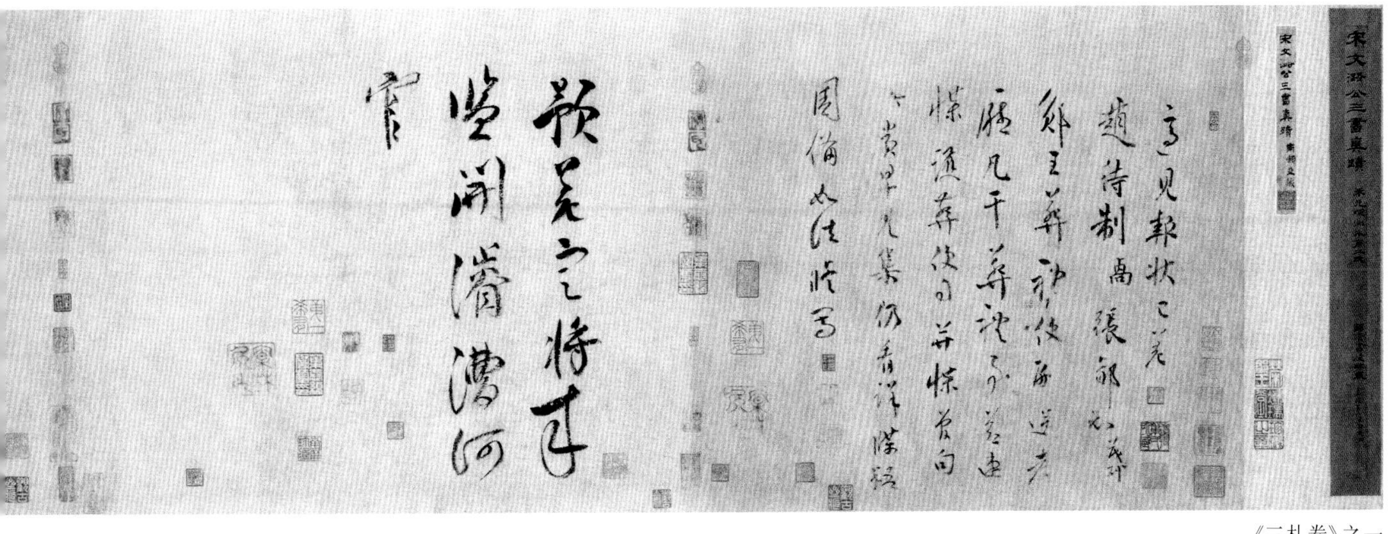

《三札卷》之一

潞公於草法極留心家中舊亦藏數紙今不復有思觀此書想見其功業之偉[illegible]神先覺餘韻懔然在目是[illegible]賞米友仁元暉跋

公之勛德舉天下孰不仰而敬之公之字法則天下之所未聞非未之聞也兵火殘燼之餘十

《三札卷》之二

潞公四判河南一判河陽此第三劄不可致其歲月矣然本傳有神宗導洛通汴而主者遏絕洛水不使入城中洛人患之公因中使劉惟簡至洛語之故惟簡以聞詔令通行如故遂為洛城無窮之利云云或即其事邪詳劄意蓋未見中使以前權宜善劄之方詞意周詳縝密書所謂猷亮四世克勤小物者潞公有焉

向若冰弟四印文曰推忠協謀同德守正佐理功臣相國燕文簡王之裔按向敏中字常之開封人真宗天禧三年進左僕射昭文館大學士明年三月卒贈太尉中書令謚文簡五子第三子傳亮亮子經經女即欽聖憲肅皇后也以后族贈敏中燕王傳亮周王經吳王云

嘉慶十三年歲次戊辰閏月十六日成親王識

潞公真蹟三紙不著名不鈐紙尾[illegible]庭本一時[illegible]筆揮灑無意求工者而一種渾朴之氣溢於楮墨間第三幅點竄數字純類魯公爭坐位書也公一代偉人初不以能書著良由勳業掩之米元暉稱其極留心於草法鑒賞知不虛耳

嘉慶十六年初伏日識 榮郡王

光緒三十一年歲次乙巳十月十二日河間劉恩溥觀

[illegible]王振聲同日拜觀

史稱坡公謂潞公其綜理庶務雖精練少年有不如其貫穿古今雖專門名家有不逮獨不聞以善書名今獲觀此冊神采煥發風格峻整知其書為功業所掩米元暉跋謂其留心草法良不誣也

午橋尚書方奉命出使西洋瀕行出以見示展讀再三歎賞彌日惟冀尚書敬歷中外勳業爛然如潞公之為社稷臣後先輝映是則私心之所馨香祝之者爾

光緒三十一年十月既望歷城張英麟

《三札卷》之三

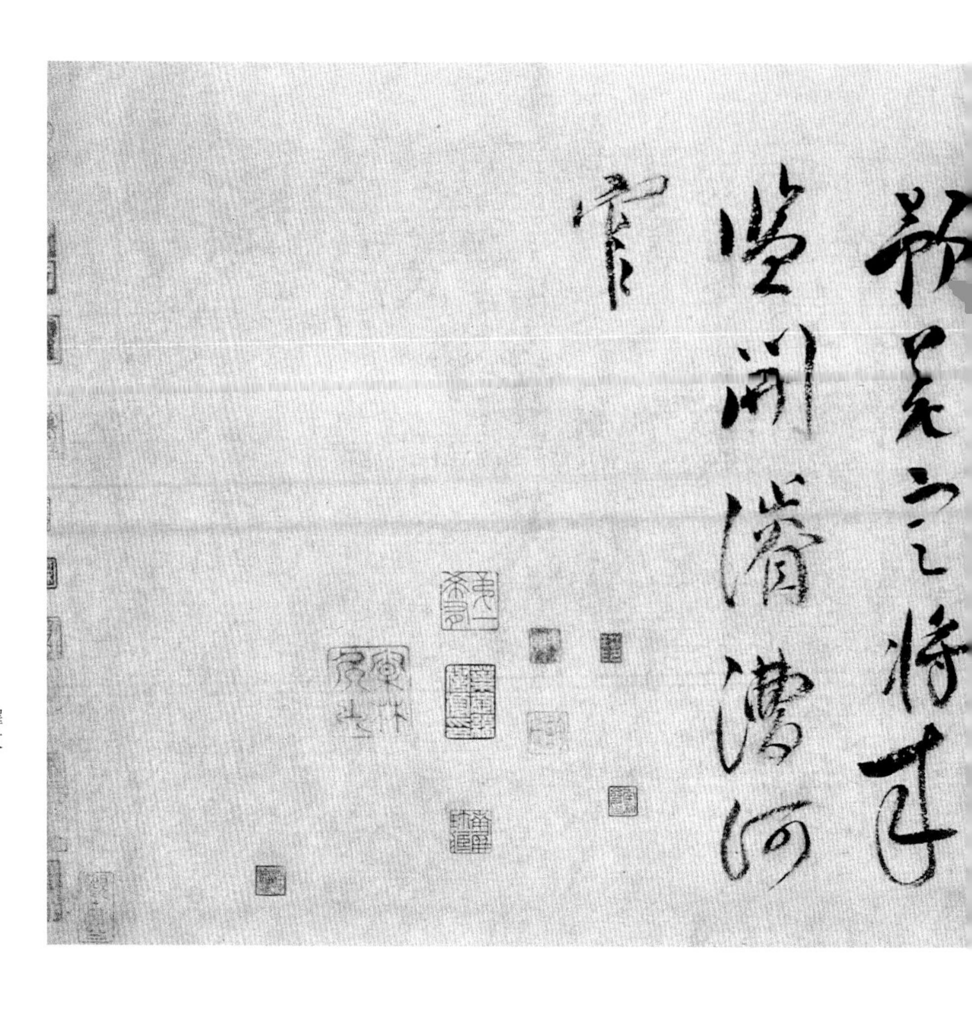

釋文：
適見報狀，已差
趙待制高、張都知茂叔
鄖王葬禮使副送鄖
廳。凡干葬禮事節，連
牒護葬使司，並牒管勾
□貴早見集。仍看詳牒語
周備，如法修寫。

預差定將來
監開濬漕河
官。

准都提舉汴河堤岸牒。為洛口水小，有妨行
運，請權閉分洛堰口。權住放水入城。留府。
即時已閉斷分洛堰入城水口，比欲更將午橋入
城伊水閉斷。又為正值磨焦踏麪，年計事大，
遂將入城伊水一支，以兩岸分水小口子依一例
封閉，專用伊水一支動磨磨焦。其水只自磨下
且流過便卻自東羅門出城合洛，並不滲耗卻水
勢。尚慮寅夜未得雨澤，伊水減小，又妨動磨
磨焦，卻致將焦麥配與步磨行轉致不便，有妨
踏麴。今勘會除睦仁官磨，上下有私磨四盤。
今來只因睦仁官磨帶得使水。比西河諸磨一例
停住。乃是優幸。今擘畫將合磨焦麥量事分配
與四盤水磨，都廳相度配定分數。磨焦所貴，
早得了，當卻令眾戶使水戶依舊使水。

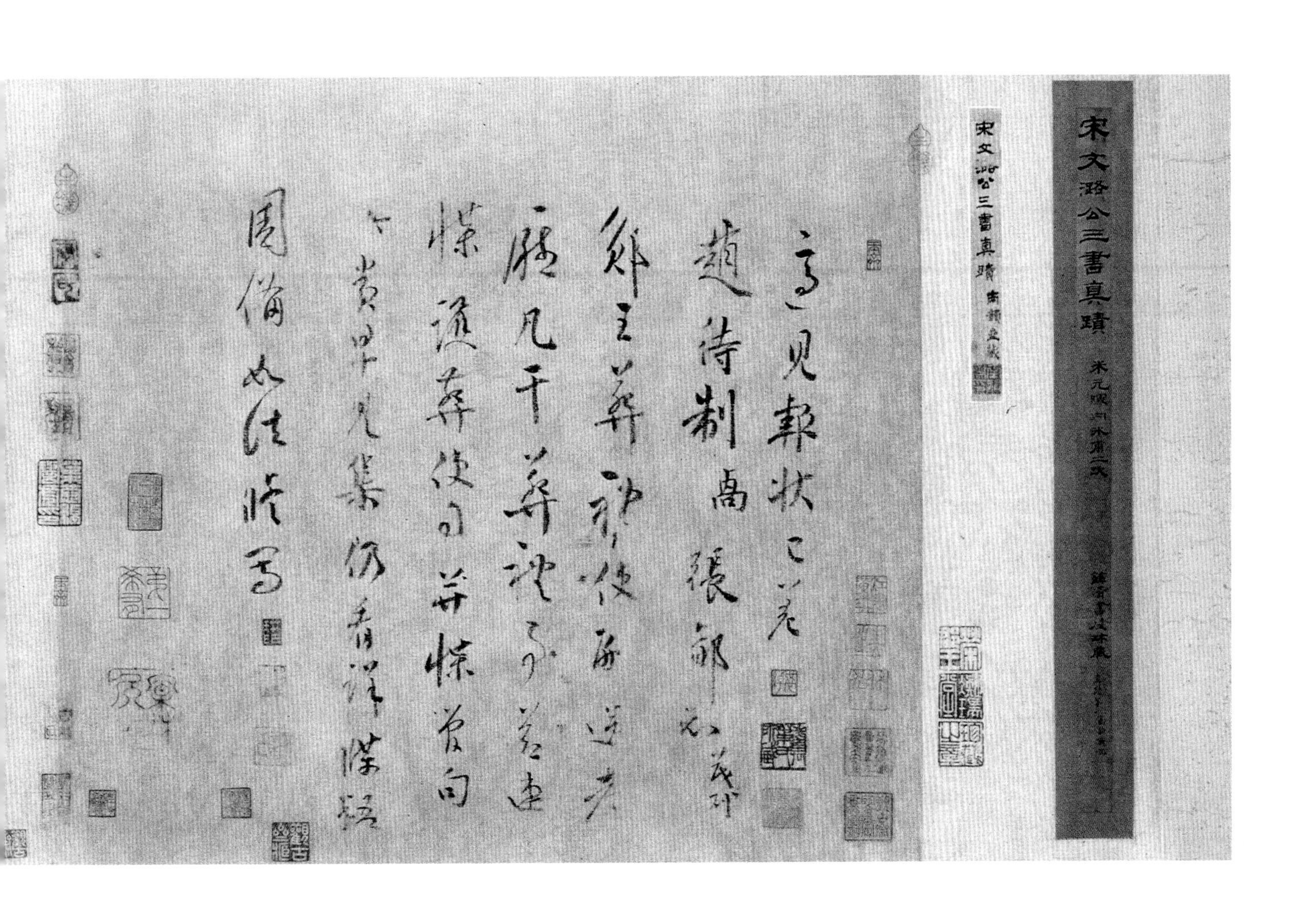
宋文潞公三書真蹟

8

歐陽修　行書灼艾帖卷

紙本　行書

縱25厘米　橫18厘米

Zhuo Ai Tie in running script

By Ouyang Xiu

Handscroll, ink on paper

H. 25cm　L. 18cm

歐陽修（1007－1072），字永叔，號醉翁，晚號六一居士。吉州廬陵（今江西吉安）人。是北宋著名的政治家、文學家、史學家。工書法，“筆勢險勁，字體新麗，自成一家”。（蘇軾語）所著《集古錄跋》及其對書法的一些理論見解，對當時及後世均有極大影響。

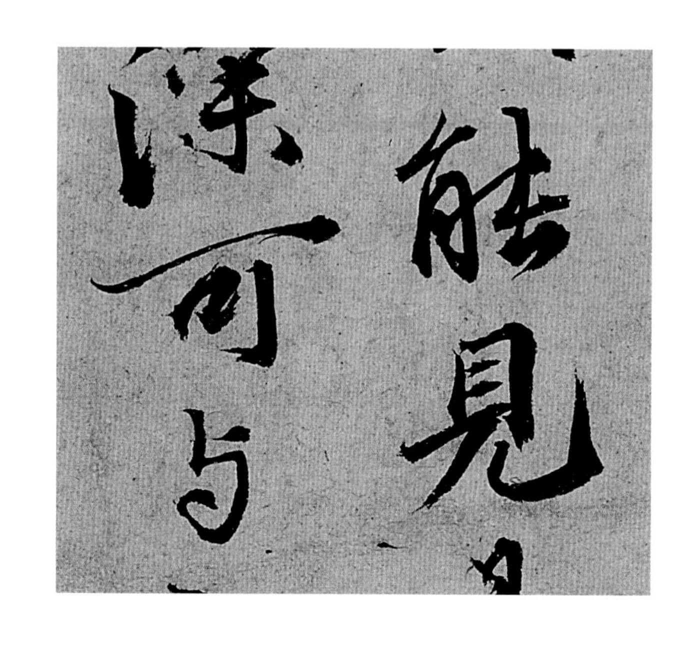

《灼艾帖》據有的學者考證，是歐陽修寫給自己的學生焦千之的，對其身體狀況表示了關心。帖中提到的“學正”，即太學正，是京師國子監中掌管學行、學規的官員。嘉祐元年前後，焦千之曾任此職。“灼艾”即針灸。帖後附明代李東陽、清代翁方綱跋。

此帖體現了歐陽修書法受唐人歐陽詢、顏真卿二家影響，結體有顏書的寬綽，筆勢具歐書的險勁。此外，他在書寫工具方面，如筆、墨的運用上，也有嗜好，即蘇軾所說的：“用尖筆乾墨作方潤字，神采秀發，膏潤無窮”。書寫此帖時，工具似不太應手，未能盡展所長。

鑑藏印記：“吳郡張□”（白文）、“仲□”（朱文葫蘆形）、“世昌”（朱文半印）、“儀周鑑賞”（白文）、“德量審定”（朱文）、“江德量鑑藏印”（朱文）、“希逸”（白文）。外套明紙上有項元汴諸印，係後配入。

歷代著錄：《墨緣彙觀》。

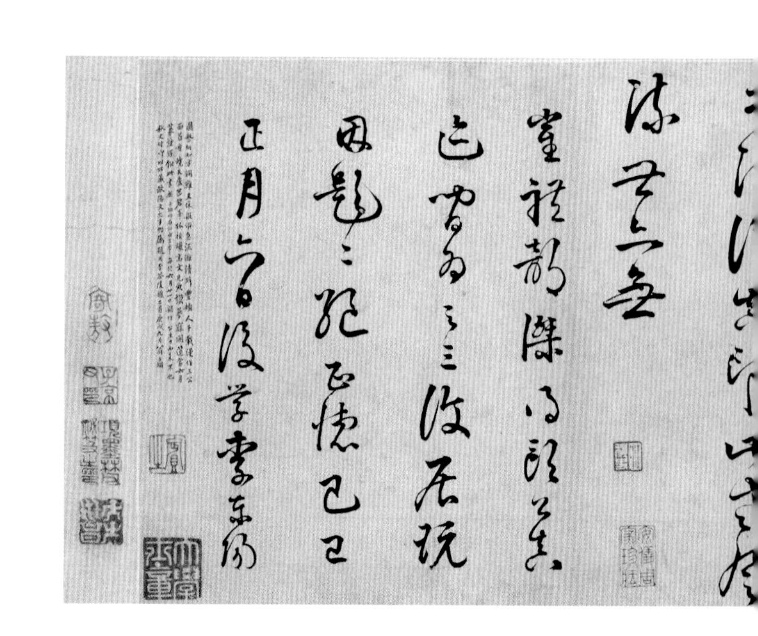

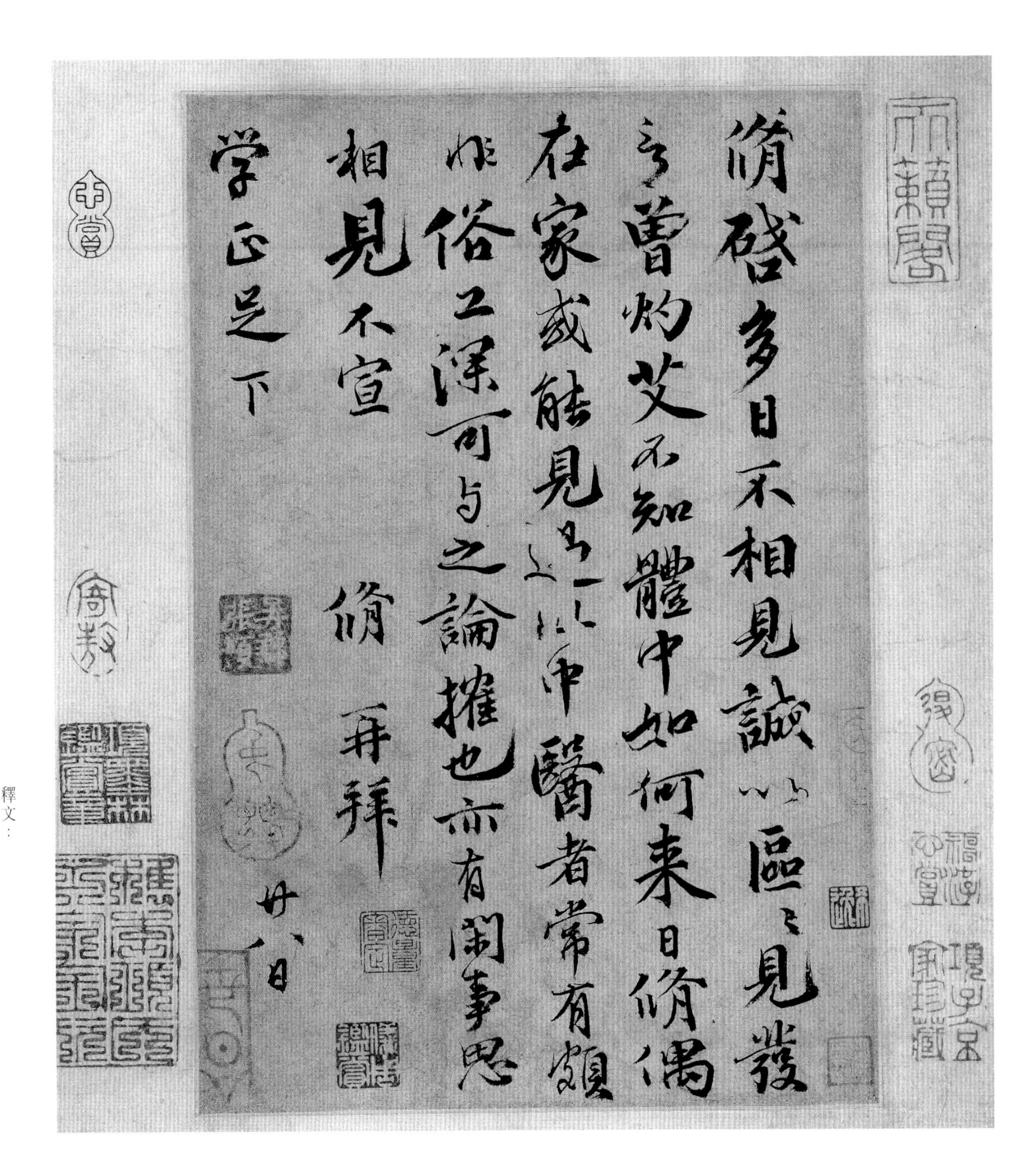

釋文：
修啟：多日不相見，誠以區區，見發
言曾灼艾，不知體中如何。來日修偶
在家，或能見過，此中醫者常有，頗
非俗工，深可與之論推也。亦有閒事，思
相見。不宣。修再拜
學正足下　廿八日

9

蔡襄　楷書虛堂帖頁
紙本　楷書
縱22.6厘米　橫16厘米
清宮舊藏

Xu Tang Tie in regular script
By Cai Xiang
Leaf, ink on paper
H. 22.6cm　L. 16cm
Qing court collection

蔡襄(1012—1067)，字君謨，北宋興化仙遊(今屬福建)人。曾知開封府、泉州、福州、杭州等。詩文、書法在當時享有很高的聲譽，書法更被稱為本朝第一。以行、楷書成就最高，與稍後的蘇軾、黃庭堅、米芾並稱“宋四家”。

“虛堂詩”見於《蔡端明文集》，詩題為“漳州白蓮寺僧要見遺紙扇，每扇各書一首”，詩共十首，這是最後一首。漳州，即今福建漳浦。北宋慶曆七年(1047)，蔡襄曾在此地做軍事判官，詩應作於是時，年約三十五歲。帖中間有裁接痕，四角微去呈圓形，疑即從團扇上拆下，為初書原件。清代中期，此帖曾一度被誤作李建中書，後經徐邦達先生考證為蔡襄作品。

此帖在蔡襄傳世作品之中，為紀年最早者，因此在藝術上顯示功力的成分較多，個人風格面貌尚不十分明顯。結體厚重、嚴謹，筆法、點畫豐肥拙澀，富於彈性，十分接近顏真卿，而與蔡氏後來遒潤疏宕的風格有所不同。

鑑藏印記：“周伯溫氏”(白文)、“吳孟思氏”(朱文)、“黃鐖之印”(白文)、“軍假司馬”(白文)、“子孫世昌”(白文)、“臣祚”(朱白文)、項元汴諸印、“梅壑”(朱文)、“宋犖審定”(朱文)、“素蕣”(朱文)。

歷代著錄：《平生壯觀》、《石渠寶笈初編》。

釋文：
虛堂永晝來風長，
石枕竹簟生清光。
文園肺渴厭煩熱，
更要夫君在側傍。

雪堂永晝来風長
石枕竹簟生清光
文園肺渴厭煩熱
更要夫君在側傍

10

蔡襄　行書自書詩卷

紙本　行書
縱28.2厘米　橫221.2厘米
清宮舊藏

Zi Shu Shi in running script
By Cai Xiang
Handscroll, ink on paper
H. 28.2cm　L. 221.2cm
Qing court collection

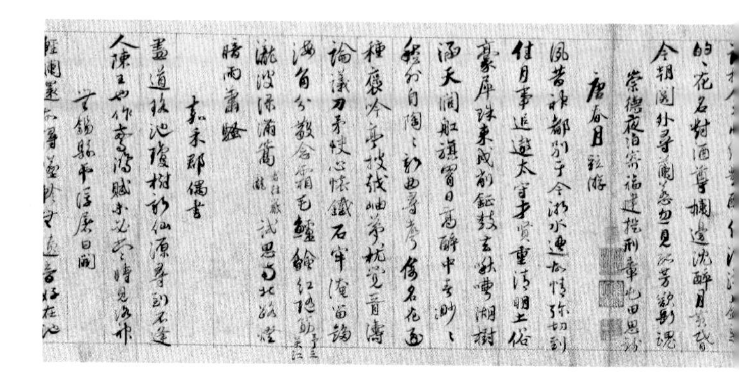

《自書詩卷》是蔡襄詩稿的一部分，共錄寫五言、七言詩十一首。由詩的內容可知，是其罷福建轉運使，召還汴京"復修起居注"時，在北歸路上所作。約為北宋皇祐三年(1051)，蔡氏年約四十歲。此卷第三首詩題下，有"此一篇極有古人風格"批語一行，卷後楊時跋稱是蔡氏好友歐陽修所書。卷尾另有宋代蔡伸、楊時、張正民、蔣璨、向水，元代張雨、張樞，明代陳樸、匡山甶翁、胡粹中，清代王文治及近人朱文均跋。

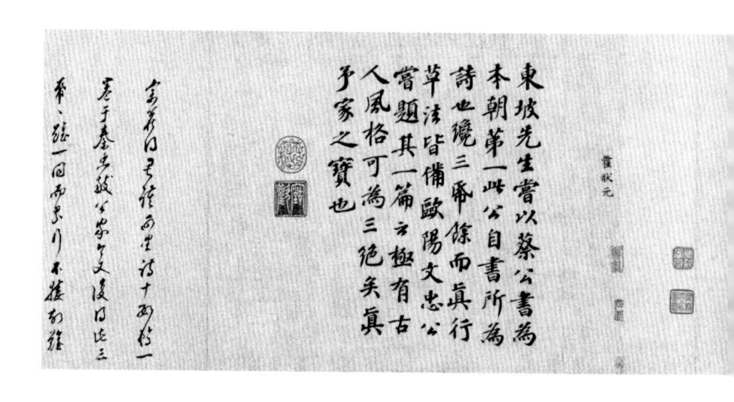

此帖代表了蔡襄中年時期成熟的風格面貌，是他的代表傑作。其在藝術上最突出的特點是不刻意求工，風格自然瀟灑。書卷開始行中帶楷，越寫越流暢，漸變為行草，最後揮灑成了小草，充分展示了蔡襄天然精美，毫不做作的書藝。從書寫的背景看，此卷也可稱是"五合交臻"。首先，蔡氏書寫此卷時，有着很好的心境，不僅仕途上"得意"，而且身心上"閒適"；其次，書學造詣日臻完美，已經擺脫了早期作品中的肥拙習氣，而一變為清健圓潤；另外，這件作品完全是為自己寫的，思想上沒有任何拘束掛礙。此作的後半段尤為精彩。

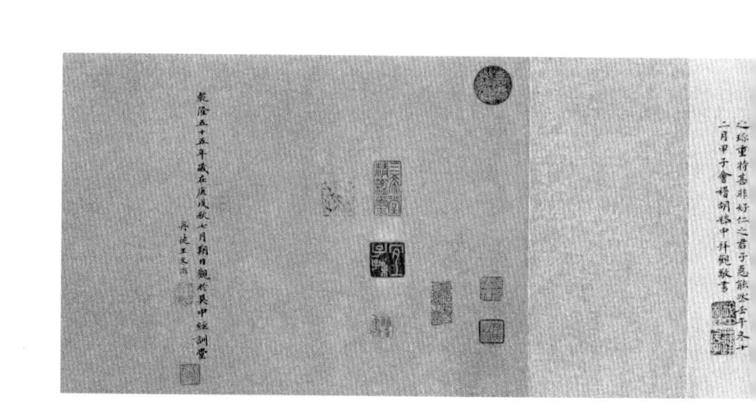

鑑藏印記："賈似道圖書子子孫孫永寶之"(朱文)、"賈似道印"(朱文)、"似道"(朱文)、"長"(朱文)、"悦生"(朱文)、"□林向水"(白文)、"武岳王圖書"(朱文)、"管延枝印"(朱文)、梁清標諸印，清嘉慶內府諸印。

歷代著錄：《珊瑚網書跋》、《吳氏書畫記》、《平生壯觀》、《石渠寶笈三編》、《選學齋書畫寓目續記》、《壬寅銷夏錄》。

(詳見附錄)

詩之三

皇祐二年十二月[illegible]

南劍州芋陽鋪見臘月桃花

可笑夭桃耐雪風，山家牆外見疏紅。為君持酒一相向，生意雖殊寂寞同。

書戴氏士屋壁

長間隆雄來北還，勢到合下方迴旋。三世白士猶醉眠，山翁作善天應憐。如彼農家今流泉，兒孫何較鷹馬然。有起家者至其間，類為省考世窮年。

題龍紀僧居室 [illegible]

山僧九十五，行是百年人。焚香猶夜起，意酒見天真。生平持戒定，老大有精神。耶知不變者，耶滅故時新。

題南劍州延平閣

雙溪會一流，新橋橫斜豬。浮居紫霄倚，臥影澄以下。峽深風力豪，石隨湍聲萬。古劍鑿神龍，開帆來陣馬。時見轉群山，翠色看萬瓦。汀洲生芳香，草樹自閑冶。主郡黃士安，高文勇板弓。顧我久疏悴，霜鬢衛盈把。臨津張廣筵，窮晝傳清觴。舞舞鸞鷺浪，毅歌扇梢雪。卷將餘遂晚，景暮喧外。迷空野曾是，俗游人竟寔亦蕭灑。

自漁梁驛至衢州大雪有懷

大雪壓空野，延車抵遠行。坤和一色，晝夜忽通明。有物皆遷白，無塵於覺清。只看流水在，却喜亂山平。逐處飄飄乾，投花點點輕。玉樓天上出，銀闕海中生。釋抱溶態閑，稍添潑慘容。爐何暇煖，宮醅未能醒。薄吹飄消盡，凍醪暢曉晴。更登多景嶺，南望不勝情。

福州寧越門外石橋看西山晚照

寧越門前路，歸鞍駐石梁。西山氣色好，晚日正相當。

杭州[illegible]寺西軒見芍藥[illegible]

[illegible]

《自書詩卷》之一

[illegible]

輕瀾還自淨，[illegible]

[illegible]

即惠山泉煮茶

此泉何以珍，適與真茶遇。在物兩稱絕，於予獨得趣。鮮香筯下雲，甘滑杯中露。當能變俗骨，豈特湔塵慮。晝靜清風生，飄蕭入庭樹。中含古人意，來者庶冥悟。

蔡狀元

政和二年六月二十三日子之子伸敬觀

端明蔡公詩藁，玄此一篇極有古人風格者，歐陽文忠公所題也。二公齊名一時，其文章皆足以垂世傳後。端明又以翰墨擅天下，片言寸簡落筆，人爭藏之以為寶，況盈軸之多而兼有二公之手澤乎。覽之彌日不能釋手，因書於其後。政和丙申夏四月癸未延平楊時書

君謨妙畫如此，詩詞稱之，宜乎為歐公所譽。二公所謂陪奉湯着也。張正民題

君謨字畫名世，每自書所作詩不[illegible]

《自書詩卷》之二

[illegible]

蔡君謨書深得魏晉之意，深穩端潤，非近時怒張筋脈、屈折生柴之態，且其詩極有古人風致。識卷二絕。吳郡張天雨題

端明蔡學士書翰文藻，與歐陽公並驅，概壁稱譽當世。歐公親題是作，謂有古人風格，龜山先生道學先賢，亦推獎之，信不誣也。去公今五百有餘歲，片楮在人間者無幾矣，以恒宜寶惜之。林泉老生陳留張[illegible]拜觀

華亭陳彥高平生以好古自喜，年已八十，家無餘貲，而所藏蔡端明手書自為詩，及宋諸儒先題識，凡一卷，猶存。它日命其子以相示，展玩再四，因念先哲身殁名傳者，有其實也。握筆如愧矣，顧為同志言之。後學奉化陳朴敬書

[illegible]藏宋學士[illegible]士自書其作凡十有一首，字畫清勁，識一代名筆，如[illegible]星秋月輝映太虛。當時[illegible]龜山先生作有品題，[illegible]希世之寶也。夫自皇祐之[illegible]流傳[illegible]載，非好古博雅之君子孰能出而寶之乎？[illegible]

昔者孔子讀詩至高山仰止，景行行止，曰：詩之好仁如此。蓋高山景行，人自不能不仰之行之耳。蔡公君謨文翰有名一代，此其自書[illegible]

《自書詩卷》之三

霜髭漸盈把臨津恨廣筵窮
晝傳清興舞叢驚浪斷歌
扇燒雲遮曙餘道晚霽望外
迷空野曾是從遊人意應亦蕭洒

自漁梁驛至衢州大雪有懷

大雪壓空野征車猶遠行乾坤
初一色晝夜忽通明有物皆遷白
無塵頓覺清只看流水在方喜
見山平騰凌飄飄起投花點點輕
玉樓天上出銀闕海中生舞極搖
溶態閑餘淅瀝聲客爐何暇
煖宮酤未能醒落吹飄消春
凍新暘破曉晴更登千疊嶺
南望不勝情

福州寧越門外石橋看西山晚照

寧越門前路歸鞍駐石梁西山氣
色好晚日正相當

杭州臨平精嚴寺西軒見芍
藥兩枝追想吉祥院賞花慨

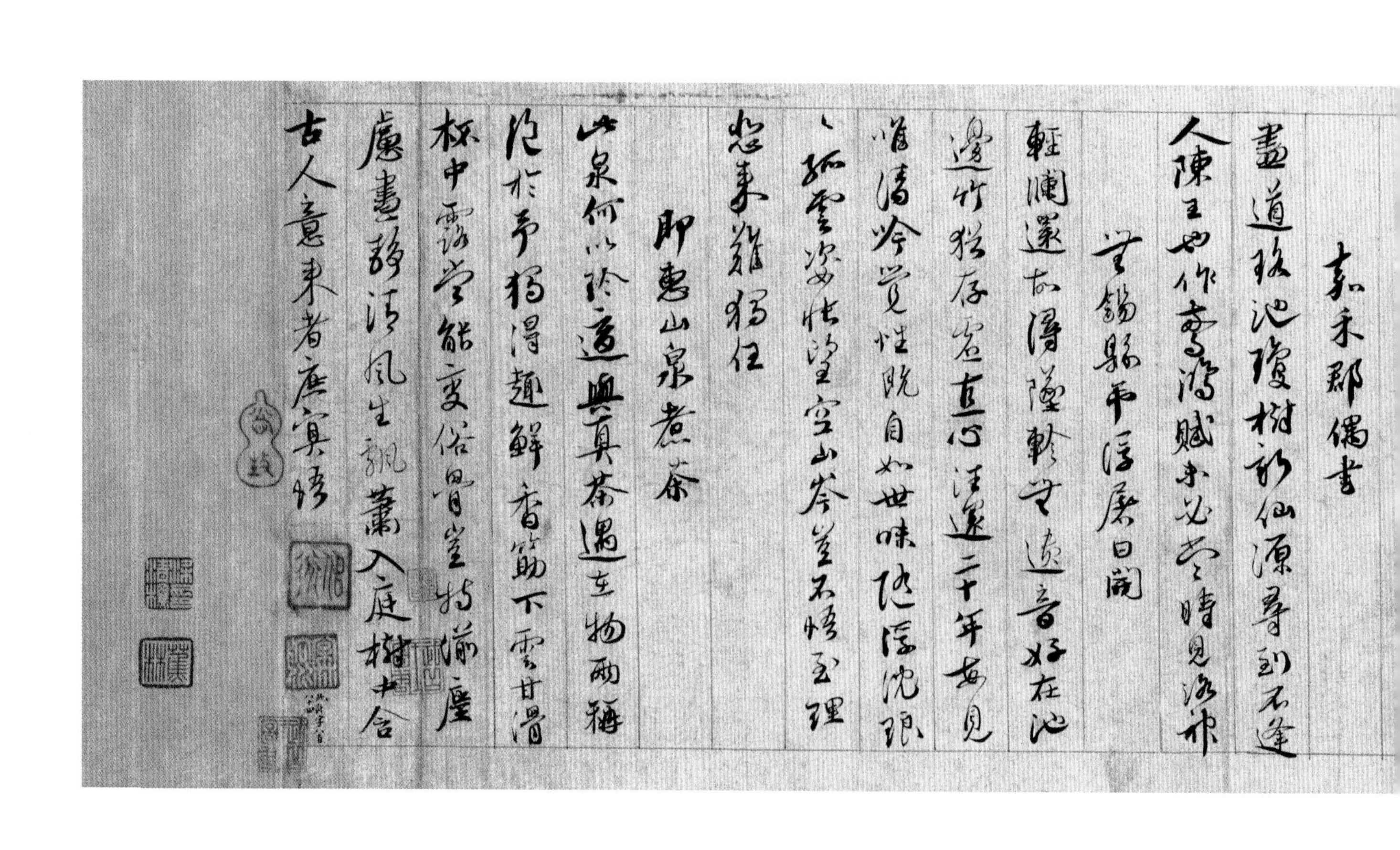
嘉禾郡偶書

畫舸還池瓊樹新仙源尋到不逢
人陳王也作驚鴻賦未必當時見洛神

無錫縣西浮屠日閑

輕瀾還故灣渴騎遠音好在池
邊竹猶存當直心江逐二十年每見
惟清吟覺性既自如世味隨浮沈瑕
瑕孤雲姿性望空山茶當不悟至理
必來難獨任

即惠山泉煮茶

此泉何以珍適與真茶遇在物兩稱
絕於予獨得趣鮮香箸下雲甘滑
杯中露當能變俗骨豈特湔塵
慮晝靜清風生飄蕭入庭樹中含
古人意來者庶冥悟

詩之三

南劍州芋陽鋪見臘月桃花

可笑夭桃耐雪風山家墻外見疏紅
為君持酒一相向生意雖殊寂寞同

書戴處士屋壁

長岡隆雄來北邊勢到舍下方迴旋
三世白士猶醉眠山翁作善天應恰
如彼發源今流泉兒孫何數鷹馬然
有起家者出其間鎮爲壽考世窮年

題龍紀僧 居室

山僧九十五行是百年人焚香猶夜起
意酒見天真生平持戒定老大有
精神耶須知不憂者耶滅故時新

題南劍州延平閣

雙溪會一流新橋橫鮮赭浮居紫
霄窗臥影澄川下峽深風力豪石
蹐湍聲瀉古劍蟄神龍商帆
來陣馬時光轉群山翠色著萬

然有感書呈龐才翁四首

吉祥亭下萬千枝看盡將開欲落
時却是雙紅有深意故留春色綴人思
烘簾凝照自生光吹面輕風與送香
誰把金刀收絕艷醉紅深淺上釵梁
的的花名對酒尊欄邊沈醉月黃昏
今朝閬外尋蘭蕙忽見殘芳欲斷魂

崇德夜泊寄福建提刑章屯田思詩

唐 春月 絃游

風昔神都別于今湘水連故情弥切到
佳月事追遊太守才賢重清明土俗
豪犀珠來成前鉦鼓喧嘩湖樹
涵天闊舡旗罥日高醉中長渺渺
歸路自陶陶新曲尋常聽名花遍
種褒吟來披我袖斗枕覺音濤
論議刀矛快心懷鐵石牢淹留鋤
海角分數念霜毛鑑鏡紅綢筋

11

蔡襄　行書紆問帖（詩札冊之一）

紙本　行書
縱26.7厘米　橫28.7厘米
清宮舊藏

Shi Zha Ce
By Cai Xiang
Album of seven leaves, ink on paper
Qing court collection
Leaf one (No.1):
Yu Wen Tie in running script
H. 26.7cm　L. 28.7cm

《詩札冊》是蔡氏傳世墨跡中非常著名的作品，共八帖，冊後有元、明人倪瓚、袁凱、陳文東、陳廸四家跋文或觀款。《紆問帖》係致友人的一通私函，沒有上款。從書法判斷，此帖在《詩札冊》中寫作時間最早，風格介於《虛堂帖》與《自書詩卷》之間，既有前者點畫肥拙的特點，也有後者筆法趨於流暢的傾向，是蔡襄書法由早期向中期過渡的作品。書寫時間可能是皇祐三年被召還汴京之後。帖中所謂"新第"，似是指還京後的新居。

鑑藏印記："項篤"（白文半印）、"李"（朱文半印）、"耐軒寓意"（白文）等印，安岐諸印。

歷代著錄：《清河書畫舫》、《真跡日錄》、《郁氏續書畫題跋記》、《珊瑚網書跋》、《吳氏書畫記》、《式古堂書畫彙考》、《平生壯觀》、《大觀錄》、《裝餘偶記》、《墨緣彙觀》、《石渠寶笈三編》。

釋文：
襄啟：中間承勞紆問，
適會疾未平，殊不知
從容。示書兩通，知
煩指幹。新第有未
備，且與鐍鑰，卻候
別作一番並了之。四人
園子，只與門下每人一
間，園中地分與四人分
種，要他栽種也。不一一。襄
奉書　五日

12

蔡襄　草書入春帖（詩札冊之二）
紙本　草書
縱30厘米　橫41.1厘米
清宮舊藏

Shi Zha Ce
By Cai Xiang
Album of seven leaves, ink on paper
Qing court collection
Leaf two (No.2):
Ru Chun Tie in cursive script
H. 30cm　L. 41.1cm

《入春帖》是寫給"公綽"的。公綽姓葛，是蔡襄的朋友或親戚（見《蔡端明文集》卷二八《葛氏草堂記》）。帖中又有"今又蒙恩復供舊職"之語，考蔡氏生平，他"復供舊職"只有"修起居注"，初次在慶曆三年，"以秘書丞集賢校理知諫院兼修起居注"。後在皇祐三年，奉詔至京，"判三司鹽鐵勾院復修起居注"。此帖應作於皇祐三年初春，其實還在北行的路上，蔡襄時年四十歲。

此帖是《詩札冊》中唯一的草書作品。筆畫頗為優雅、精緻，但也略嫌拘束並缺乏開闊。風格上承襲前代的成分較多，遠不及他的行、楷書個性鮮明。難怪同時代的歐陽修、蘇軾都異口同聲地將蔡氏草書成就排在其諸體書的最後。

鑑藏印記："項篤壽印"（白文）、安岐諸印。

歷代著錄：同《紆問帖》。

釋文：
襄啟：入
春以來，
屬少人
便，不得
馳書
上問，唯
深瞻想。
日來氣候
陰晴
不齊，計
安適否，
貴屬亦平
寧。
襄舉室吉
安。去冬
大寒，出
入感冒，
（積）
勞百病交
攻，難可
支持，雖
入文字，力
求丐祠，
今又蒙
恩，復供
舊職。
恐知，
以為信。專
前者銅雀
臺瓦
研，十三
兄欲得
之，可望
寄與，旦
夕別尋端
石奉送
也。正月
十八日
公綽仁弟
足下

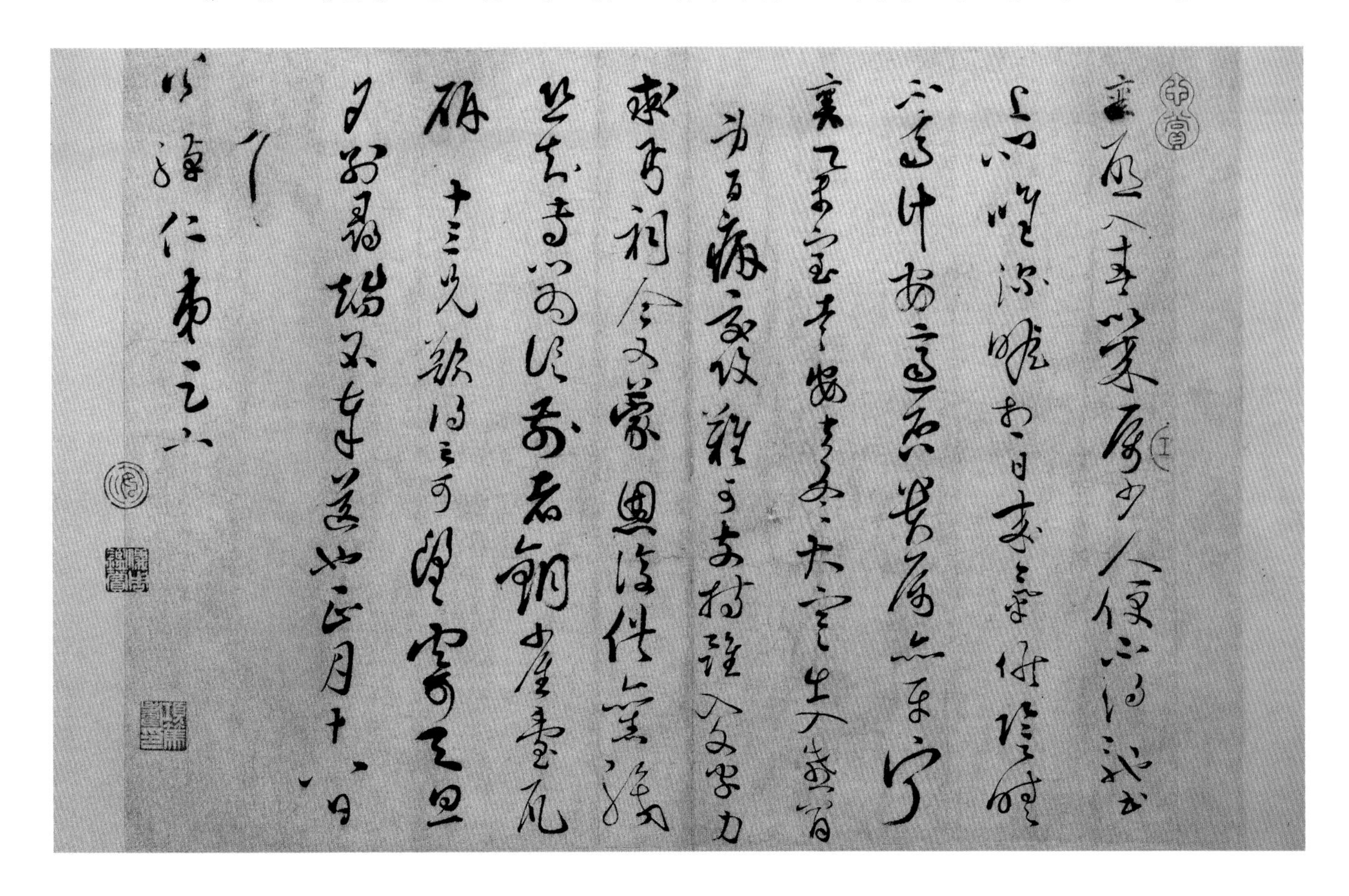

13

蔡襄　行書京居帖（詩札冊之三）

紙本　行書
縱27.2厘米　橫32厘米
清宮舊藏

Shi Zha Ce
By Cai Xiang
Album of seven leaves, ink on paper
Qing court collection
Leaf three (No.3):
Jing Ju Tie in running script
H. 27.2cm　L. 32cm

此帖是寫給友人的私函。其中提到“京居鮮暇”，可以推知它應作於北宋至和二年（1055）之前，因為同年的六月，蔡氏即罷知開封府，又出知泉州了。此時，蔡襄約四十三歲，論書法也符合其中年書法的特點，風格清健圓潤，後半部行中帶草，更具特色。

鑑藏印記：“項篤壽印”（白文）、安岐諸印。

歷代著錄：同《紆問帖》。

釋文：
襄啟：去德于
今，蓋已洊歲，
京
居鮮暇，無因致
書，第增馳系。
州校遠來，特承
手牘，兼貽楮
幅，感戢之極。
海瀕多暑，秋氣
未清，
君侯動靖若何。
眠食自重，以慰
遐想。使還，專
此為謝，不一
一。襄頓首
知郡中舍足下
謹空　九月八日

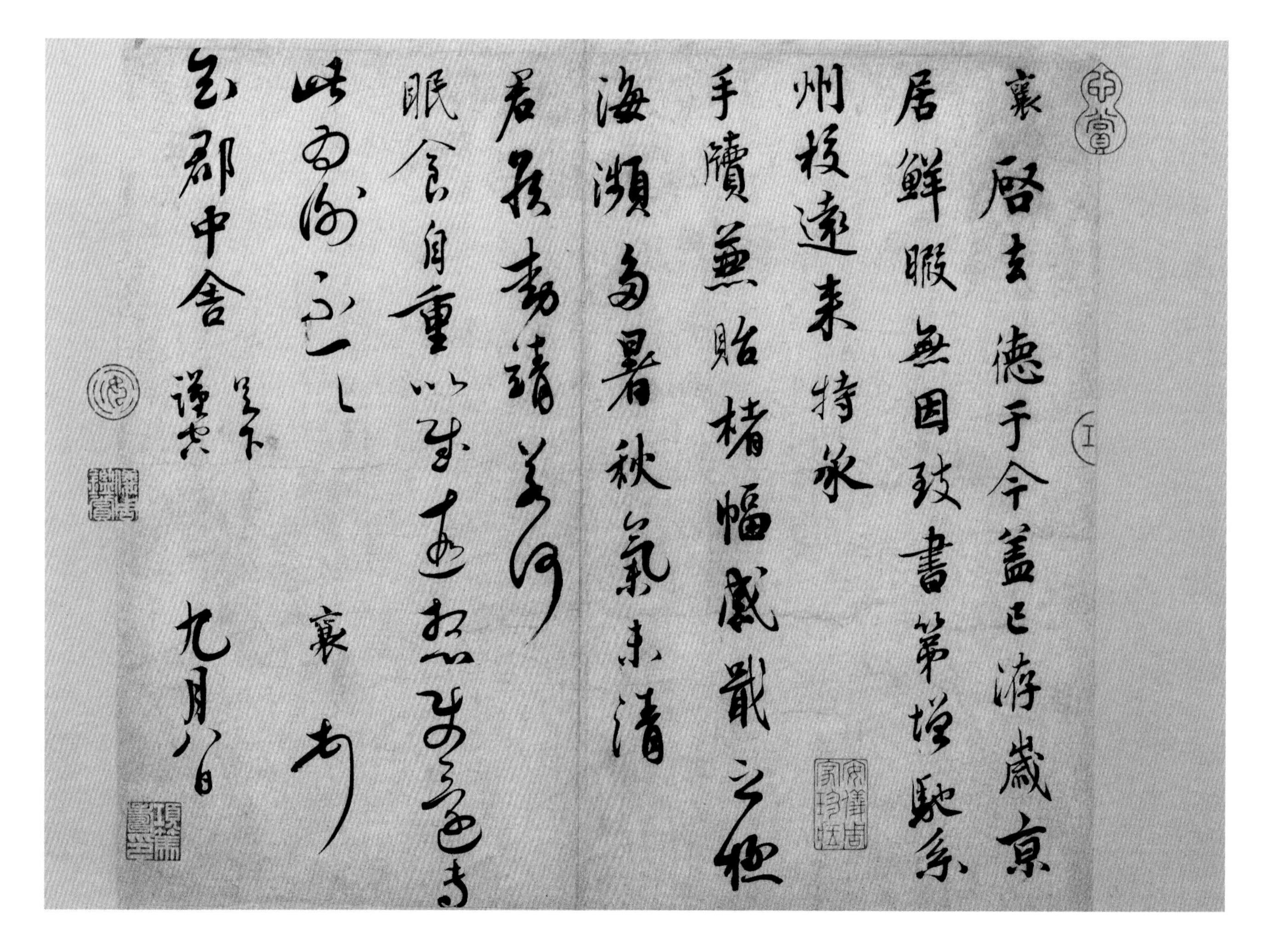

14

蔡襄　　楷書門屏帖（詩札冊之四）

紙本　楷書
縱27.8厘米　橫16厘米
清宮舊藏

Shi Zha Ce
By Cai Xiang
Album of seven leaves, ink on paper
Qing court collection
Leaf four (No.4):
Men Ping Tie in regular script
H. 27.8cm　L. 16cm

《門屏帖》是寫給"推官呂君"的。推官是郡佐。據陸游《老學庵筆記》載："士大夫交謁祖宗時用門狀。""元豐後又盛行手刺，前不具銜，上云：某謹上謁某官，某月日，結銜姓名。"蔡襄此帖，即所謂的"刺"或"狀"，為這種文體提供了實物例證。作品係用法度嚴謹的楷書寫成，風格與《持書帖》很接近，可能是其知開封府時所書。

鑑藏印記："圖書"（朱文半印）、"張鏐"（白文）、"安儀周家珍藏"（朱文）、"心賞"（朱文）。

歷代著錄：《平生壯觀》、《裝餘偶記》、《墨緣彙觀》、《石渠寶笈三編》。

釋文：
襄顓詣
門屏陳謝
推官呂君。
九月日襄上謁

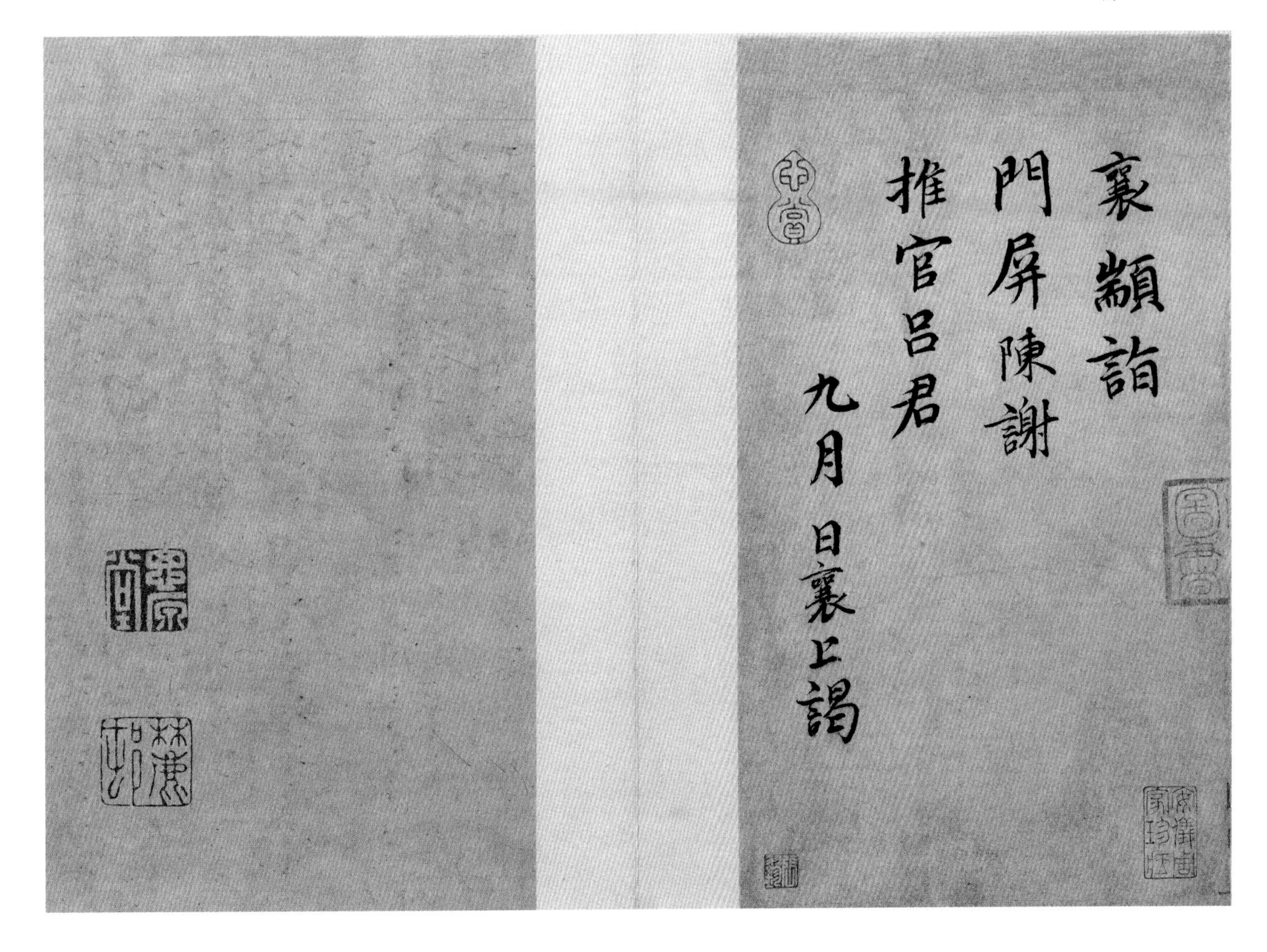

15

蔡襄　行楷書蒙惠帖（詩札冊之五）

紙本　行楷書
縱22.7厘米　橫16.5厘米
清宮舊藏

Shi Zha Ce
By Cai Xiang
Album of seven leaves, ink on paper
Qing court collection
Leaf five (No.5):
Meng Hui Tie in running-regular script
H. 22.7cm　L. 16.5cm

《蒙惠帖》是寫給"公謹太尉"的。公謹是李端願的字。上款稱"太尉"，其時應在治平年中李端願拜武康軍節度使，知相州之後(見《宋史》)。那時李氏除醴泉觀使"奉祠"閒居在汴京。當時蔡襄任翰林院學士，權三司使，兩人常有往來。北宋治平二年(1065)，蔡襄即赴任杭州，此札當寫於此時，年約五十三歲。

此帖是蔡襄晚年作品，風格除保持了中年時期筆法流暢圓潤的特點外，又增添了些端謹和沉穩。結體更縝密，寬綽適度，輕重緩急、頓挫轉折的運用更為自如，顯示出鮮明的個人風格和嫻熟的藝術技巧，是其書札中的傑出之作。

鑑藏印記："項篤"(白文半印)、"儀周鑑賞"(白文)、"心賞"(朱文)。

歷代著錄：同《紆問帖》。

釋文：
蒙惠水林檎花，多感。天氣暄和，
體履佳安。襄上
公謹太尉左右

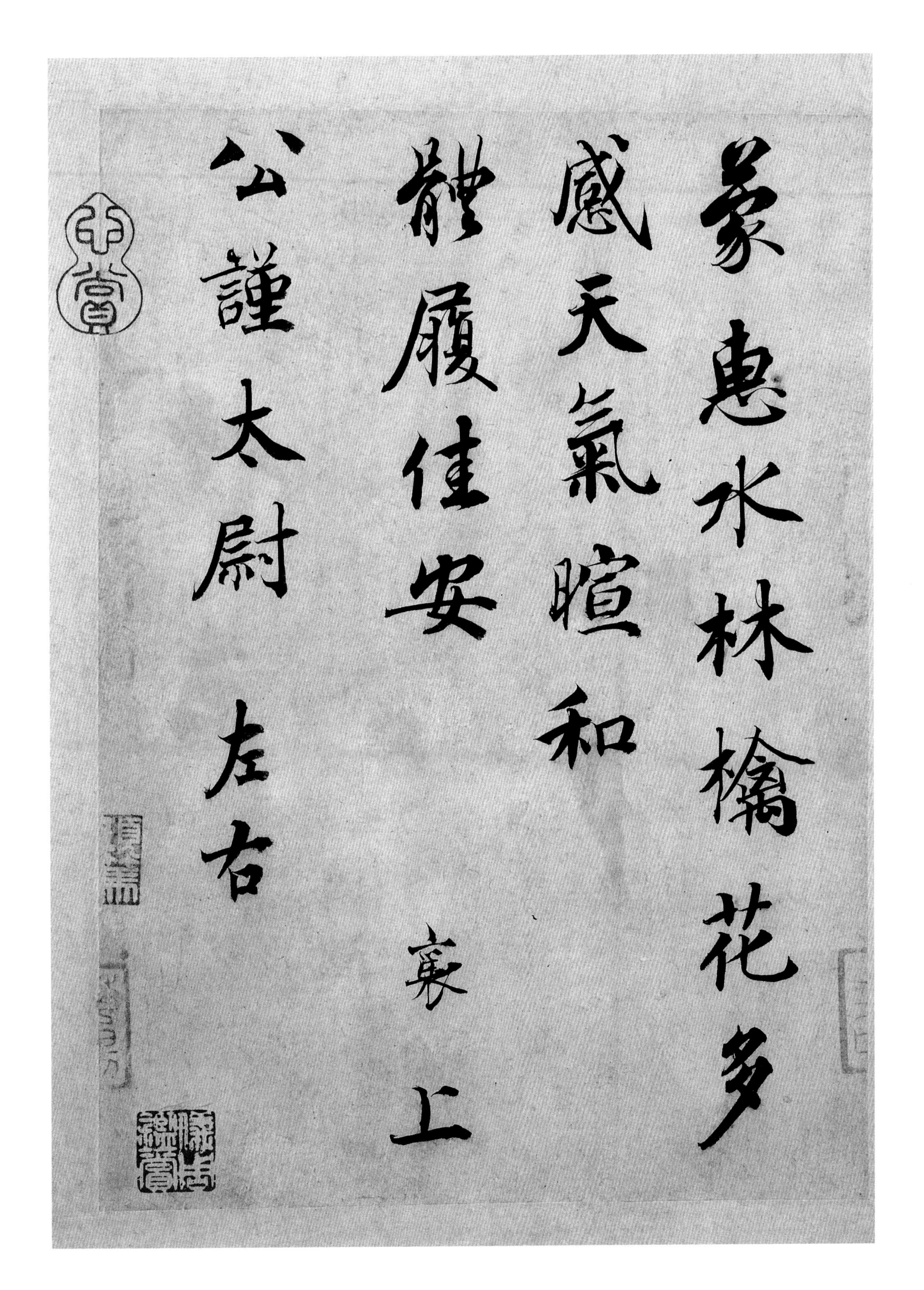

蒙惠水林檎花多
感天氣暄和
體履佳安　襄上
公謹太尉左右

16

蔡襄　行書扈從帖（詩札冊之六）

紙本　行書
縱23.3厘米　橫21.3厘米
清宮舊藏

Shi Zha Ce
By Cai Xiang
Album of seven leaves, ink on paper
Qing court collection
Leaf six (No.6):
Hu Cong Tie in running script
H. 23.3cm　L. 21.3cm

和《蒙惠帖》一樣，此帖也是蔡襄治平元年到二年赴任杭州之前，在汴京寫給李端願的。兩帖書法風格極接近，均為蔡氏書札中的精品。

鑑藏印記："口易"（朱文半印）、"曹溶之印"（朱文）、"安儀周家珍藏"（朱文）、"心賞"（朱文）。

歷代著錄：同《門屏帖》。

釋文：
襄拜。今日扈從徑歸，風寒
侵人，偃臥至晡，蒙
惠新萌，珍感，珍感。帶胯數
日前見數條，殊不佳。候有
好者，即馳去也。襄上
公謹太尉閤下

襄拜令日扈從徑歸風寒
侵人偃臥至晡蒙
惠新萌珍感〃帯胯數
日前見數條殊不佳他〃
好者即馳去也
襄上
公謹太尉閣下

17

蔡襄　行書山堂帖（詩札冊之七）

紙本　行書
縱24.8厘米　橫26.7厘米
清宮舊藏

Shi Zha Ce
By Cai Xiang
Album of seven leaves, ink on paper
Qing court collection
Leaf seven (No.7):
Shan Tang Tie (Shan Tang Hall) in running script
H. 24.8cm　L. 26.7cm

《山堂帖》又稱《丙午三月帖》，錄自作七言絕句二首，詩分別作於丙午三月十二日、十三日，書於同月十五日。“丙午”即治平三年(1066)，蔡襄五十五歲，正在杭州任上。帖中提到的“山堂”、“吉祥院”均在杭州。

此帖是蔡襄晚年的作品，筆法凝重沉穩，點畫圓潤姿媚。蔡氏一生於顏真卿書研習最深，這在其早、晚年的作品中最為明顯，但其晚年作品不像早年那樣比較單純地描摹顏書點畫的表面效果，而是把顏書的精神完全融化在自已的氣質之中，《山堂帖》正是這樣一件“歸於淳淡婉美”之作。

鑑藏印記：“項”(朱文)、“項篤”(朱文半印)、“古香書屋”(朱文)、“朝鮮人”(白文)、“安岐之印”(白文)、“安儀周家珍藏”(朱文)，清乾隆、嘉慶、宣統內府諸印。

歷代著錄：同《紆問帖》。

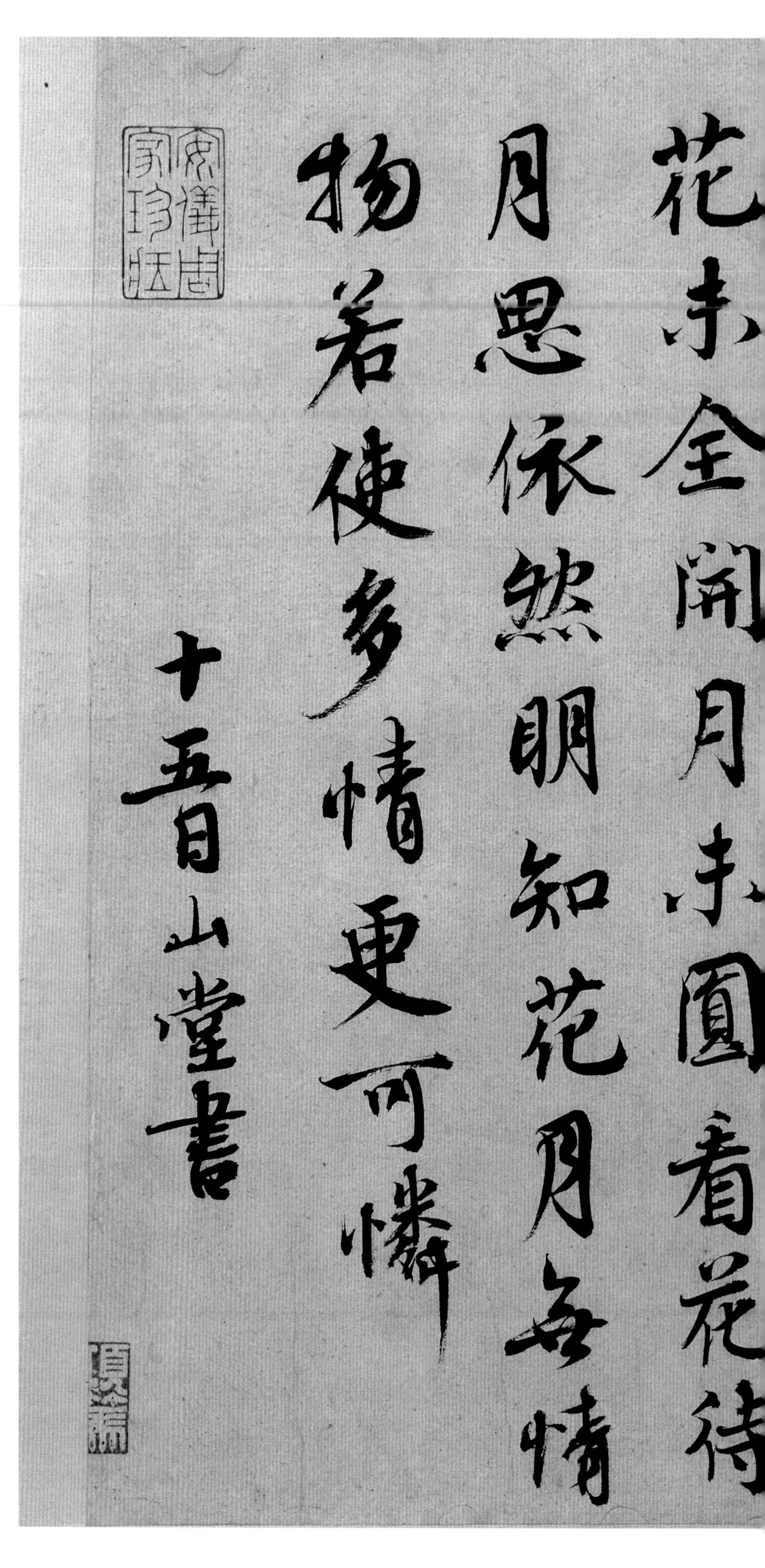

釋文：
丙午三月
十二日晚
欲尋軒檻倒清樽，江上煙
雲向晚昏。須倩東風吹散
雨，明朝卻待入花園。
十三日吉祥院探花
花未全開月未圓，看花待
月思依然。明知花月無情
物，若使多情更可憐。
十五日山堂書

丙午三月

十二日晚

欲尋軒檻倒清樽江上烟

雲向晚醫須倩東風吹散

雨明朝却待入花園

十三日吉祥院探花

18

蔡襄　行楷書持書帖頁
紙本　行楷書
縱27.2厘米　橫57.4厘米
清宮舊藏

Chi Shu Tie in running-regular script
By Cai Xiang
Leaf, ink on paper
H. 27.2cm　L. 57.4cm
Qing court collection

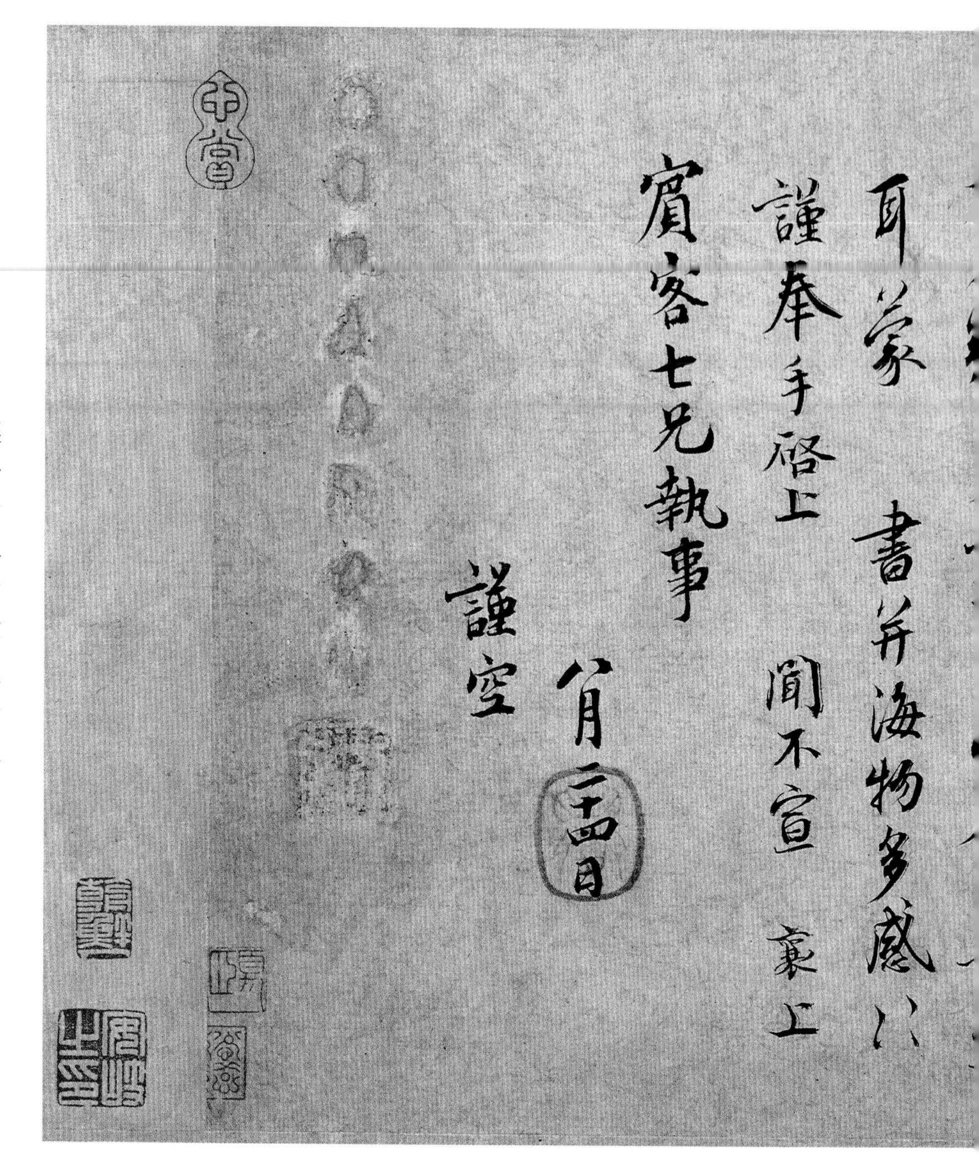

《持書帖》係蔡襄致友人的一通尺牘，內容談到自己的身體狀況欠佳。蔡襄在至和、嘉祐年間知泉州、福州時身體確不太好，這在他知福州時所上的《辭翰林學士知開封府狀》中談到，與此帖中提到的身體情況相吻合。因知是帖應作於福州任上，並且到任不久，飲食尚未習慣。蔡襄知福州在至和三年（1056）六月，此帖的“八月二十四日”或即在本年，時年四十五歲。此帖入清內府後收在《法書大觀》冊中。帖前乾隆璽印及帖後乾隆帝題語“淳澹婉美，玉潤金生”皆被刮去。

此帖代表了蔡襄書法成熟階段的特點。結體、點畫端素持重，一絲不苟，已經完全擺脱了早期肥拙的痕跡，而漸趨於圓潤，運用唐人的筆法已很嫻熟。黃庭堅説：“君謨真行簡札甚秀麗，能入永興之室”。指的應該就是這類作品。但因作者身體原因，此作在流暢疏宕上稍遜。

鑑藏印記：“知頤印記”（朱文）、“頤”（朱文）、安岐諸印。

歷代著錄：《式古堂書畫彙考》、《平生壯觀》、《墨緣彙觀》、《三希堂法帖》。

釋文：

襄啟：數日前遣使持書

棨戟之下，輒邀

行舸光臨弊境，計已通達

當直，未審

尊懷如何。惠然一來，殊為佳事。

病軀不常得安，多緣飲食而

致。山羊澀而無味，雖食不過三二

兩。魚鱉每食便作腹疾，以此氣

力不強。日久必須習慣，今未調適

耳。蒙書並海物，多感，多感。

謹奉手啟上聞。不宣。襄上

賓客七兄執事

八月二十四日

謹空

19

傅堯俞　行楷書蒸燠帖頁
紙本　行楷書
縱26.3厘米　橫17.3厘米

Zheng Yu Tie in running-regular script
By Fu Yaoyu
Leaf, ink on paper
H. 26.3cm　L. 17.3cm

傅堯俞（1024－1091），字欽之，北宋孟州濟源（今屬山東）人。早慧，十歲即能文章，未冠登進士第。曾官監察御史，因政見與王安石不合，出外任地方官員，後招為吏部尚書，兼侍讀，拜中書侍郎。

《蒸燠帖》是傅堯俞傳世墨跡孤品，係致友人應酬問候的短札。作品結體秀正方潤，筆法清峻峭拔，風格上保持了較多的宋初書法的特點。傅氏和大詩人、書法家蘇軾是好友，蘇氏現存的書法傑作《赤壁賦》卷即是寫給他的。因此，傅書應或多或少受到些蘇書的影響。

鑑藏印記："江德量鑑藏印"（朱文）、"南韻齋"（朱文）、"蓮樵成勛鑑賞書畫之章"（朱文）、"皇十一子成親王詒晉齋圖書印"（朱文）。

歷代著錄：《書畫鑑影》。

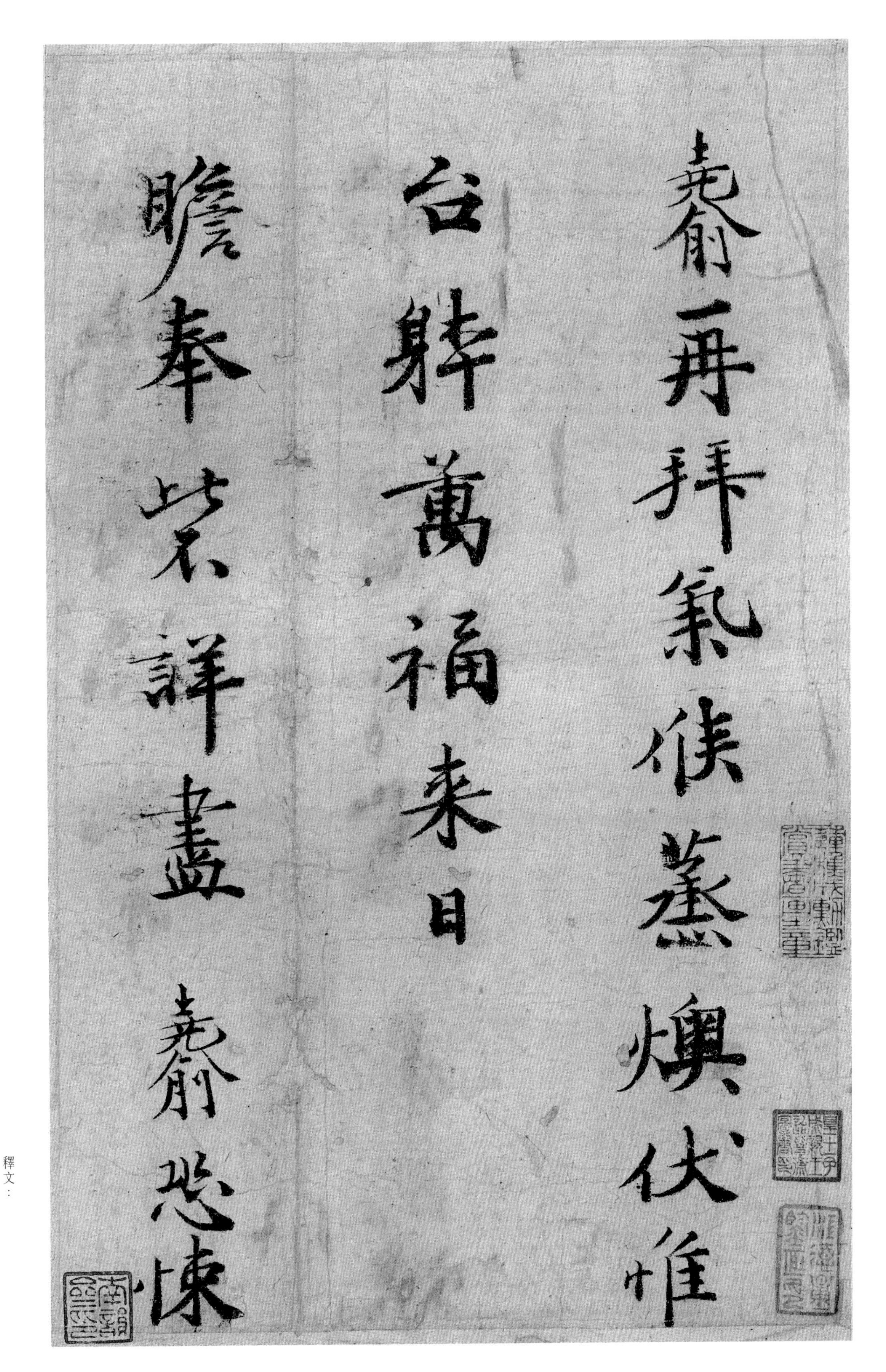

堯俞再拜氣候蒸燠伏惟
台體萬福來日
瞻奉此不詳盡　堯俞恐悚

釋文：
堯俞再拜。氣候蒸燠，伏惟
台體萬福。來日
瞻奉，此不詳盡。堯俞恐悚。

20

呂大防　行楷書示問帖

紙本　行楷書

縱27.4厘米　橫44.5厘米

Shi Wen Tie in running-regular script

By Lu Dafang

Ink on paper

H. 27.4cm　L. 44.5cm

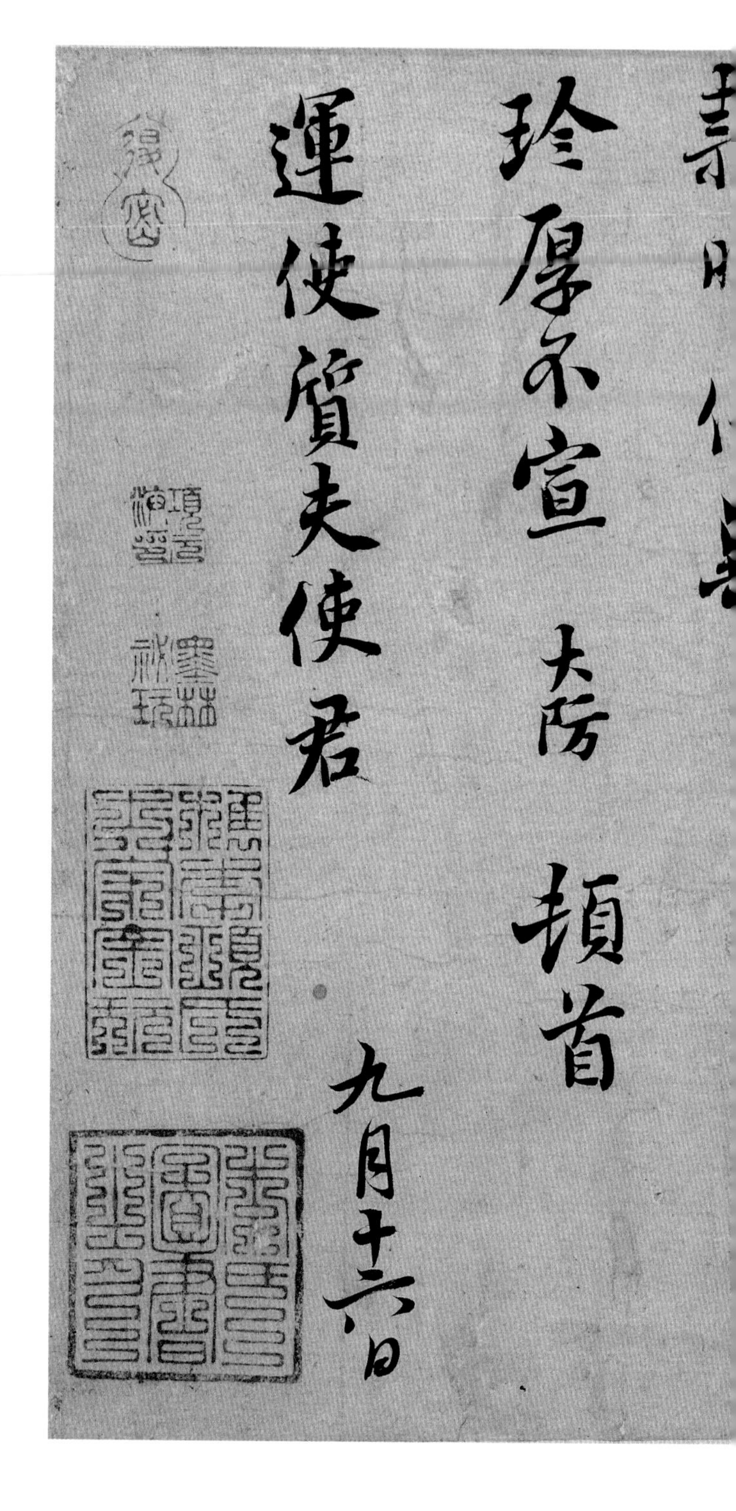
珍厚不宣　大防　頓首

九月十六日

運使質夫使君

呂大防(1027－1097)，字微仲，北宋京兆藍田(今陝西藍田)人。進士出身，曾任監察御史、翰林學士，尚書右丞，尚書左僕射，兼門下侍郎，與文彥博、范純仁、劉摯等同時執政，廢除王安石新法。工書，筆法謹厚。

《示問帖》是呂大防傳世極少的墨跡之一，是寫給"運使質夫使君"的信札。"質夫"是章楶的字。上款又稱"運使"、"使君"，據《宋史．章楶》本傳，知其曾官成都路轉運使，又江淮發運使，元祐初以龍圖閣直學士知慶州。北宋時慶州屬陝西路，而帖中恰又談及治陝事，故此帖當書於是時。又考呂大防本傳，"哲宗即位，招為翰林學士，權開封府"，時年約六十餘歲。此帖屬晚年手筆。

此帖點畫豐厚遒勁，結字、章法修長整飭，穩健有度。風格非常接近蔡襄，但缺乏蔡書中那種靈動而富有生氣的筆法和姿態，是一位以法度擅長的書家。

鑑藏印記："仁人義士之家"(朱文)、"李氏圖書之印"(朱文)、"神品"(朱文)、"天籟閣"(朱文)、"得密"(朱文)、"項元汴印"(朱文)、"墨林祕玩"(朱文)、"檇李項氏世家寶玩"(朱文)、"江德量鑑藏印"(朱文)、"王南屏印"(白文)、"玉齋"(朱文)。

歷代著錄：《吳氏書畫記》、《墨緣彙觀》。

釋文：
大防啟：亟辱
示問。欣承
臨部以還
動止佳福。陝於諸道為劇，利
害之形，有不可遽悉者，必煩
精思而後辨。未緣
款晤，倍冀
珍厚。不宣。大防頓首。
運使質夫使君　九月十六日

21

蔣之奇　行書北客帖頁

紙本　行書
縱25.5厘米　橫38.2厘米

Bei Ke Tie in running script
By Jiang Zhiqi
Leaf, ink on paper
H. 25.5cm　L. 38.2cm

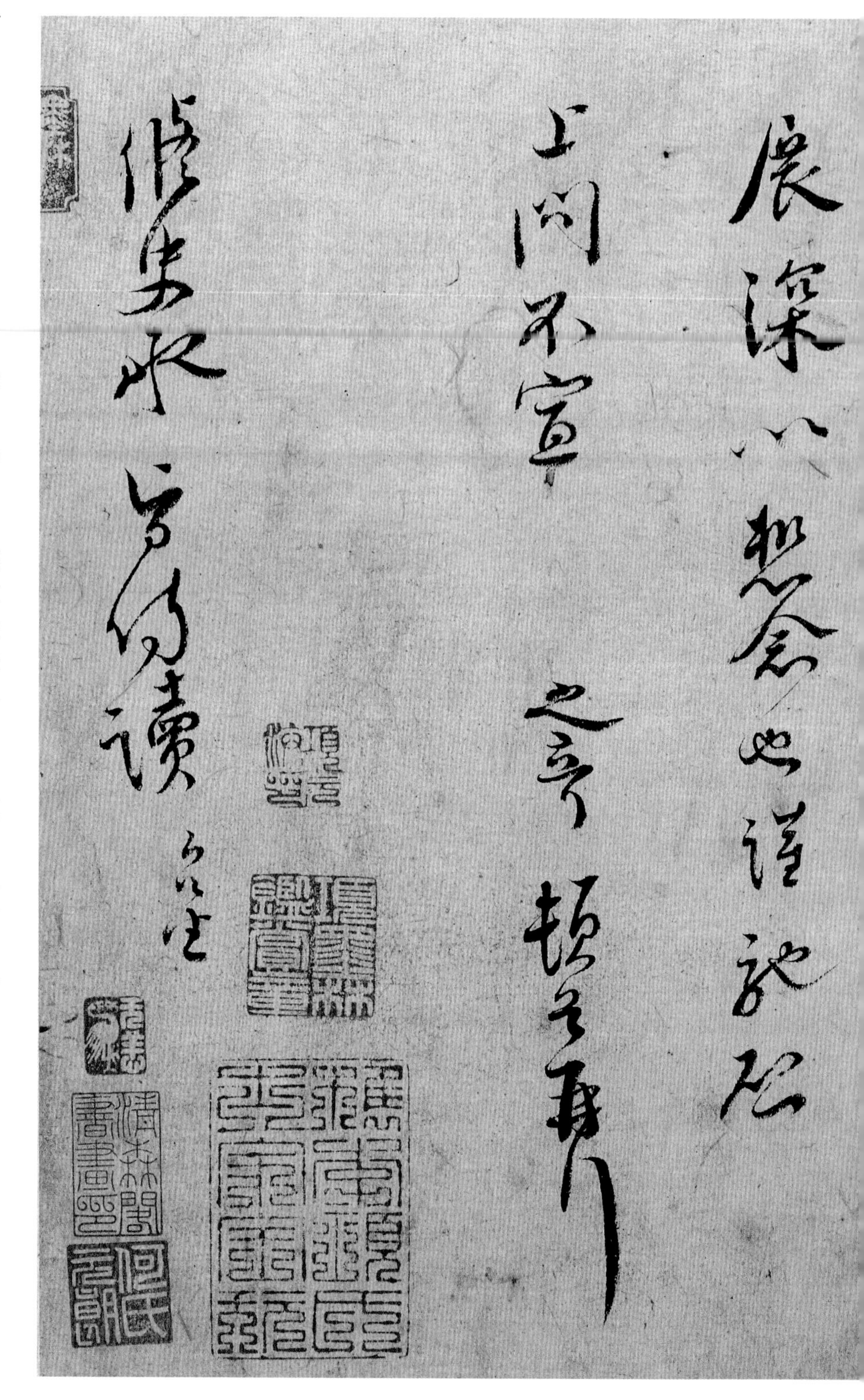

蔣之奇（1031－1104），字穎叔，北宋常州宜興（今屬江蘇）人。進士出身，曾官監察御史，殿中侍御史，翰林學士，知樞密院事。

《北客帖》上款稱“修史承旨侍讀”，應是寫給北宋著名史學家司馬光的。宋神宗初年，司馬光官翰林學士兼翰林侍讀學士，受命續修《資治通鑑》。蔣之奇的信應寫在此時，時年不到四十歲。

關於蔣之奇的書法情況，現在能知道的極少，但蔣氏之侄蔣璨卻是一位出色的書法家。如果追溯淵源，之奇也應該在書法方面有相當的造詣。此帖的藝術風格略近於蔡襄。章法結體和諧嚴謹，筆法則較為修潤圓弱，這當歸咎於作者的年紀。蔣氏晚年的作品則流暢蒼勁得多。

鑑藏印記：“清森閣書畫印”（朱文）、“何元朗氏”（白文）、項元汴諸印。

歷代著錄：《式古堂書畫彙考》、《平生壯觀》。

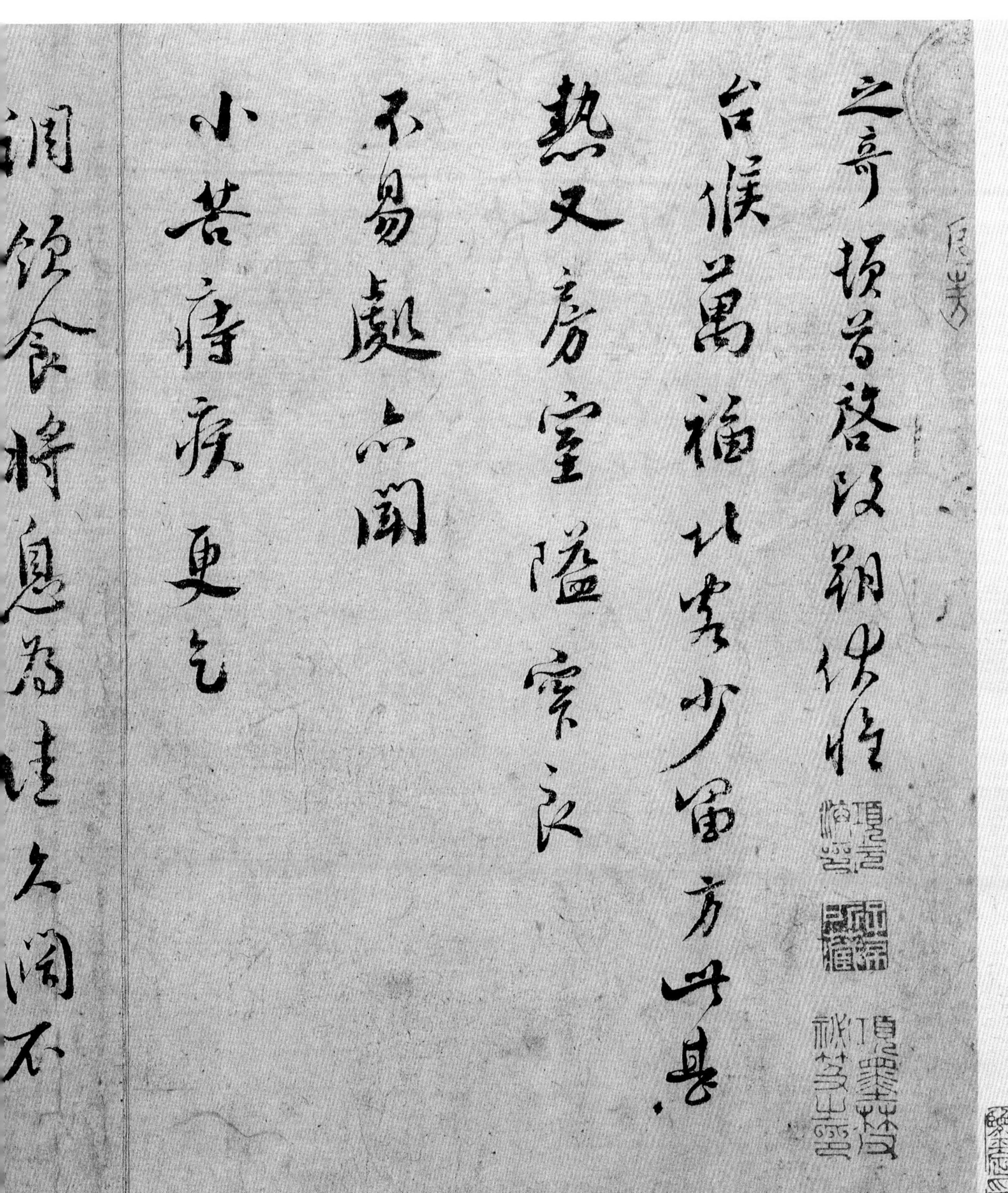

釋文：
之奇頓首啟：改朔，伏惟
台候萬福。北客少留，方此甚
熱，又房室隘窄，良
不易處。亦聞
小苦痔疾，更乞
調飲食將息為佳。久闊不
展，深以想念也。謹馳啟
上問不宣。之奇頓首再拜
修史承旨侍讀台坐

22

蘇軾　行書治平帖卷

紙本　行書
縱29.2厘米　橫45.2厘米
清宮舊藏

Zhi Ping Tie in running script
By Su Shi
Handscroll, ink on paper
H. 29.2cm　L. 45.2cm
Qing court collection

蘇軾（1036－1101），字子瞻，號東坡居士，北宋眉州眉山（今屬四川）人。蘇軾一生政治道路坎坷，但在文學藝術上取得了輝煌的成就，其在詩詞、文賦、書畫上皆有極深的造詣。黃庭堅評其"本朝善書，自當推為第一"。蘇軾淵博的學識、創新獨到的書論對後世的書法創作有巨大的影響和推動作用，為宋代最傑出的文學藝術家。

《治平帖》是蘇軾寫給同鄉僧人托管墳塋之事的信札。據卷後趙孟頫、文徵明、王穉登三人題跋可知，該帖為蘇軾於北宋熙寧年（1068－1077）間居京師時所作，時年三十餘歲。此帖筆法精細，字體遒媚，與其早年書特徵相合，正如趙孟頫所稱："字劃風流韻勝"。該卷迎首有明人畫蘇軾像及釋東皋妙聲書《東坡先生像讚》。

鑑藏印記："商丘宋犖審定真跡"（朱文）、"吳江張荃德載圖書"（朱文）。

歷代著錄：《平生壯觀》、《裝餘偶記》、《盛京書畫錄》。

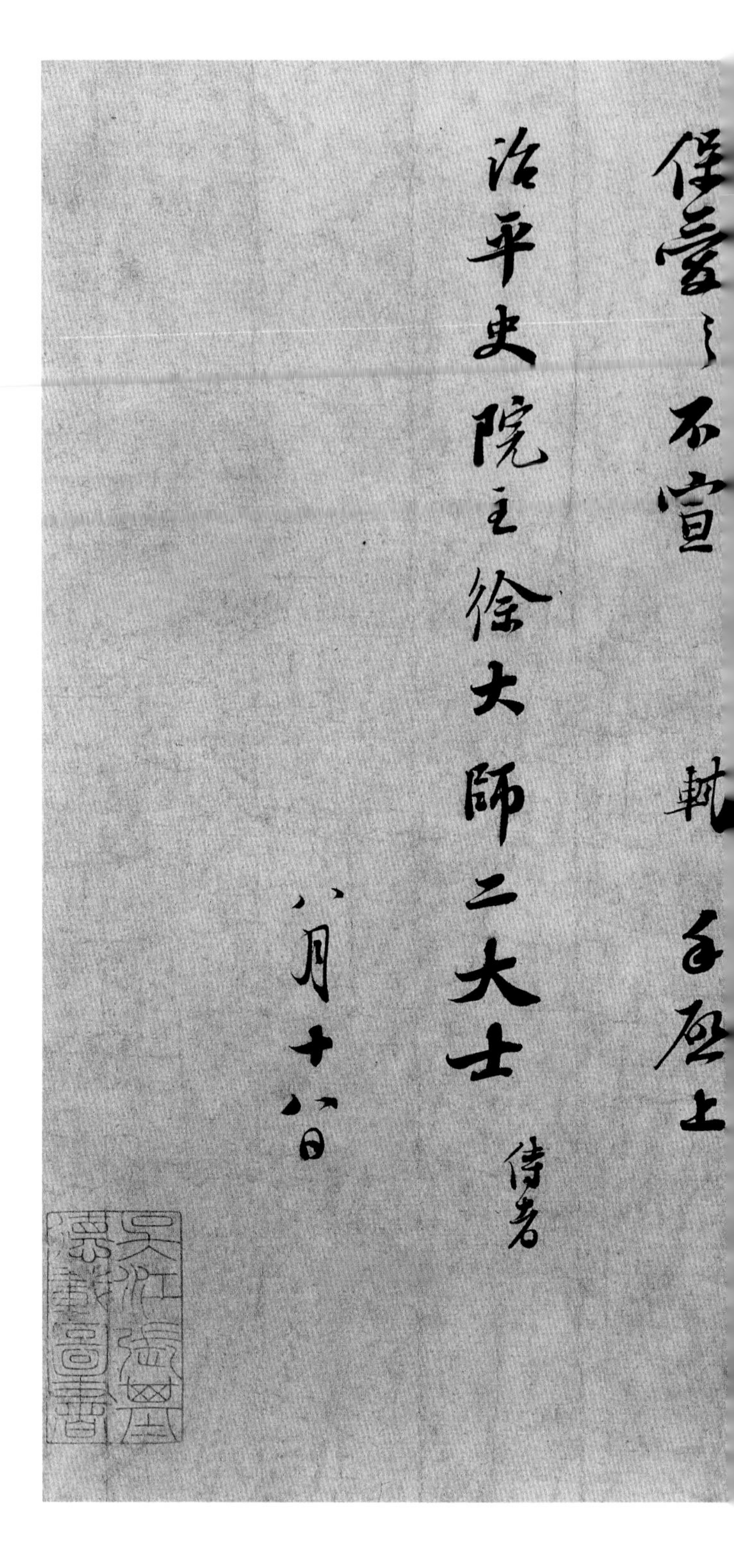
不宣　軾　手啟上
治平史院主徐大師二大士　侍者
八月十八日

釋文：

軾啟：久別思念不忘，遠想
體中佳勝，
法眷各無恙。
佛閣必已成就，
焚修不易。數年念經，度得幾人徒弟。
應師仍在思濛住院，如何？略望
示及。
石頭橋、堋頭兩處墳塋，必煩
照管。程六小心否，惟頻與提舉是要。
非久求蜀中一郡歸去，相見未間，惟
保愛之，不宣。軾手啟上
治平史院主、徐大師二大士侍者
八月十八日

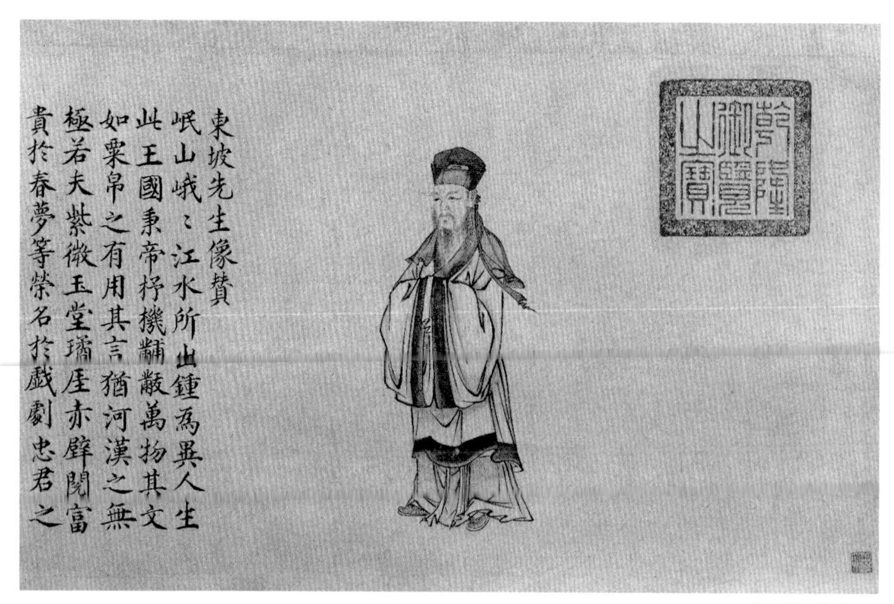

《治平帖》之一

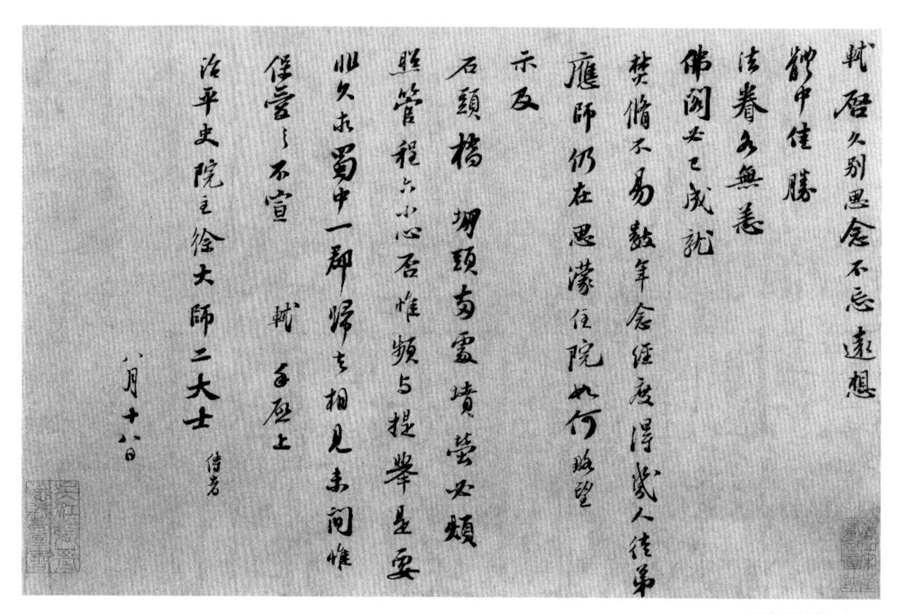

《治平帖》之二

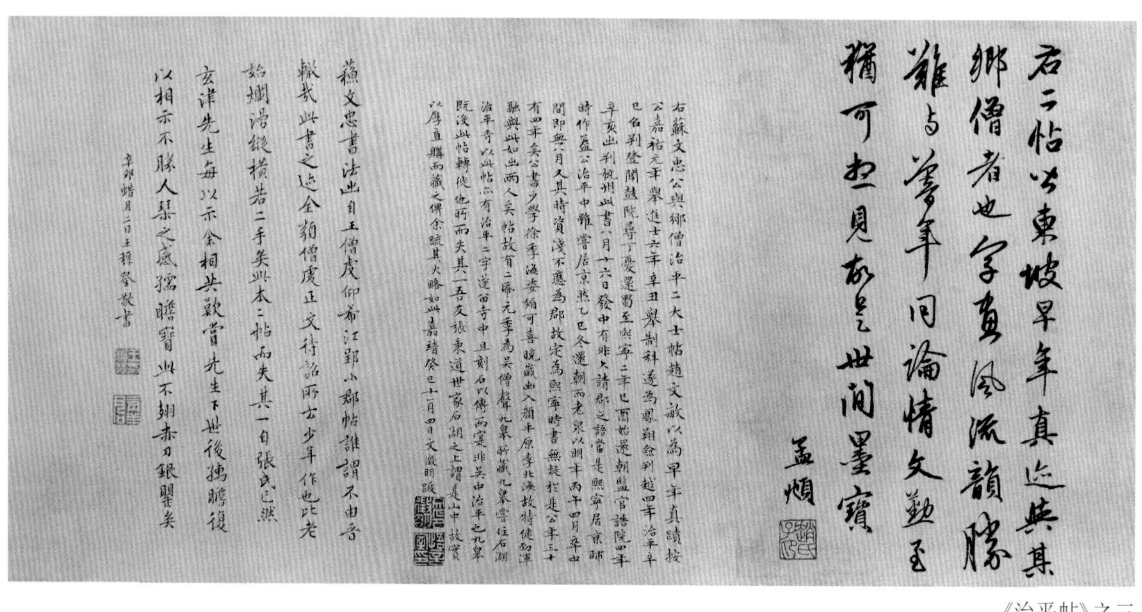

《治平帖》之三

23

蘇軾　行書新歲展慶帖卷

紙本　行書
縱30.2厘米　橫48.8厘米
清官舊藏

Xin Sui Zhan Qing Tie in running script
By Su Shi
Handscroll, ink on paper
H. 30.2cm　L. 48.8cm
Qing court collection

《新歲展慶帖》為蘇軾給陳慥（季常），與其相約公擇（李常）於上元在黃州相會之事的書札。據帖中所寫時間（"上元"）與事由推知，該帖應作於北宋元豐四年（1081）春季在黃州時，蘇軾時年四十五歲。蘇軾在黃州時期與陳慥往來書信頻繁，且在與他人信中亦常提及陳慥，可知二人交誼深厚。

此帖現與《人來得書帖》裱於一卷。二帖下筆自然流暢，勁媚秀逸，筆筆交待分明，精心用意。雖為書札，卻寫得非常精緻，字的入筆、收筆、牽連交代分明，是蘇軾由早年書步入中年書的佳作。卷後有董其昌跋。

鑑藏印記："御府書印"（朱文半印）、"御府寶繪"（朱文）、"康□後裔"（朱文）、"吳蹇叔氏"（朱文），項元汴、安岐諸印等。

歷代著錄：《墨緣彙觀》、《大觀錄》。

釋文：
軾啟：新歲未獲
展慶，祝頌無窮，稍晴
起居何如？數日起造必有涯，何日果可
入城。昨日得公擇書，過上元乃行，計
月末間到此，
公亦以此時來，如何，如何？竊計上元起造，尚未
畢工。軾亦自不出，無緣奉陪夜遊也。沙枋
畫籠，旦夕附陳隆船去次，今先附扶劣
膏去。此中有一鑄銅匠，欲借
所收建州木茶臼子並椎，試令依樣造看。兼
適有閩中人便，或令看過，因往彼買一副也。
乞暫付去人，專愛護便納上。餘寒更乞
保重，冗中恕不謹，軾再拜。
季常先生丈閣下　正月二日
子由亦曾言，方子明者，他亦不甚怪也。得非
柳中舍已到家言之乎。未及奉慰疏，且告
伸意，伸意。柳丈昨得書，人還即奉謝次。
知壁畫已壞了，不須快悵。但頓着潤
筆新屋下，不愁無好畫也。

……子并椎試令依樣造看兼
適有閩中人便或令看過因往彼買一副也
乞暫付去人專愛護便納上餘寒更乞
保重冗中恕不謹 軾再拜
季常先生丈閣下 正月二日
子由亦曾言方子明者他亦不甚怪也得非
柳中舍已到家言之乎未及奉慰疏且告
伸意伸意 柳丈昨得書人還即奉謝次
知壁畫已壞了不須怏悵但頓著潤
筆新屋下不愁無好畫也

軾啟新歲未獲
展慶祝頌無窮稍晴
起居何如數日起造必有涯何日果可
入城昨日得公擇書過上元乃行計
月末間到此
公亦以此時來如何如何竊計上元起造尚未
畢工軾亦自不出無緣奉陪夜遊也沙枋
畫籠旦夕附陳隆船去次今先附扶劣
膏去此中有一鑄銅匠

24

蘇軾　行書人來得書帖卷

紙本　行書

縱29.5厘米　橫45.1厘米

清宮舊藏

Ren Lai De Shu Tie in running script

By Su Shi

Handscroll, ink on paper

H. 29.5cm　L. 45.1cm

Qing court collection

《人來得書帖》是為季常之兄伯誠之死的慰問之作，時間與上帖相近。

釋文：

軾啟：人來得書。不意伯誠遽至於此，哀愕不已。宏才令德，百未一報，而止於是耶。季常篤於兄弟，而於伯誠尤相知照。想聞之無復生意，若不上念門戶付囑之重，下思三子皆不成立，任情所至，不自知返，則朋友之憂，蓋未可量。伏惟深照死生聚散之常理，悟憂哀之無益，釋然自勉，以就遠業。軾蒙交照之厚，故吐不諱之言，必深察也。本欲便往面慰，又恐悲哀中反更撓亂，進退不皇，惟万万寬懷，毋忽鄙言也。不一一。軾再拜知廿九日舉掛，不能一哭其靈，愧負千万，千万。酒一擔，告為一酹之。苦痛，苦痛。

軾啟。人來得
書，不意
伯誠遽至於此，哀愕不已。
宏材令德，百未一報，而止於是耶！
季常篤於兄弟，而於
伯誠尤相知照，想聞之無復生意。若不
上念
門戶付囑之重，下思　三子皆未成立，任
情所至，不自知返，則朋友之憂蓋未可量。
伏惟深照死生聚散之常理，悟憂哀
之無益，釋然自勉，以就

25

蘇軾　行書春中帖頁

紙本　行書
縱28.2厘米　橫43.1厘米

Chun Zhong Tie in running script
By Su Shi
Leaf, ink on paper
H. 28.2cm　L. 43.1cm

《春中帖》為信札，約書於北宋元豐七、八年間，蘇軾年約五十歲。此帖筆法自然流暢，寓巧於拙，姿態淳古，韻致渾厚凝重。雖有缺字，殘損，仍不失為蘇軾中年時的上乘之作。

鑑藏印記："奎章閣鑑書博士"(白文)、"柯氏清玩"(朱文)、"柯九思鑑□真跡"(朱文)、"江恂"(朱文)、"王禹卿氏"(朱文)。

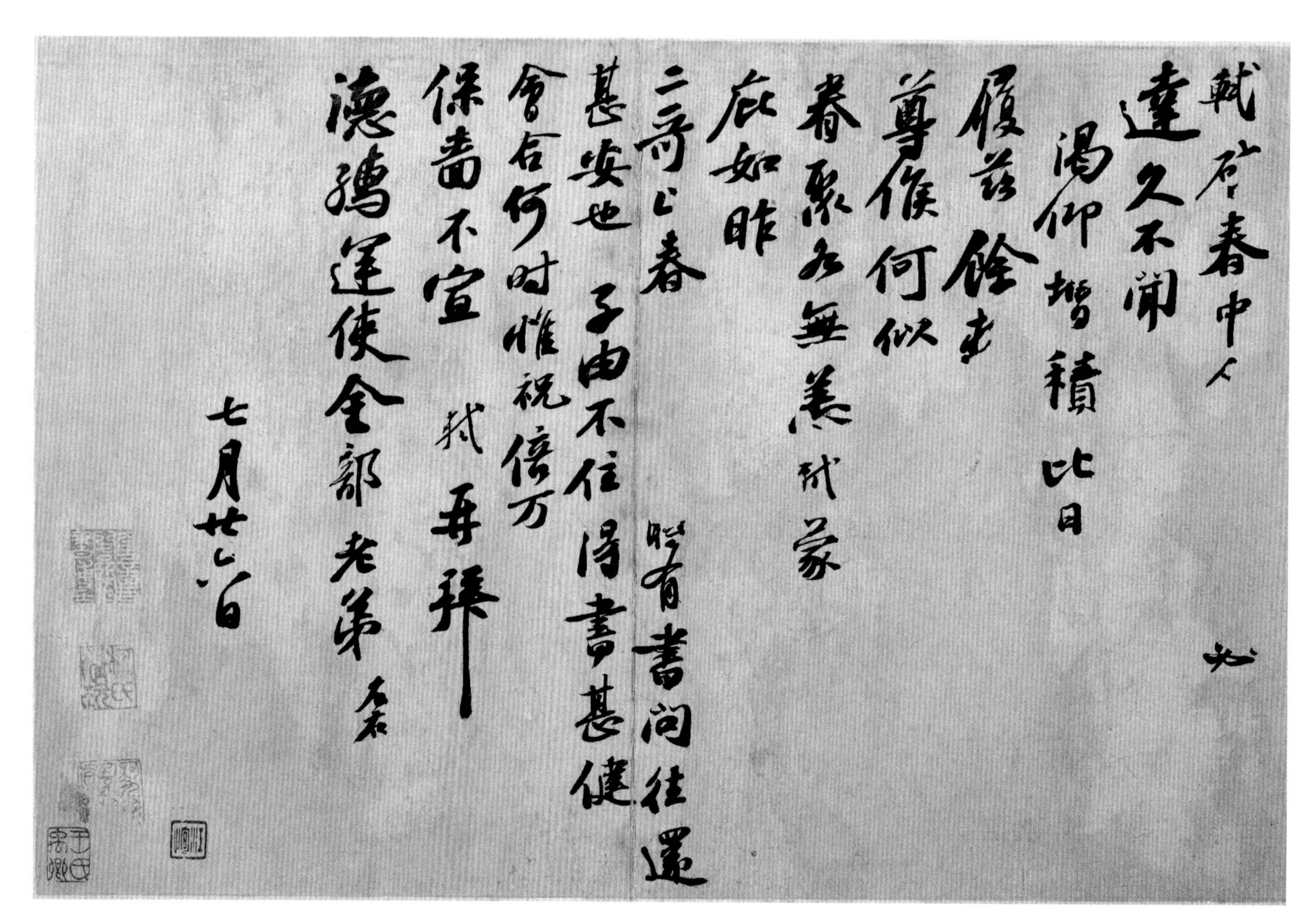

釋文：
軾啟：春中□□□□
達，久不聞□
渴仰增積。比日
履茲餘□
尊候何似，
春聚各無恙。軾蒙
庇如昨。
二哥□。春□□有書問往還，
甚安也。子由不住得書，甚健。
會合何時，惟祝倍万
保嗇，不宜。軾再拜
德孺運使金部老弟左右
七月廿六日

26

蘇軾　行書歸院帖頁

紙本　行書

縱35.1厘米　橫12.4厘米

Gui Yuan Tie in running script

By Su Shi

Leaf, ink on paper

H. 35.1cm　L. 12.4cm

《歸院帖》係《宋人法書六種卷》之一，從帖文中可知，是蘇軾為翰林學士時所書，即在北宋元祐元年至四年七月間(1086－1089)，年齡在五十至五十三歲間。對東坡書，前人雖云學顏真卿、楊凝式，但實際受徐浩行書影響最深。此帖筆致蕭散，結態隨意，似不經意而筆到法隨，已不見學古痕跡。誠如東坡自己所說："不踐古人，自出新意。"帖雖短短五行，卻似進於化境。

鑑藏印記："宣統御覽之寶"(朱文)、"退密"(朱文葫蘆印)、"子孫永保"(白文)、"項氏子京"(白文)、"項墨林父祕笈之印"(朱文)。

歷代著錄：《石渠寶笈續編》。

釋文：

此雖云同歸院，亦不云宿於院中。不知別有文字，證得是宿學士院為復。只是公家傳說如此，乞更批示。軾白

今當改云宿學士院為復，且只依舊云宿待漏舍，幸批示。

27

蘇軾　行書題王詵詩帖頁

紙本　行書
縱29.9厘米　橫25.7厘米

Ti Wang Xian Shi Tie in running script
By Su Shi
Leaf, ink on paper
H. 29.9cm　L. 25.7cm

該帖是蘇軾為王詵自書詩所作的題跋，記敘了王詵因受己累而被貶武當，然仍醉心詩詞，有世外之樂。此跋在《東坡集》中有記載，元祐元年丙寅（1086），蘇軾時年五十歲。其時蘇軾"既召用，而詵亦還朝，相見殿門之外，感嘆之餘，作詩相屬。""厄窮而不怨，泰而不驕，憐其貴公子有志如此，故和其韻。"蘇軾的跋文，說明了王詵的貶官一方面是受蘇軾牽連，一方面是因得罪了其妻魏國公主。筆豐墨滿，結體長短交錯，縱橫頓挫，富有動感。雖是敘事兼有議論，但字裏行間充滿情感，是為知己而作。

鑑藏印記：卞永譽等藏印四方，左右各有"式古堂"(朱文)等半印六方。

釋文：
晉卿為僕所累，僕既謫齊安，
晉卿亦貶武當。飢寒窮困，本書
生常分，僕處之不戚戚。固宜。獨怪
晉卿以貴公子罹此憂患，而不失其
正，詩詞益工，超然有世外之樂。此孔
子所謂可與久處約，長處樂者耶。
元祐元年九月八日蘇軾書

晉卿為僕所累僕既謫齊安
晉卿亦貶武當飢寒窮困本書
生常分僕處之不戚固宜獨怪
晉卿以貴公子罹此憂患而不失其
正詩詞益工超然有世外之樂此孔
子所謂可與久處約長處樂者耶
元祐元年九月八日蘇軾書

28

李之儀　行書汴隄帖頁

紙本　行書
縱28.3厘米　橫35.8厘米

Bian Ti Tie in running script
By Li Zhiyi
Leaf, ink on paper
H. 28.3cm　L. 35.8cm

李之儀，字端叔，北宋滄州無棣（今屬山東）人。善文章，尤工尺牘書法，蘇軾謂其書“入刀筆三昧”。存世墨跡除《汴隄帖》外，還有《別紙帖》（藏於台北故宮博物院）。

《汴隄帖》係與友人應酬問候類信札。此帖筆畫勁媚，結構緊湊，重心於上，展示了李之儀的書法特點。

鑑藏印記：“宋犖審定”（朱文）、“淞洲”（朱文）、“德量”（朱文）、“汪恂之印”（白文）、“皇十一子成親王詒晉齋圖書印”（朱文）、“蓮樵鑑賞”（白文）、“蓮樵曾觀”（白文）。

歷代著錄：《書畫鑑影》。

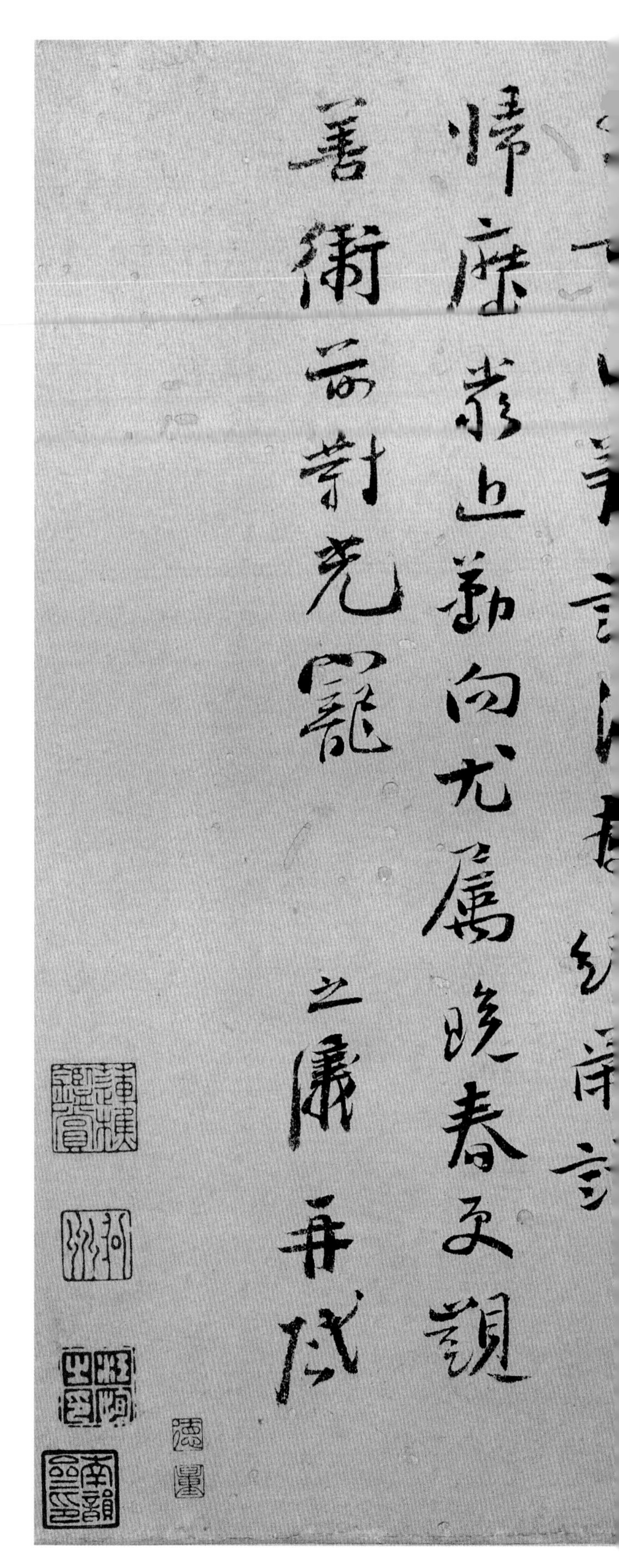

釋文：
之儀再拜啟：自汴隄
瞻近，遽復累年。一曾於書海上，不辱
報，勿勿不敢嗣音。而
舊德相求，庶幾未在
棄黜，故役投滿，謂得還□遂見
□右。又爾維縶，其味可知，
美績在人固久，
顯部回翔，詎得為終歲計。
歸歷嚴近，勤向尤屬，晚春更覲
善衞。前對光寵，之儀再啟

儀再拜識自示隄
睽違靈陵累年一曾於書海上不辱
款勿勿不敢嗣音而
雍德相求康武未在
來墅枚役投篇謂詩還
右又示維楚其味可知
道昌
美績在人固久

29

黃庭堅　行書惟清道人帖頁

紙本　行書
縱29.3厘米　橫31.8厘米
清宮舊藏

Wei Qing Dao Ren Tie in running script
By Huang Tingjian
Leaf, ink on paper
H. 29.3cm　L. 31.0cm
Qing court collection

黃庭堅（1045－1105），字魯直，號涪翁、山谷道人，北宋洪州分寧（今江西修水）人。初受學於蘇軾，與張耒、晁補之、秦觀並稱“蘇門四學士”。善行草書，楷法自成一家。初師周越，後學顏魯公、張旭、懷素，對後世影響很大。亦善詩詞。

《惟清道人帖》記錄了惟清道人的操行品質及其與張商英（天覺）的交往。黃山谷於北宋紹聖元年（1094）在江西分寧，從帖文分析，當書於其年夏日，山谷時年五十歲。山谷小行書結體欹側，左低右高，有峭拔之態，此帖充分體現了這些特點，為黃書代表作品。此墨跡曾入清內府，收在《法書大觀冊》內，乾隆題讚“淩冬老幹偃蹇巖壑”（《三希堂法帖》）。但此讚墨跡及清內府璽印被後人挖去。

鑑藏印記：“緝熙殿寶”（朱文）、項元汴諸印、“儀周珍藏”（朱文）等。

歷代著錄：《妮古錄》、《平生壯觀》、《墨緣彙觀》。

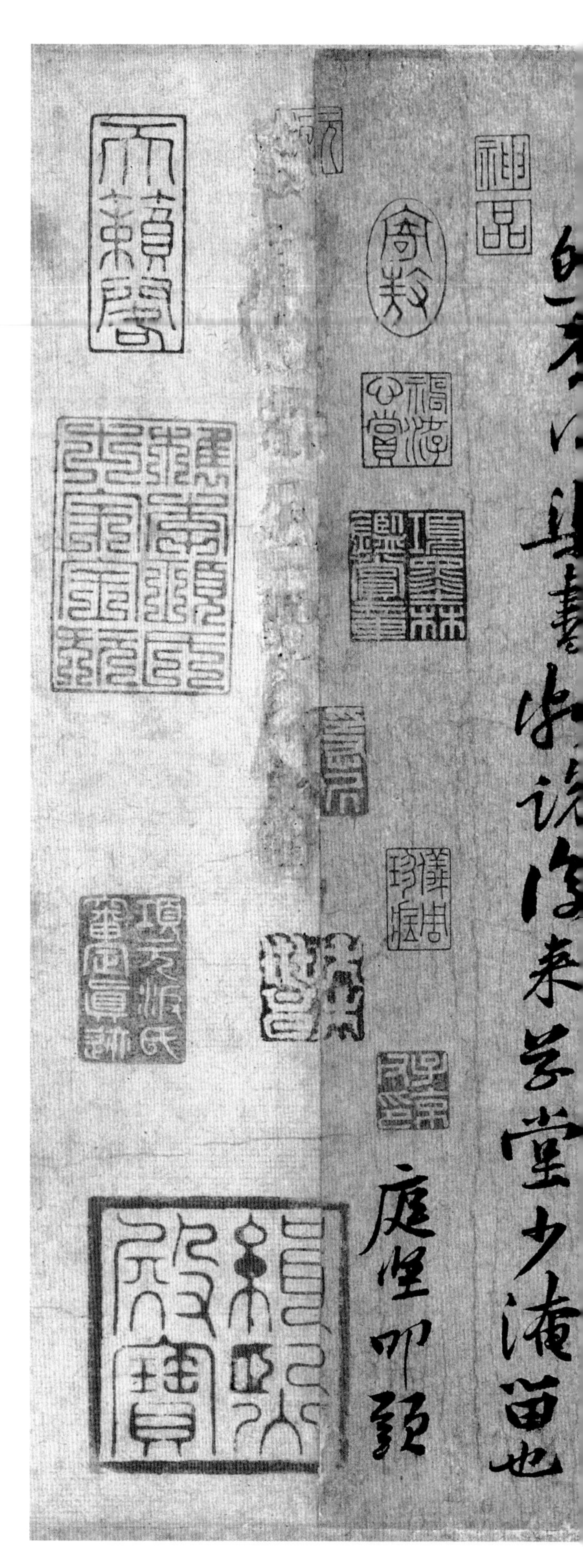

釋文：
惟清道人本
貴部人，其操行智識，今江西叢林中，未見
其匹亞。昨以
天覺堅欲以觀音召之，難為不知者道，因
勸渠自往見
天覺，果已得免。天覺留渠府中過夏。
想秋初即歸過邑，可
邀與款曲，其人甚可愛敬也。或聞
清欲於舊山高居築庵獨住，不知果
然否？得渠書頗說後來草堂少淹留也。
庭堅叩頭

惟清道人本
貴鄉人其操行智識今江西叢林中未見
其匹昨以
天覺堅欲以觀音延之難為不知者道固
勸渠自往見
天覺果已得免 天覺留渠府中過夏
想秋初即得過甚可
邀與款曲其人甚可愛敬也或聞
青原黃龍山高安[illegible]

30

黃庭堅　草書諸上座帖卷

紙本　草書

縱33厘米　橫729厘米

Zhu Shang Zuo Tie in the "wild" style of cursive script

By Huang Tingjian

Handscroll, ink on paper

H. 33cm　L. 729cm

《諸上座帖》係黃山谷以懷素狂草書法，錄寫五代金陵（南京）僧文益的語錄。卷後款寫明是為其友李任道所書。李任道，名伃，本梓人，寓江津二十餘年。山谷於北宋元符年間貶於戎州，元符二、三年（1099－1100），曾有與李任道應和之詩數首，本帖可能書於此時，山谷年約五十五、六歲。此帖筆畫縱橫飛動，結體移形變位，字字俯仰欹側，如龍飛鳳舞，一氣呵成，神完氣足，書法純熟之極，是山谷晚年大草書的代表傑作。卷後有明代吳寬、清代梁清標題跋。

鑑藏印記："內府書印"（朱文騎縫九處）、"紹興"（朱文）、"悅生"（葫蘆印）、"長"（朱文）、"危素私印"（白文）、"珍玩"（朱文）、"真賞"（朱文葫蘆印）、"華夏"（白文）、"李甡私印"（白文）、"貞白"（白文）、"周元亮借觀一過"（朱文），孫承澤、王鴻緒及乾隆、嘉慶、宣統內府諸印。

歷代著錄：《寓意編》、《鈐山堂書畫記》、《真賞齋賦注》、《清河書畫舫》、《庚子銷夏記》、《式古堂書畫彙考》、《石渠寶笈初編》。

（詳見附錄）

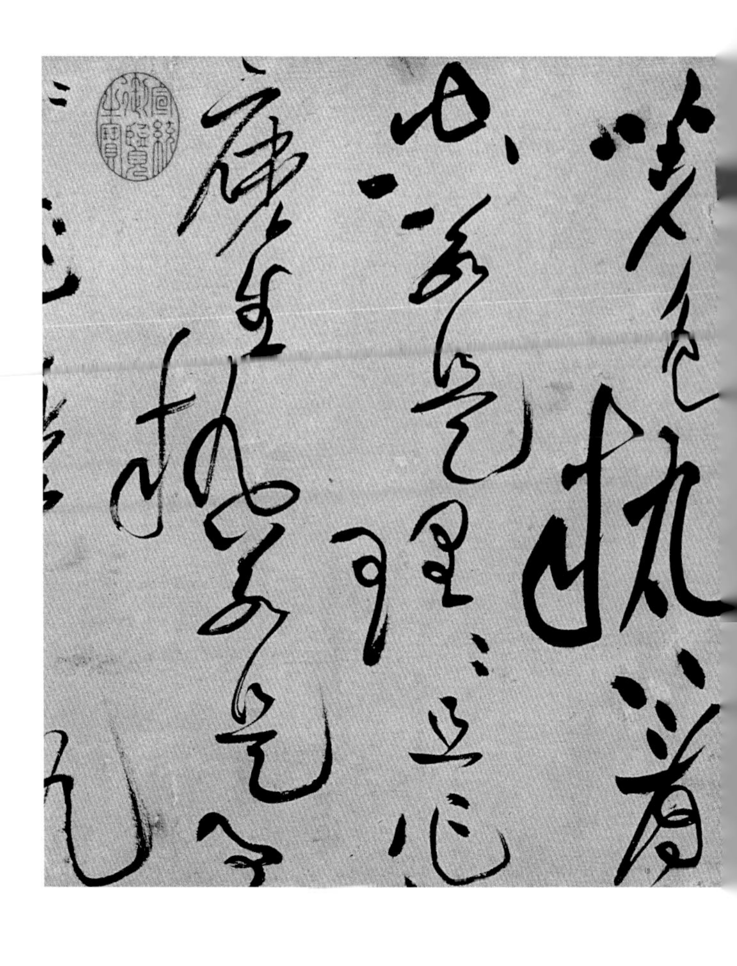

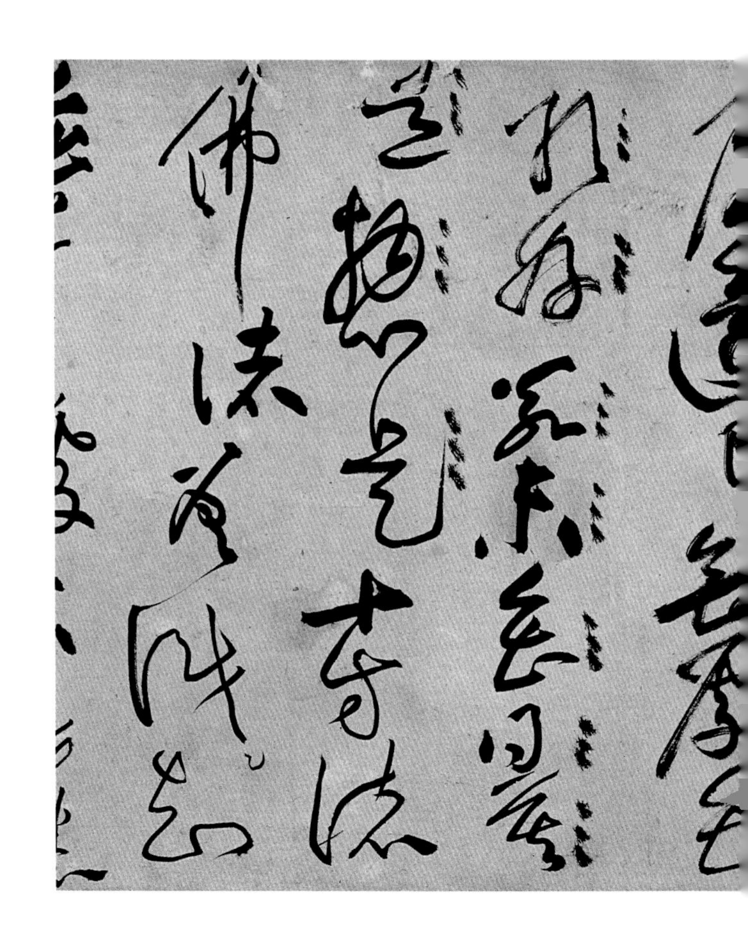

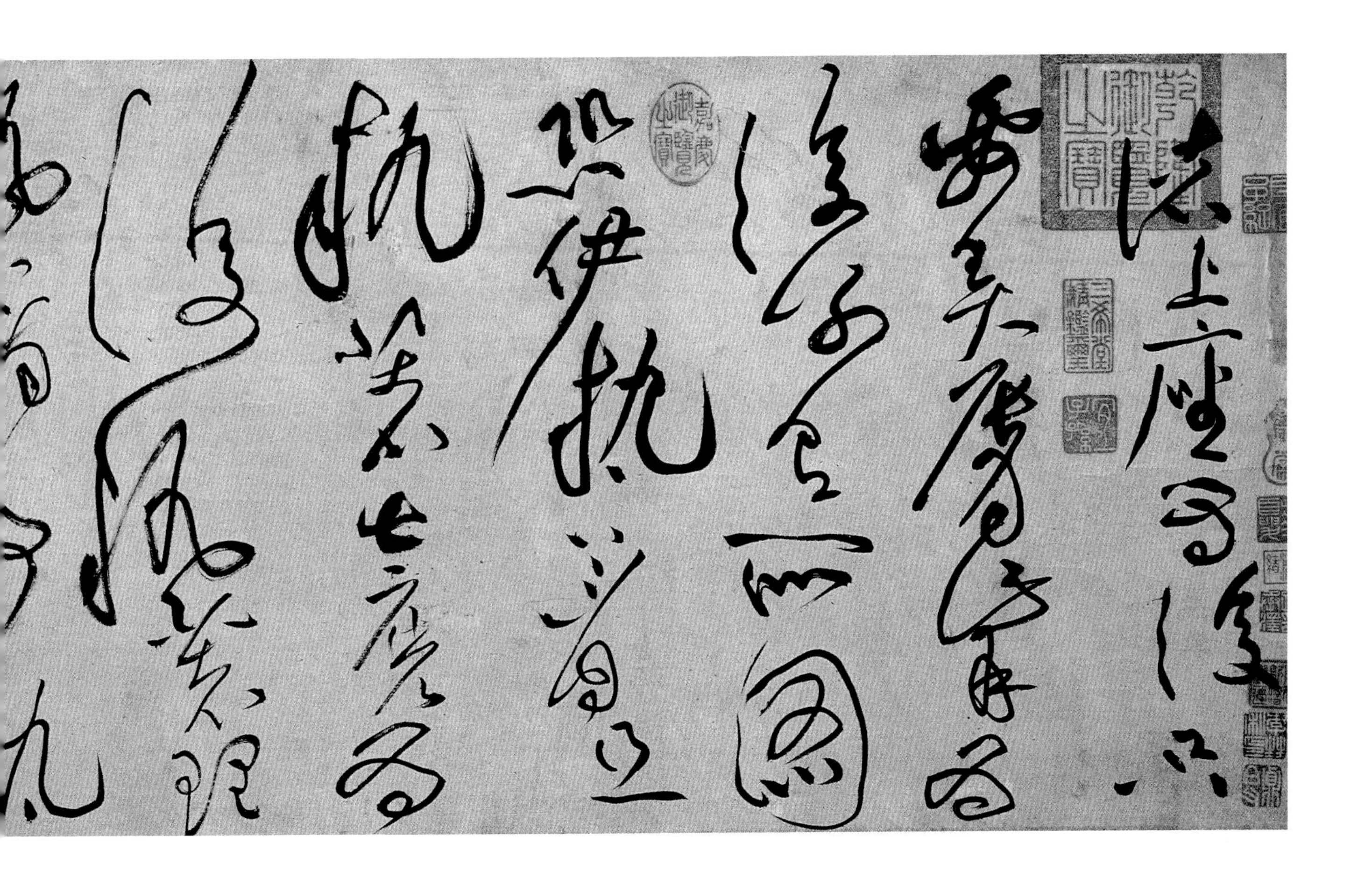

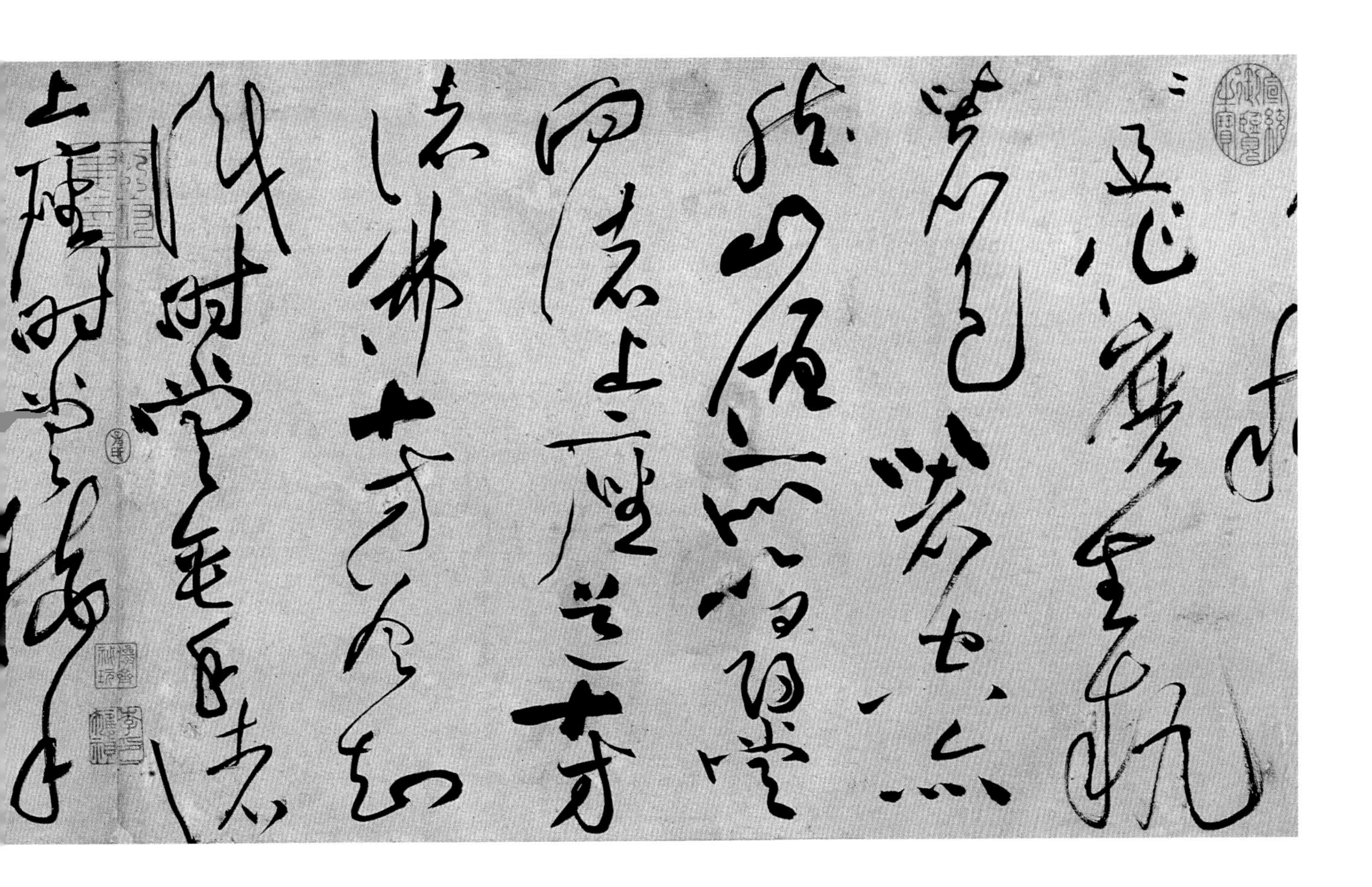

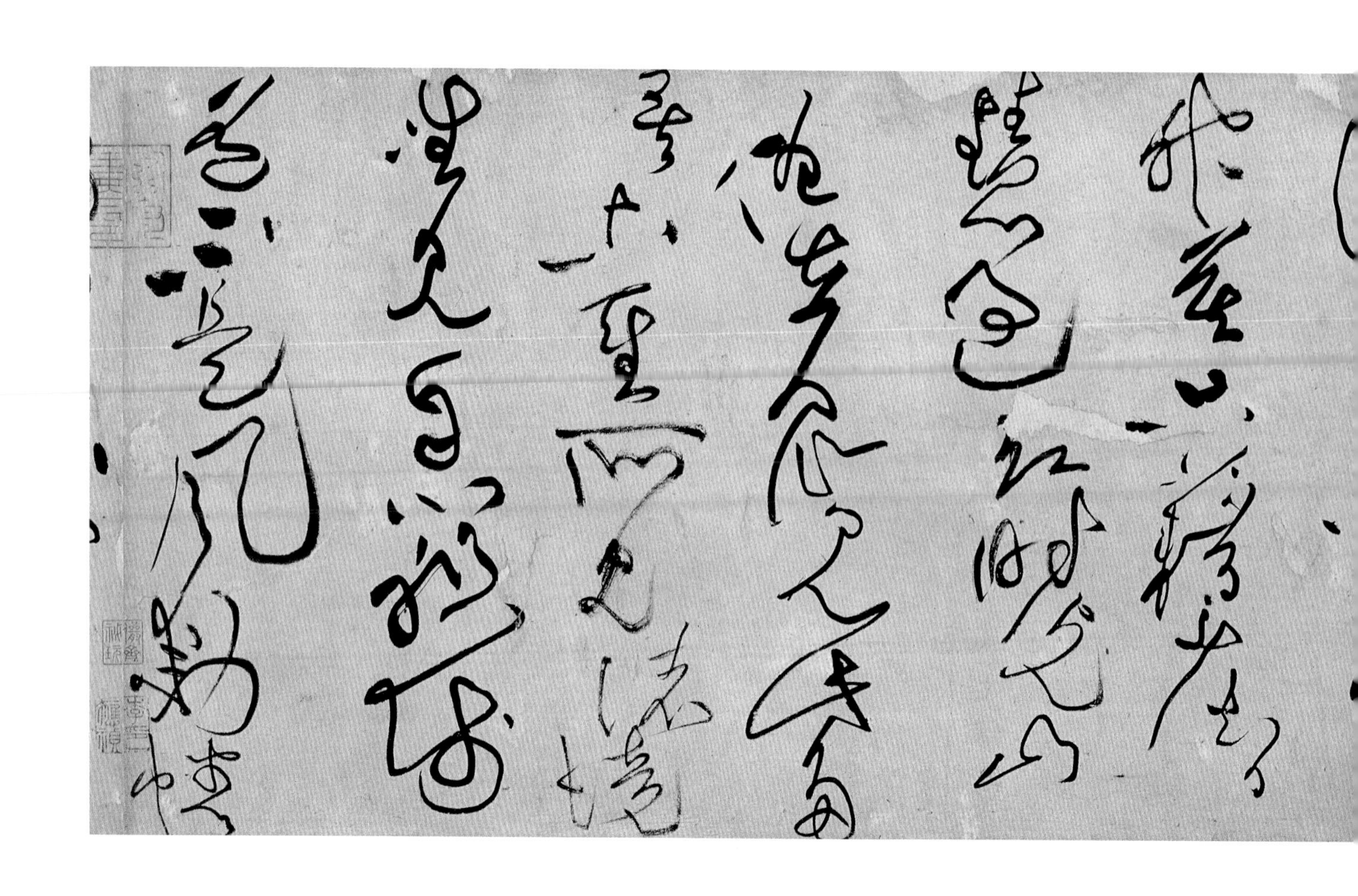

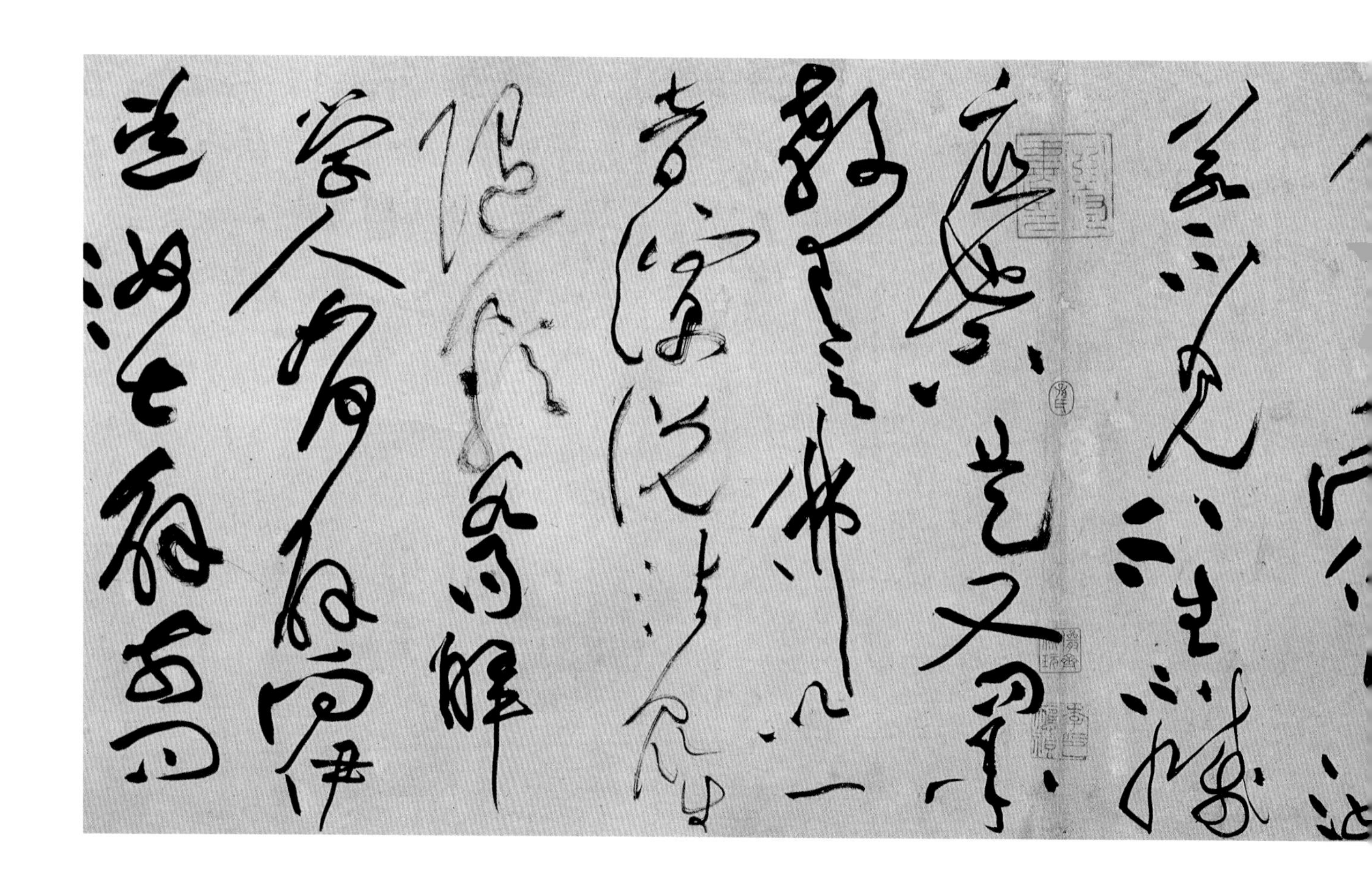

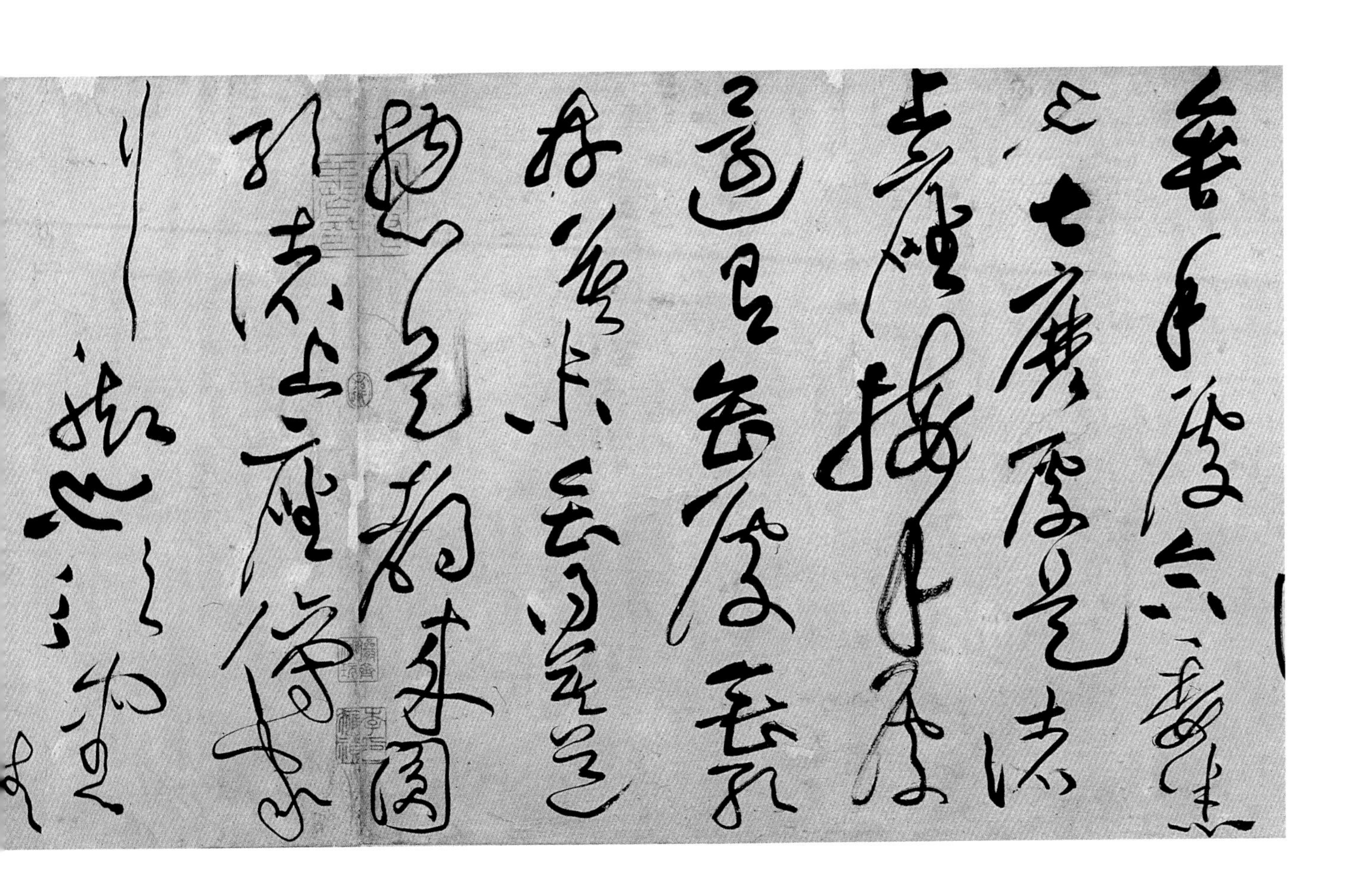

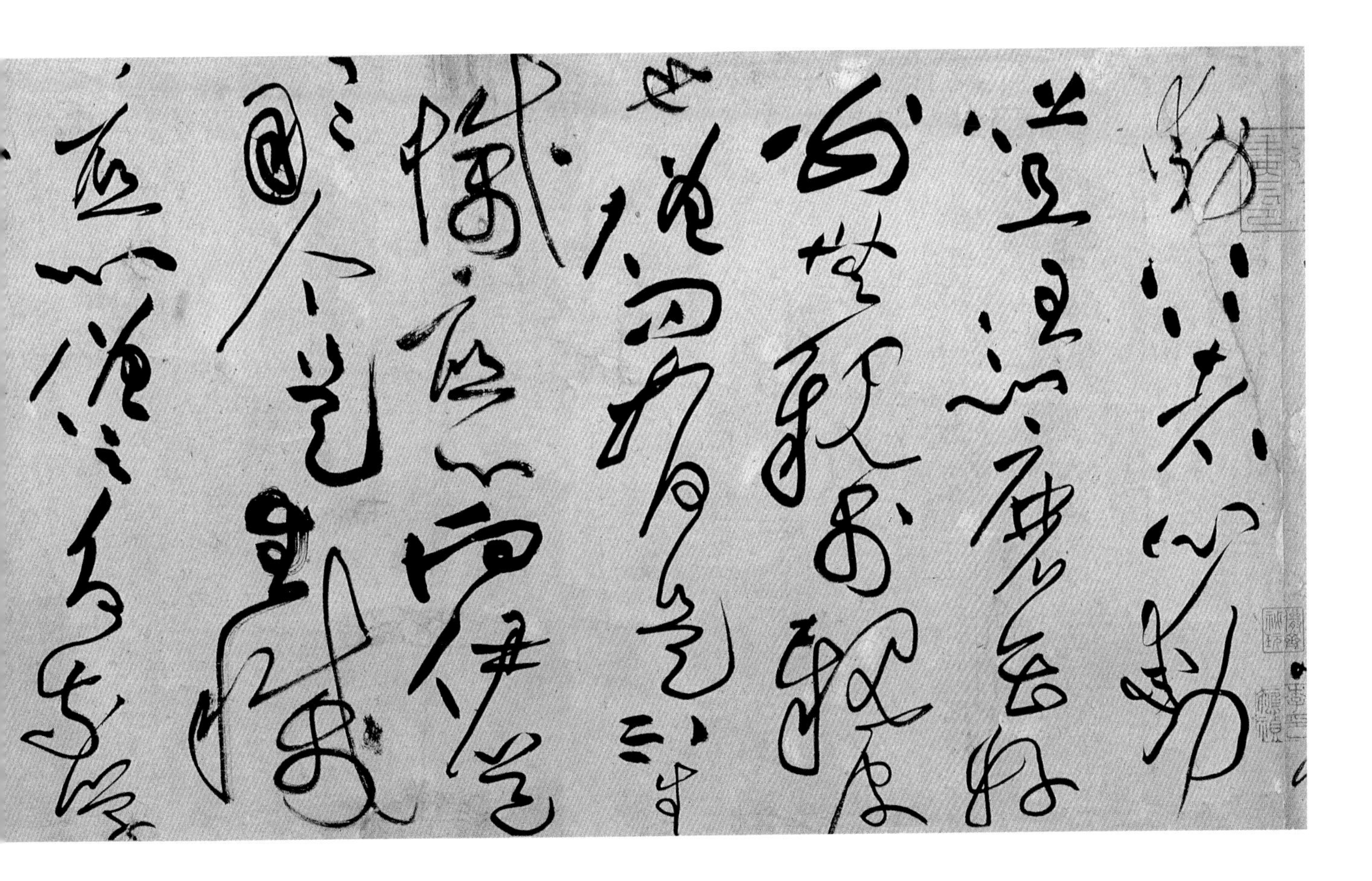

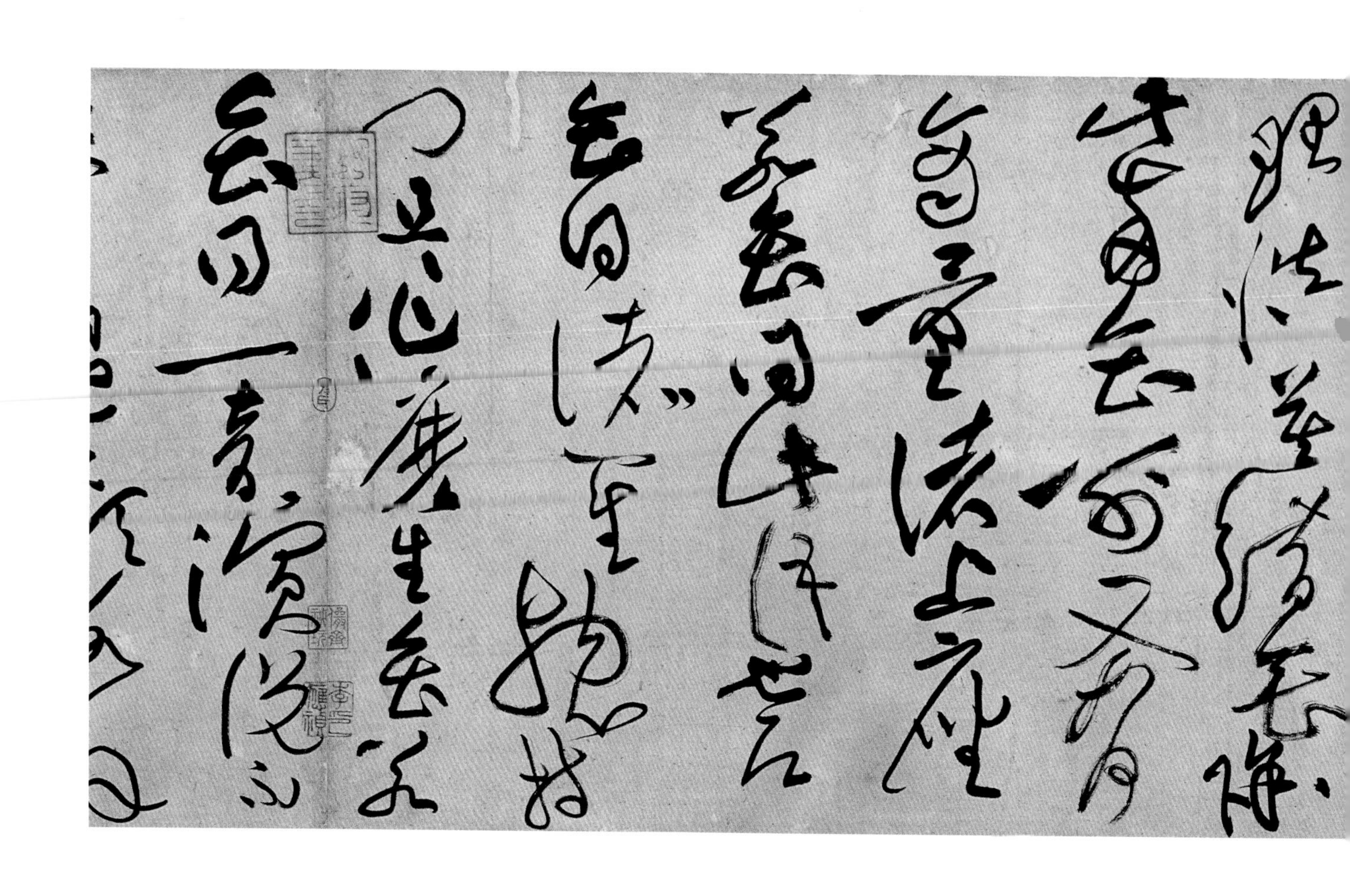

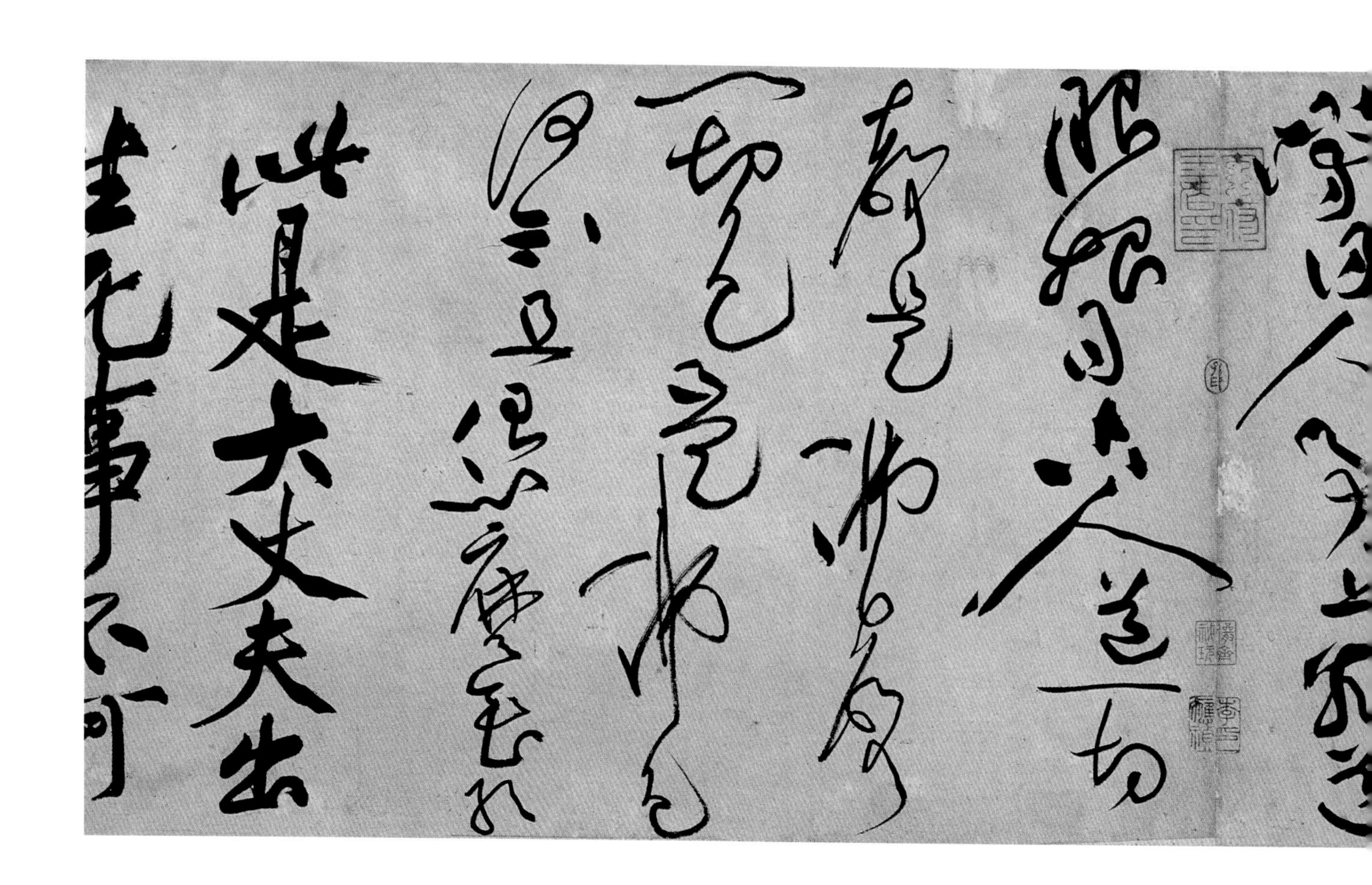

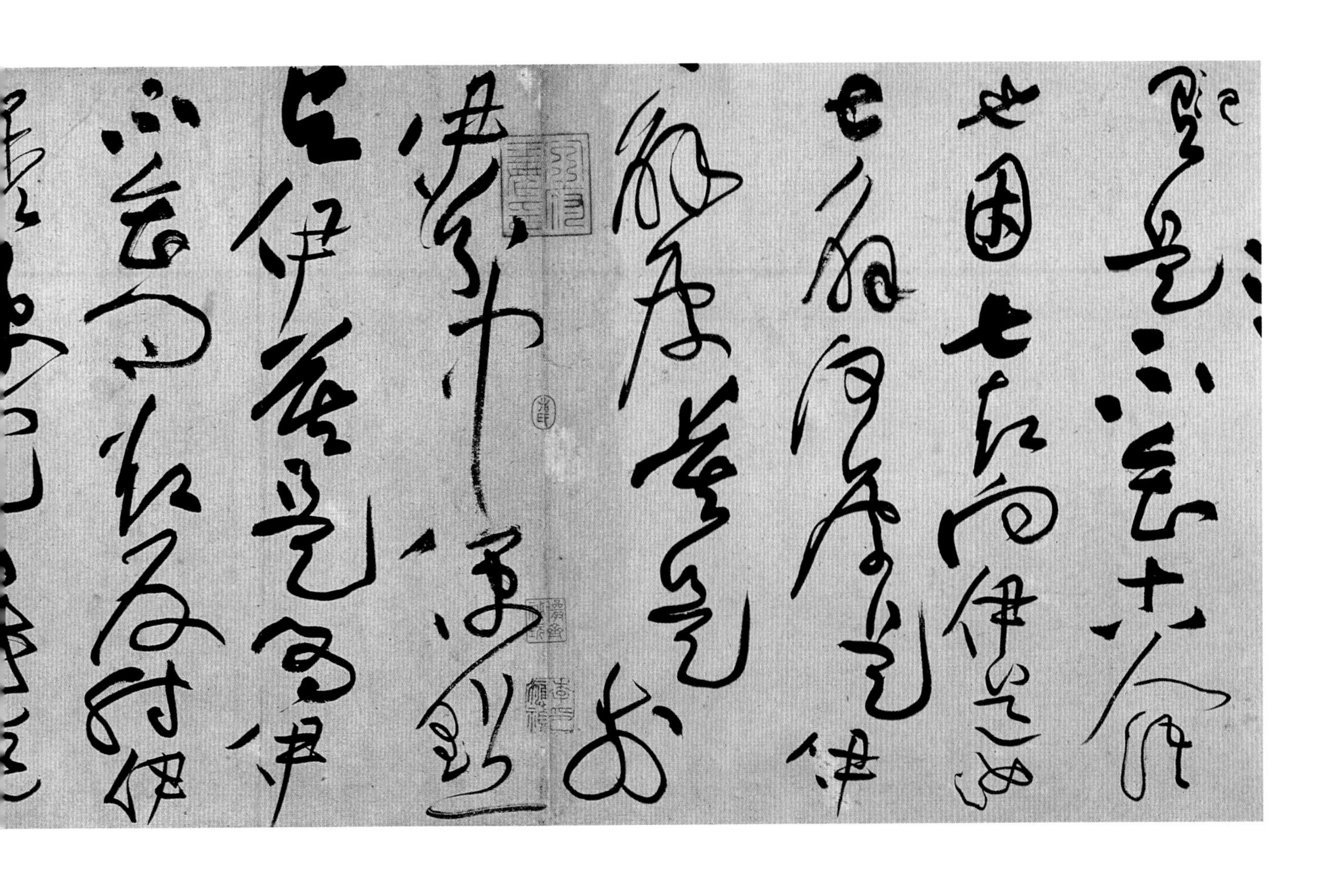

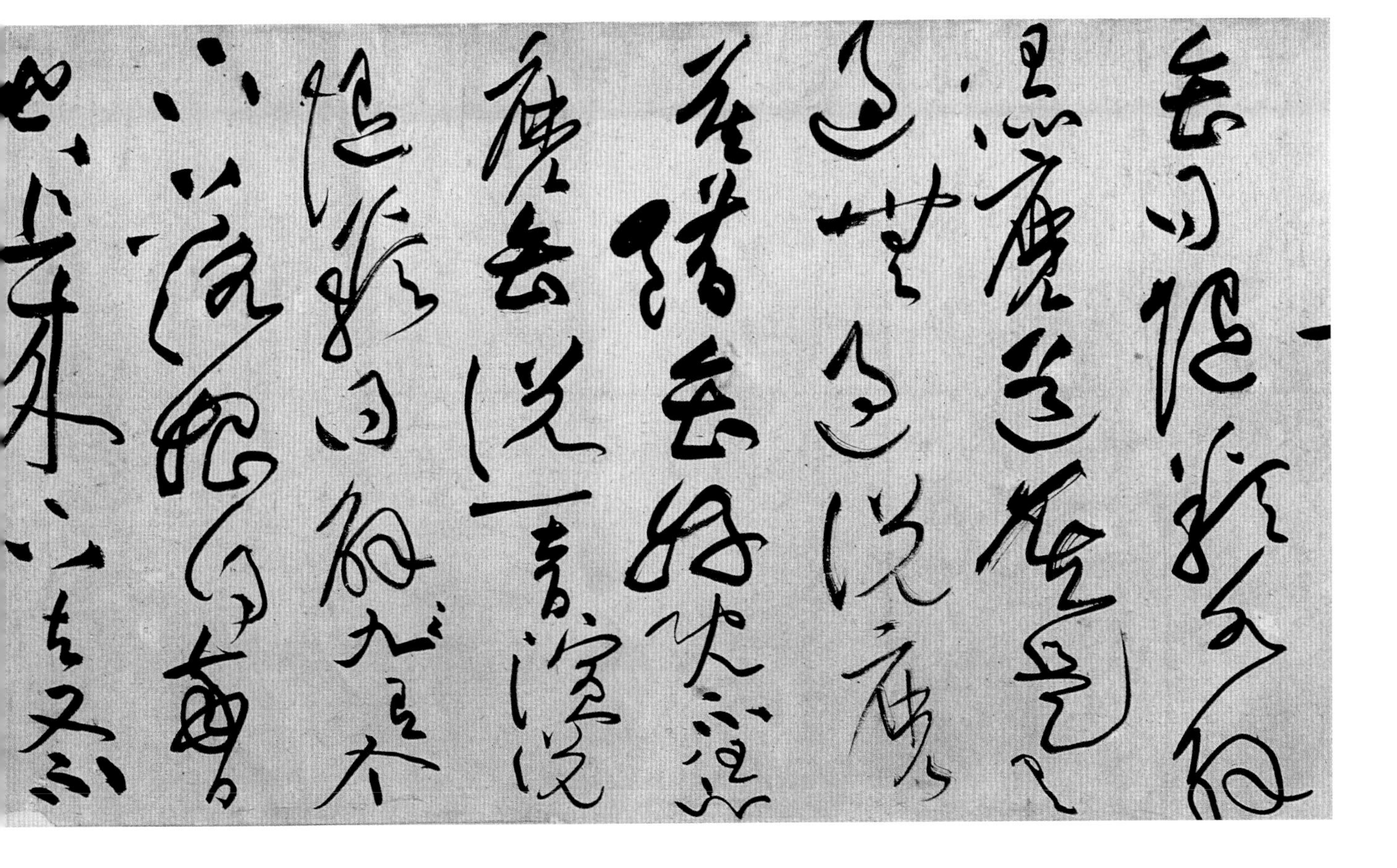

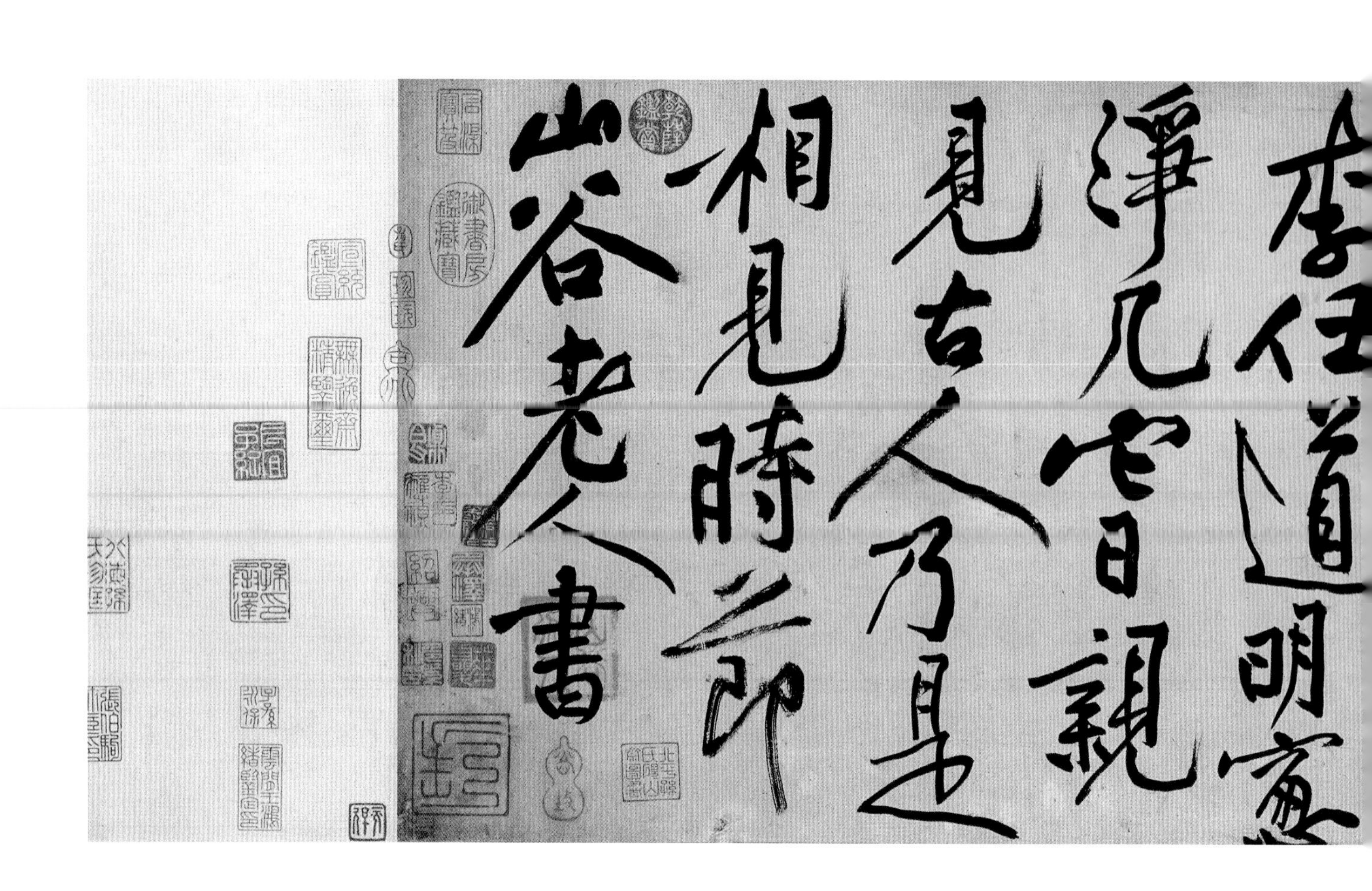
李任道明窗
淨几皆親
見古人乃是
相見時節
山谷老人書

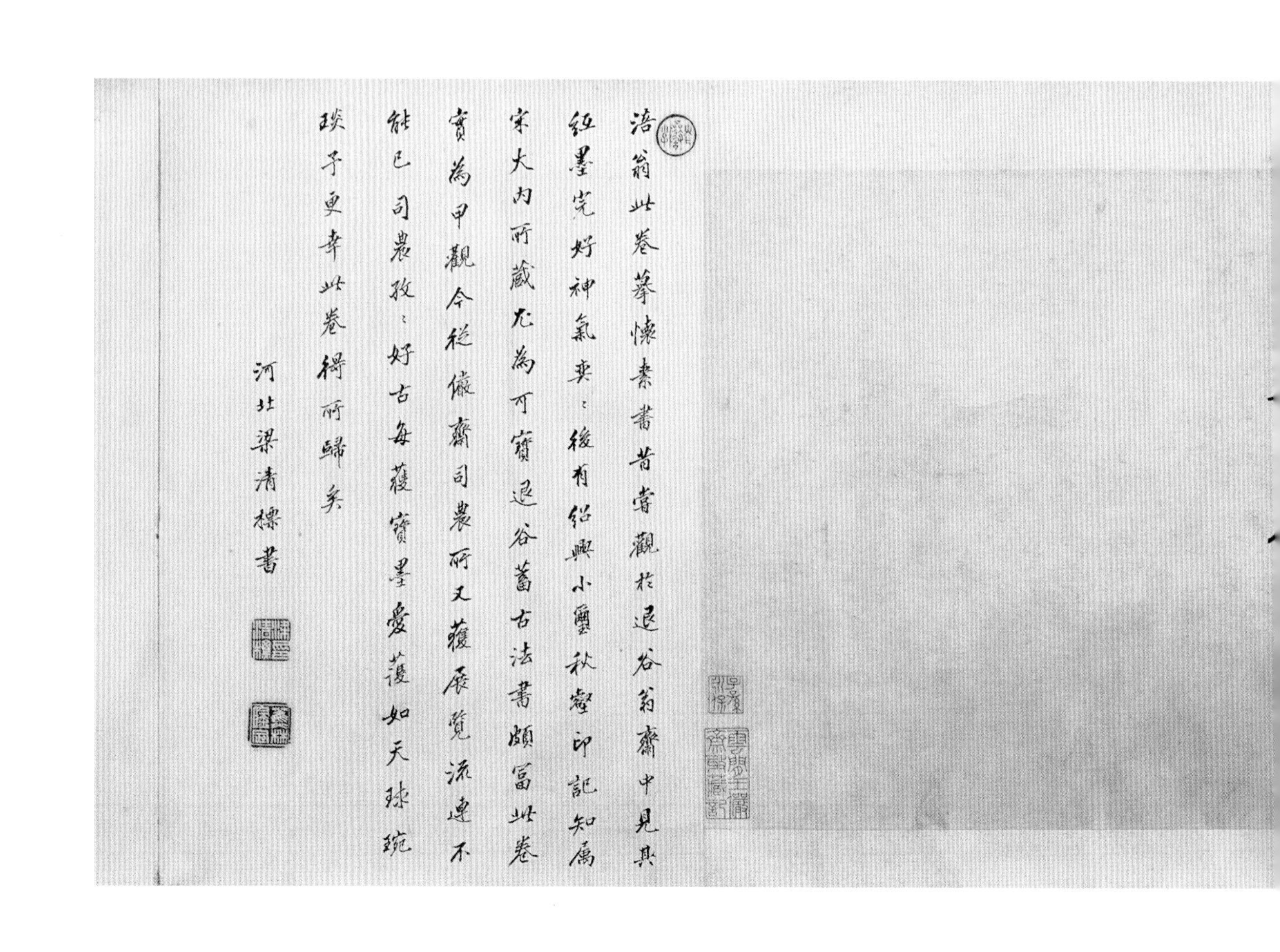
涪翁此卷摹懷素書昔嘗觀於退谷翁齋中見其
紙墨完好神氣奕奕後有紹興小璽秋壑印記知為
宋大內所藏尤為可寶退谷蓄古法書頗富此卷
實為甲觀今從儀齋司農所又獲展覽流連不
能已司農孜孜好古每獲寶墨愛護如天球琬
琰予更幸此卷得所歸矣
河北梁清標書

生死事不可草草便會指盲小鬼子往往見便下口如瞎驢喫草樣故草此篇遺吾友

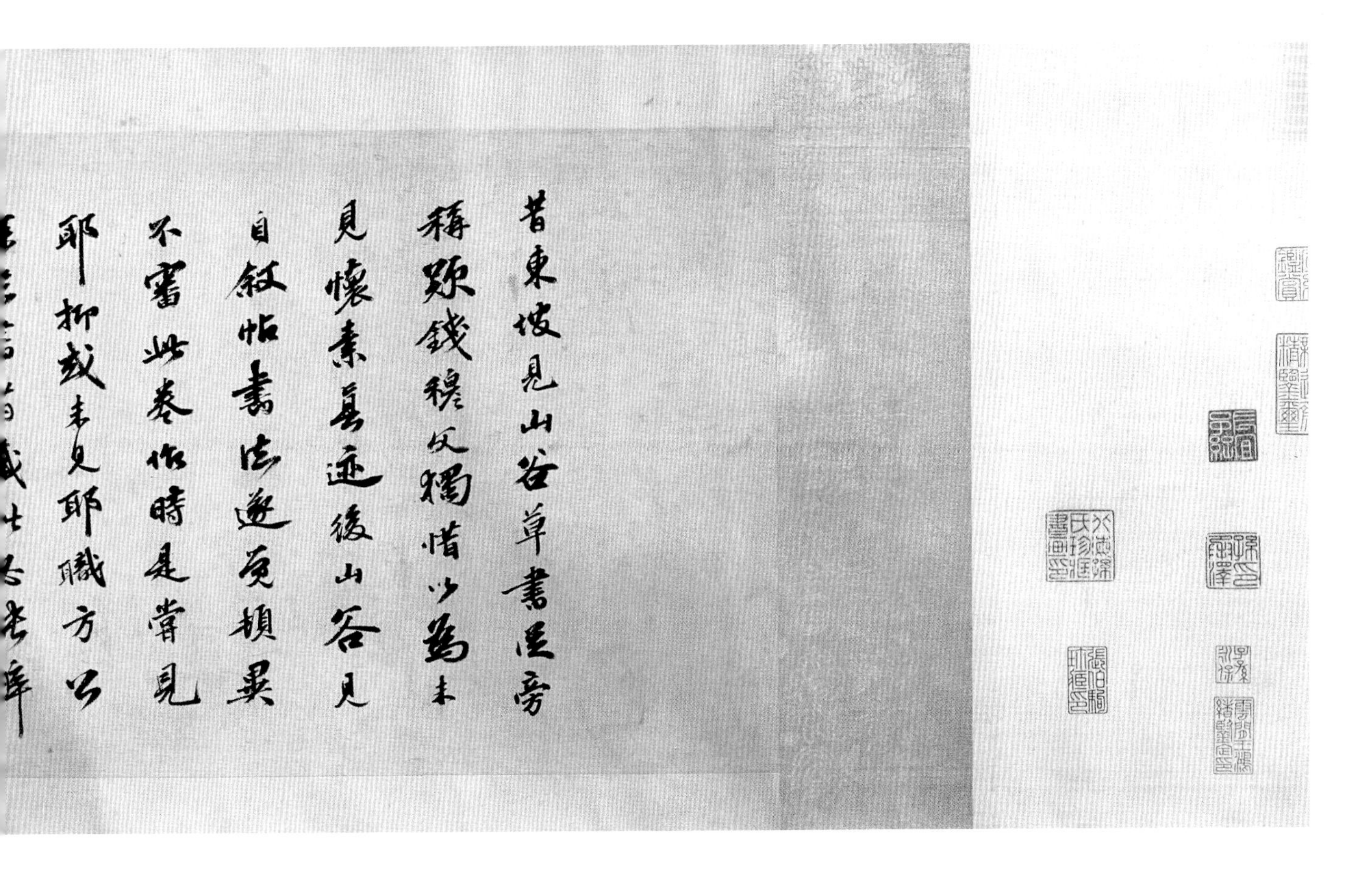

昔東坡見山谷草書甚旁稱踈錢穆父獨惜少為未見懷素真迹後山谷見自敘帖書法遂覺頓異不審此卷作時是嘗見耶抑或未見耶職方公

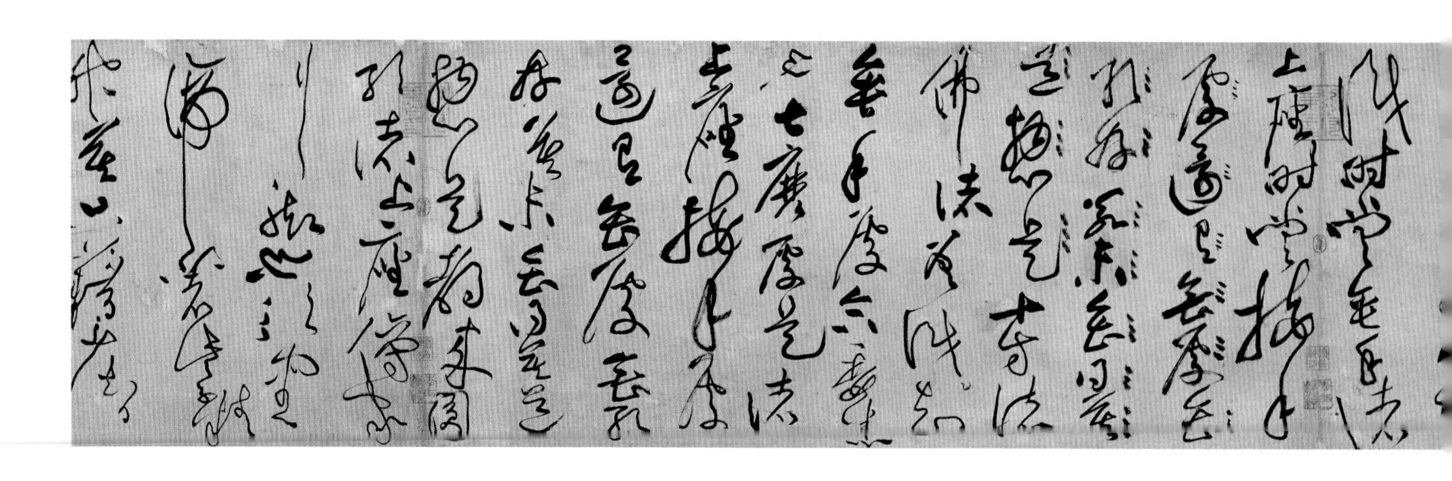

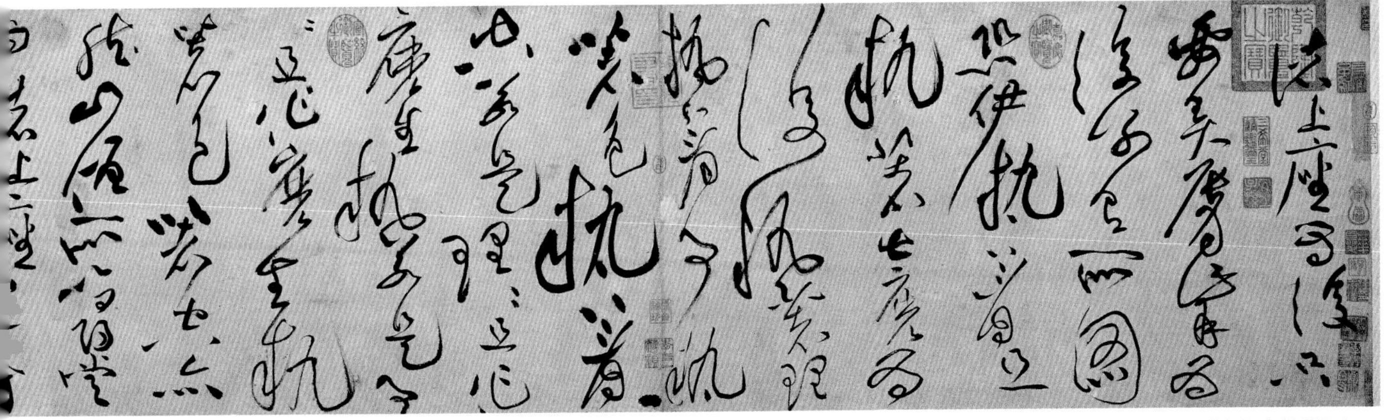

《諸上座帖卷》之一

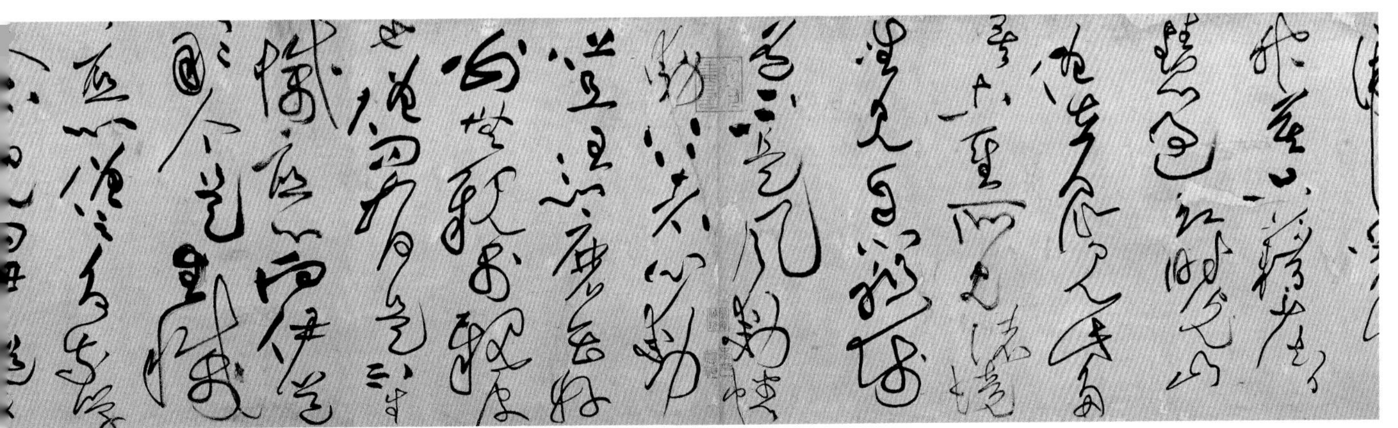

《諸上座帖卷》之二

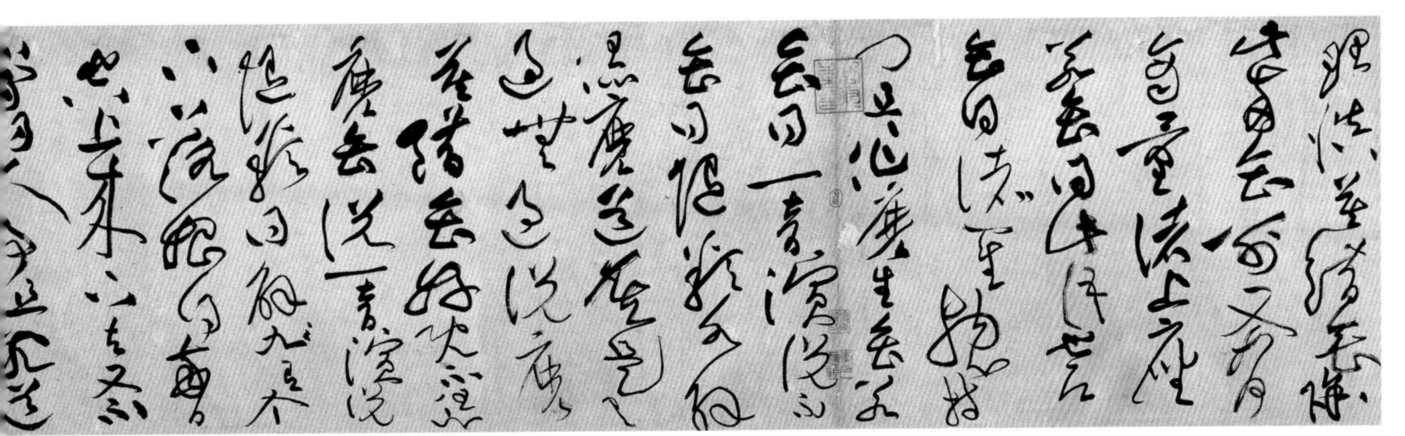

《諸上座帖卷》之三

《諸上座帖卷》之四

31

黃庭堅　行楷書送四十九侄詩卷

紙本　行楷書
縱35.5厘米　橫130.2厘米
清宮舊藏

Song Si Shi Jiu Zhi Shi in running-regular script
By Huang Tingjian
Handscroll, ink on paper
H. 35.5cm　L. 130.2cm
Qing court collection

此詩卷原為《宋元寶翰冊》之一，現改裝為卷。此詩在山谷集中無記載，"四十九侄"亦無考。該帖字大如拳，結體多取柳公權法，字大方可盡其筆勢，撇捺特長，筆畫多取橫勢，字勢舒展俊朗，蒼勁雄厚，一波三折，跌宕起伏，變化出新，極具挺拔之態。張耒評山谷詩句："不踐前人舊行跡，獨驚斯世擅風流"，用在其書法上亦甚為恰當。

鑑藏印記："白石山房"(白文)、"宋犖審定"(朱文)、"宣統御覽之寶"(朱文)。

歷代著錄：《裝餘偶記》、《石渠寶笈初編》。

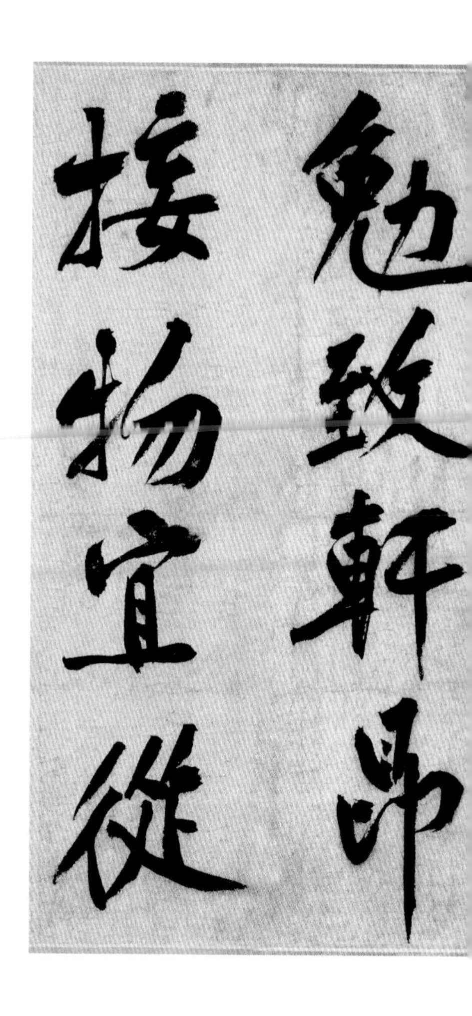

釋文：詩送四十九侄

有妖財相見，何堪舉別觴。共期同奮發，更勉致軒昂。接物宜從

厚，修身貴有常。翁翁尤念汝，早去到親旁。

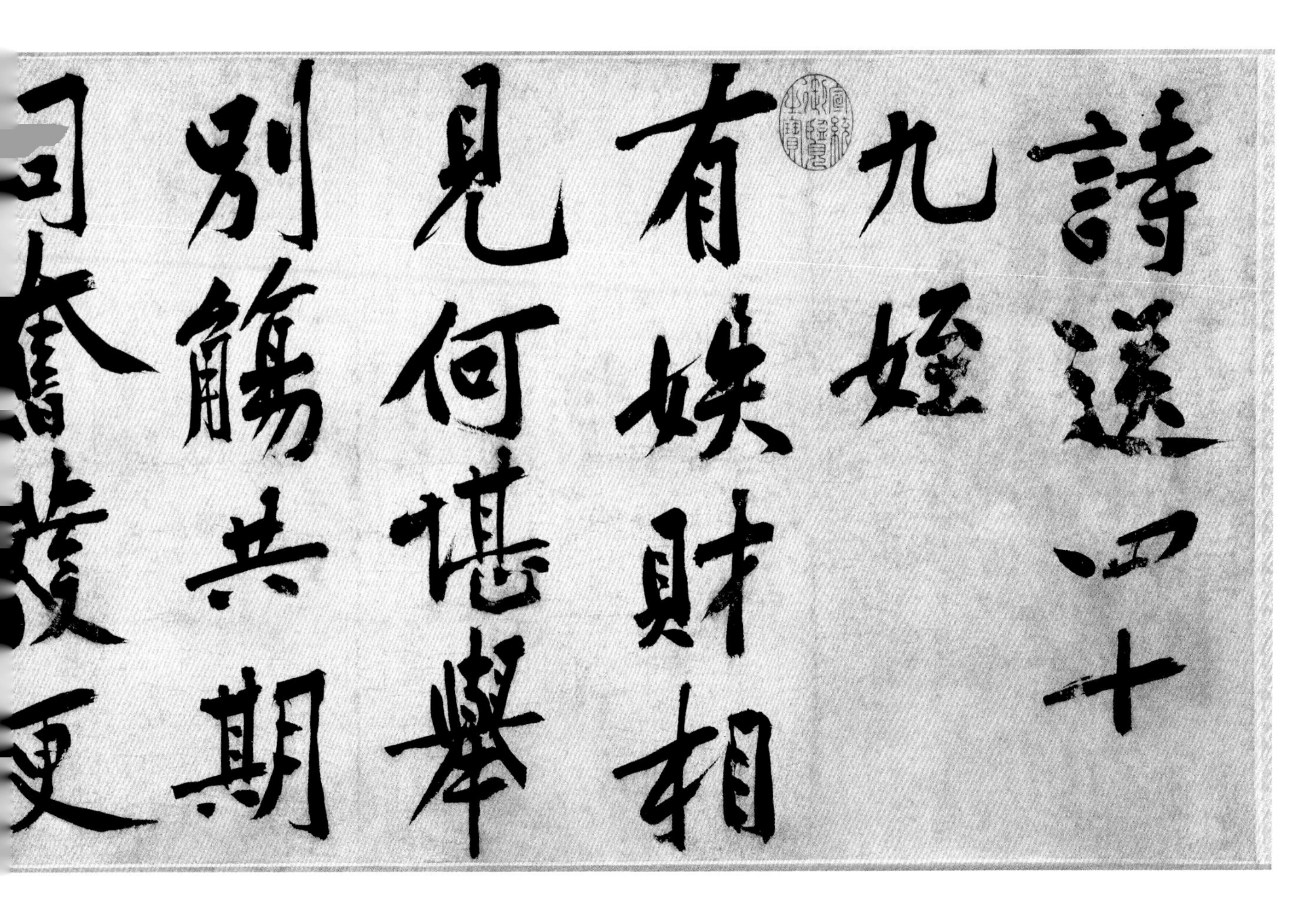
詩送四十
九姪
有姝財相
見何堪舉
別觴共期

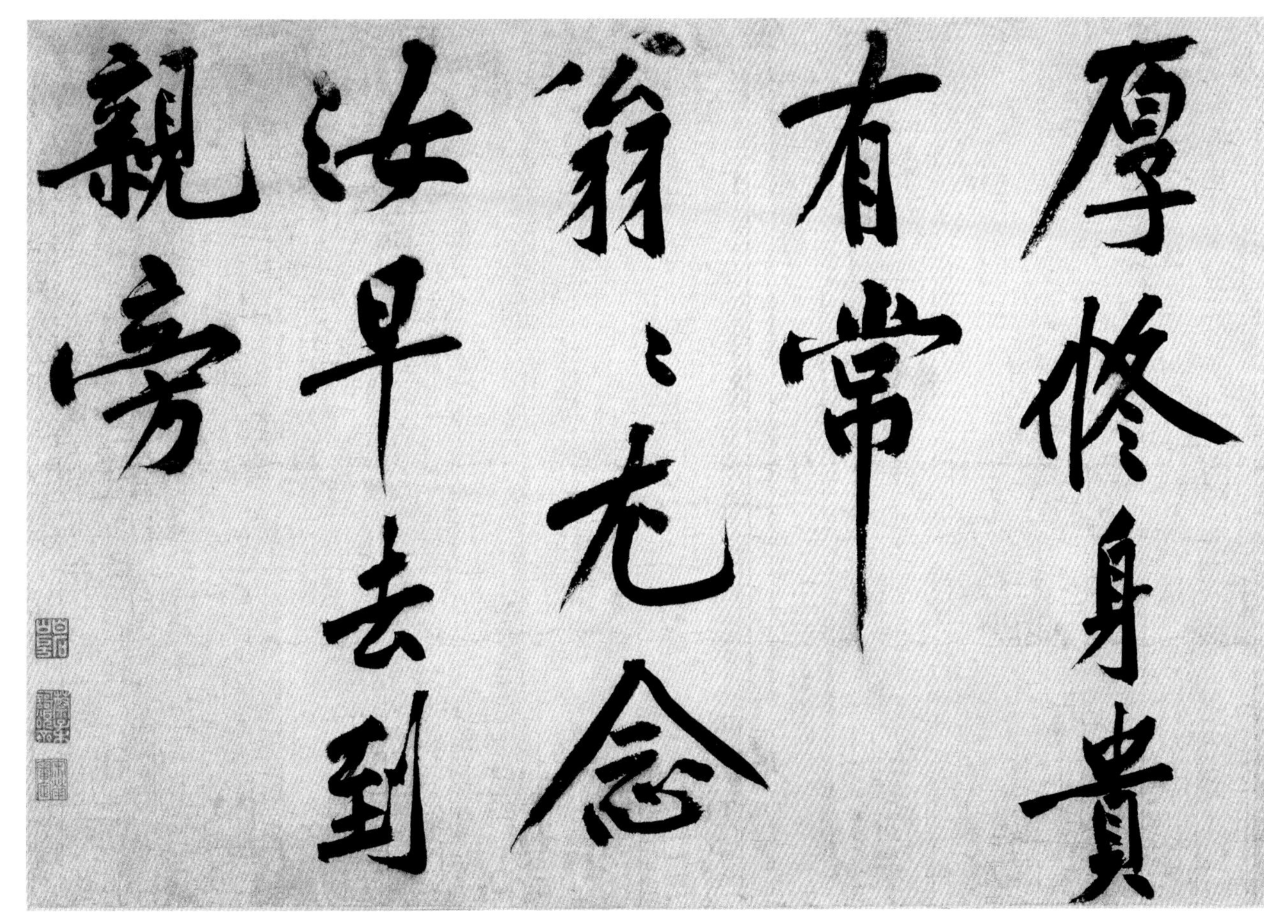
厚修身貴
有常
翁〻尤念
汝早去到
親旁

32

黃庭堅　草書浣花溪圖引卷

紙本　草書
縱35.5厘米　橫391.4厘米
清宮舊藏

Huan Hua Xi Tu Yin in cursive script
By Huang Tingjian
Handscroll, ink on paper
H. 35.5cm　L. 391.4cm
Qing court collection

《浣花溪圖引》在《山谷外集》中有載，列於元祐三年(1088)戊辰，山谷時年四十二歲。此卷筆法蒼老，多骨少肉，是山谷晚年書特徵。卷後王世貞跋中評道："書筆橫逸疏蕩，比素師饒姿態，亦稍平易可識。而結法之密，腕力之勁，波險神奇，似小不及也。"評價頗為恰當。卷後還有明代吳寬等人題跋。該卷係火燒殘本，後經明代夏德聲補齊。

鑑藏印記："紹興"(朱文)、"內府書印"(朱文)、"貞元"(朱文)、"乾坤清賞"(白文)、"石渠寶笈"(朱文)、"寶笈三編"(朱文)、"有明王氏圖書之印"(白文)，清嘉慶內府諸印等。

歷代著錄：《孫氏書畫抄》、《石渠寶笈三編》。

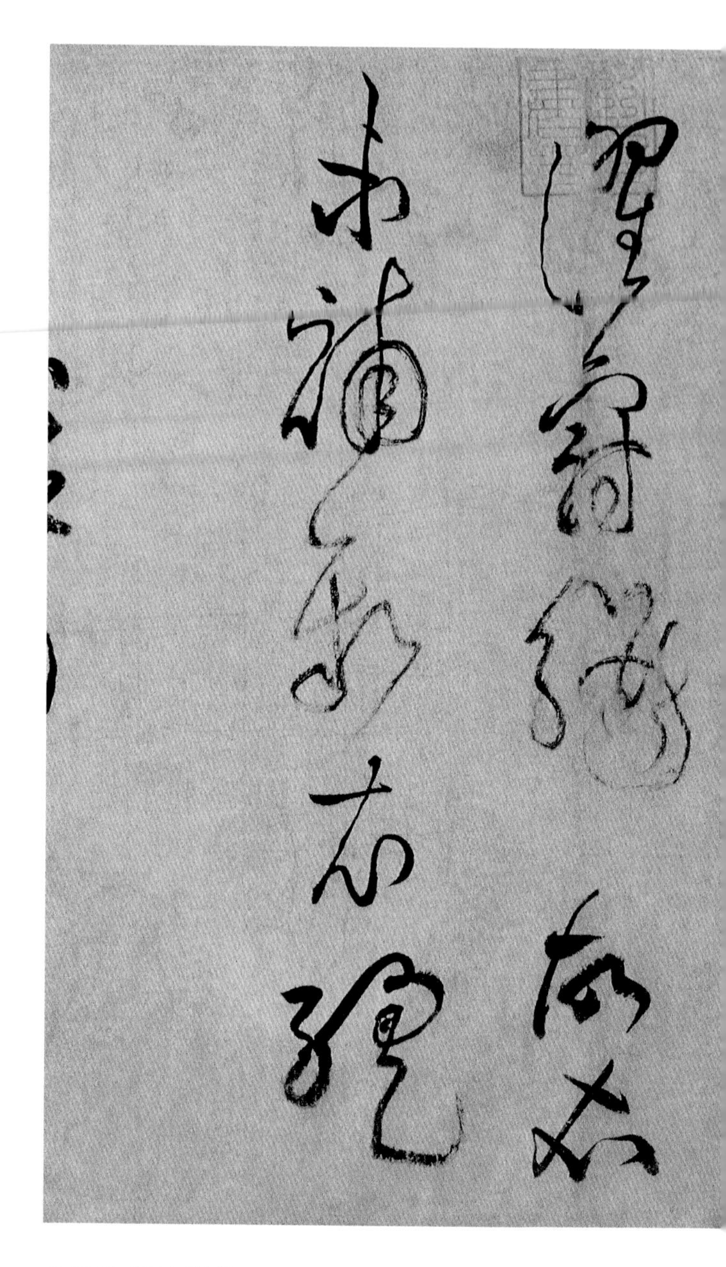

釋文：拾遺流落錦官城，故人作尹眼為青。碧雞坊西結茅屋，百花潭水濯冠纓。故衣未補新衣綻，

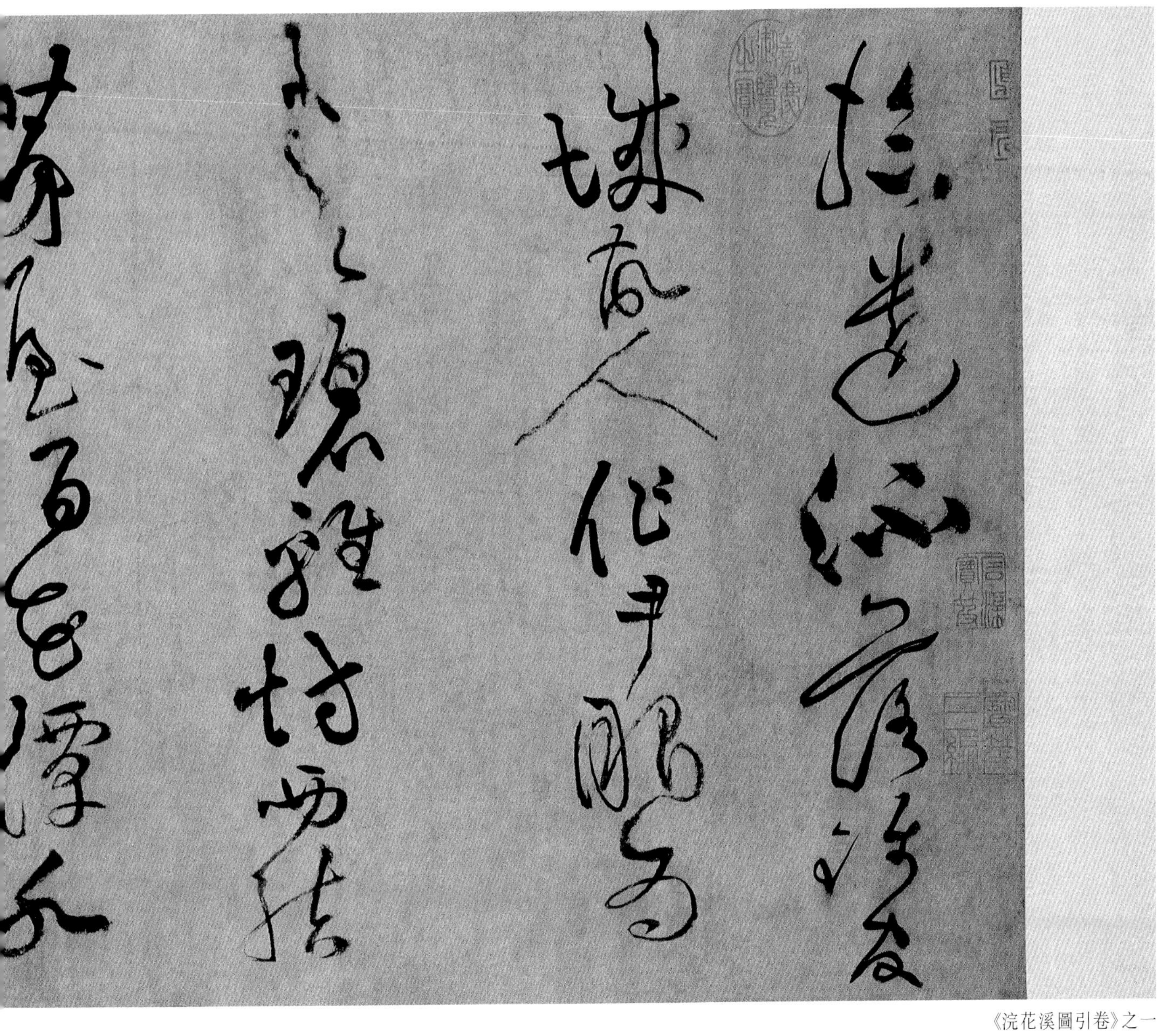

《浣花溪圖引卷》之一

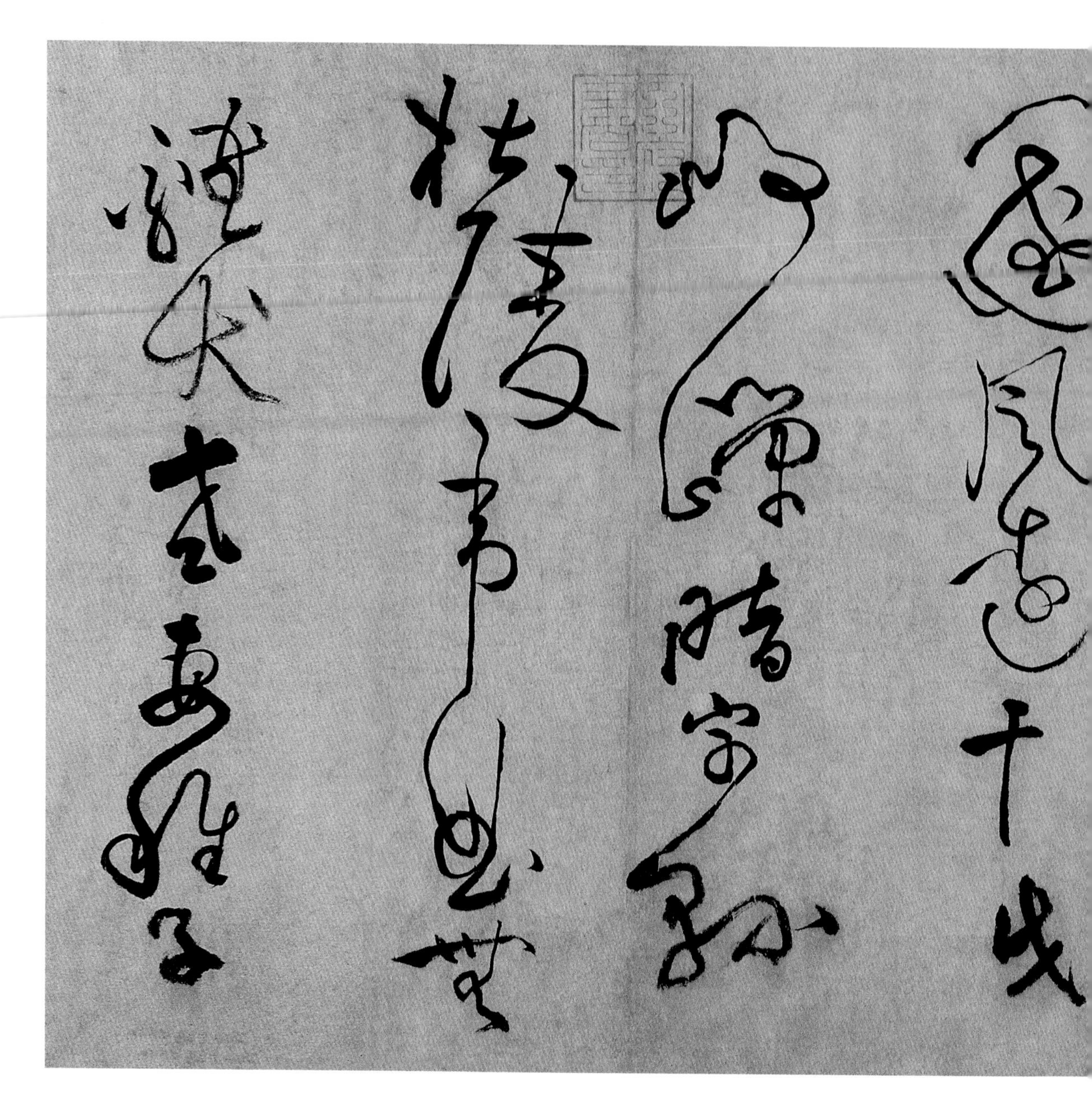

空蟠胸中
書萬卷。
探道欲度羲
皇前，論詩未覺
國風遠。干戈
崢嶸暗寓縣，
杜陵韋曲無
雞犬。老妻稚子

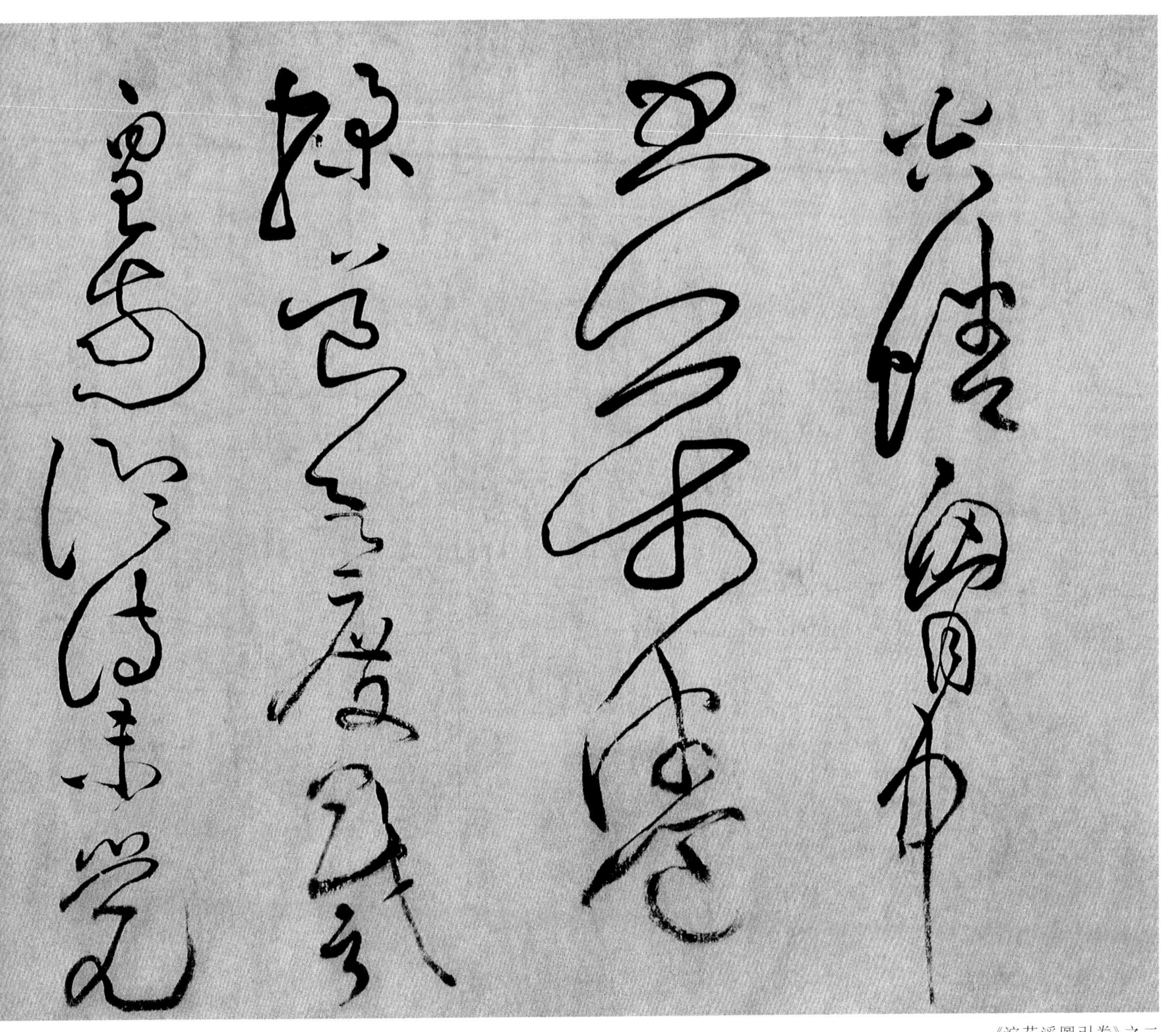

《浣花溪圖引卷》之二

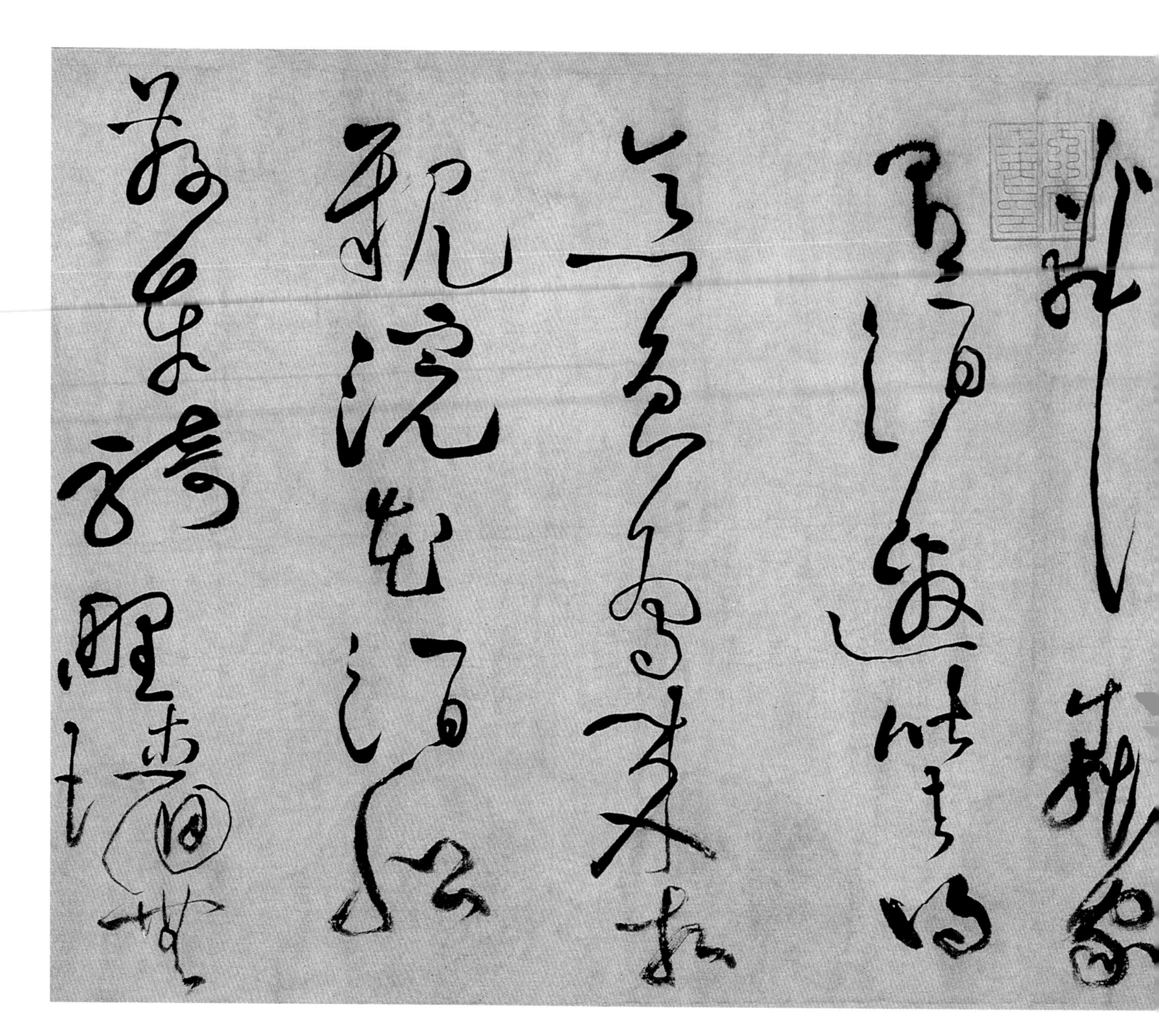

且眼前，弟妹
漂零不相見。此
翁樂易極可人，園
翁溪友肯下
鄰。鄰家
有酒邀皆去，得
意魚鳥來相
親。浣花酒船
散車騎，野牆無

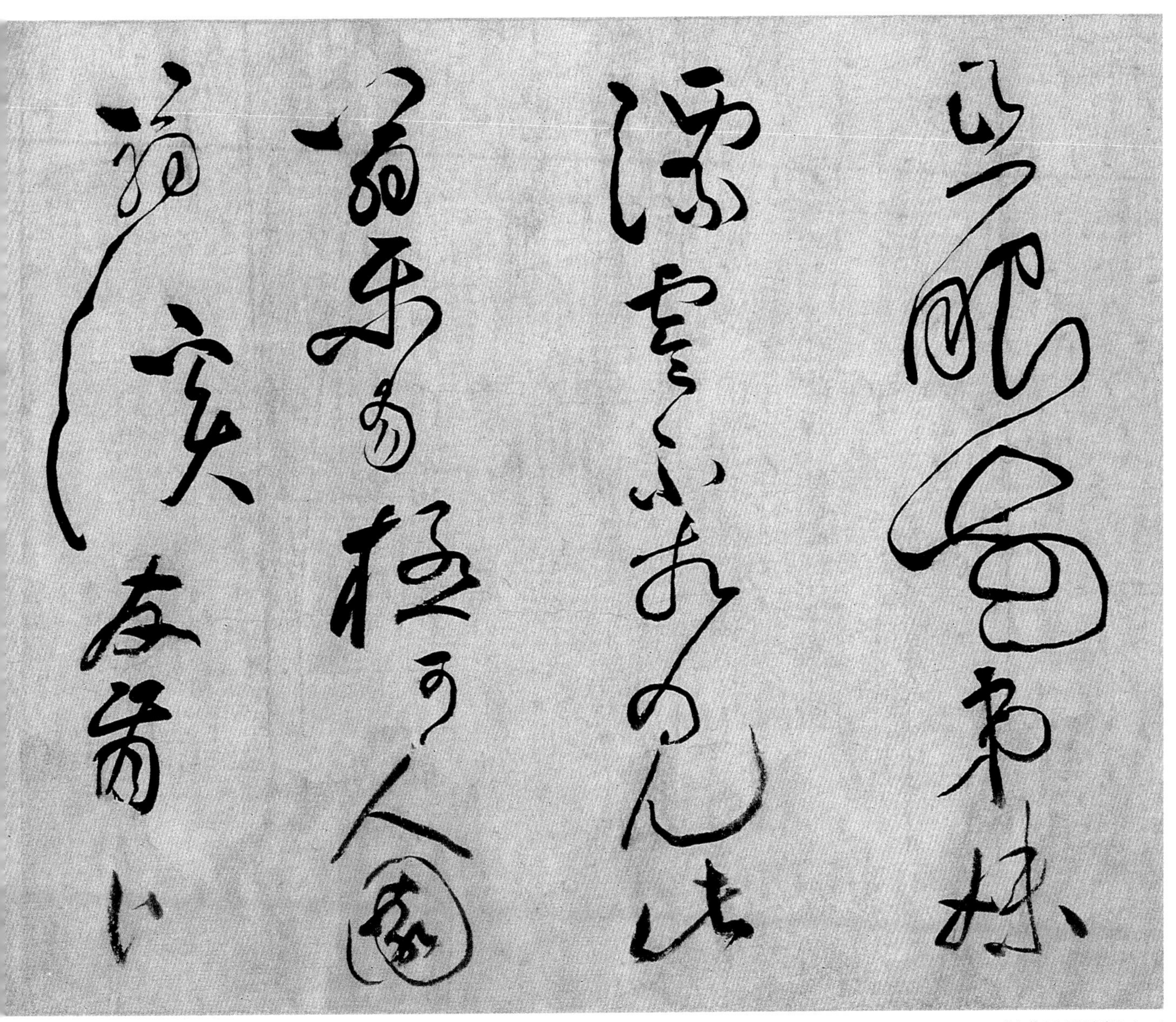

《浣花溪圖引卷》之三

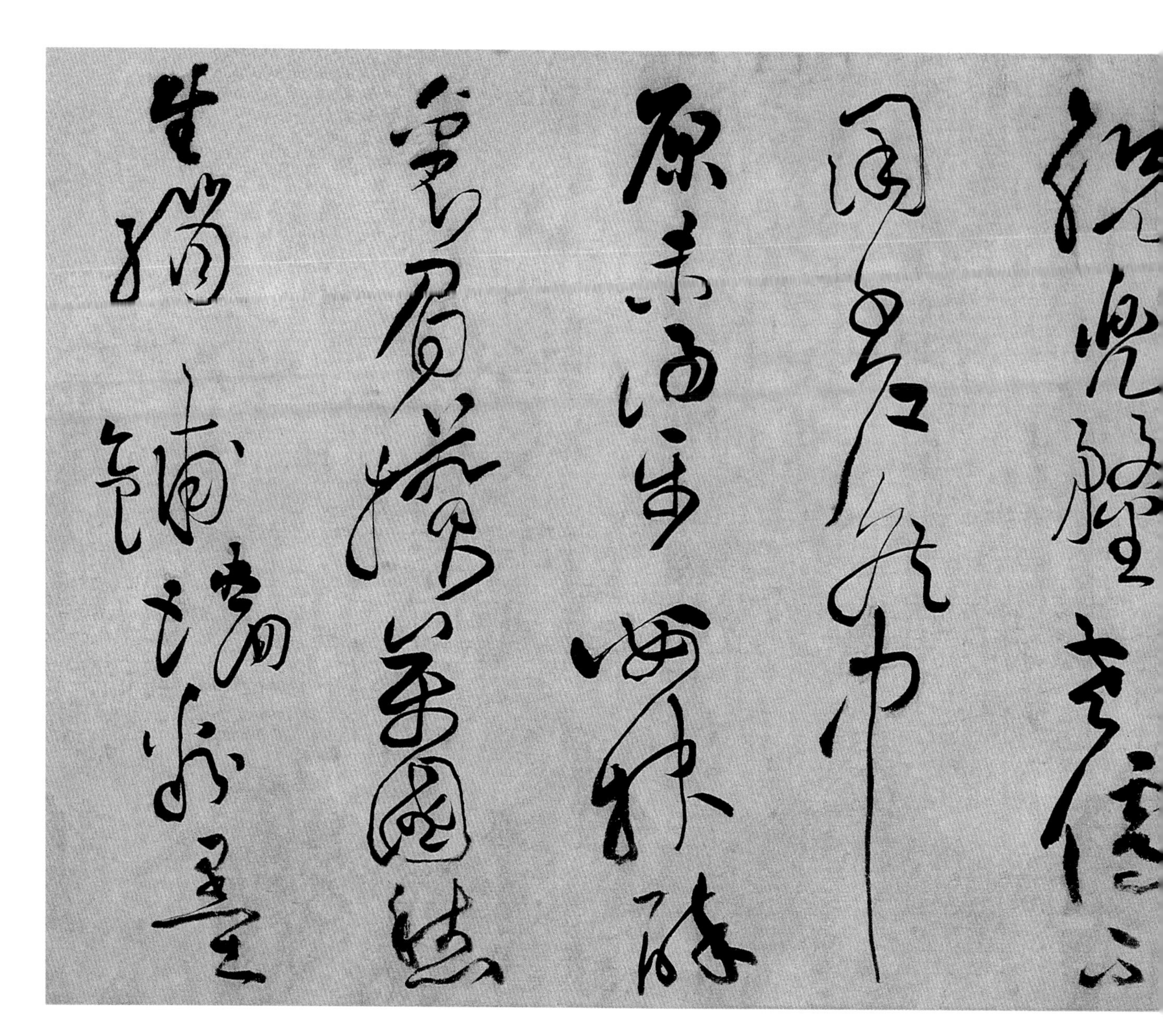

主看桃李。宗文
守家宗武扶，落
日蹇驢馱醉
起。酒闌解鞍
脫兜鍪，老儒不
用千戶侯。中
原未得平安報，醉
裏眉攢萬國愁。
生綃鋪牆粉墨

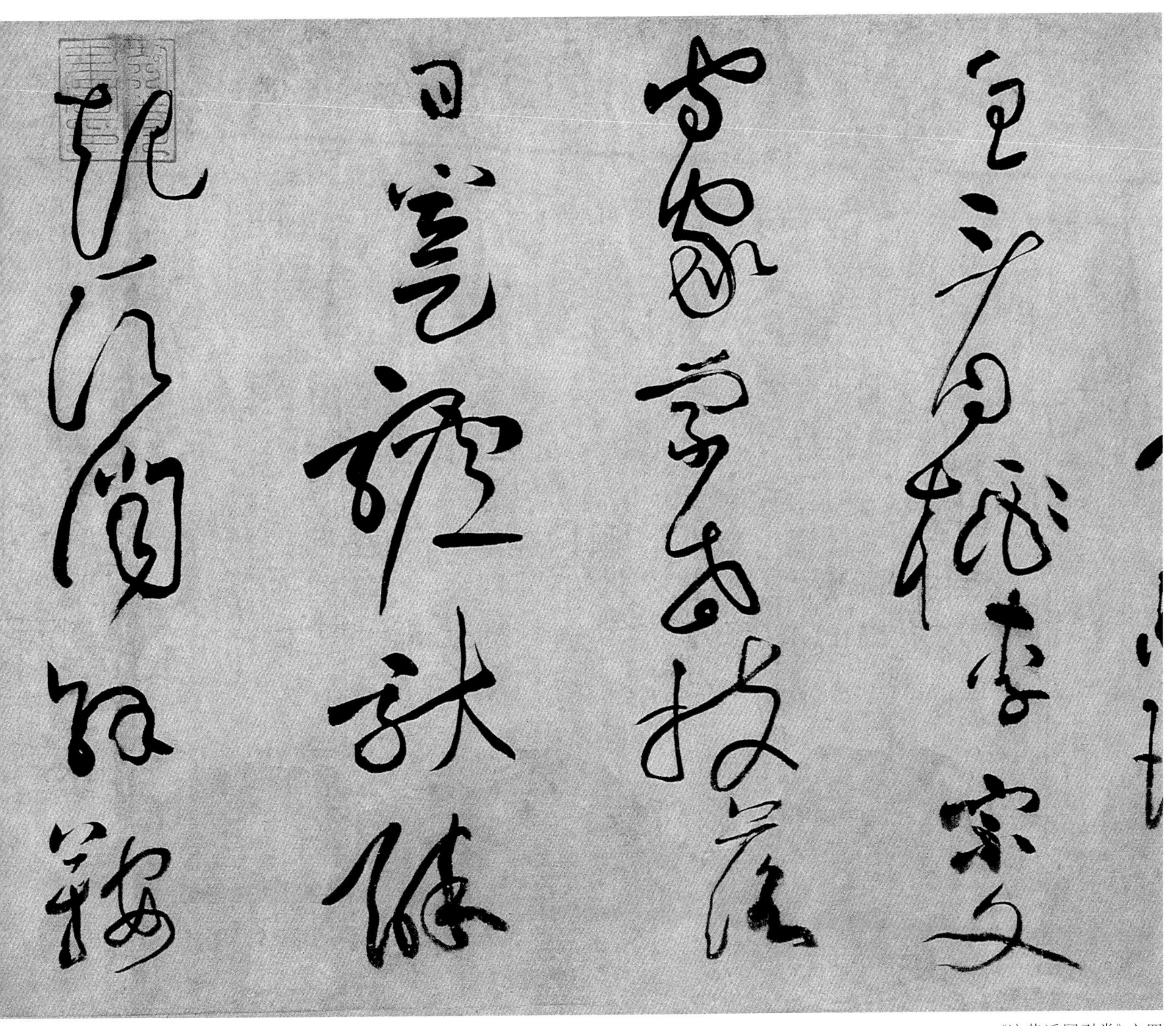

《浣花溪圖引卷》之四

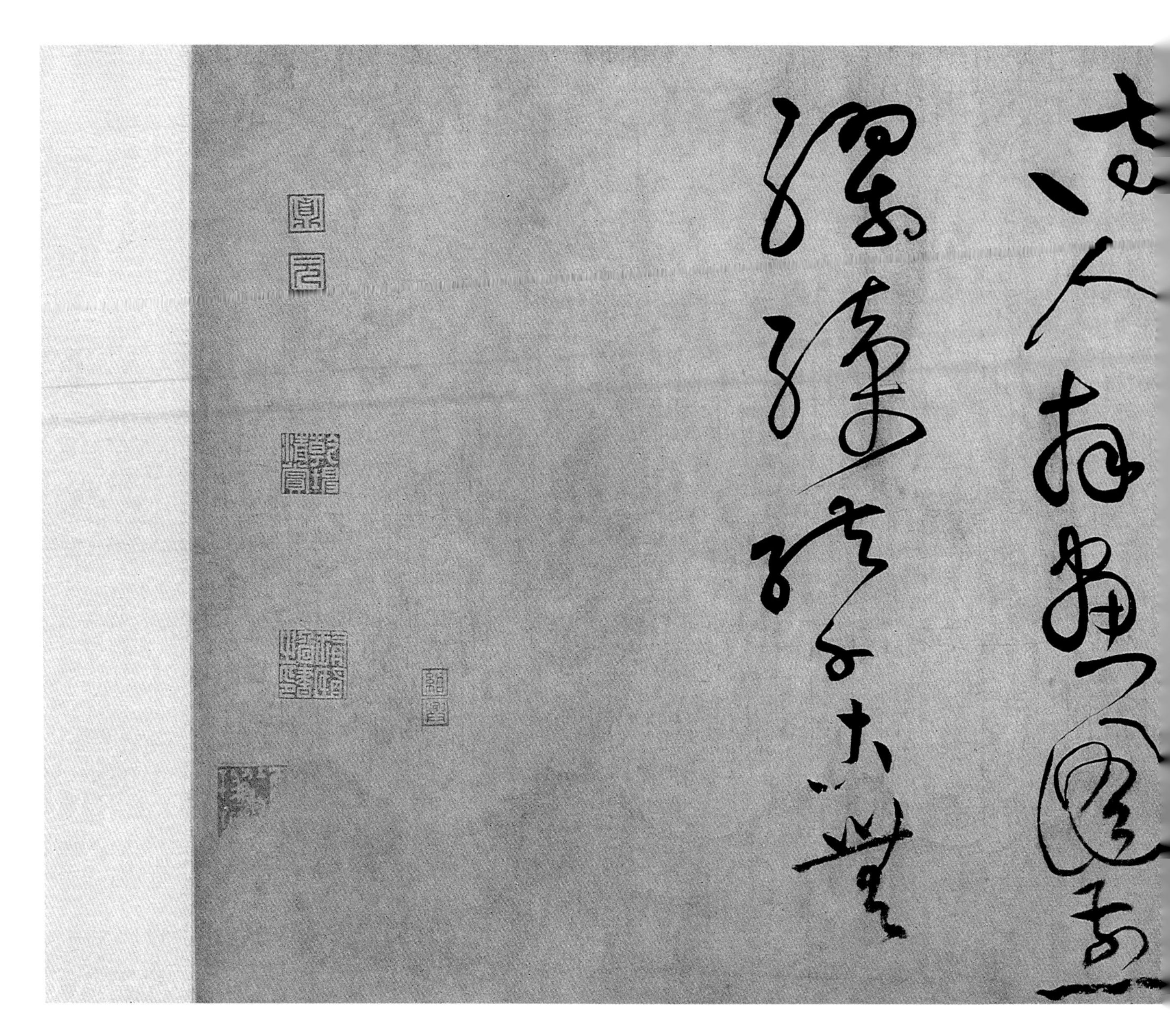

落，平生忠義今寂寞。兒呼不蘇驢失腳，猶恐醒來有新作。長使詩人拜畫圖，煎膠續弦千古無。

（口內字係夏德聲補書）

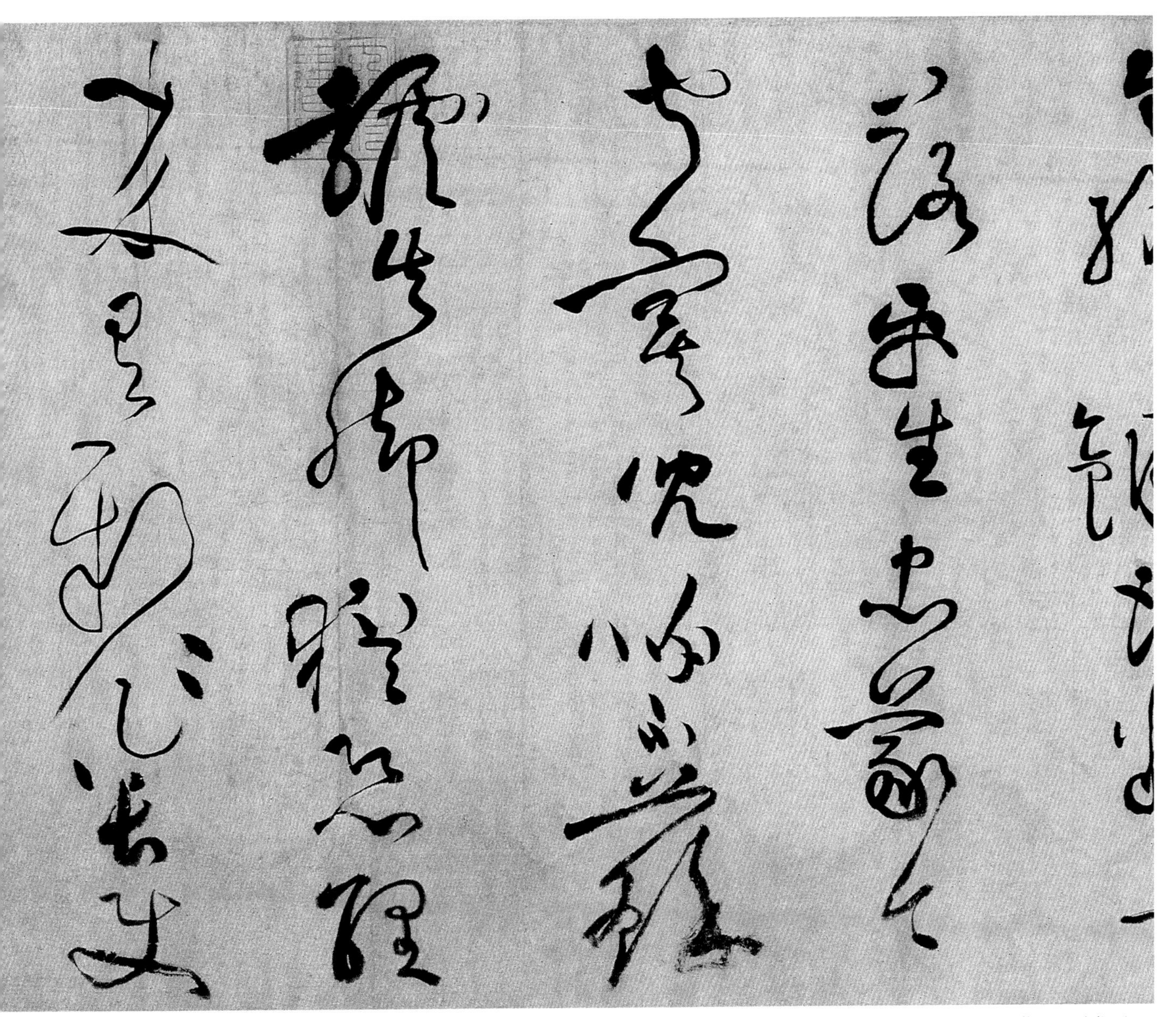

《浣花溪圖引卷》之五

故太常寺卿崑山夏公所蓄書畫
燬于火者數十種此山谷草書詩
卷蓋出煨燼中者故其下並
缺一字公之子今大理寺副德聲
以此為先世物手補完之与真
迹無異自是為夏氏後人者
尤宜寶藏蓋不特為古人法
書矣弘治三年十一月廿二日
翰林吳寬書

《浣花溪圖引卷》之六

山谷草書卷兩還陳華
願壞希
也其前大書乃請季
賓之學士作者乞
知之　寬拜
大理先生鄉長

此卷山谷老人詩故友太常家物燬於
火下缺數字太常子大理德聲補之上
續卷尾有吳文定公跋及手書可尚
為李文正家只今亦既落矣詩不著題
亦缺名氏而考公集乃是老杜浣花谿

《浣花溪圖引卷》之七

圖引也引詞力為求奇然是公最合作
法也筆橫逸疎蕩比素師饒姿態亦
稍平易而從法之緊挽力之勁
波險險神奇似小不及也始公作字
眉山先生深傷賞歎不已謂穆父
學士曰魯直書故佳恨不今見懷素
自敘帖耳公言不得爾最後見素書
大抵悔以爲向如遠甚愈刻意臨
池晚節自謂得長沙三昧然以筆
家蔡素子字文真蹟校之公猶
在堂廡間也吳郡王世貞識

《浣花溪圖引卷》之八

33

黃庭堅　行楷書題王詵詩帖頁

紙本　行楷書
縱29.2厘米　橫22.3厘米

Ti Wang Xian Shi Tie in running-regular script
By Huang Tingjian
Leaf, ink on paper
H. 29.2cm　L. 22.3cm

此四行詩跋，寫得中規中矩，幾乎不見黃山谷他書中的欹側、縱橫、飛動之勢，字裏行間深露出對王詵詩才的欽佩之情。末款"庭堅"略小於正文，似顯拘促，難怪清乾隆帝將其與蘇軾、蔡襄三跋皆定為偽跡（實為蘇、黃二跋真，蔡跋偽）。但細觀之，不難看出黃書的顯著特徵，結體嚴緊，中宮緊收，字間緊密，行間寬綽，在"余"、"不"、"晉"等多字中，仍可見左低右高之態。山谷曾云："余與東坡俱學顏平原，然予手拙，終不能近也。"實際上是他不肯學古不化，而是出古創新。此帖正是山谷從筆法、結體上習柳、顏而變化出新的典型例證。

鑑藏印記："八徵耄耋之寶"（朱文）、"自彊不息"（白文）、"仙客"（朱文）、"卞永譽印"（朱文）、"式古堂書畫"（朱文）、"完顏景賢精鑑"（朱文）等。

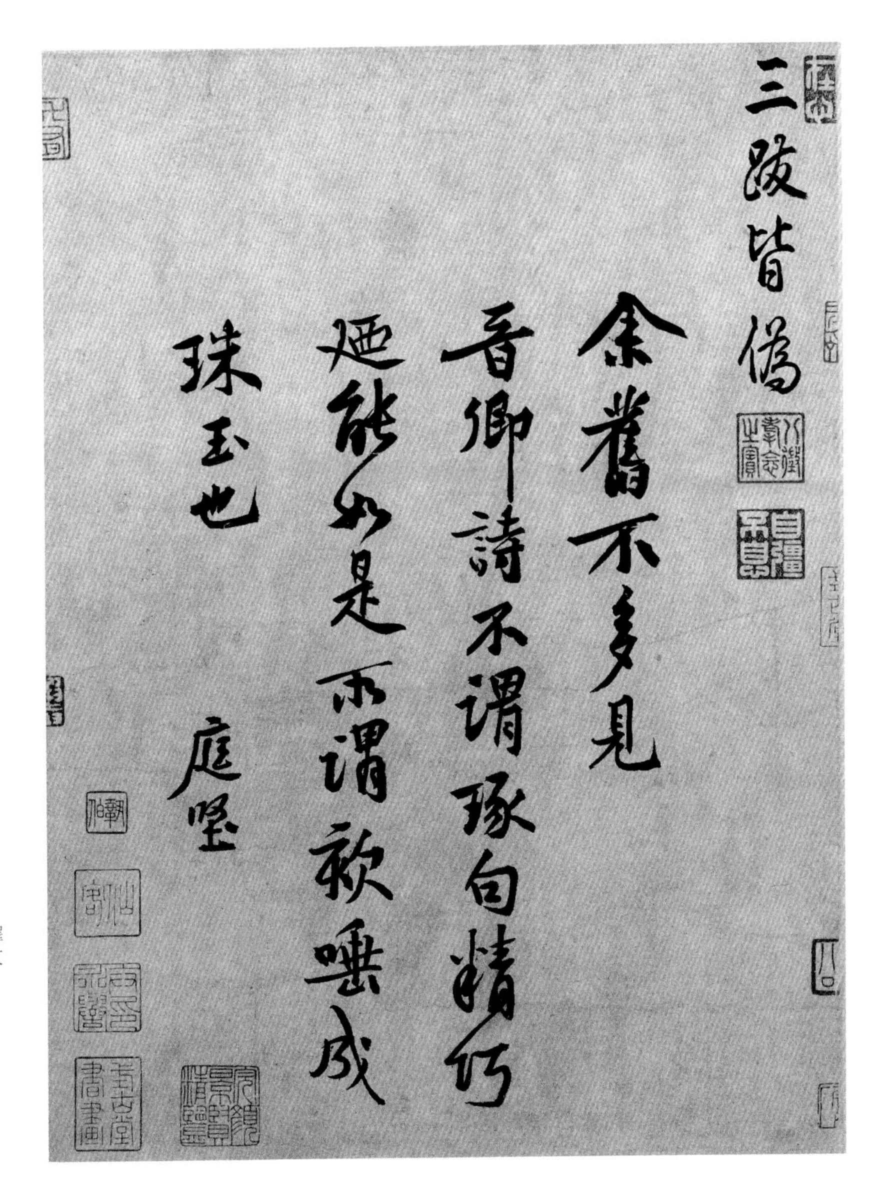

釋文：
余舊不多見
晉卿詩，不謂琢句精巧，
迺能如是，所謂欬唾成
珠玉也。庭堅

34

黃庭堅　行書君宜帖頁

紙本　行書

縱26.9厘米　橫37.7厘米

Jun Yi Tie in running script

By Huang Tingjian

Leaf, ink on paper

H. 26.9cm　L. 37.7cm

此帖是黃山谷寫給友人德輿的便札，告知其病酒之事。該帖因係酒後"大醉"，一宿"未醒"之時所書，所以，筆畫與平時有別，頗顯顫抖衰頹，間有殘破處，顯得精神稍遜，但字間緊湊，行間寬鬆，欹側之勢，依然是黃書本色。

鑑藏印記："洞印"(朱文半印)、"吳廷"(朱文)、"項子長父鑑定"(朱文)、"吳惇寬栗仲審定考藏"(朱文)、"王延世印"(半朱、半白文)、"安儀周家珍藏"(朱文)、"心賞"(朱文葫蘆印)、"石墨書樓"(朱文)、"江德量鑑藏印"(朱文)等。

歷代著錄：《墨緣彙觀》、《壯陶閣書畫錄》。

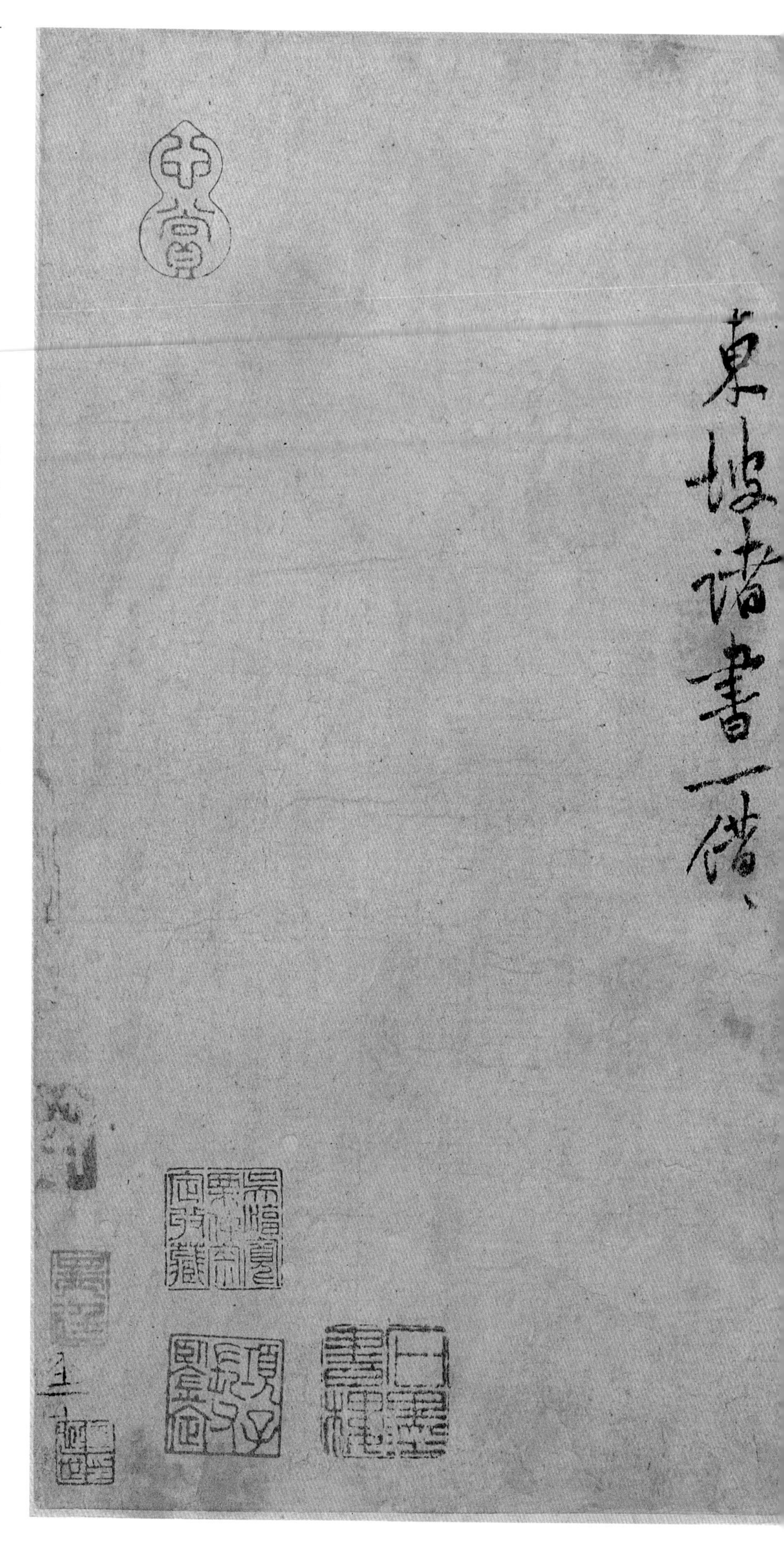

釋文：

昨夕赴君宜家飲，為諸子虐酒大醉不能語，今[日][頭]猶岑岑未醒。淨人頗能道吾友過顧之詳，感愧，感愧。經昔万福。今早不須吃粥，便告[通][此][同]一鉢爨飯。仍攜[新]斲七□來，一洗病耳。如何□□堅拜手

德輿賢友足□

東坡諸書一借。

昨夕赴君宜家飲，爲諸子虐酒大醉，不
能語。今日卧狀參參未醒，淨人來，能道
吾友過訪之詳，慙愧慙愧。經昔
萬福。今早不須粥，便告
送些些一鉢爛飯，仍攜新鯽七八來一
洗病耳。如何如何。□堅拜手

惠與賢友之

35

黃庭堅　草書杜甫寄賀蘭銛詩頁

紙本　草書
縱34.7厘米　橫69.6厘米
清宮舊藏

Du Fu Ji He Lan Kuo Shi in curisve script
By Huang Tingjian
Leaf, ink on paper
H. 34.7cm　L. 69.6cm
Qing court collection

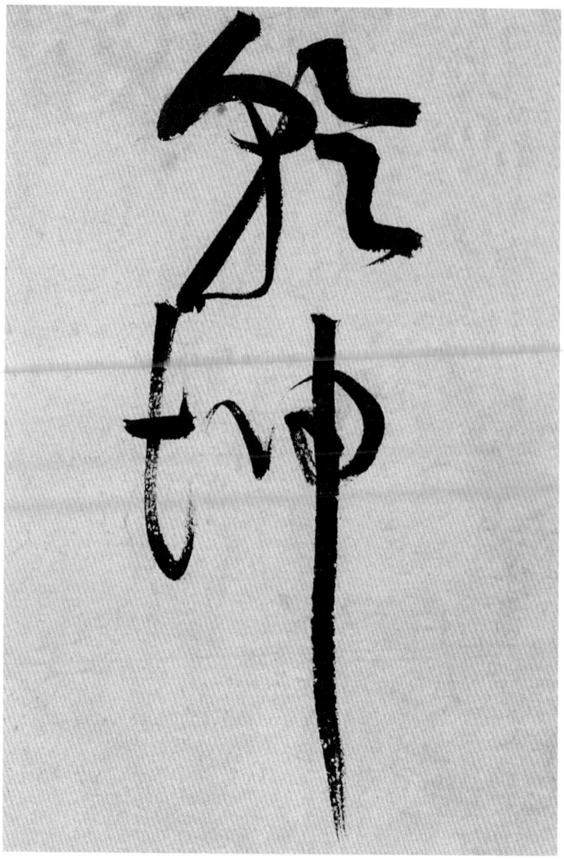

此帖係《宋元寶翰冊》之一，黃山谷草書杜甫寄賀蘭銛五言詩。此帖筆法圓勁，筆勢連綿，如龍蛇飛動，達到心手兩忘之境地。尾“寄賀蘭銛”四字寫作行楷書，矯拔精健，與前草書詩文的飛動氣勢相得益彰。帖雖短短八行，卻是山谷草書佳作。

鑑藏印記：“內府書印”(朱文)、“賈氏”(朱文半印)、“紀察司印”(朱文半印)、“歸來印”(白文)、“希之”(朱文)。

歷代著錄：《吳氏書畫記》、《平生壯觀》、《石渠寶笈初編》。

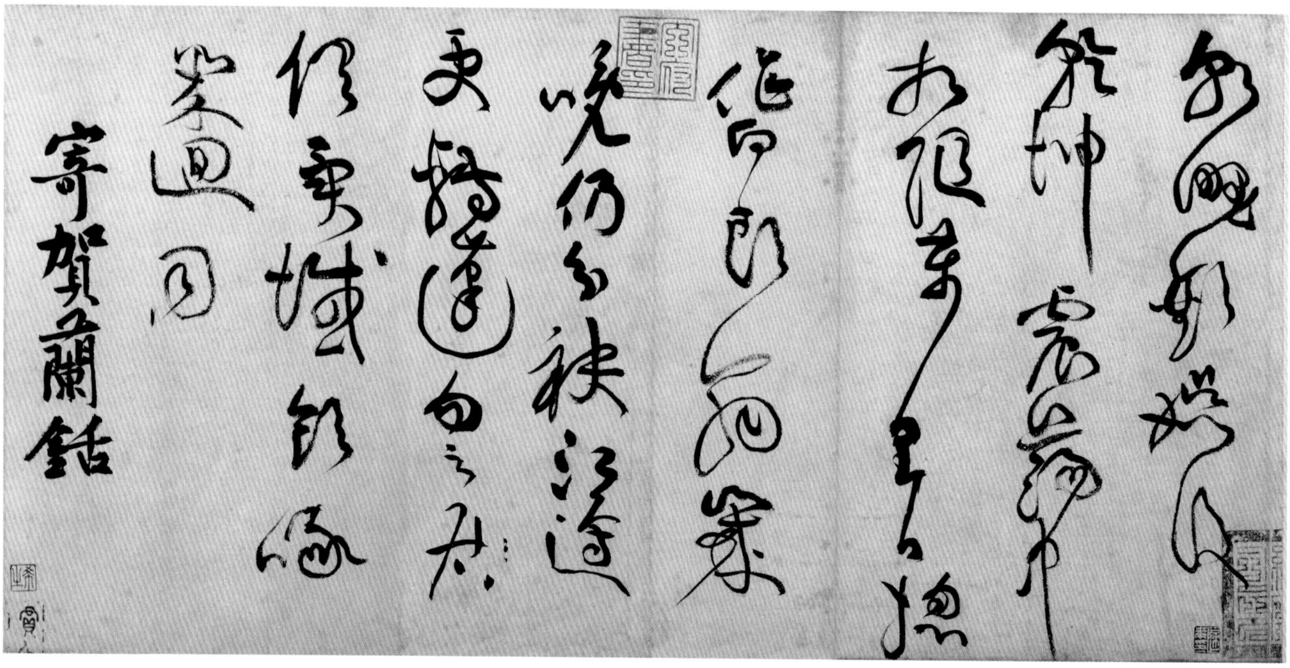

釋文：
朝野歡娛後，
乾坤震蕩中。
相隨萬里日，摠
作白頭翁。歲
晚仍分袂，江邊
更轉蓬。勿言居（此
字點去）
俱異域，飲啄
幾回同。
寄賀蘭銛

36

王詵　行草書自書詩卷

紙本　行草書
縱31.3厘米　橫271.9厘米

Zi Shu Shi in running-cursive script
By Wang Xian
Handscroll, ink on paper
H. 31.3cm　L. 271.9cm

王詵(1036－約1093)，字晉卿，北宋太原(今屬山西)人，徙居開封。娶宋英宗女魏國公主，官至定州觀察使，元豐年間曾遭貶官。富收藏，工書畫，書法自具面目而難定其師承來自，正是宋人所謂的"無法之法"。

《自書詩卷》分三段，首段記述作者去清穎途中受阻，與韓維(持國)、范鎮(景仁)泛舟於西湖嘯詠之事；中段與末段為穎昌湖上三公詩作及王詵的和蝶戀花詞一闕。《宋史》載，韓維在宋哲宗初立時，上表舉薦范鎮，云其於神宗時於建儲有功，於是拜范為端明殿學士，起提舉中太一宮，兼侍讀，即帖文中稱"比聞朝廷就除端明殿學士以寵之。"由此可知，該帖應書於宋哲宗元祐初年。"余前年恩移清穎"，是在元豐七年(1084)，其時韓、范二人亦閒居於許昌，穎昌湖即文中所稱西湖，在許昌的西北，所以，三人可於西湖遊宴賦詩。此卷詩詞雖有傷感惜別之意，但書法下筆痛快淋漓，結體緊實，筆多橫放，鋒芒畢露，獨俱風貌。

卷前有"遊巴黎見之痛心嘗賦詩，有為"一行。卷後有清乾隆帝、彭元瑞書曹溶跋。

鑑藏印記："紹興"(朱文)、"內府書印"(朱文)、"句曲外史"(朱文)、"仙客"(朱文)、"式古堂書畫"、(朱文)、"令之"(朱文)、"卞令之鑑定"(朱文)，清乾隆內府諸印，完顏景賢諸印等。

歷代著錄：《吳氏書畫記》誤稱為黃山谷書，至曹溶跋方為糾正，之後，《式古堂書畫彙考》、《墨緣彙觀續錄》、《石渠寶笈續編》、《壯陶閣書畫錄》、《三虞堂書畫目》等均改為王詵書。

(詳見附錄)

可書花公郎老而
精神不衰議論
純正白須紅面動桃
醺酣時余有所賦
詠以印取紅蓮篆
命筆疾書紛縈絲思
佳辭麗句須刻而
成嘆莫不驚彩也
此闕
朗運就除端明

瑞香千株蓮
不知從此別离
會復何年
神以詩曰法歌
柱白雪參意浮
青蓮詩就西橋
月窗同事侍而
寫以云慣乘霄
淺酌勸說淡涯
蓮可譜玉壺處
等閑武年

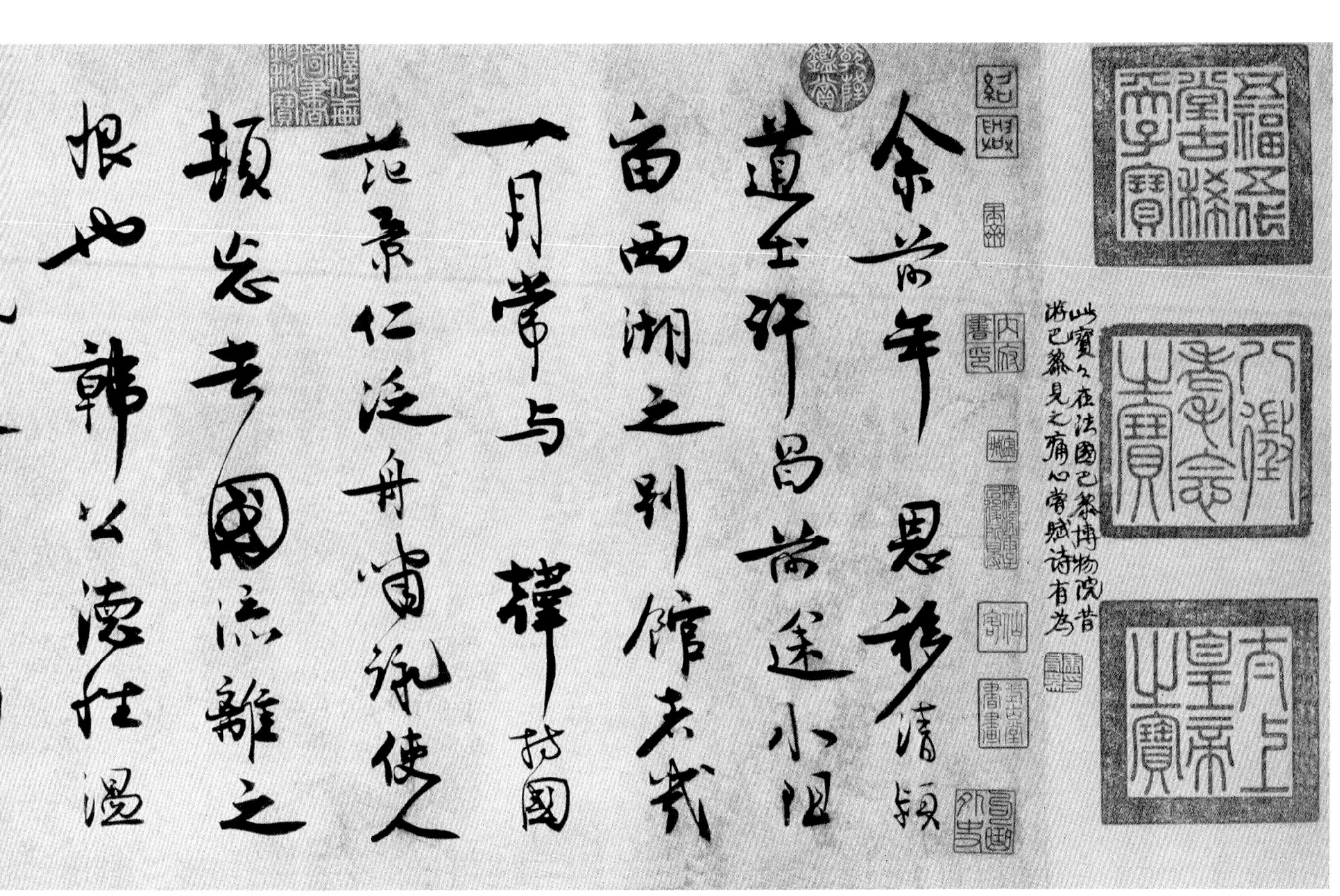

《自書詩卷》之一

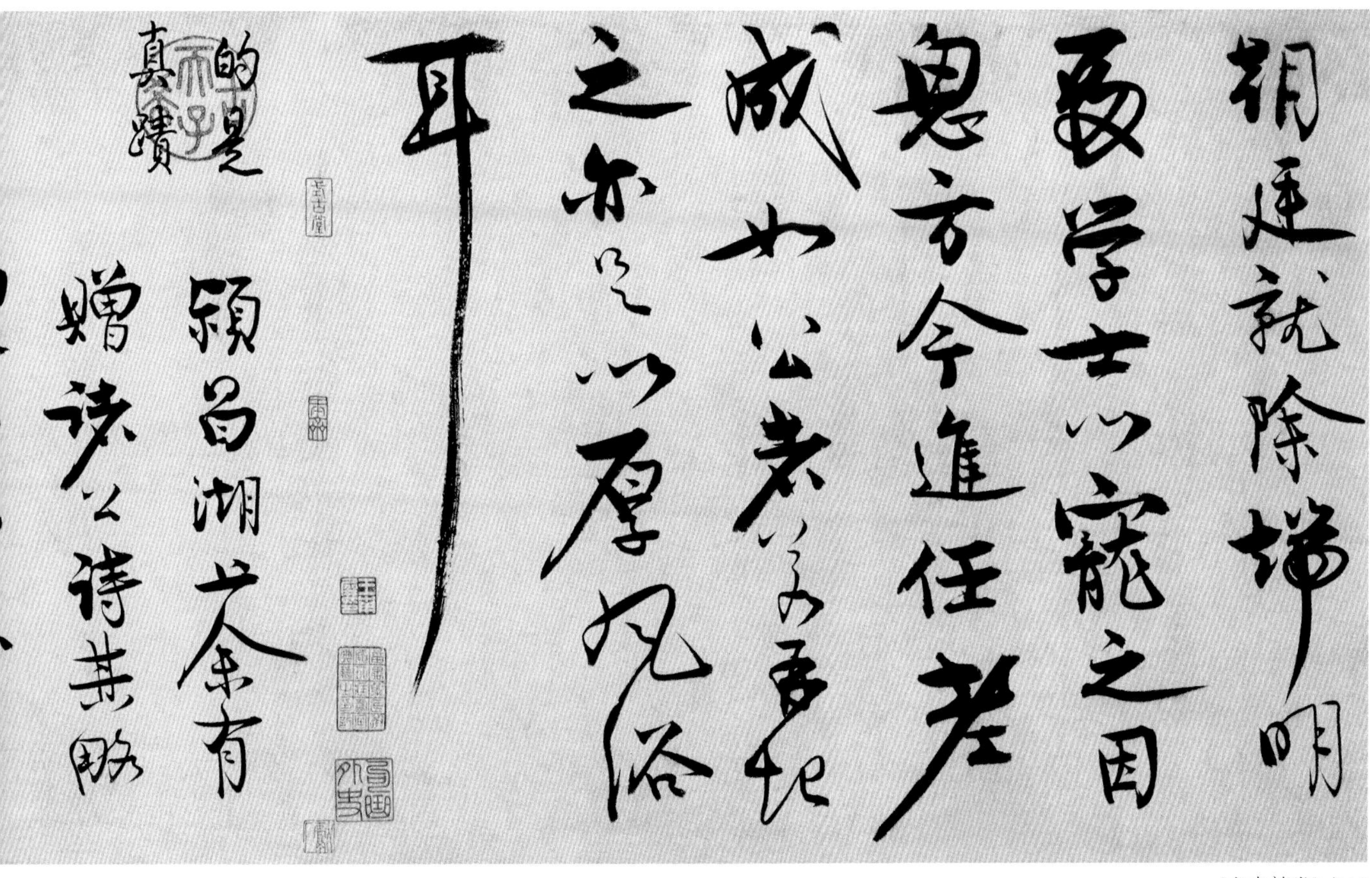

《自書詩卷》之二

大塊落花

余舊不飲酒近年稍能飲

如多諸中所生耳

王詵自書詩詞筆勢豪健
宋紙精潔雖無名款為真
蹟無疑卞永譽書畫彙考
載元趙肅明王洪陳繼儒
三跋皆以為黃庭堅作我
朝曹溶始據草堂詩餘及

跋以見考訂之由命彭元瑞
書溶跋於後
壬子孟夏識

此卷舊傳雙井書眠其執筆迴不相肖公
平生無移穎上留許昌事集中亦無此絕
句而楮尾蝶戀花詞入草堂選余心儗王
晉卿蹟不敢遽謂然也出家藏韓持國南
陽集考之白雪青蓮之句為和王都尉詩
蜀公用玉臺故實的的可證余自喜老眼
生花猶堪懸定古人墨派也晉卿繪事為
時所重不以書名山谷曾以晋人錦囊致
誚然其去國羈栖自云能飲託意信陵至
推服蜀公大節忠君愛國盖親受眉山陶
鑄一洗膏粱夙習超詣乃尒即使未諳八
法猶當以人重況豪落之氣躍躍行墨間
者乎先生幸珎惜勿河漢余言康熙庚申
九月望前一日檇李曹溶

臣彭元瑞奉
敕補錄

等閒、試年
蓋公不妄釋氏
故有是句亦可
一笑也
小雨初晴迴晚照金翠
樓臺倒影芙蓉沼楊
柳垂垂風裊裊嫩荷無
數青鈿小似此園林無限
好流落歸來到了心
情少坐到黃昏人悄、

《自書詩卷》之三

韓維南陽集定為詵蹟詵
集不傳而溶能旁引曲證
可謂曲確不知何時乃易
此蘇軾蔡襄黃庭堅三跋
考軾跋見本集非專題是
卷語襄集無此跋襄以英
宗治平二年乙巳卒至神
宗元豐三年庚申軾謫黃
州詵始坐累謫均州後十
五年庭堅集亦無此跋且
既有跋安得復稱為庭堅
書蓋市賈因前三跋訛處
其不足增重而妄易之并
去溶跋夫始之謬者正之
亦既渙然明白矣知其謬

《自書詩卷》之四

37

米芾　行書苕溪詩卷

紙本　行書
縱30.3厘米　橫189.5厘米

Tiao Xi Shi in running script
By Mi Fu
Handscroll, ink on paper
H. 30.3cm　L. 189.5cm

米芾(1051—1107)，初名黻，字元章，號海岳外史、襄陽漫士、鹿門居士、淮陽外史，人稱米南宮。祖居太原，後遷襄陽，最後定居潤州(今江蘇鎮江)，所以亦稱為吳人。工書，“有晉、唐風流，尤善臨模，至能亂真。”蘇東坡評說：“海岳平生篆隸真行草書，風檣陣馬，沉着痛快，當與鍾、王並行，非但不愧而已。”兼善畫山水，自成一家。著有《書史》、《畫史》。

《苕溪詩卷》題稱：“將至苕溪戲作呈諸友”，其中包括五律六首。均為米芾元祐三年戊辰(1088)春夏間客居無錫時遊苕水所作，到八月(秋中)預備離開無錫去湖州，臨行書此卷，志別諸友人，是年米氏三十八歲。

此卷近代從長春偽滿宮流出，為人裂壞，缺了“念”、“養”、“心”、“功”、“不”、“厭”等六字，半缺“載酒”二字，少缺“豈”、“覺”、“冥”三字，即本錄加口者。李東陽篆書大字引首和卷末項元汴題記也多失去了。1963年故宮博物院收得由楊文彬補紙重裝，再由鄭竹友根據未損前照片將缺字勾摹補全。後紙宋代米友仁、明代李東陽跋。

米芾在《學書帖》(刻《羣玉堂帖》中)言其早年學書：“寫簡不成”，“見柳而摹緊結”，“又摹段季轉折肥美，八面皆全”。此帖既見結構緊結，又見用筆的轉折肥美，而體勢的傾側和筆畫的爭讓收放，安排得恰到好處，真如他評褚遂良書時所說：“如馭陣馬，舉動隨人，而別有一種驕色”，是米書中的精品。

(詳見附錄)

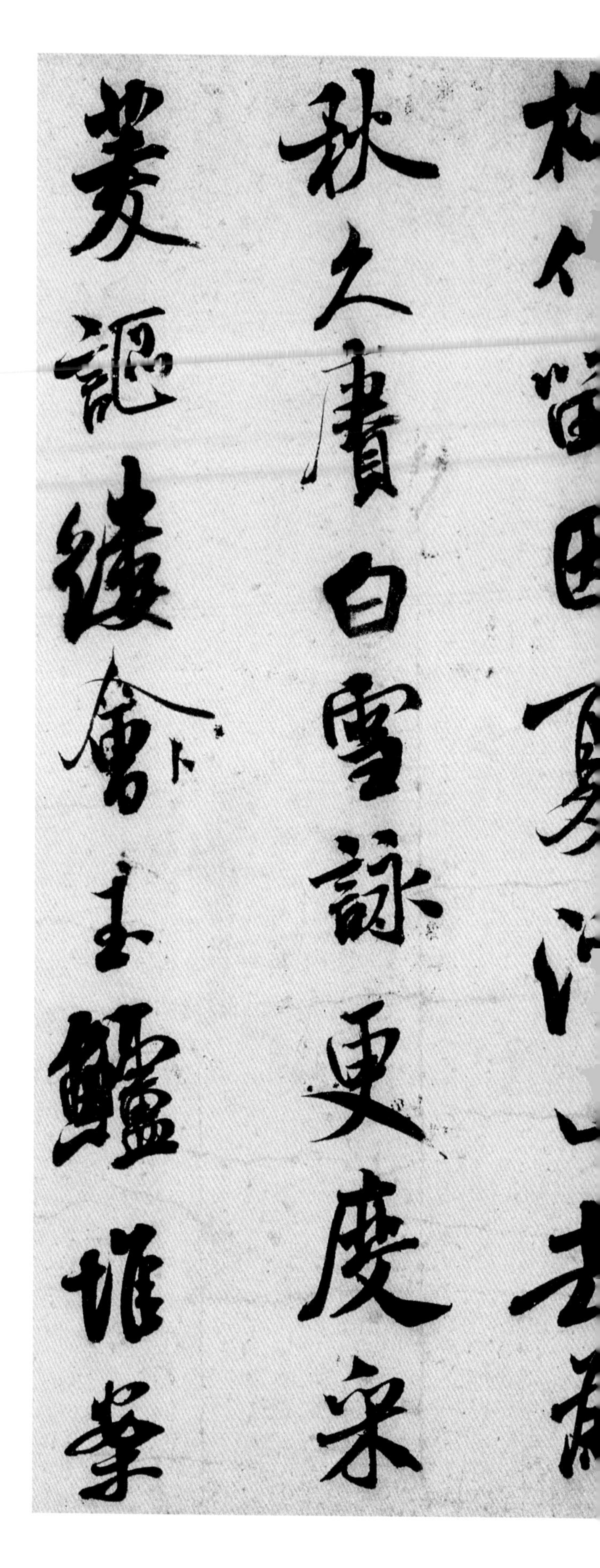

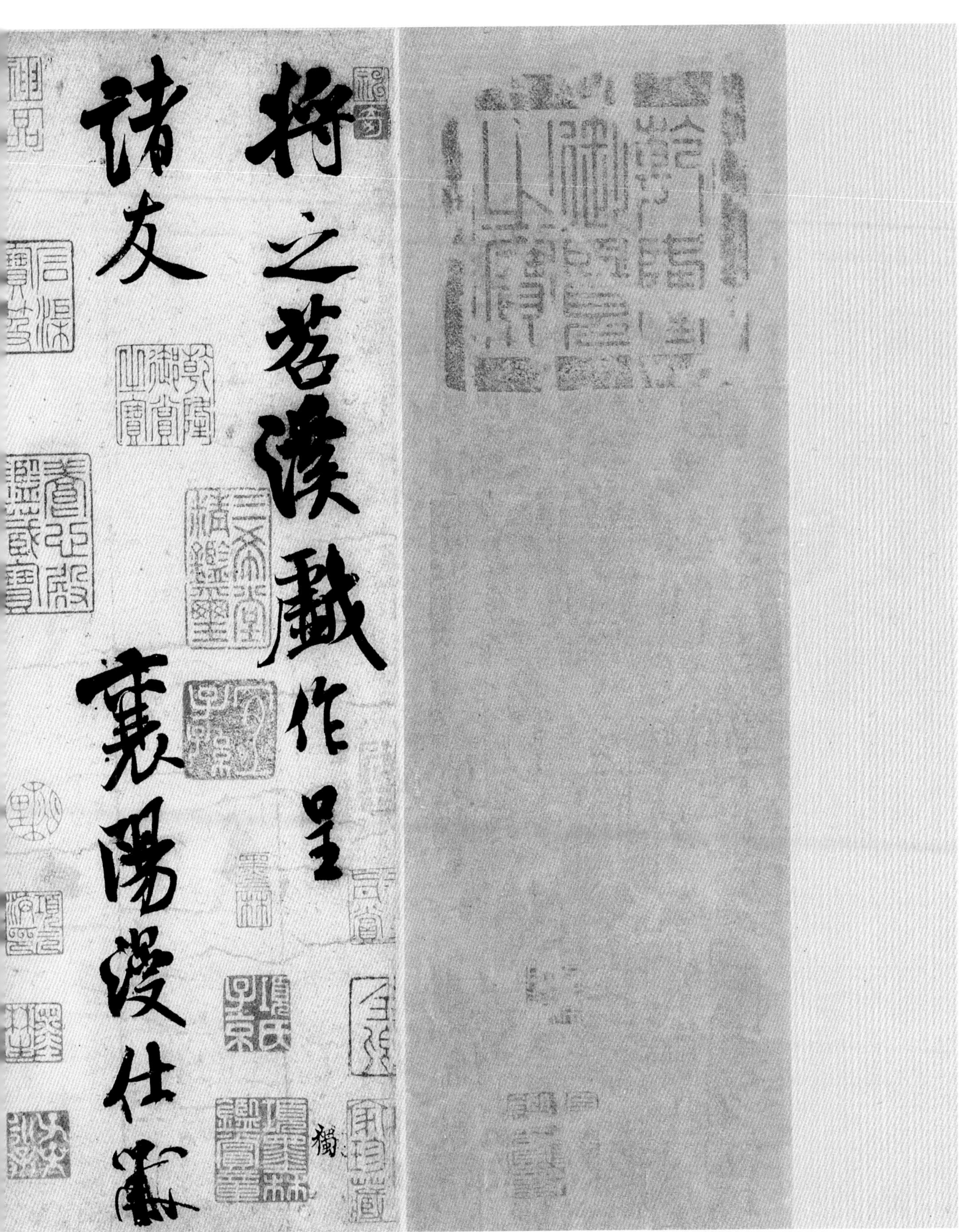

《苕溪詩卷》之一

孝伴不許朝來還常
簡便起坐單以居
余居半歲
諸公載酒不輟而余以疾每約置膳
請語而已復借書劉李周三姓
好懶難辭友知窮此念
通貧非理生拙病覺養心功

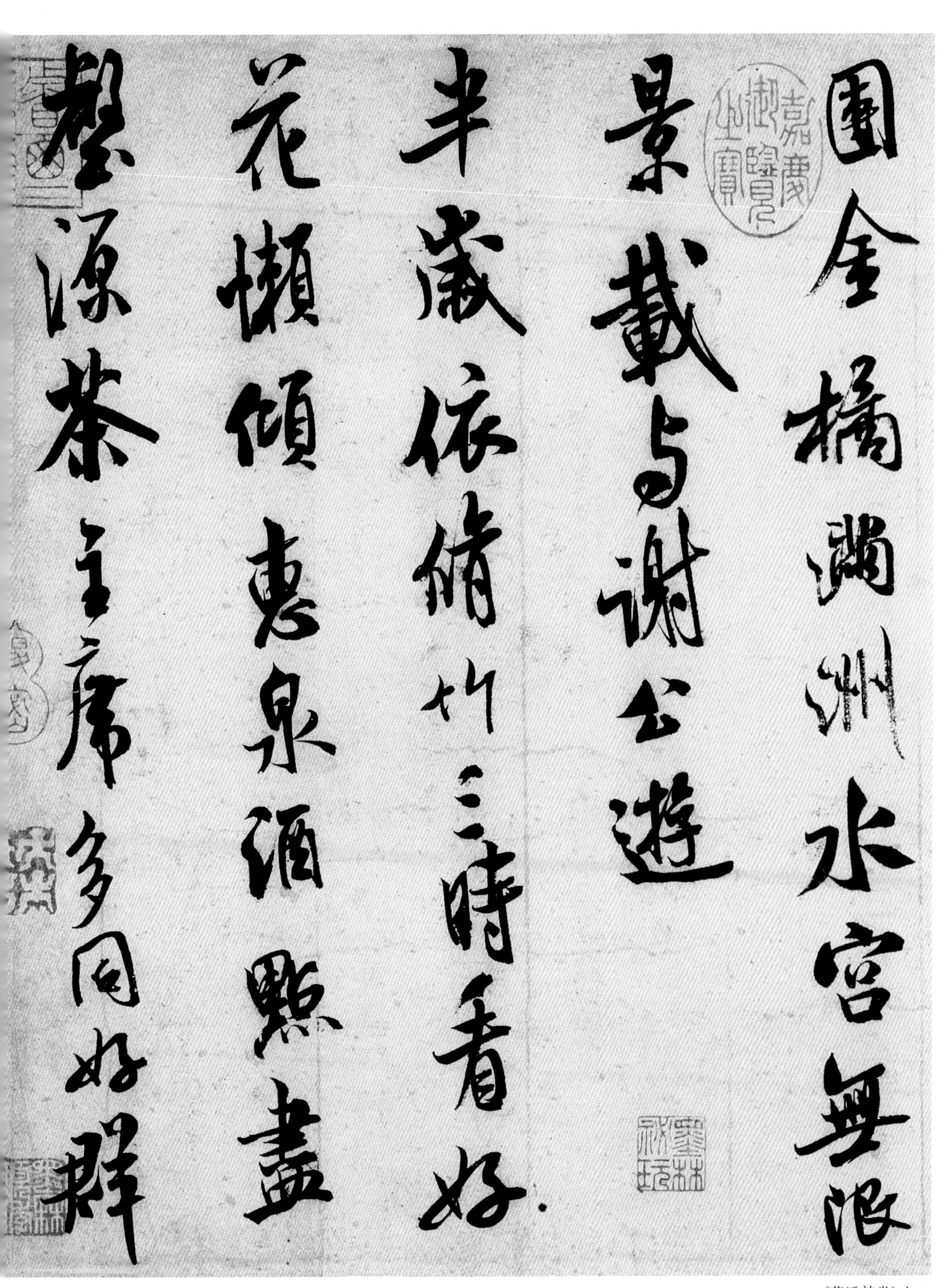

《苕溪詩卷》之二

彼此同暖衣蓋食飽但覺
愧梁鴻
旅食緣交駐浮家為興
來句留荊水話襟向下
峰開過剡如尋戴遊梁

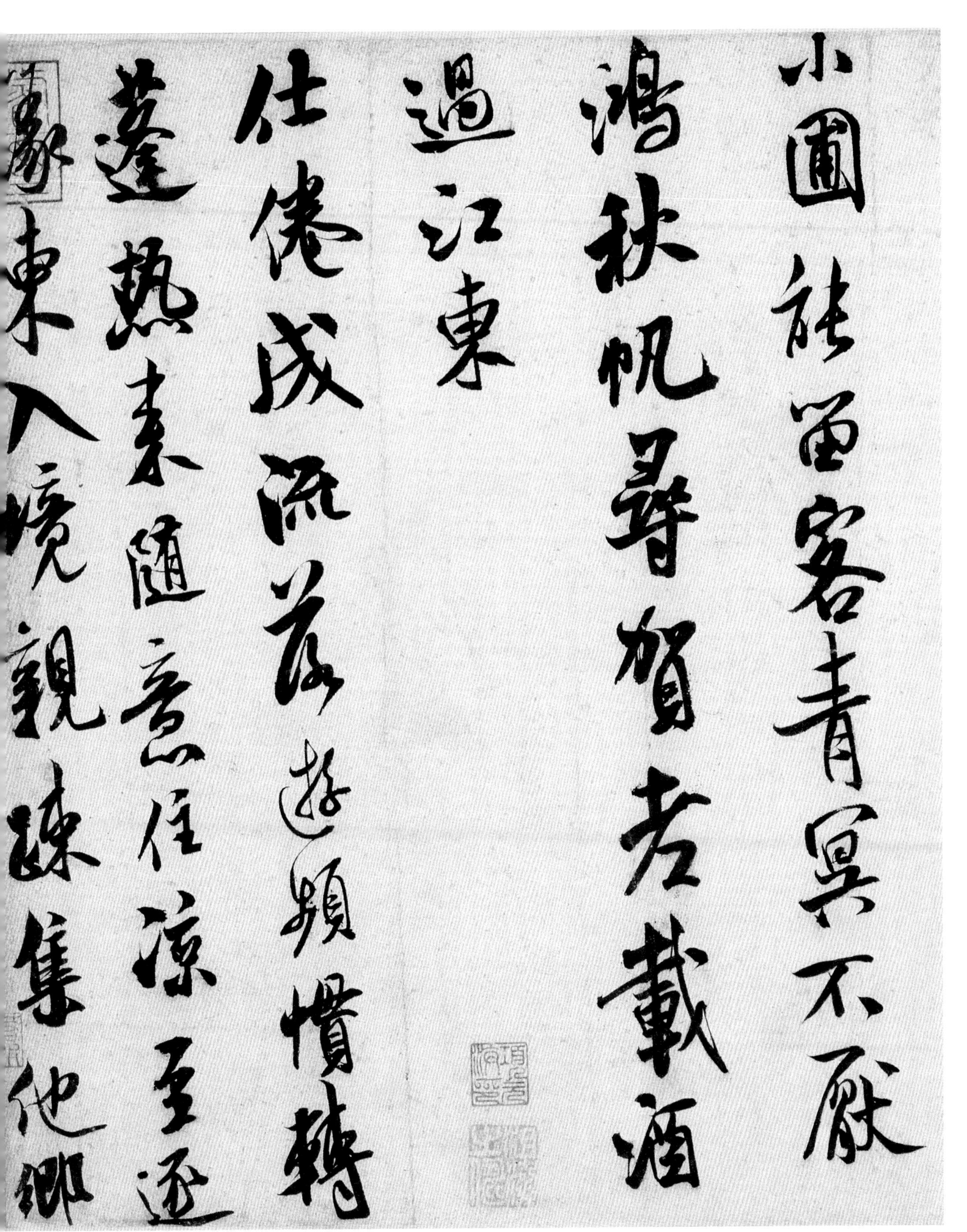
小園能留客青冥不厭
鴻秋帆尋賀老載酒
過江東
仕倦成流落遊頻慣轉
蓬熱來隨意住涼至逐
緣東入境親疎集他鄉

《苕溪詩卷》之三

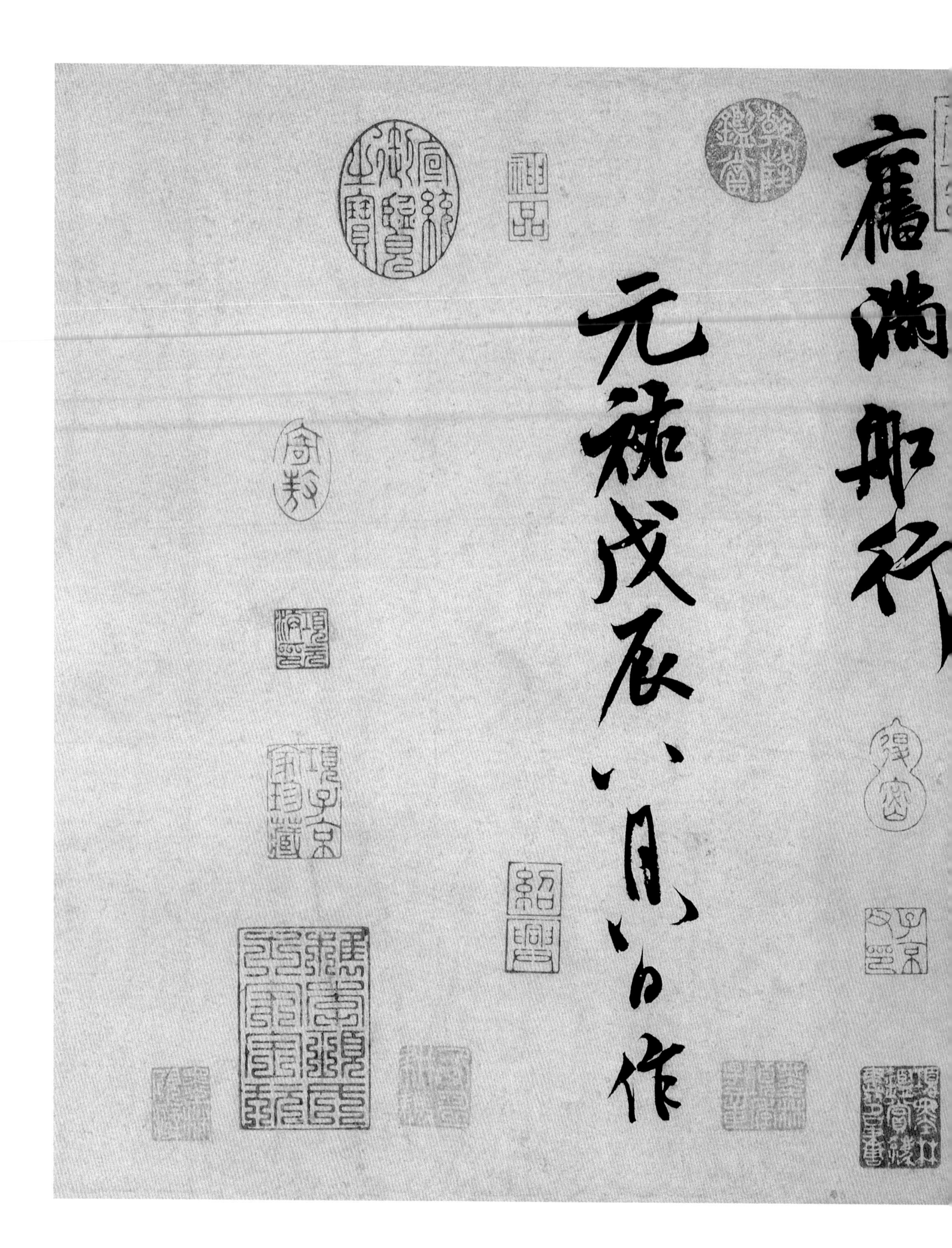
元祐戊辰八月八日作

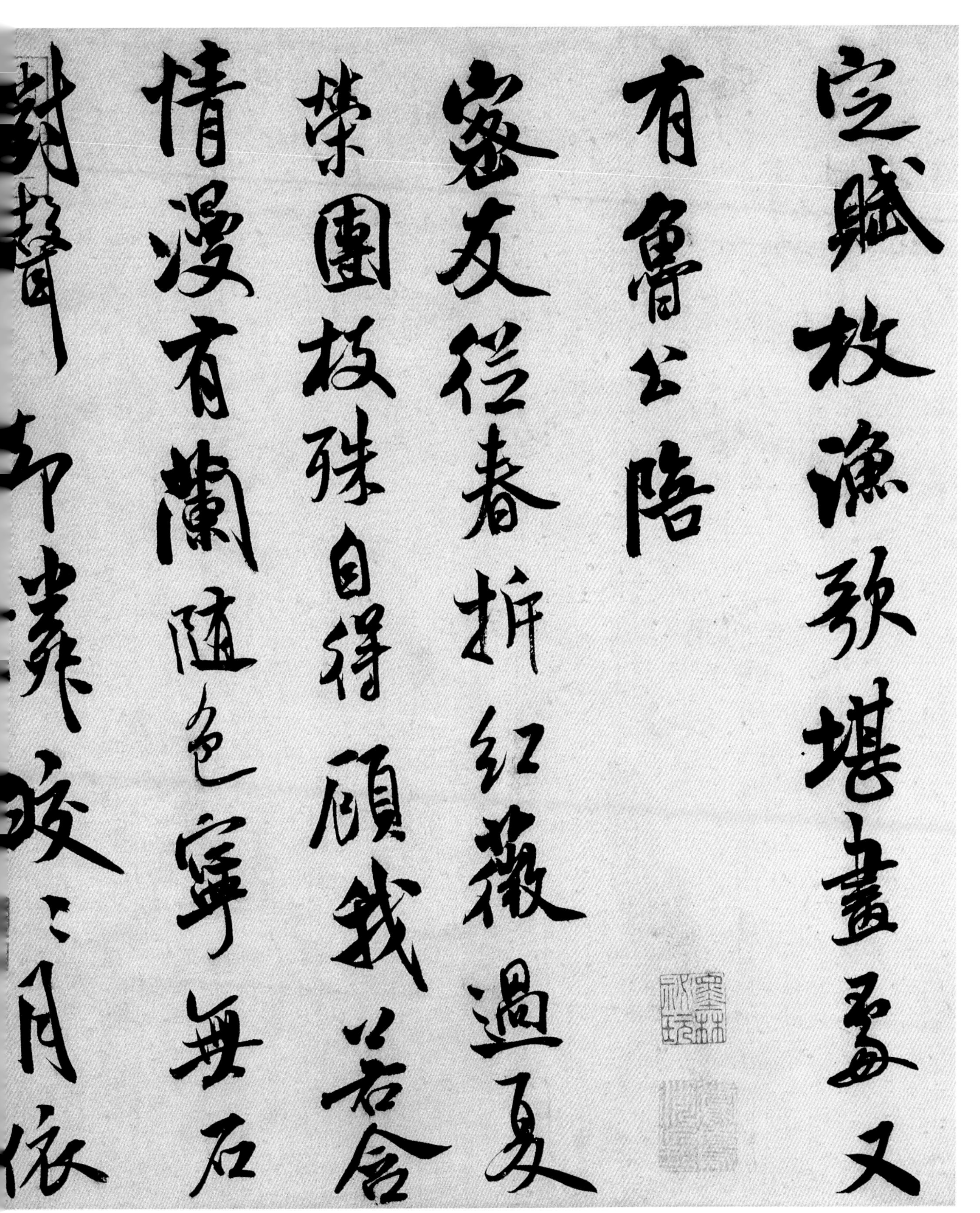

《苕溪詩卷》之四

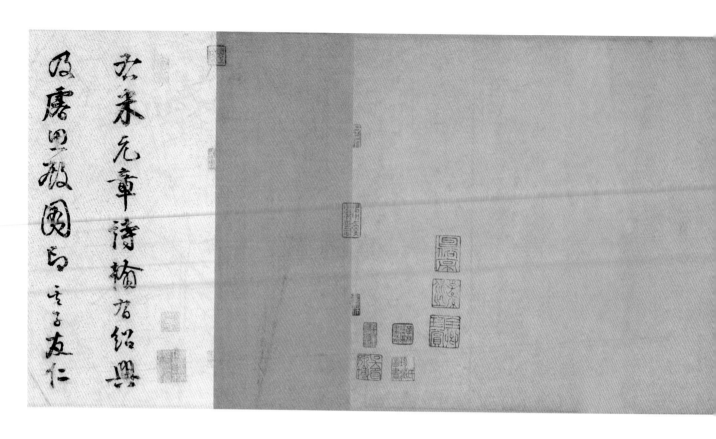

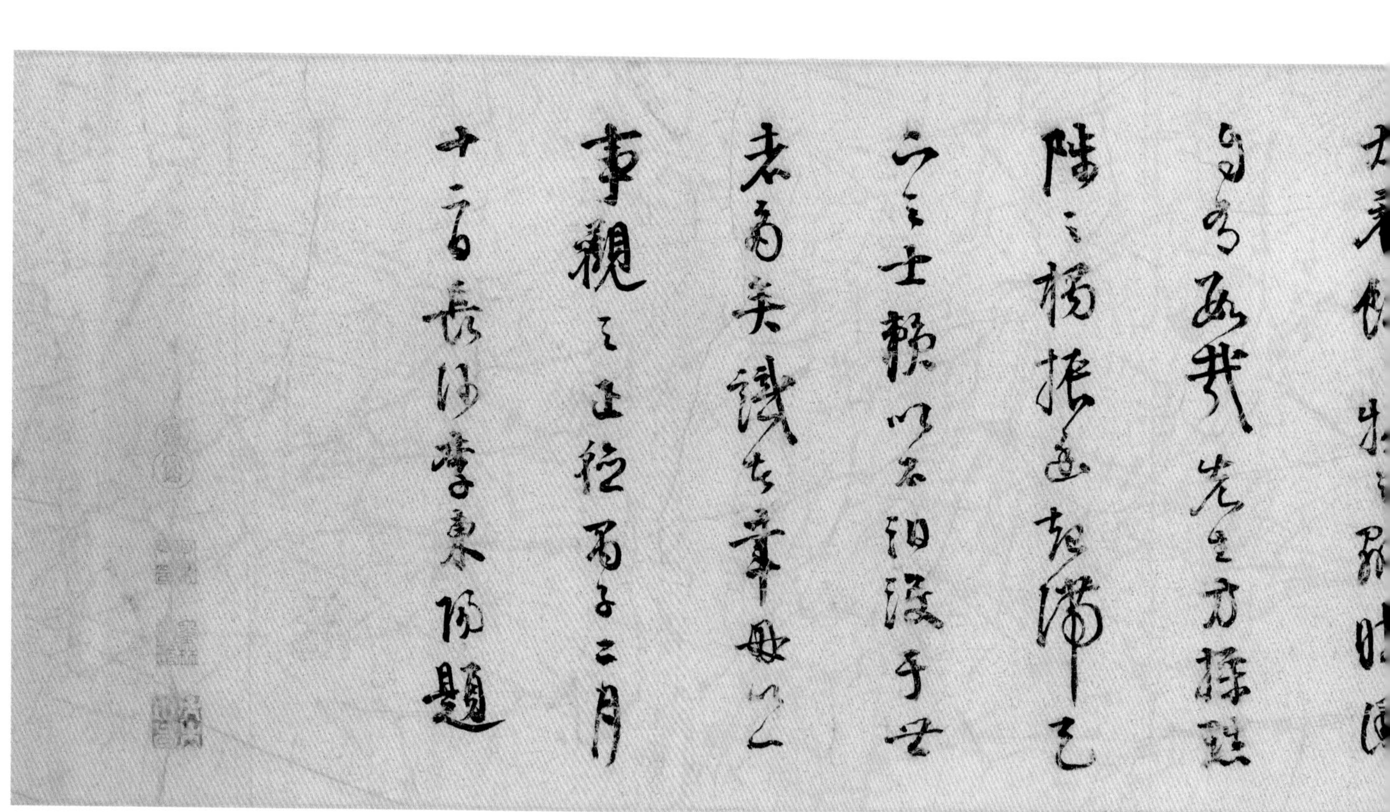

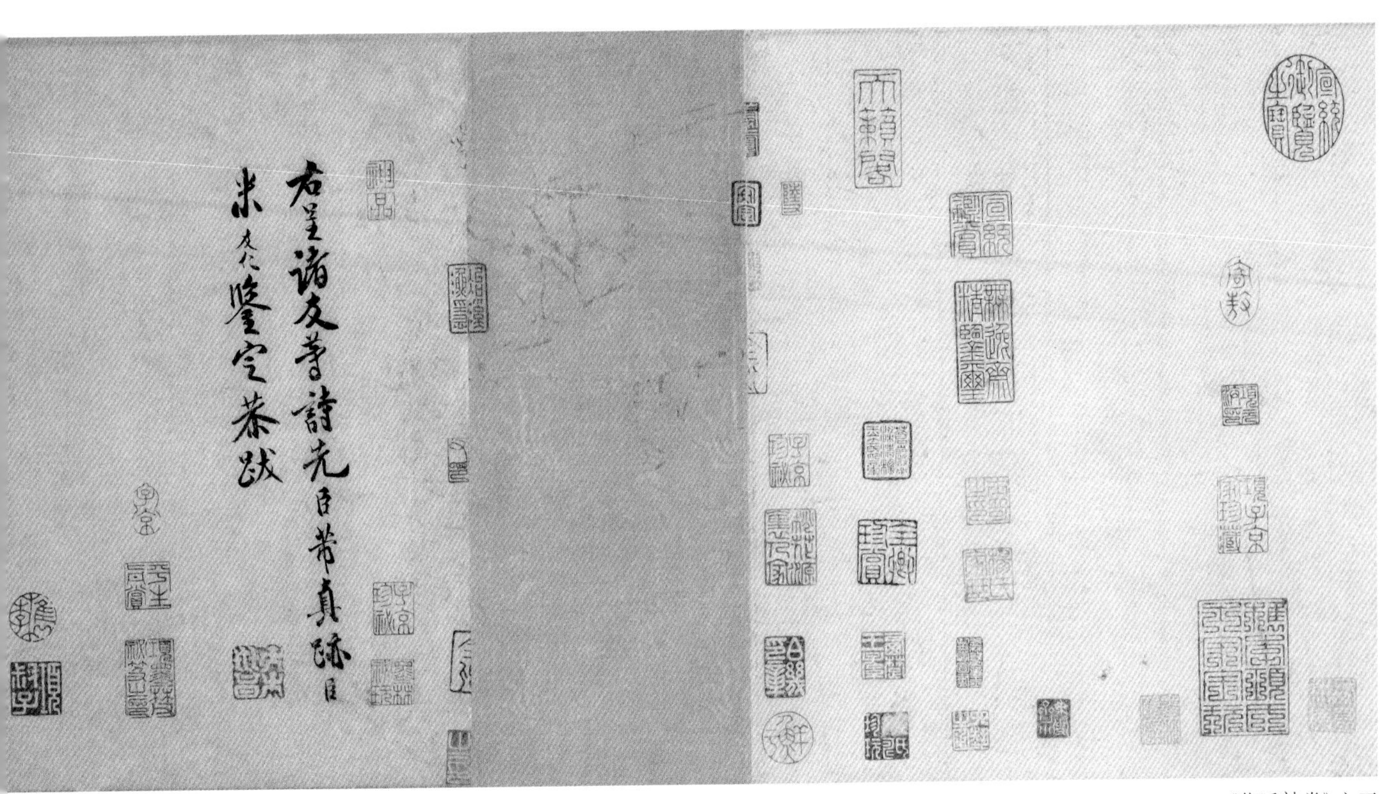

《苕溪詩卷》之五

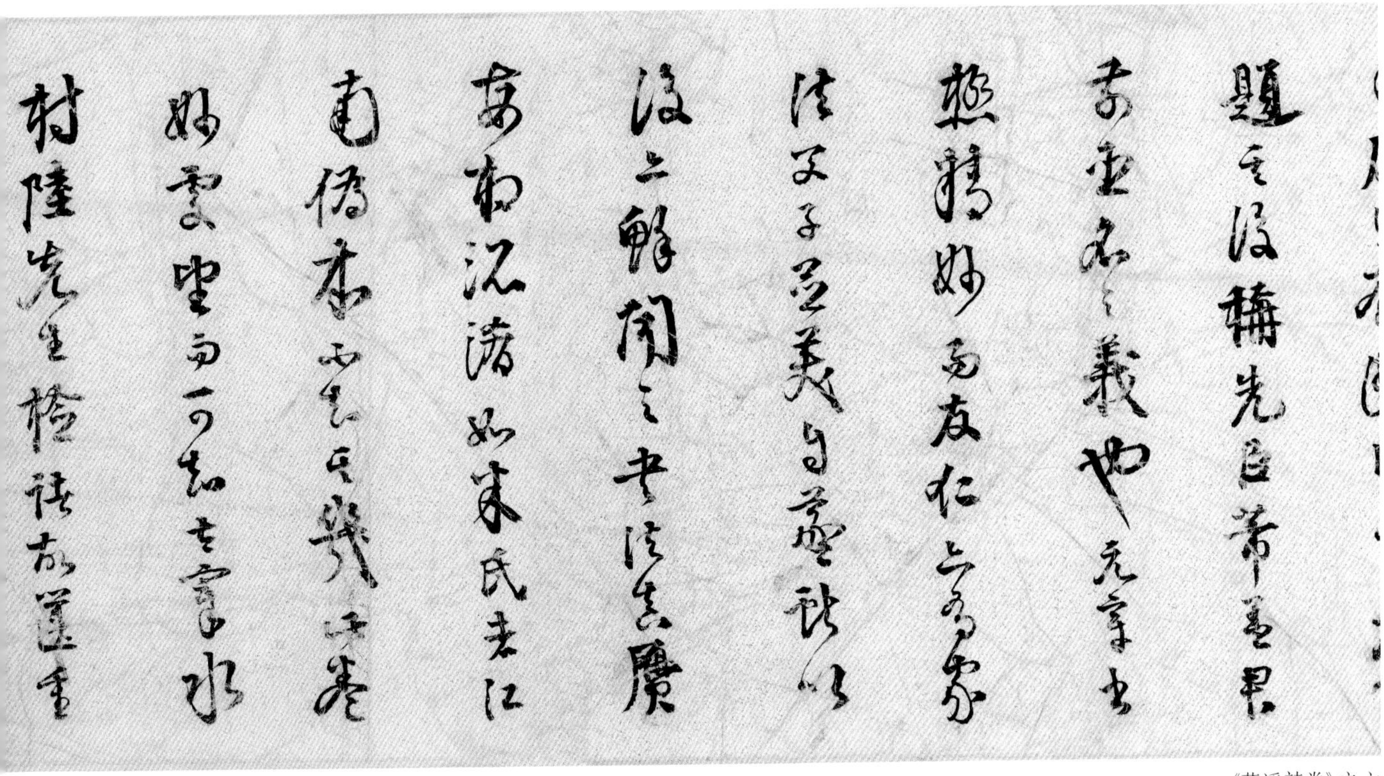

《苕溪詩卷》之六

38

米芾　行草書寒光帖頁

紙本　行草書
縱27.3厘米　橫30.3厘米
清宮舊藏

Han Guang Tie in running-cursive script
By Mi Fu
Leaf, ink on paper
H. 27.3cm　L. 30.3cm
Qing court collection

《寒光帖》與《盛制帖》均是寫給好友蔡肇的書札。米芾的生卒年，《宋史》都沒有搞清楚，是蔡肇為其所書的墓誌銘，才使後人得以更清楚地了解這位"米顛"先生。蔡肇，字天啟，"潤州丹陽人，能為文，最長詩歌"，"張商英當國，引為禮部員外，進起居郎，拜中書舍人。"(《宋史》)

二帖行草相間，筆法變換，傾側求勢，流美婉轉。屬款"黻"，説明是米芾四十一歲前的作品。後隔水有明代董其昌跋。

鑑藏印記：項元汴諸印、"吳廷印"(白文)、"吳惇寬粟仲審定考藏"(朱文)、"棠邨"(朱文)、"儼齋祕玩"(朱文)、"鴻緒"、(朱文)、"安儀周家珍藏"(朱文)、"乾隆鑑賞"(白文)等。

歷代著錄：《真跡日錄》、《墨緣彙觀》、《石渠寶笈續編》，刻《三希堂法帖》、故宮博物院影印本。

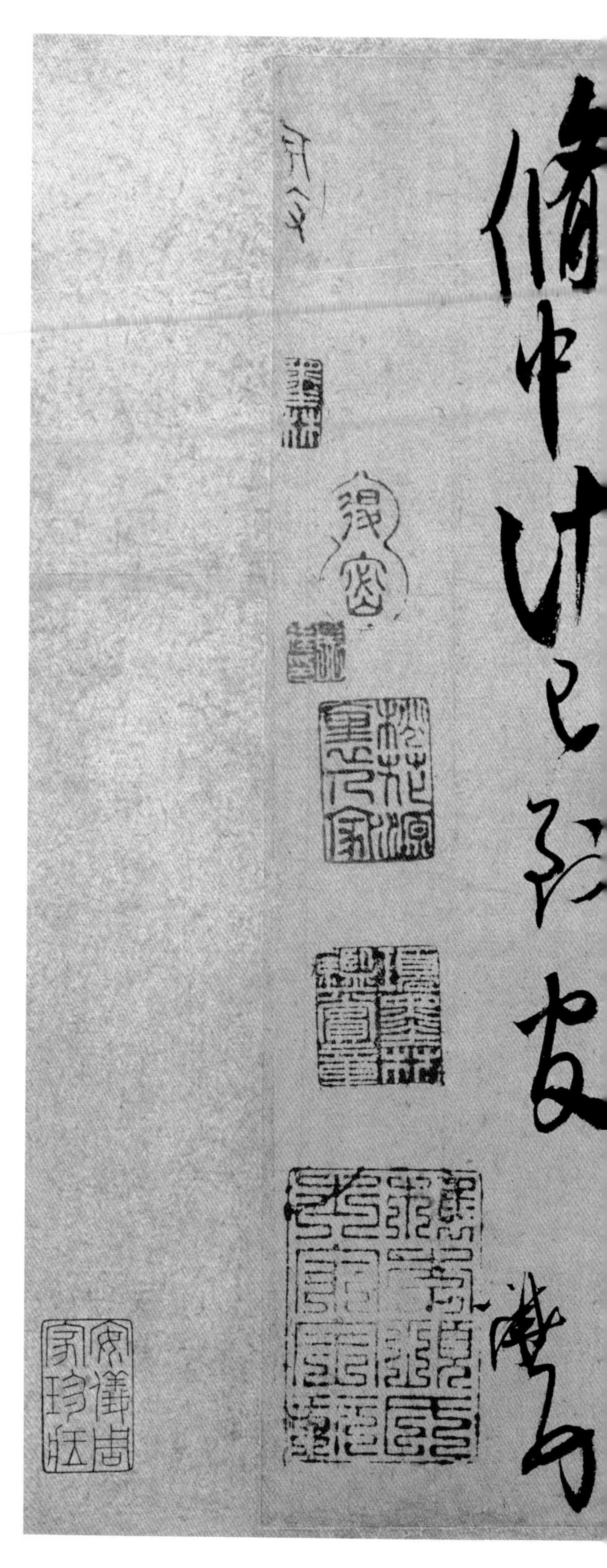

釋文：
向亂道在
陳十七處可取租及米，
寒光旦夕以惡詩奉
呈，花卉想已盛矣，
修中計已到官。黻頓首

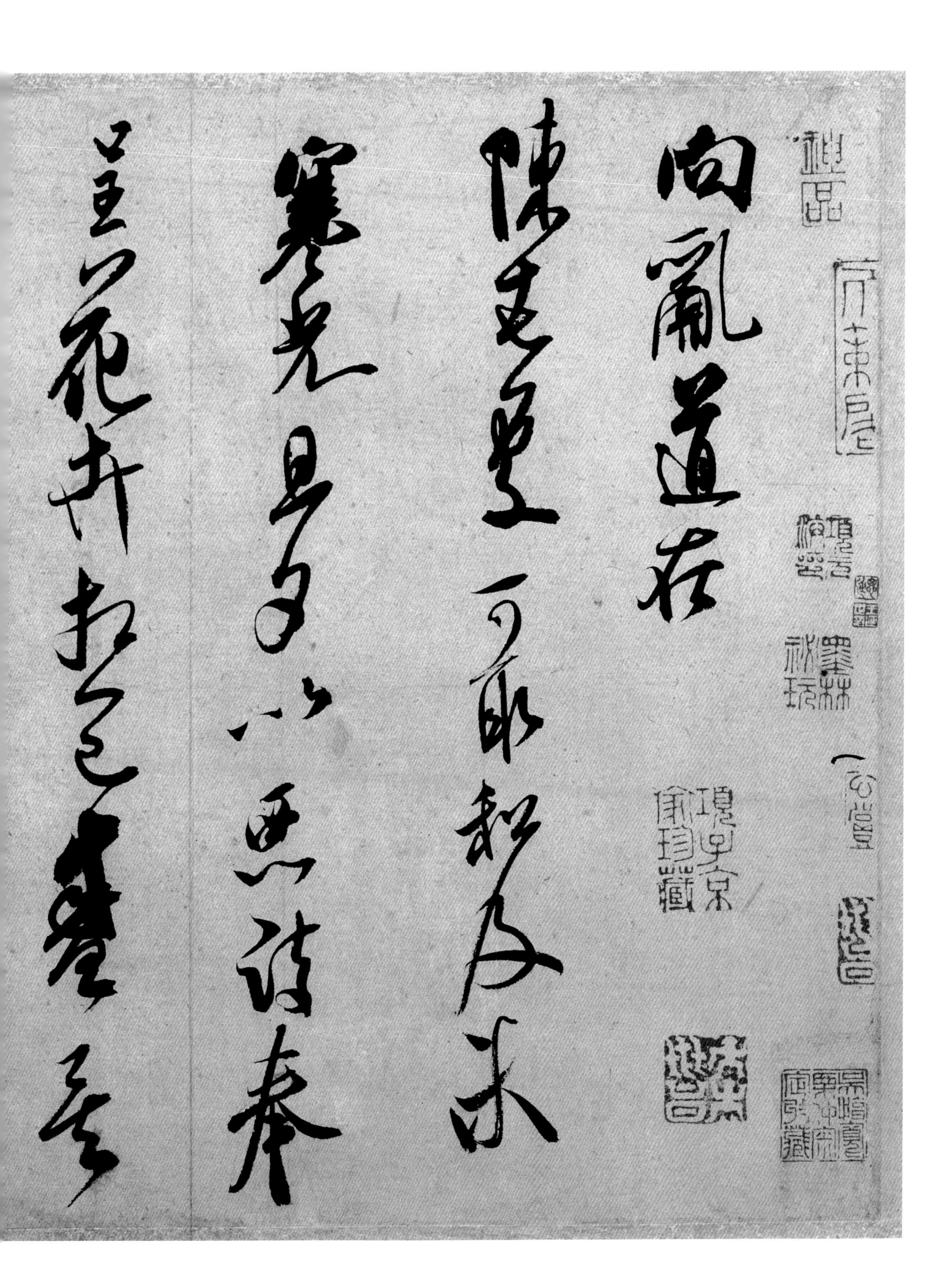

39

米芾　行草書盛制帖頁

紙本　行草書

縱27.4厘米　橫32.4厘米

清宮舊藏

Sheng Zhi Tie in running-cursive script

By Mi Fu

Leaf, ink on paper

H. 27.4cm　L. 32.4cm

Qing court collection

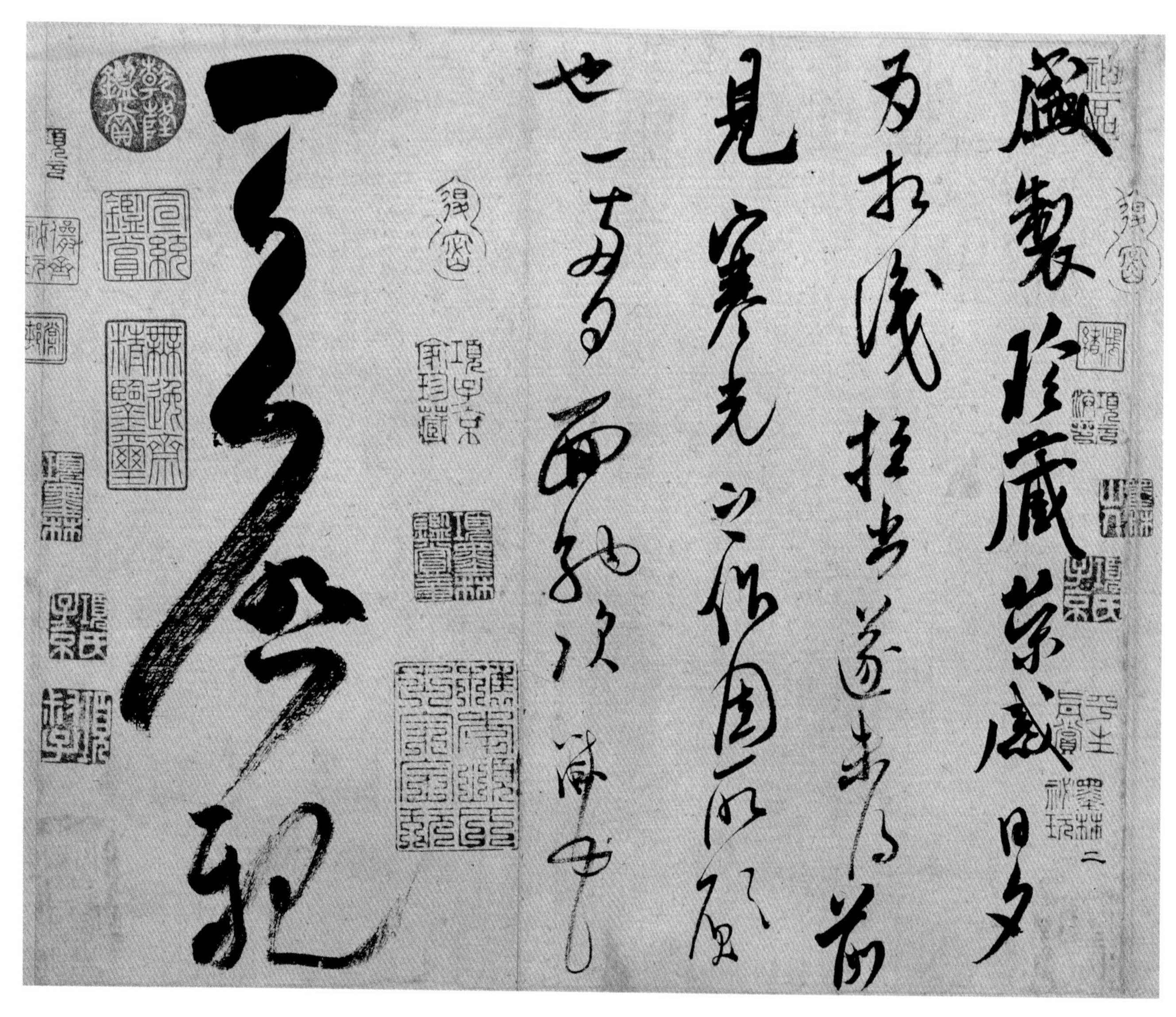

釋文：

盛製珍藏榮感，日夕為相識拉出，遂未得前。見寒光之作，固所願也。一兩日面納次。黻頓首

天啟親

40

米芾　行書法華臺詩帖頁

紙本　行書
縱29.8厘米　橫42厘米
清宮舊藏

Fa Hua Tai Shi Tie in running script
By Mi Fu
Leaf, ink on paper
H. 29.8cm　L. 42cm
Qing court collection

《法華臺詩帖》與《道林詩帖》均為米芾較早年筆，二帖原與"砂步"、"扁舟"二帖裝於一冊，元明人收藏印記多相同。至清康熙間入宋犖手，後入安岐家，分拆應始於此時。書法體勢緊結，體勢攲側，用險求夷，學歐書的緊峭內斂。

鑑藏印記："衡山"(朱文)、"採秀堂"(白文)、"紫芝堂印"(白文)、"趙禮用觀"(朱文)、"簣成"(朱文半印)、"全卿"(朱文半印)、"合同"(朱文半印)、"宜陽"(朱文)等。(附：前有舊簽題曰："黃華老人書"。)

歷代著錄：《石渠寶笈初編》誤作金代王庭筠書，刻《三希堂法帖》亦誤稱金王庭筠書《法華臺詩》。《故宮書畫集》影印。

釋文：
法華臺
坱圠有同色，雪
深雪（此字點去）雲未開。終
南晴夜月，仿佛
似登臺。

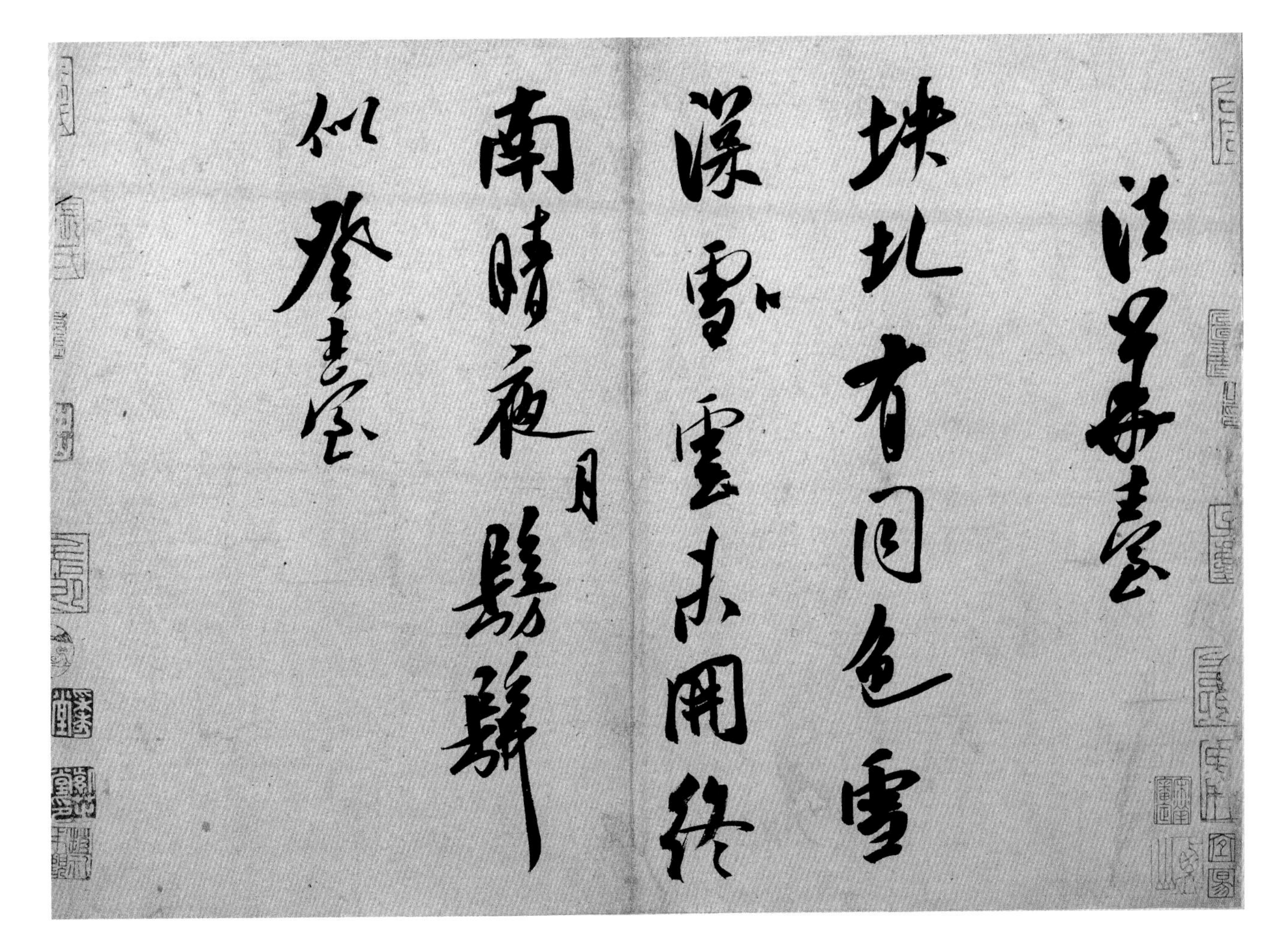

41

米芾　行書道林詩帖頁

紙本　行書

縱30.1厘米　橫42.8厘米

清宮舊藏

Dao Lin Shi Tie in running script

By Mi Fu

Leaf, ink on paper

H. 30.1cm　L. 42.8cm

Qing Court collection

鑑藏印記：“採秀堂”(朱文)、“紫芝堂印”(朱文)、“趙禮用觀”(朱文)、“吳郡董宜陽印”(白文)、“全卿”(朱文半印)、“真賞”(朱文半印)等。

釋文：

道林

樓閣鳴(此字點去)明丹堊，

杉松振老髯。僧

迎方擁帚，茶細

旋探簷。

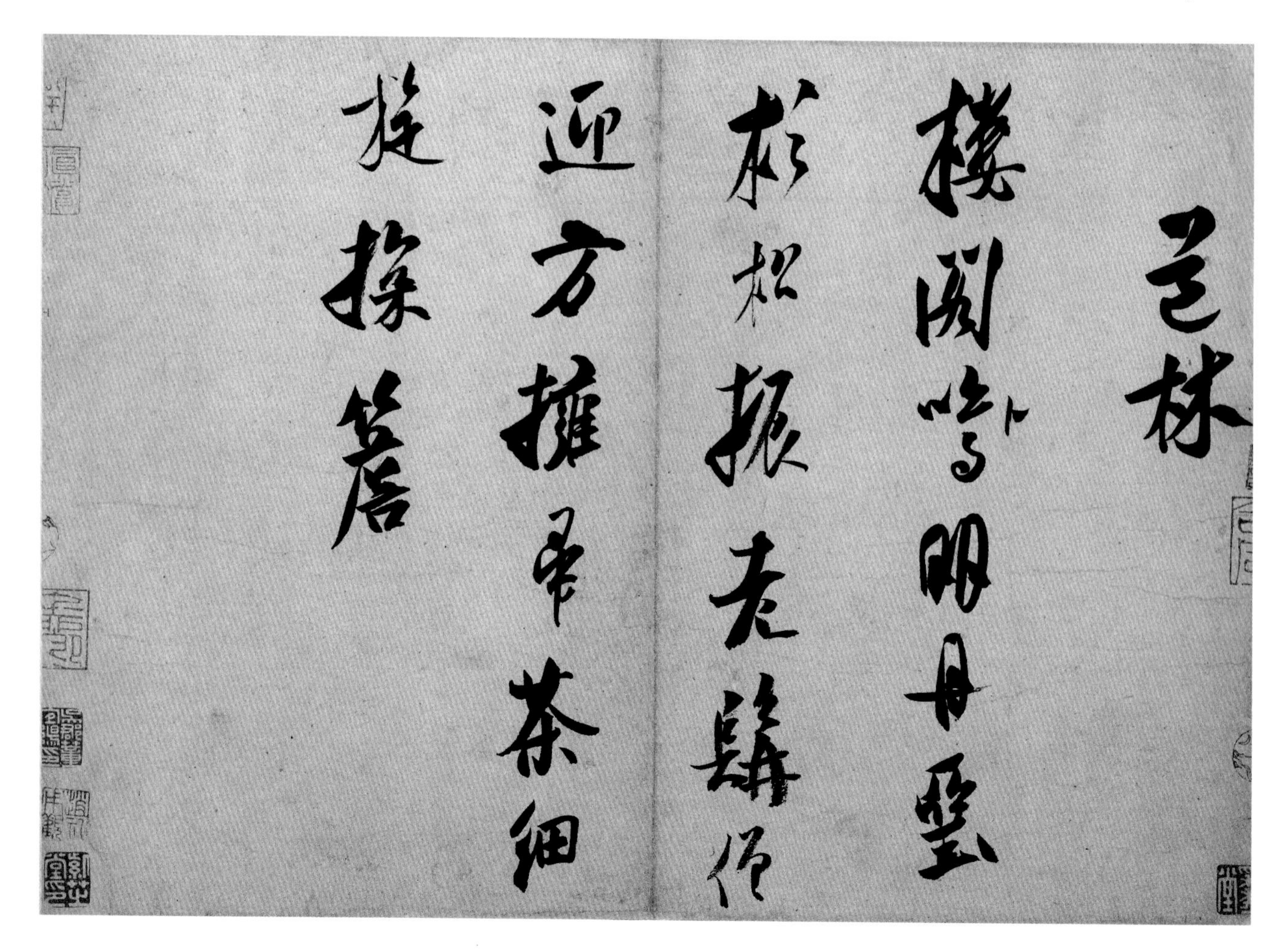

42

米芾　行書砂步詩帖頁

紙本　行書
縱29.6厘米　橫38.5厘米
清宮舊藏

Sha Bu Shi Tie in running script
By Mi Fu
Leaf, ink on paper
H. 29.6cm　L. 38.5cm
Qing court collection

《砂步詩帖》與《扁舟詩帖》清初與“法華臺”、“道林”尚在一起，後前者歸安岐，後者歸宋犖，四帖俱入清內府。“砂步”、“扁舟”《石渠寶笈》著錄依然定為米書，而“法華臺”、“道林”刻入《三希堂法帖》時，則定為金代的王庭筠了。後經故宮博物院專家審定為米芾早年書，二帖雖尚見習歐的精緊，但體勢更縱逸，筆力也更沉着。道林寺在長沙，米芾早年曾宦遊其地，但詩應比書要早些，論書法風格也相吻合。

鑑藏印記：“中山父印”（白文）、“簣成”（朱文半印）、“合同”（朱文半印）、“真賞”（朱文）、“張氏”（朱文）、“全卿”（朱文半印）、“衡山”（朱文）、“宜陽”（朱文）、“採秀堂”（白文）、“趙禮用觀”（白文）、“紫□堂□”（白文）、安岐諸印等。

歷代著錄：《式古堂書畫彙考》、《平生壯觀》、《墨緣彙觀》、《石渠寶笈續編》，刻《三希堂法帖》，《砂步二詩》、《米芾詩牘》影印。

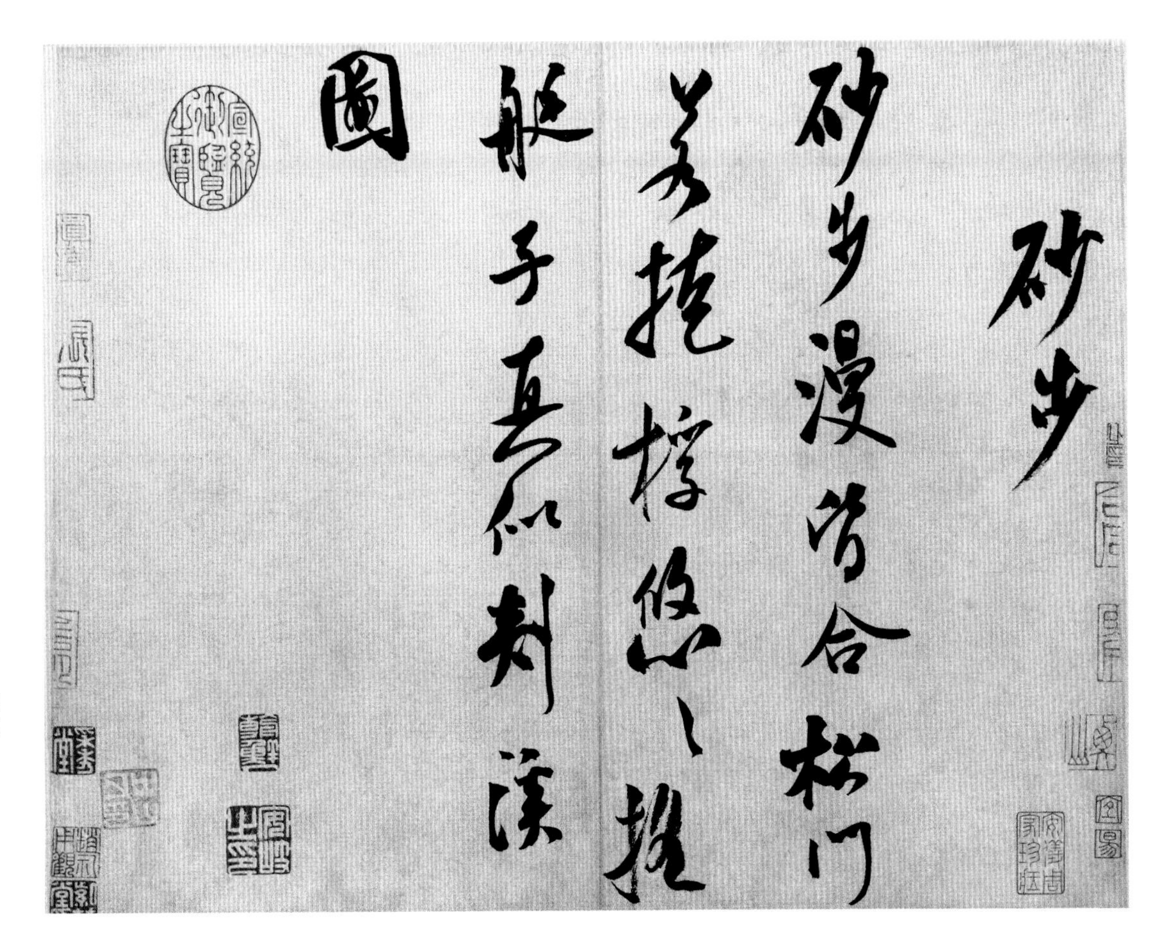

釋文：
砂步
砂步漫皆合，松門若掩桴。悠悠搖艇子，真似剡溪圖。

43

米芾　行書扁舟詩帖頁

紙本　行書

縱29.5厘米　橫39.8厘米

清宮舊藏

Pian Zhou Shi Tie in running script

By Mi Fu

Leaf, ink on paper

H. 29.5cm　L. 39.8cm

Qing court collection

鑑藏印記："中山父印"（白文）、"張氏"（朱文）、"真賞"（朱文）、"合同"（朱文）、"全卿"（朱文半印）、"吳郡董宜陽印"（白文）、"採秀堂"（白文）、"紫芝堂印"（白文）、"趙禮用觀"（白文）、"子元"（朱文）、"衡山"（朱文），安岐諸印等。

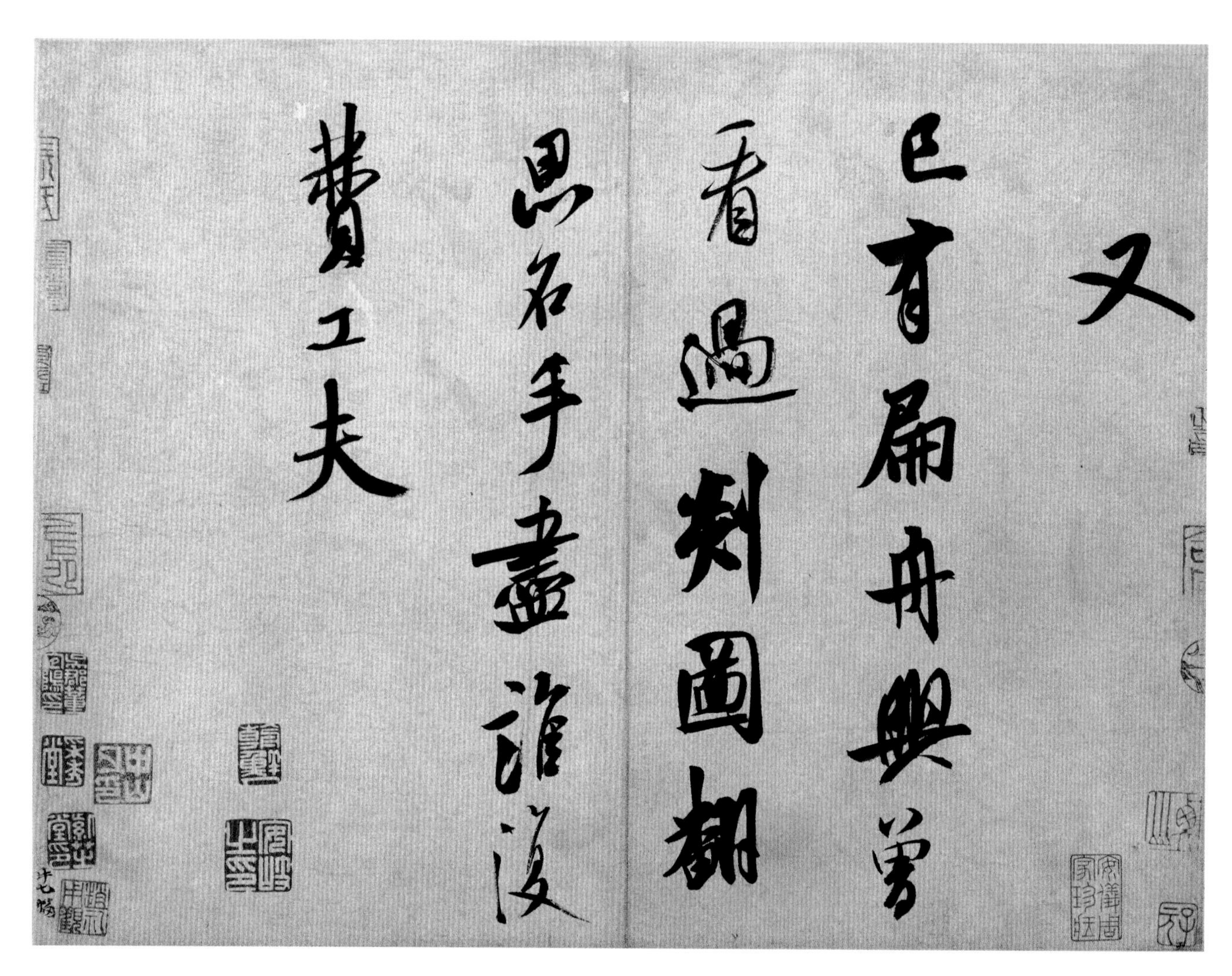

釋文：

又

已有扁舟興，曾看過剡圖。翻思名手盡，誰復費工夫。

44

米芾　行書淡墨秋山詩帖頁

紙本　行書
縱29.1厘米　橫31.9厘米
清宮舊藏

Dan Mo Qiu Shan Shi Tie in running script
By Mi Fu
Leaf, ink on paper
H. 29.1cm　L. 31.9cm
Qing court collection

此帖運筆如刷，筆力雄健，結態造勢寬展肥美，為米芾中年書的精品。

鑑藏印記："心賞"(朱文)、"安儀周家珍藏"(朱文)，清乾隆、嘉慶內府諸印。

歷代著錄：《墨緣彙觀》、《石渠寶笈續編》，刻《三希堂法帖》，故宮博物院影印本。

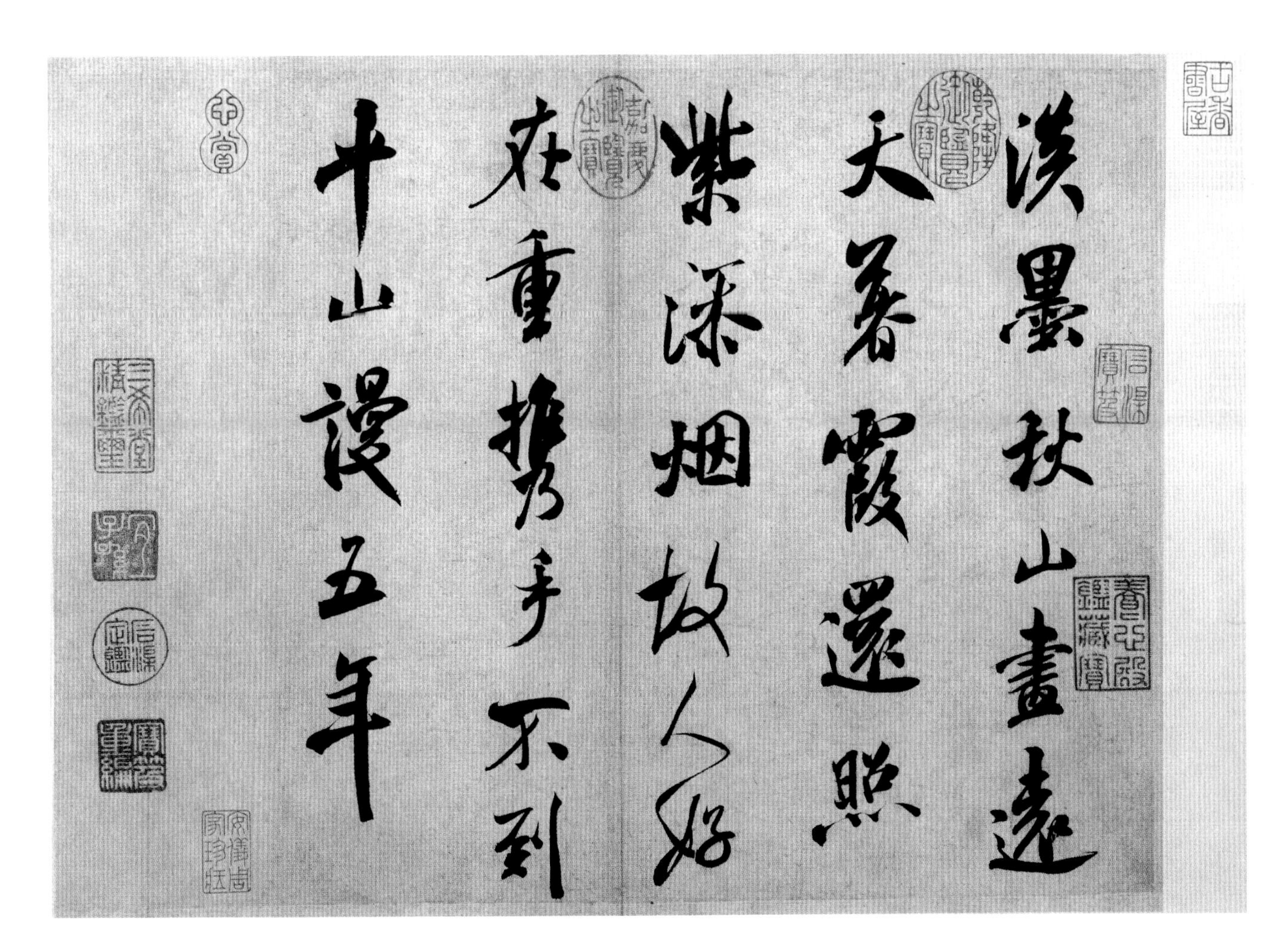

釋文：
淡墨秋山畫遠天，暮霞還照紫添煙。故人好在重攜手，不到平山謾五年。

45

米芾　行書秋暑憇多景樓詩帖

紙本　行書
縱27.6厘米　橫34.3厘米
清宮舊藏

Qiu Shu Qi Duo Jing Lou Shi Tie in running script
By Mi Fu
Ink on paper
H. 27.6cm　L. 34.3cm
Qing court collection

此帖體勢開張而能見精到，筆畫迅疾而引控自如，米書沉着痛快、鋒開八面的風格已經形成。

鑑藏印記："耆德忠正"（朱文，二半印合為一方）、"知頤印記"（朱文）、"無恙"（白文魚雁形印）、"安儀周家珍藏"（朱文）。

歷代著錄：《真跡三錄二集》、《吳氏書畫記》、《墨緣彙觀》、《石渠寶笈續編》，刻《三希堂法帖》，故宮博物院影印本。

釋文：
秋暑憇多景樓
縱目天容曠，披襟海共開。山光隨眦到，雲影度江來。世界漸雙足，
惟未入閩生涯付一杯。橫風多景夢，應似穆王臺。

46

米芾　行書穰侯出關詩帖頁

紙本　行書
縱29.4厘米　橫26.4厘米
清宮舊藏

Rang Hou Chu Guan Shi Tie in running script
By Mi Fu
Leaf, ink on paper
H. 29.4cm　L. 26.4cm
Qing court collection

此帖當是米芾題"高氏三圖"之"穰侯出關圖"詩，後面應還有二首。《墨緣彙觀》著錄時已云："後二首為人割截耳"。考米芾《畫史》中有記："高元繪，字君素，又有張璪澗底松山上苗山水一軸，唐韓幹圖于闐所進黃馬一軸"。又"高公繪家古花二枝"。這裏所謂高氏大概就是君素。此帖似不經意，結態亦不太弄險，但牽連細筋入骨，點畫筆到法隨。

鑑藏印記：安岐諸印。

歷代著錄：《墨緣彙觀》、《石渠寶笈續編》，刻《三希堂法帖》，故宮博物院影印本。

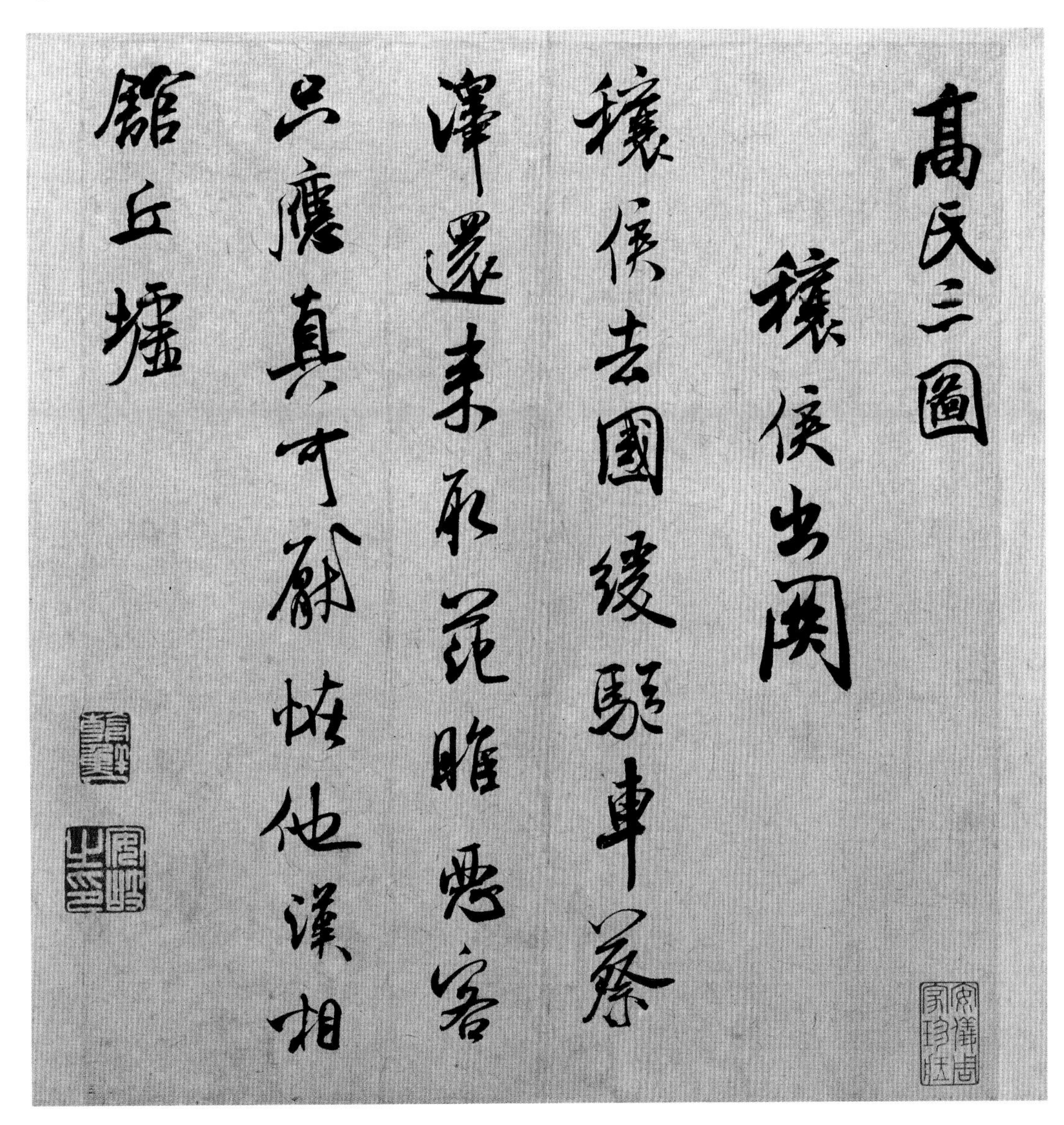

釋文：
高氏三圖
穰侯出關
穰侯去國緩驅車，蔡
澤還來取范睢。惡客
只應真可厭，怪他漢相
館丘墟。

47

米芾　行書粮院帖頁

紙本　行書
縱25.6厘米　橫37.2厘米
清宮舊藏

Liang Yuan Tie in running script
By Mi Fu
Leaf, ink on paper
H. 25.6cm　L. 37.2cm
Qing court collection

《粮院帖》所談是與粮院交涉事，為米芾做發運司勾當公事、蔡河撥發時候所寫。"發運司歲供京師米"（沈括《夢溪筆談》），使署在真州（今江蘇儀真），蘇東坡在此遇米元章，其時為北宋建中靖國元年（1101）辛巳夏日，米氏正在發運司署。

此帖筆力驕縱雄肆，轉側肥美，揮灑任意。

鑑藏印記：安岐五印。

歷代著錄：《裝餘偶記》、《墨緣彙觀》、《石渠寶笈續編》，刻《三希堂法帖》，故宮博物院影印本。

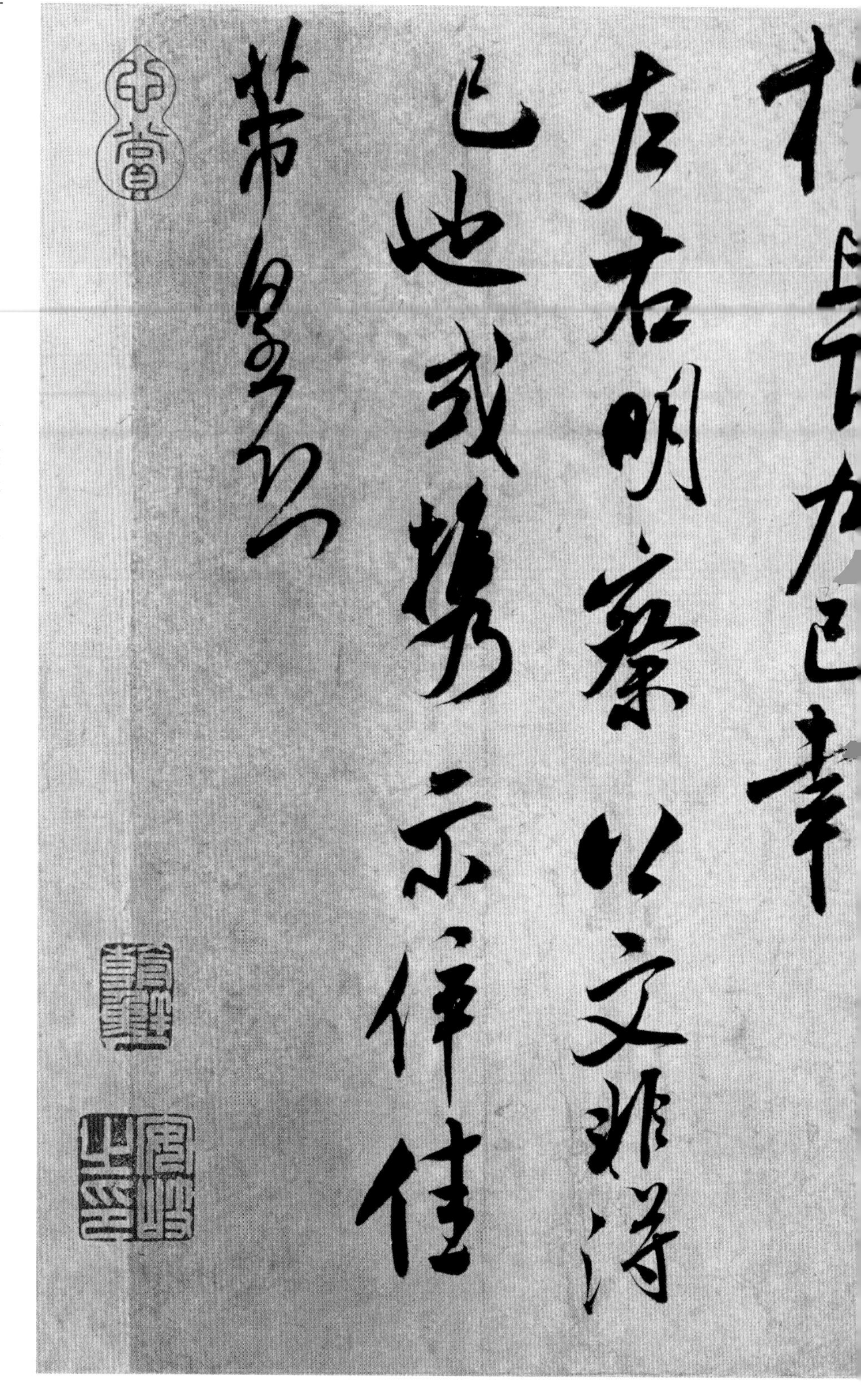

釋文：
芾再啟：曆子，倅車送去。粮院欲推過他人，不任其責。倘粮院知於法無礙，即自勘。使句院自駮，駮處即求直之端也。度此事必辨於上下乃已。幸左右明察，公文非得已也。或攜示倅。佳。芾皇恐

米蒼何曆子伴車
遒古粗疏跌宕過他
人不任其責德粗疏知
於法無礙即自勘使句
疏自驗驗要即求直
之論也度此事必將

48

米芾　行書拜中岳命詩帖卷

紙本　行書

縱29.3厘米　橫101.8厘米

Bai Zhong Yue Ming Shi Tie in running script

By Mi Fu

Handscroll, ink on paper

H. 29.3cm　L. 101.8cm

《拜中岳命詩帖》為米芾罷知雍丘縣（今河南杞縣），監中岳廟時所寫。米氏官雍丘縣令，始於元祐七年壬申（1092），到紹聖元年甲戌（1094），十月去雍丘"東歸"，見《露筋祠碑》，碑中已自稱"中岳外史"，可知監廟即始於此時。此二詩可能就作於紹聖元年十月後，晚也不過二年，否則就不能說"初入選仙圖"了。

本帖題名"芾"字下有二點。米氏自己考證"芾二"就是米芾二字的合寫，"米"的古字為"芊"。米芾的說法不準確，兩字古文書法不同。

此帖章法疏落，行距較寬，但筆法窮極精密，轉換多姿，有些縱放傾側的姿態和用筆，同他懸肘書寫的姿式有關。他的"懸手"書是自幼"寫壁"練就的，所以才能如此的頤指氣使，縱橫如意。後幅有元代倪瓚跋，前引首有清乾隆帝題字。

鑑藏印記："御府之寶"（朱文）、"紹興"（朱文）、"全齋史繼源有孚氏"（白文）、"祕奇閣圖書"（朱文）、"柯敬仲氏"（朱文），清乾隆、嘉慶、宣統諸印。

歷代著錄：《珊瑚網書跋》、《石渠寶笈初編》，刻《三希堂法帖》，文物出版社影印。

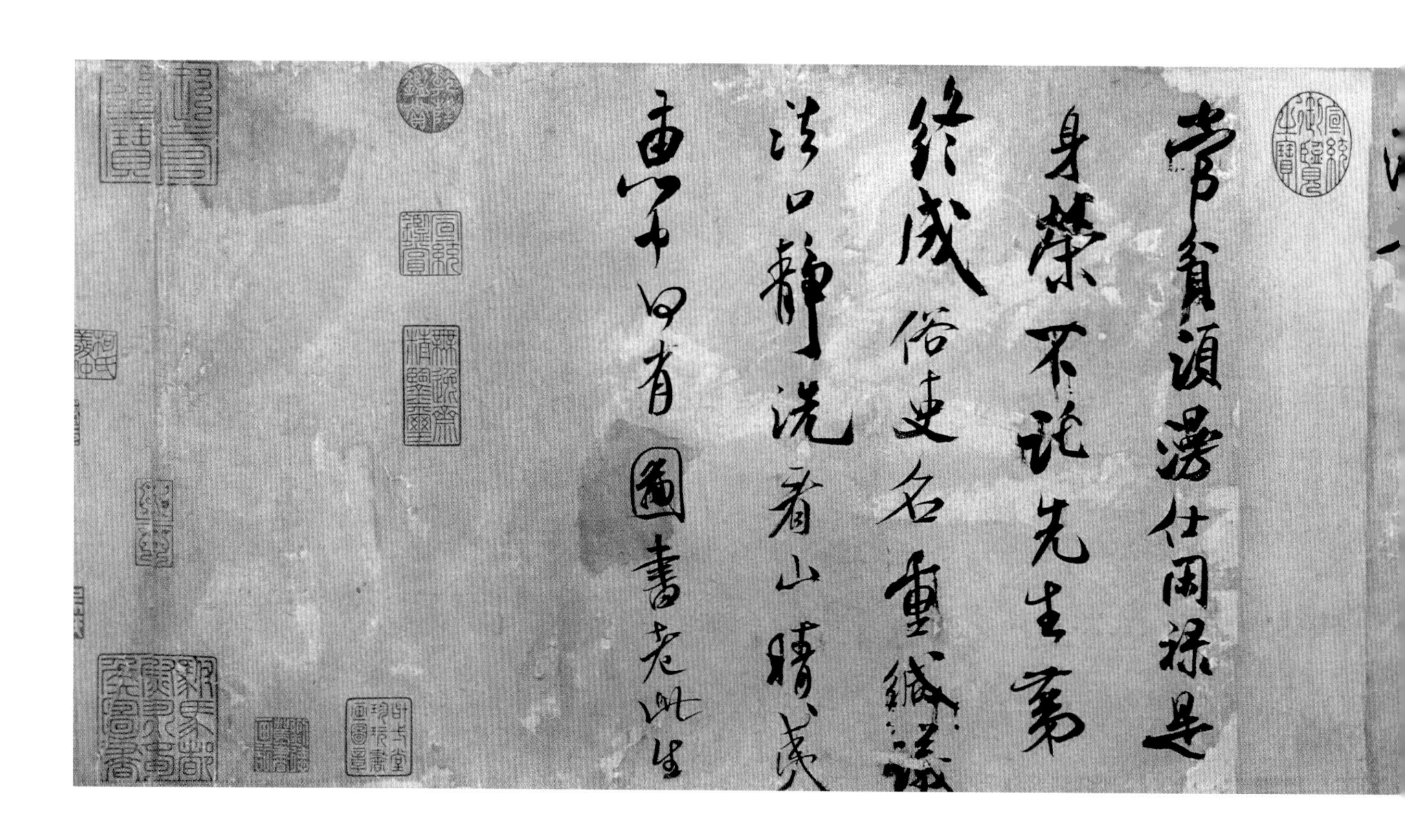

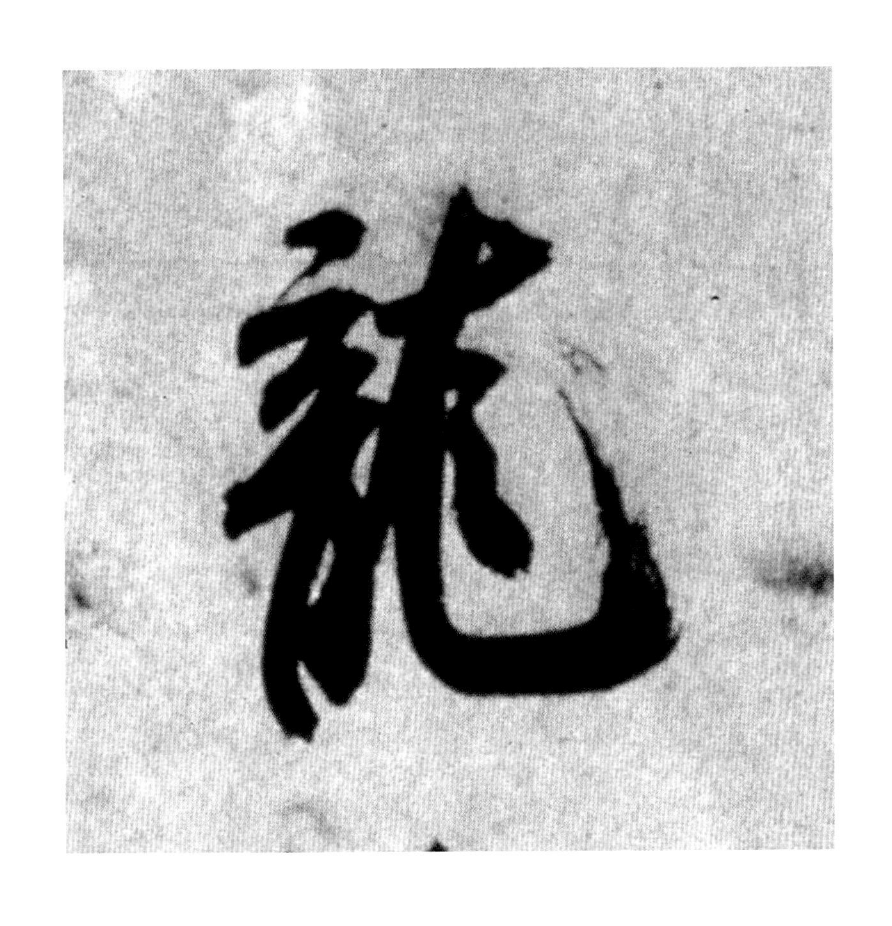

釋文：
拜中岳命作　芾二
雲水心常結，風塵
面久盧。重尋釣
鰲客，初入選仙
圖。鼠雀真官耗，
龍蛇與眾俱。卻懷
閒祿厚，不敢著
潛夫。
常貧須漫仕，閒祿是
身榮。不託先生第，
終成俗吏名。重緘議
法口，靜洗看山晴。夷
惠中何有？圖書老此生。

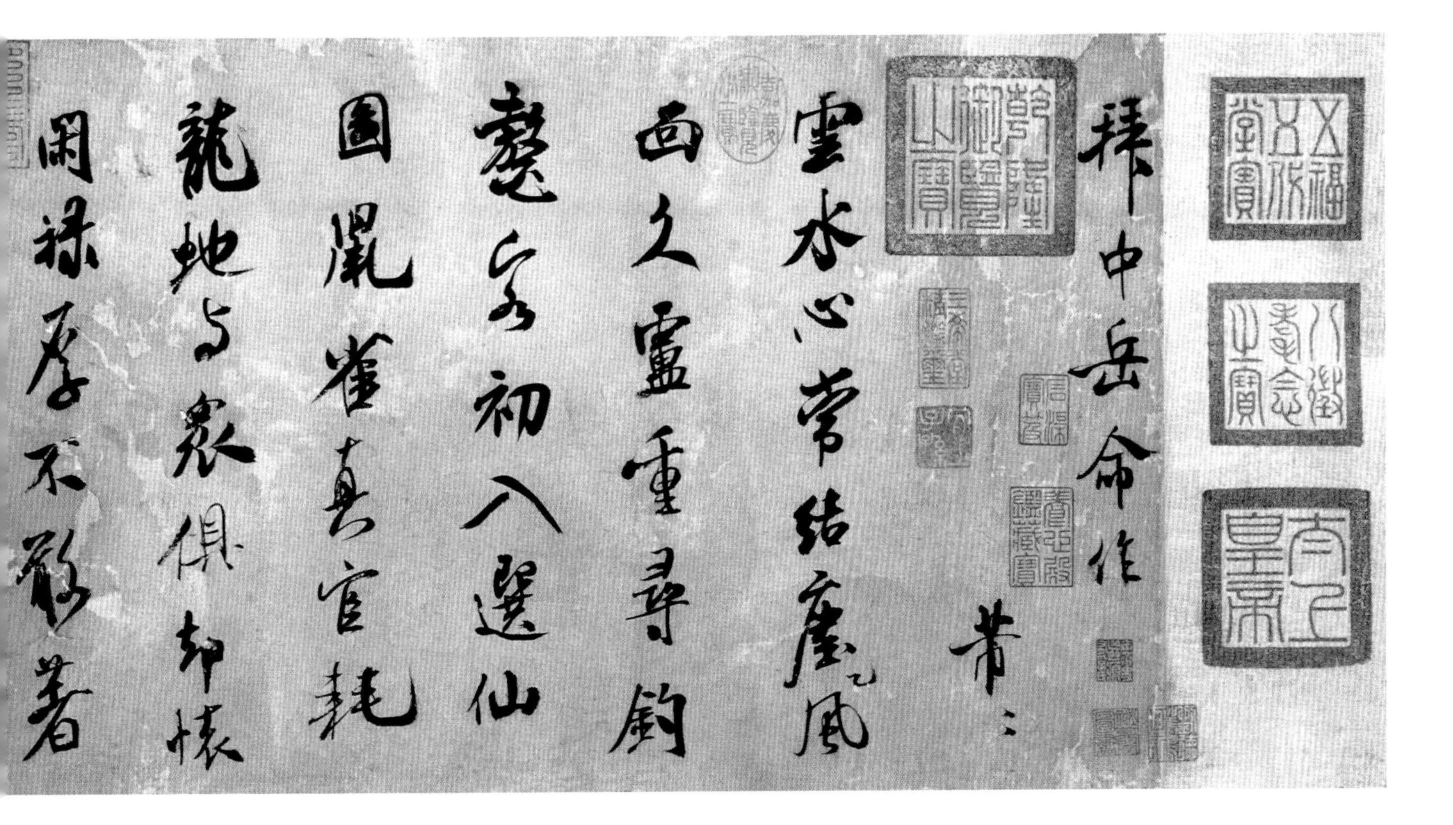

49

米芾　小楷書向太后挽詞頁
紙本　小楷書
縱30.2厘米　前頁橫22.7厘米　後頁橫22.3厘米

Xiang Tai Hou Wan Ci in small regular script
By Mi Fu
Album leaves, ink on paper
Front leaf: H. 30.2cm　L. 22.7cm
Back leaf: H. 30.2cm　L. 22.3cm

《宋史·后妃傳》載："神宗欽聖憲肅向皇后，河內人，故宰相向敏中曾孫也。""哲宗立，尊為皇太后。""徽宗立，請權同處分軍國事。""才六月，即還政。明年(建中靖國元年辛巳)正月崩，年五十六"。挽詞中所說："知幾捲箔早"，是指其六月即還政徽宗趙佶，"戡變叱龍升"，是指"決策迎端王(趙佶)，章惇異議不能阻"。"光獻"為仁宗曹皇后，"寶慈"為英宗高皇后。"南紀歸忠魄"即《宋史·徽宗本紀》所謂："詔范純仁復官宮觀，蘇軾等徙內郡"，多在元符三年向太后未還政以前。所以又說："東朝足素規"。詞當作於建中靖國元年辛巳，米芾年五十一歲，已是晚年書。

此帖為小楷書，實際上是楷中帶行，筆畫勁利秀挺，結法精緊俊逸，絕無唐楷的齊整劃一。米芾傳世書多行草，但他對楷書還是非常重視的，認為"字之八面，唯尚真楷見之"。為迄今所見米書小楷的唯一真跡。

明代董其昌、黃道周，清代楊守敬、李葆恂等題跋。

鑑藏印記：項元汴諸印、"滄葦"(朱文)、"季振宜印"(白文)、"含青樓書畫記"(朱文)、"含青樓"(白文)、"衲菴祕玩"(朱文)、"傳經堂鑑賞"(白文)、"鴻緒"(朱文)、"儼齋祕玩"(朱文)、"徐渭仁印"(白文)、"隨軒"(朱文)、"費念慈"(朱白文)等。

歷代著錄：《孫氏書畫抄》、《妮古錄》、《清河書畫舫》、《清河祕篋表》、《郁氏書畫題跋記》、《珊瑚網書跋》、《吳氏書畫記》、《式古堂書畫彙考》、《平生壯觀》、《壬寅銷夏錄》、《選學齋書畫寓目記》、《三虞堂書畫目》。

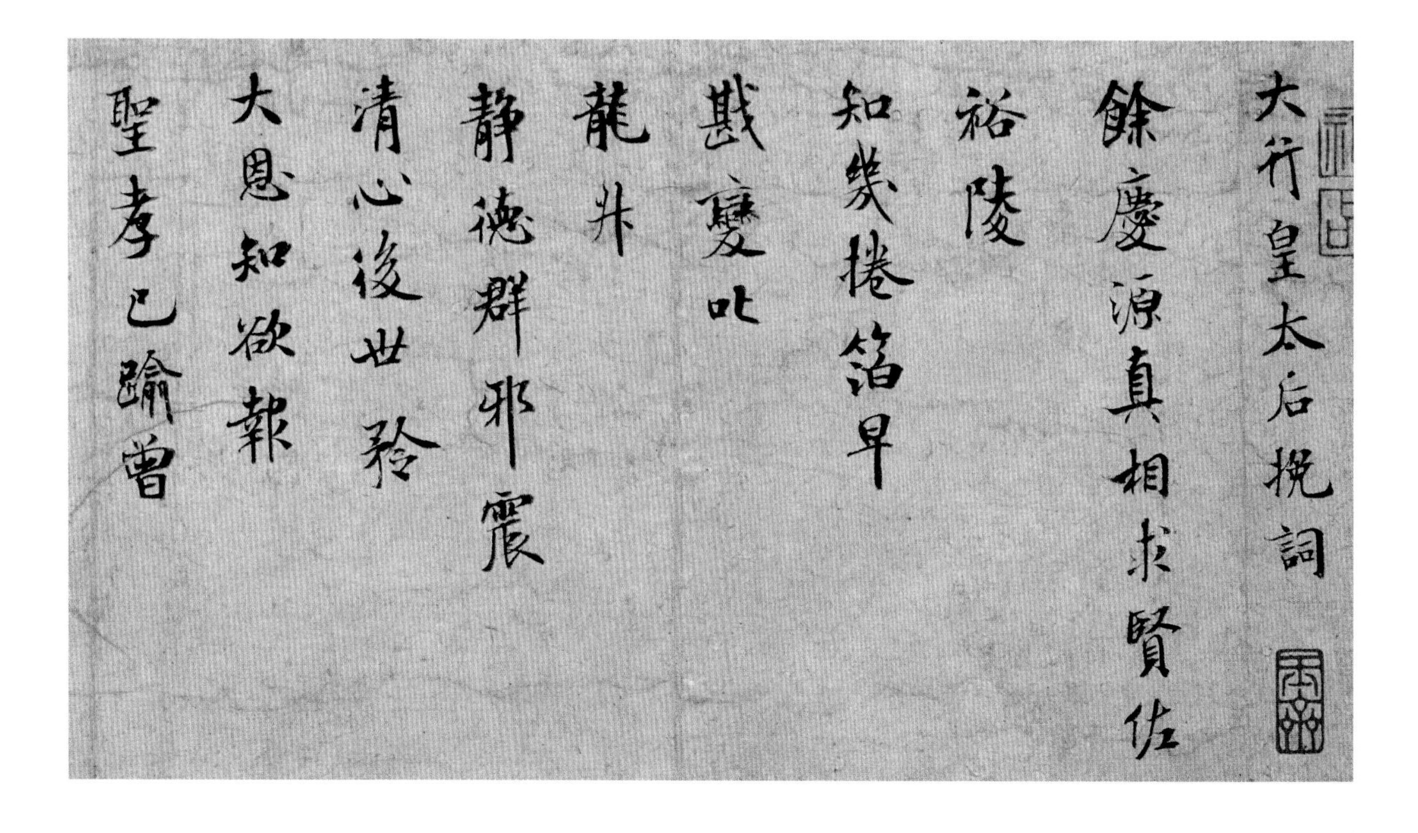

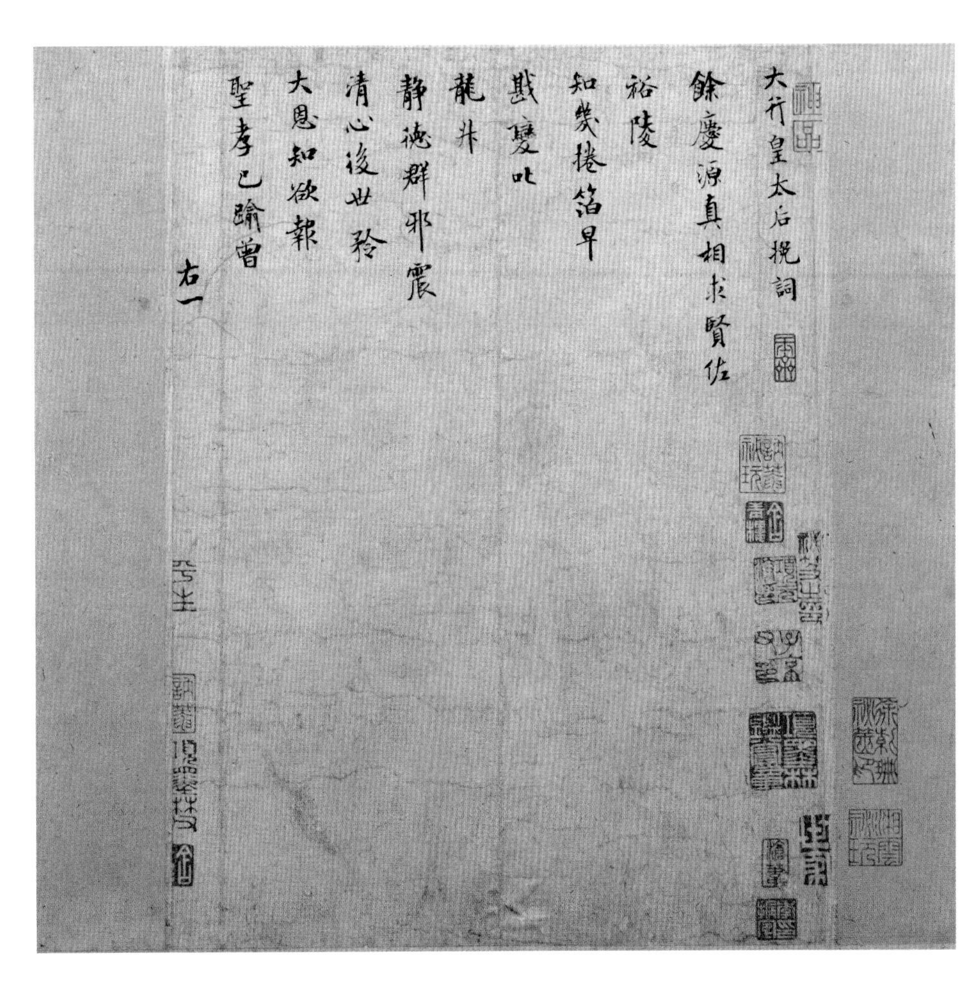

釋文：

大行皇太后挽詞

餘慶源真相，求賢佐

裕陵。

知幾捲箔早，

戡變叱

龍升。

靜德群邪震，

清心後世矜。

大恩知慾報，

聖孝已逾曾。

右一

溫厚同

光獻，

剛廉法

寶慈。擁扶樂推

聖，照徹託公欺。南紀歸忠魄，

東朝足

素規。

仁明存

舊幄，常似

補天時。

奉議郎　充江淮荊浙等路制置發運司管句文

字　武騎尉　賜緋魚袋　臣米芾上進

50

米芾　行楷書蘭亭序跋贊卷

紙本　行楷書
縱24厘米　橫47.5厘米

Lan Ting Xu Ba Zan in running-regular script
By Mi Fu
Handscroll, ink on paper
H. 24cm　L. 47.5cm

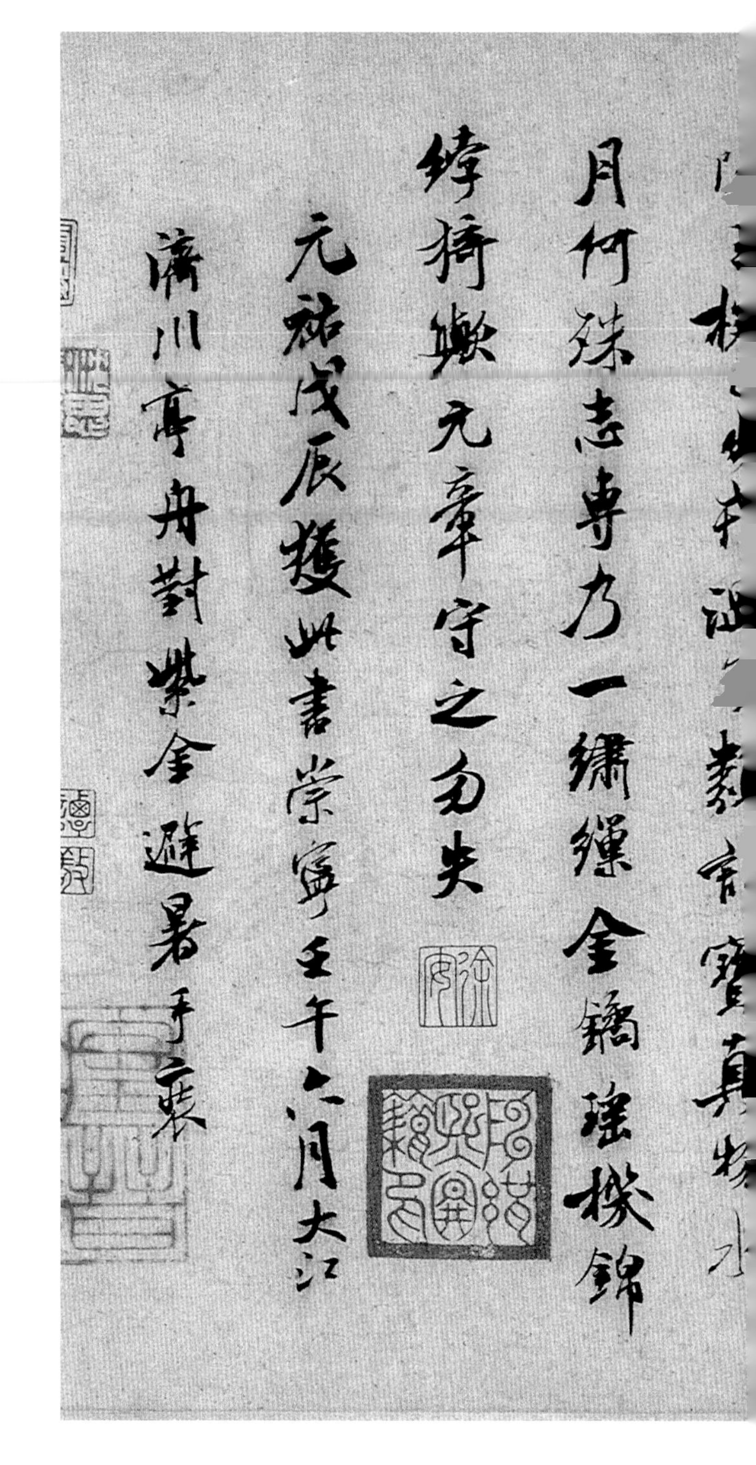

清代安岐《墨緣彙觀》在米詩題本褚遂良摹《蘭亭序》後敘述説："元章以王維雪景、李主翎毛、徐熙梨花易得蘇洎家'蘭亭'一本，有米元章跋贊。""二百十二字，小行書甚精，為明成化時翰林陳緝熙所收，裝一偽本於前，後多明人題識。"所謂"元章跋贊"就是此卷。現仍在明撫《蘭亭帖》(即安氏所説的"偽本")之後。北宋崇寧元年壬午(1102)，米芾年五十二歲。

《寶晉山林集拾遺》所載一跋贊，文句與此大同小異，係作於那年閏六月，當非一本。"閏六月本"在明代王世貞認為："余乃悟米得真本，因別作贋本，以圖購易他書畫。又恐其亂真，稍易跋語耳。"謂"閏六月跋"是書於真蘇太簡第二本之後，而陳緝照所收之米跋本"蘭亭"已為米芾摹，但米跋(即本跋)亦真。

此跋現裝一蘭亭拓本後，"蘭亭"非米氏原跋贊本。此帖筆法即米芾自已命名的"跋尾書"。其《龍真行》後識語云："惟題云家藏真跡，不寫以遺人"(《寶晉英光集》)。點畫精緻，書姿峭麗。款後鈐朱文"寶晉書印"及白文"米芾"、"米氏之印"、"米氏"、"米元章印"、"辛卯米芾"、"米芾之印"。

鑑藏印記(以米書本身為限)："陳緝熙圖籍印"(朱文)、"陳鑑平生至珤"(朱文)、"陳緝熙書籍印"(朱文)、"延賞"(朱文)、"沈泰鴻印"(白文)、"雲將真賞"(白文)、項元汴諸印、"卞令之鑑定"(朱文)、"皇十一子成親王詒晉齋圖書印"等。

歷代著錄：《裝餘偶記》、《過雲樓書畫記》。

釋文：

右米姓祕玩，天下法書第一。唐太宗既獲此書，使馮承素、韓道政、趙模、諸葛貞之流，模賜王公。褚遂良時為起居郎，蓋檢校而已。此軸在蘇氏命為褚模，觀意易改誤數字，真是褚筆。落筆直書，餘皆雙勾，清潤有秀氣，轉摺芒鍔備盡，與真無異。非知書者所不能到。世俗所收，或肥或瘦，乃是工人所作，正以此本為定。

熠熠客星，豈晉所得。卷器泉石，流腴翰墨。戲著談標，書存馬式。戎爵爵昭陵，玉椀已木十出。戎溫無類，誰寶真物。水月何殊，志專乃一。繡繅金鐍，瑤機錦綷。猗歟元章，守之勿失。

元祐戊辰獲此書　崇寧壬午六月大江濟川亭舟對紫金避暑手裝

米芾

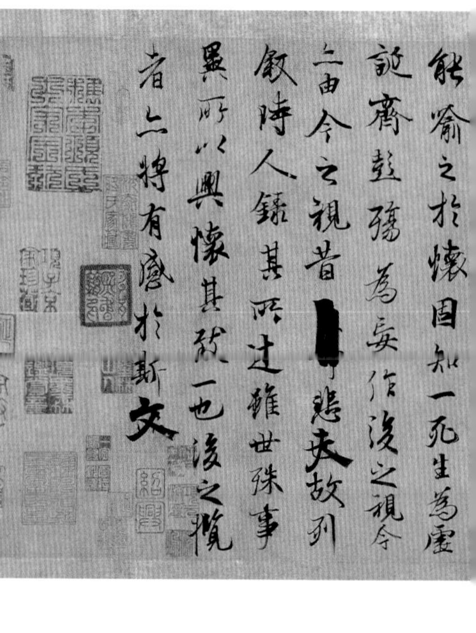
能喻之於懷固知一死生為虛
誕齊彭殤為妄作後之視今
亦由今之視昔[illegible]悲夫故列
敘時人錄其所述雖世殊事
異所以興懷其致一也後之攬
者亦將有感於斯文

右米姓秘玩天下法書第一唐太宗既獲此
書使馮承素韓道政趙模諸葛貞之流
模賜王公褚遂良時為起居郎蓋拾秘府
此軸在蘇氏命為褚模觀意易改誤數字
真是褚筆落筆直書餘皆雙句清潤有
秀氣轉摺芒鋩備盡與眾本異非知書
者所不能到世俗所以貴肥故應乃是工
人所作正以此本為定
熠熠客星豈晉所得卷器泉石流腴
翰墨戲著淡標書存馬式我贊昭
陵玉椀已出我澀吾類詐寶真物水
月何殊志專乃一繡繅金鐍瑤檢錦
綍猗歟元章守之勿失
元祐戊辰獲此書崇寧壬午六月大江
濟川亭艤舟對紫金避暑手裝
米芾

墨蹟猶存摹搨之際而運思揮毫精神風度
有以合作於前人故也此本相傳為褚河南臨倣
右軍禊帖深得當時意趣觀其用筆遒勁清
麗左縈右繞不為繩墨所縛飄飄然有塵外
之想似與人家舊藏別本石刻少異其為陳君
所寶者得不在於茲乎觀畢因書以識其末
翰林學士淮南高穀題

書陳氏所藏翰墨後
珠玉富家之寶也詩書翰墨儒
家之寶也珠玉者眾矣寶詩
書翰墨者幾何人哉翰林編脩陳
鑑得褚遂良所模禊帖珍藏于
家以為賢子孫望可謂知所寶者
矣珠玉云乎哉
景泰庚午秋八月初吉鳳陽苗衷書

昔趙文敏公北上京師得獨孤
長老蘭亭石刻本觀之謂觀
禊帖多矣未有若此之妙者
彰其用筆之意乃為有益

跋王褚米三公文翰真蹟後
褚遂良模王羲之蘭亭序後有米元章跋語
蓋諸公文章翰墨俱為當世所重幸獲其一存
於今者而觀之猶足以見其風流文雅況一卷
而三公之辭翰具存翰林編脩陳公鑑博雅好
古得之如兼金拱璧裝潢成卷俾予題識把
玩之餘良足歆羨誠不易得也陳公當寶藏之
景泰元年龍集庚午冬十二月既望榮祿大夫
太子太傅兼禮部尚書前
太子賓客兼國子祭酒毘陵胡濙書

此米老審定為褚摹禊帖蓋
寶晉齋中故物也今為吾友陳
翰林緝熙所得緝熙允手臨
入石仍襲藏原本以為家珍諸
公雜識不一其說然以桑世
昌蘭亭博議攷之元章政貴

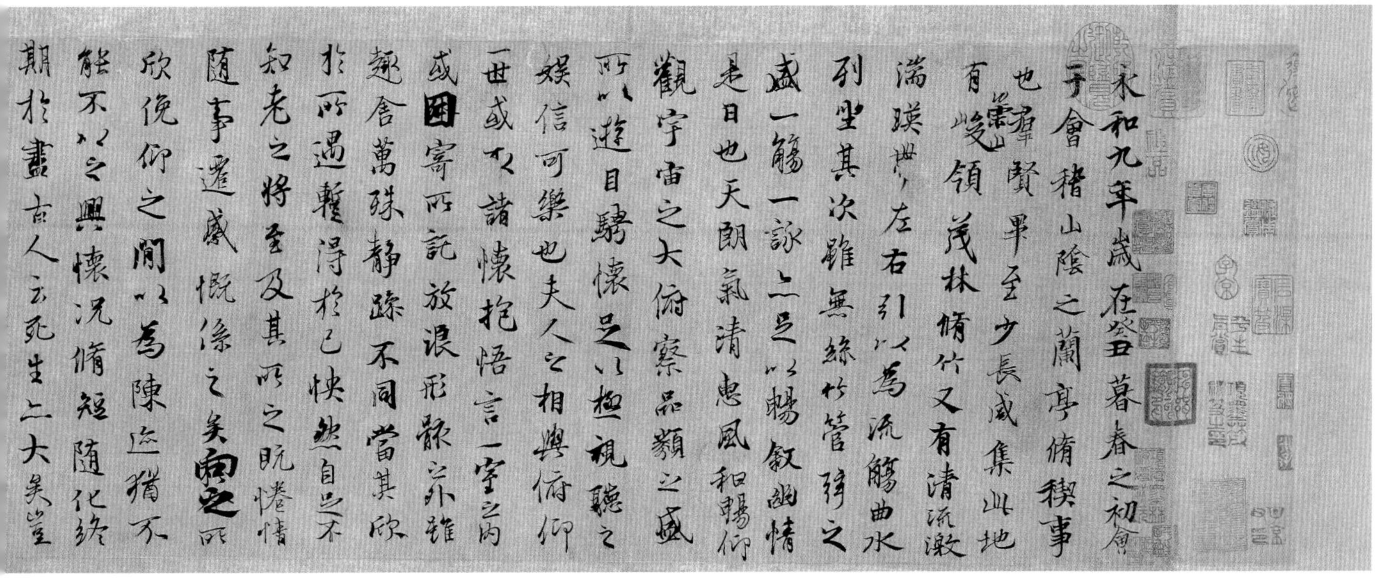

《蘭亭序跋贊卷》之一

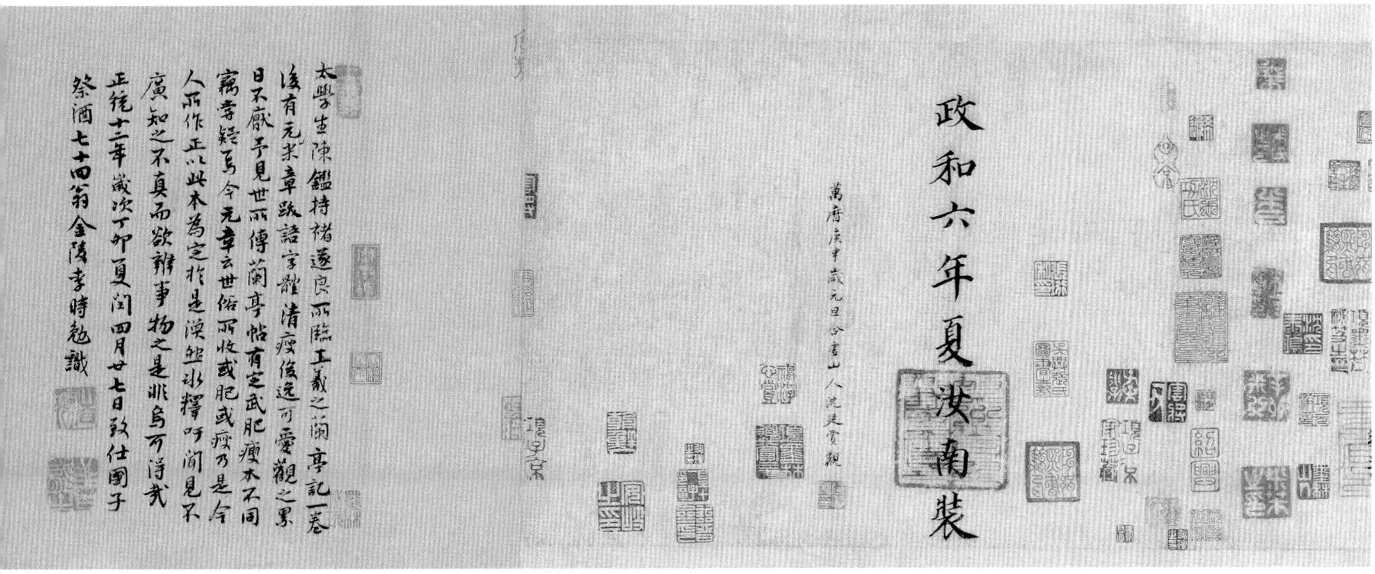

《蘭亭序跋贊卷》之二

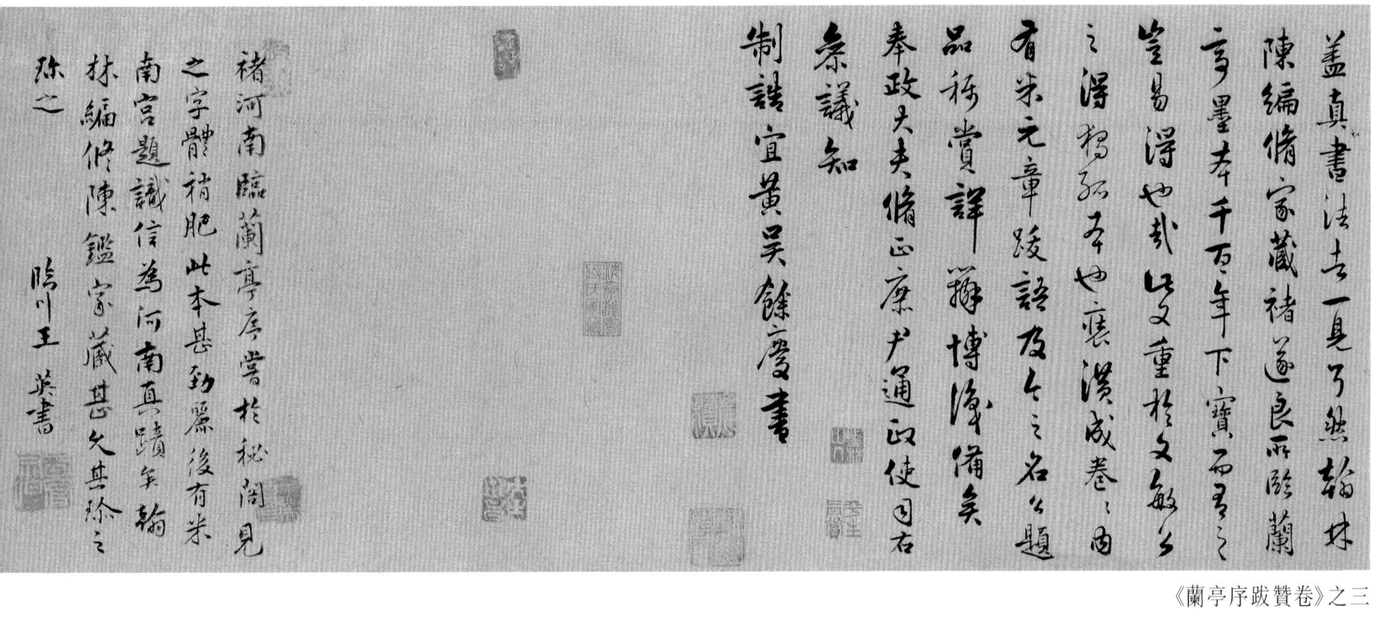

《蘭亭序跋贊卷》之三

中二筆相近末後捺筆鈎回筆鋒直至起處
懷字內折筆抹筆皆轉側褊而見鋒轄字由右字
左字轉筆賊毫隨之於斫筆處賊毫直出其中此
之模本未嘗有也以是較之此本信為褚模無疑予
書固不及米萬倍而愛此過之長歲以此為生一日家
偶失火予方寢輒驚起無一語及家事第問蘭
亭在何處火熄家人皆咲以為迂予固知予之非迂
也此本吾家舊物先曾祖望梅翁所藏家難之
餘竟爾失去後十有五年神樂觀施鍊師道常易
簀之頃出以示予曰吾藏此十五年矣非吾子不能寶
此遂以見遺予驚且喜不啻趙璧還返乃為述其
平生以酬之聞以此本求諸名公題識然亦不敢自
私遂手臨于石并臨諸公之作盡刻之以與好古
之士共焉

成化二年歲在丙戌春二月丙子長洲陳鑑緝熙書于
家居之心遠樓

右軍墨妙至唐一變然未
見有青於藍者河南此臨

不釋手時 高將中丞寄示蘭亭續帖殘冊壽先李氏聖教序
兩宋拓並几欣賞尋味無窮山谷所謂天下秀氣盡萃
吾齋者今亦正作如是觀矣咸豐四年十月吳江殷壽彭

公諱識不一其說然以余世
昌蘭亭博識玆之元章政貴
良是自昭陵藏發之後右軍
真跡不可得見何見核摹乏
矣覽彼照夜白玉花驄駿骨
已朽而曹霸之圖猶在頗
可輕耶夫墨跡之與石刻
其間奚啻形影今定武石
本且不易得况此墨本裝緝
照映之左何逸之有
成化丙戌之春東海徐有貞
書于成趣軒中

蘭亭本世傳甚多宋內府所藏至有百十七
刻然墨蹟亦不多見蘇今家蘭亭三本予
得見其二焉一在友人劉廷美僉憲家上有蘇
易簡題有若衆大夫尚興開皇門數語并宋諸
公題識此其第一本字畫湮滅然亦不甚遍真
米南宮謂其出第三本不信然此則其第二本

《蘭亭序跋贊卷》之四

右軍墨妙至唐一變然未
見有青於藍者河南臨
本迴轉變化得右軍之神
作以己意光彩奕然信爲
希世之寶
有犬是贊詩與晉人神遊
宜其寶之不置也
曹師稷書

唐硬鈎廓填蘭亭紙筆古雅靜氣逼人是注神
龍本脫胎而出者細密渾成有神無迹即非河南親
摹亦當時名手所為非宋以後所能贋作也米跋僻泥
飛動備極無要不收無法不備可妙明賢無跋亦渾樸泥
著真希世珍也此跋舊者
右集寶發後入成邸又歸太原溫氏豫溫琴舫明經

《蘭亭序跋贊卷》之五

51

米芾　行楷書破羌帖跋贊卷

紙本　行楷書

縱22.9厘米　橫48.2厘米

Po Qiang Tie Ba Zan in running-regular script

By Mi Fu

Handscroll, ink on paper

H. 22.9cm　L. 48.2cm

此帖為米芾為王羲之《破羌帖》題寫的跋贊。《寶晉山林集拾遺》記載有跋文，當是書於帖後贊前，但今王羲之原帖已無，但其曾入宣和內府，載《宣和書譜》中，明清以來，久已不傳。米芾此題，不知於何時拆下，幸留人間。清光緒年間為王西泉在北京琉璃廠鋪中買到，以後輾轉歸之袁勵准，後為故宮博物院收購得之。書於崇寧二年癸未(1103)，米芾年五十三歲。

贊中所稱劉涇，字巨濟，元章書畫友。薛紹彭為書法家(詳見後)。黃誥，字君謨，曾知益陽、蘇州。

《破羌帖》又名《王略帖》，米芾因得此帖與謝安《八月五日帖》、王獻之《十二月割帖》，而名其齋曰"寶晉齋"。此帖小行書，筆力秀勁，體勢健拔，入筆牽連處可見經心用意，懸手書此小字，欹側縱逸尤見功力。與"蘭亭"題跋相彷，皆為米芾自稱"不寫以遺人"的"跋尾書"。

鈐"寶晉齋"(白文)、"楚畜芾印"(朱文)、"米"(白文)、"米芾"、"□□□岳"、"楚畜芾印"(朱文)等印。王懿榮、吳大徵、徐郙、長白裕德、王文錦、李培元、高釗中、曹鴻勳、徐坊、端方、陳寶琛題觀。

鑑藏印記："古齋"(白文)、"謙"(朱文)、"完顏景賢精鑑"(朱文)、"樸孫庚子以後所得"(朱文)、"獻厂"(朱文)、"虞軒"(朱文)、"小如庵祕笈"(朱文)。

(詳見附錄)

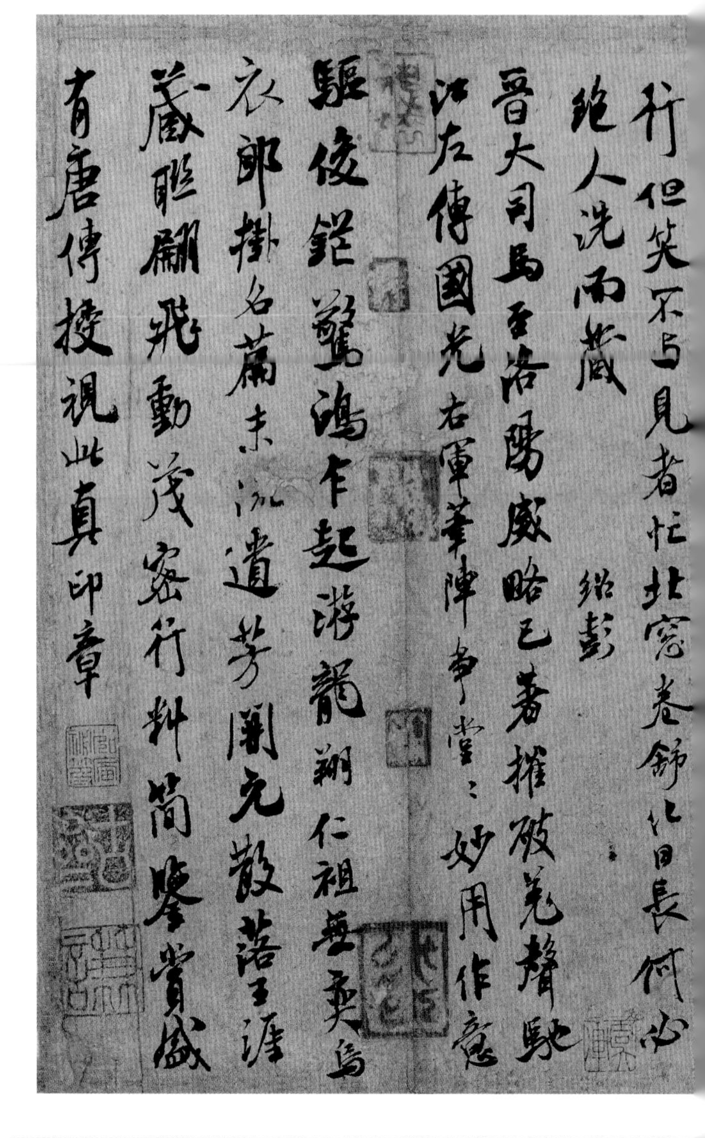

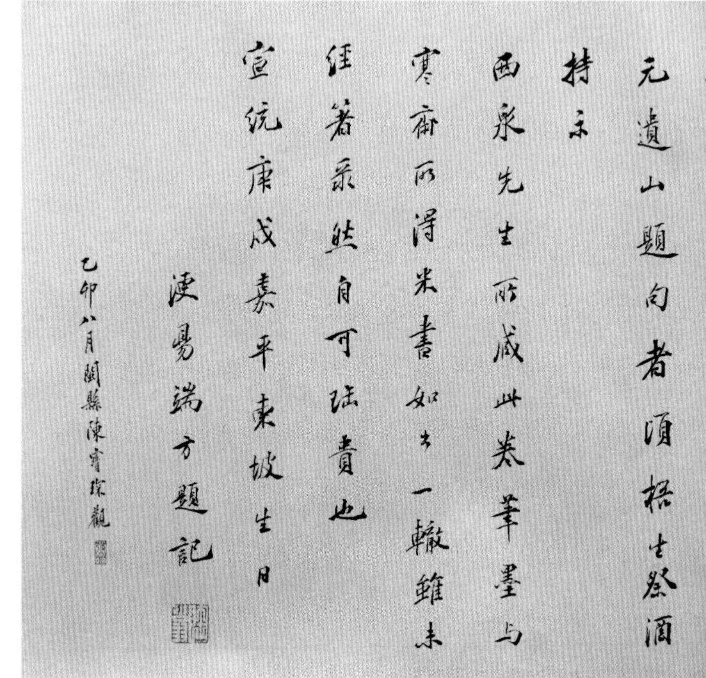

將軍金紫光祿大夫王羲之書　十一

贊

朌回于天垂英光暐頫歷籀化大荒煙華潢瀁

動彷徉一憩万古稱天章驁奔虬攀鶹序行洞

天九〻通窦陽茫〻十二小劫長鑒究神訶命萊藏

癸未歲太常玉堂手裹

左司郎中黃誥

隋珠荆玉爛生光際天蟠地射八荒嗟我一

見獵激昂而況好古真元章不置金釵十

行以彼易此歸華陽天公六丁氣能長雷電

取去宜深藏

職方郎中劉涇

至人代天發幽光手生蒼華秀無荒万夫

虵蚓謝軒昂斷是龍被五色章大珠自點

玉箸行即跋翁更交澀茫〻公其敬識神理

長不昇正眼非歸藏

承議郎薛紹彭

寶音不空來夜光滄浪一濯聊治荒至寶無價

誰低昂悵光押尾開元章楷字不見褚影行

永和歲月今茫〻傳至太平隨世長金題玉躞

重珍藏

劉涇

甲申乙酉之際藝榮卧病往年久不闚市

此右軍書贊詩六首皆米襄陽一筆書紙

本光潔蹟真無疑久庋厰市無人過問

西泉四兄獨具真鑒以無心得之可謂奇遇

出示屬題是日并觀所得劉松年畫杜相長

幅并牽連記之藝榮二十年來所見米書

真蹟惟多景樓詩宋太皇太后挽詞無款

準提呪并此而四人境廬記

光緒辛卯冬十有二月吳縣吳大澂

觀于京師[illegible][illegible][illegible]館

戊子秋九月嘉定徐郙

長白裕德天津王文錦

祥符李培元項城袁劍

中冈觀濰縣曹鴻勛題

宣统庚戌十二月臨清徐坊觀

光緒甲申曾得南宮書

向太后挽詞後在南中復

52

米芾　行書新恩帖頁
紙本　行書
縱33.3厘米　橫48.5厘米

Xin En Tie in running script
By Mi Fu
Leaf, ink on paper
H. 33.3cm　L. 48.5cm

《新恩帖》與《長至帖》、《韓馬帖》同裝一卷，《石渠寶笈續編》著錄稱"米芾尺牘卷"。帖中說："薄留泗濱"，大約在漣水軍時所寫。時在北宋紹聖至元符年間（1094－1100）。此帖被阮元《石渠隨筆》評為偽本，極不確。阮元鑑考粗率，難副盛名可見一斑。王鐸所說"二敵"，可能是誤書，因為三帖多有"珍祕"印，論其篆法印色，應為明早中期，不可能在王鐸之後。後紙有王鐸題跋，倪粲、方膏茂觀款。

此帖筆力雄勁，力透紙背，用筆豐腴，但肥不沒骨。

鑑藏印記："珍祕"（白文）、"白石山房書畫之記"（朱文）、清乾隆內府四印。

歷代著錄：《石渠寶笈續編》、《石渠隨筆》，刻《墨妙軒法帖》、故宮博物院影印本。

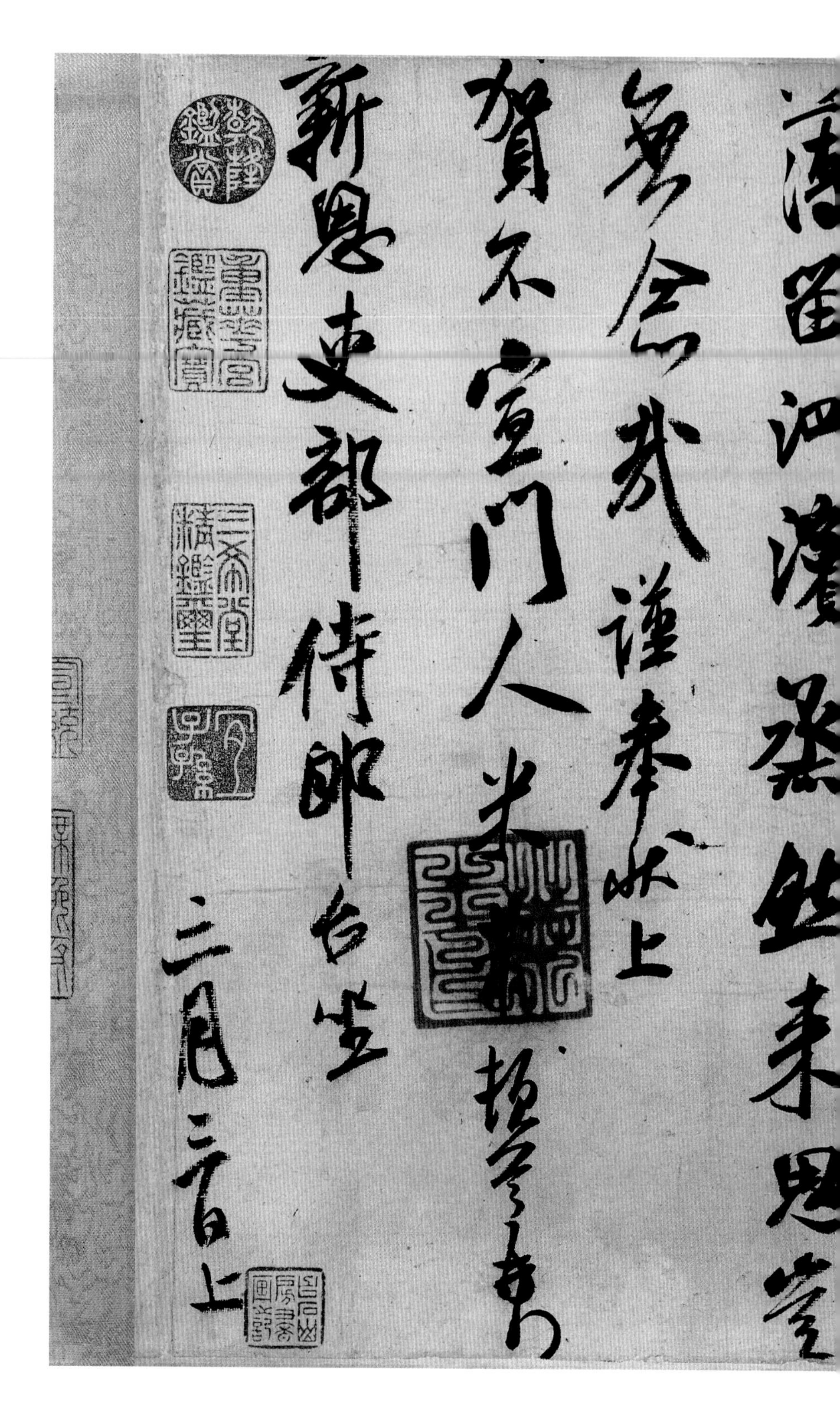

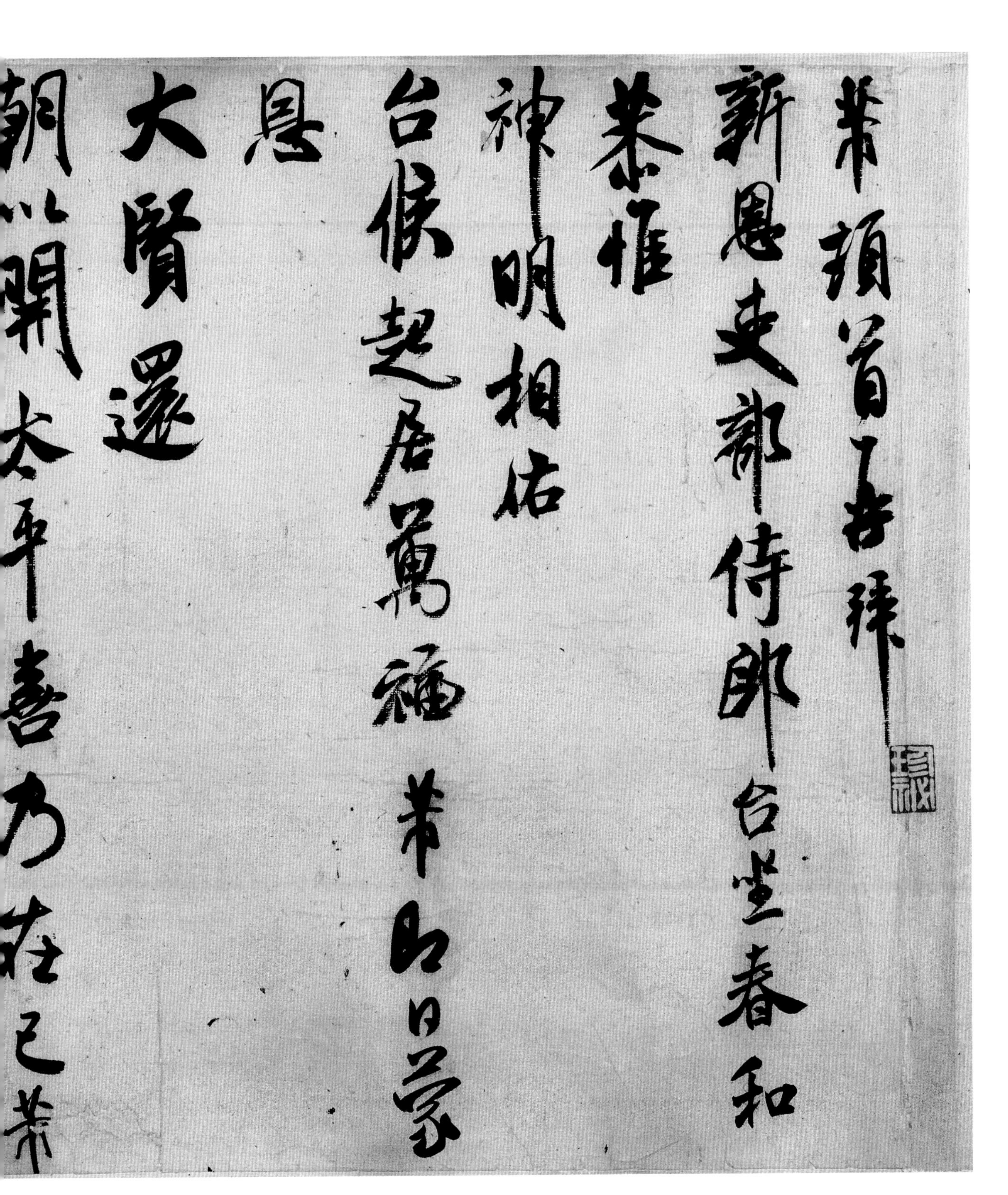

釋文：

芾頓首再拜，
新恩吏部侍郎台坐。春和
恭惟
神明相佑，
台候起居萬福。芾即日蒙
恩，
大賢還
朝，以開太平，喜乃在己。芾
薄留泗濱，忝然來思，豈
無念哉。謹奉狀上
賀。不宣。門人米芾頓首再拜
新恩吏部侍郎台坐
三月三日上

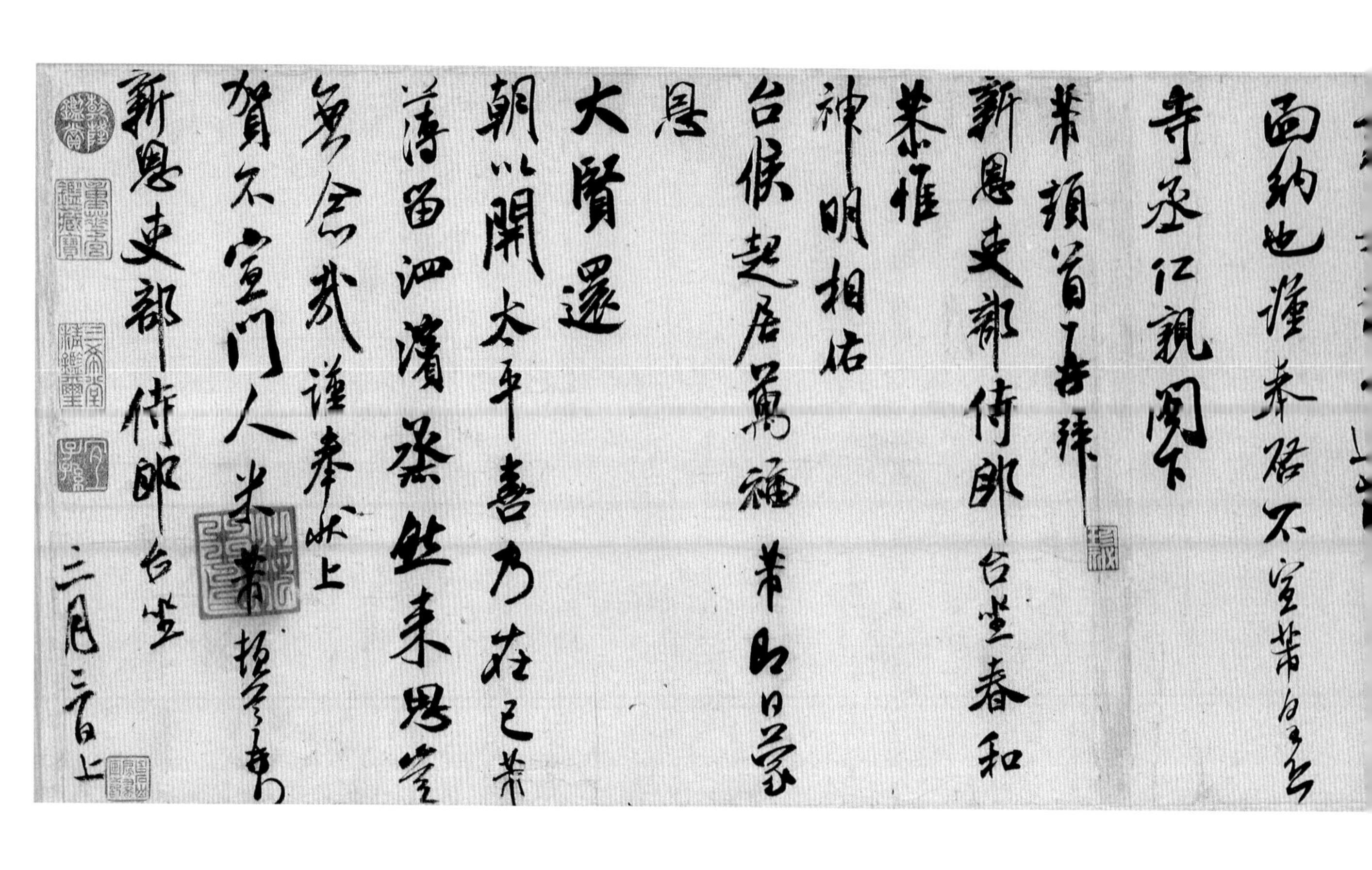

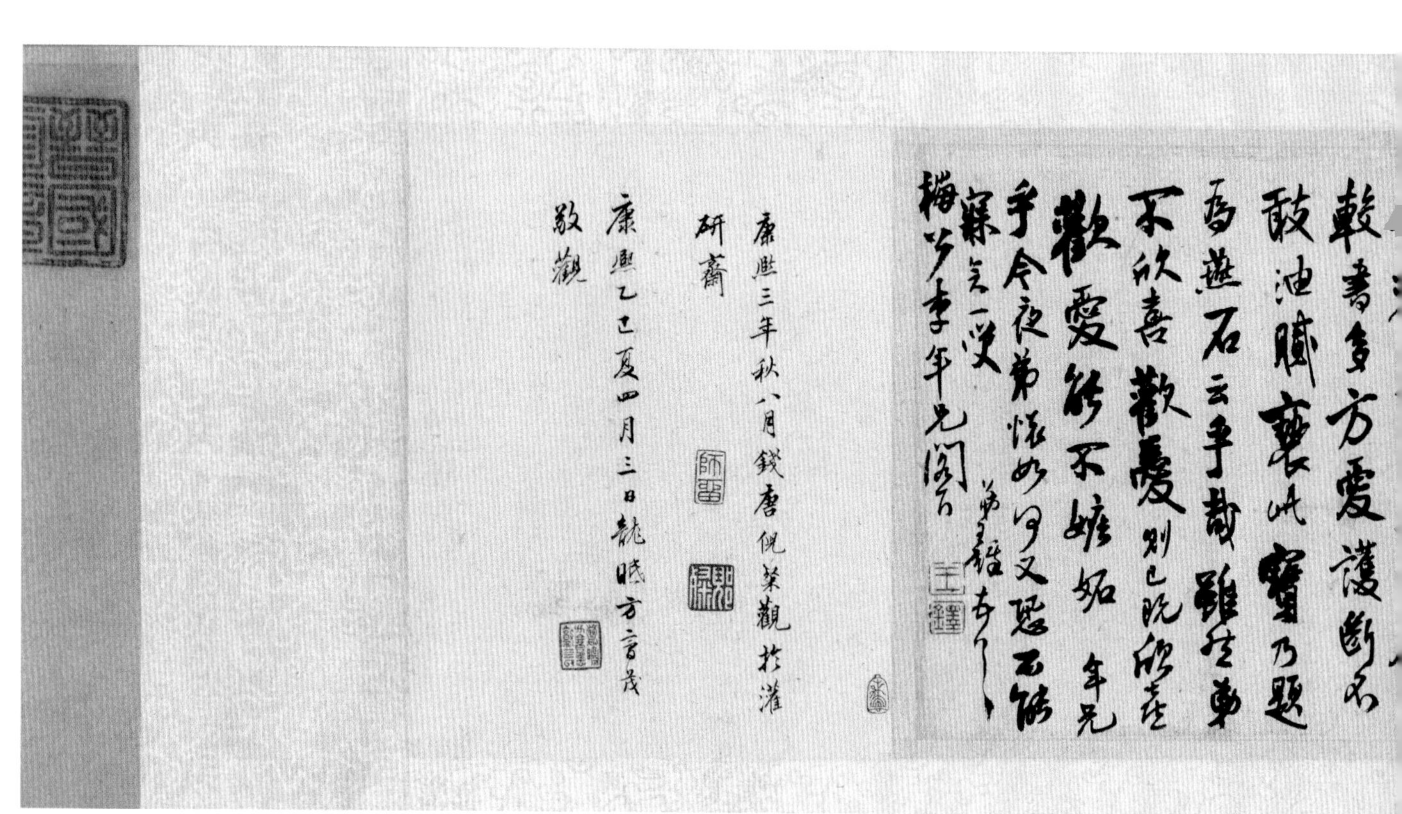

《尺牘卷》之一

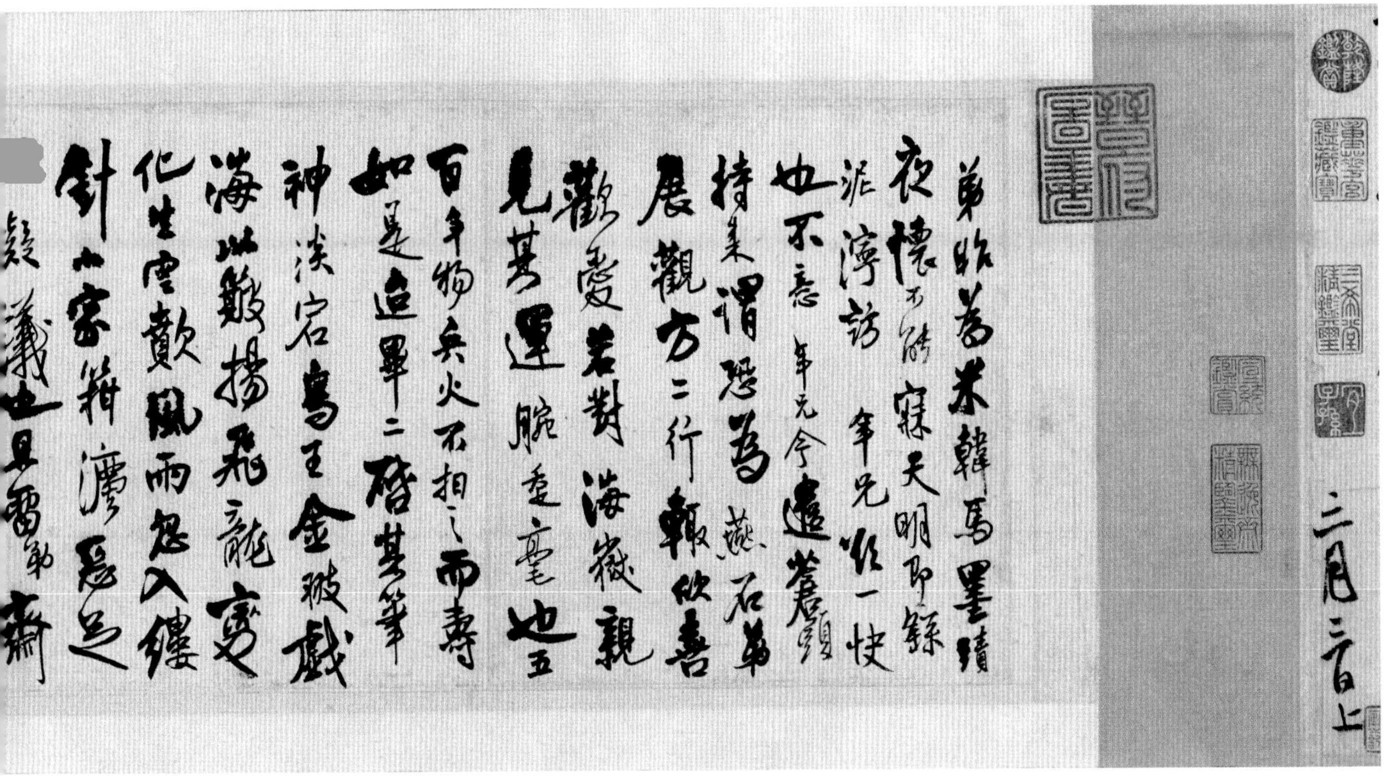

《尺牘卷》之二

53

米芾　行書長至帖頁

紙本　行書
縱33.3厘米　橫42厘米

Chang Zhi Tie in running script
By Mi Fu
Leaf, ink on paper
H. 33.3cm　L. 42cm

《長至帖》書法同《新恩帖》相近，紙墨也差不多，書寫時間大概相距不久。米芾在建中靖國元年所書《向太后挽詞》結銜為"荊浙等路發運使管句文字"，此帖所稱"發運左司"可能就是他當時的上司。此時米芾五十一歲，從書法看也是其較晚之筆。

鑑藏印記："堂章"(朱文半印)、"珍祕"(白文半印)、"司印"(朱文半印)、"白石山房書畫之記"(朱文)，清乾隆、嘉慶、宣統內府諸印。

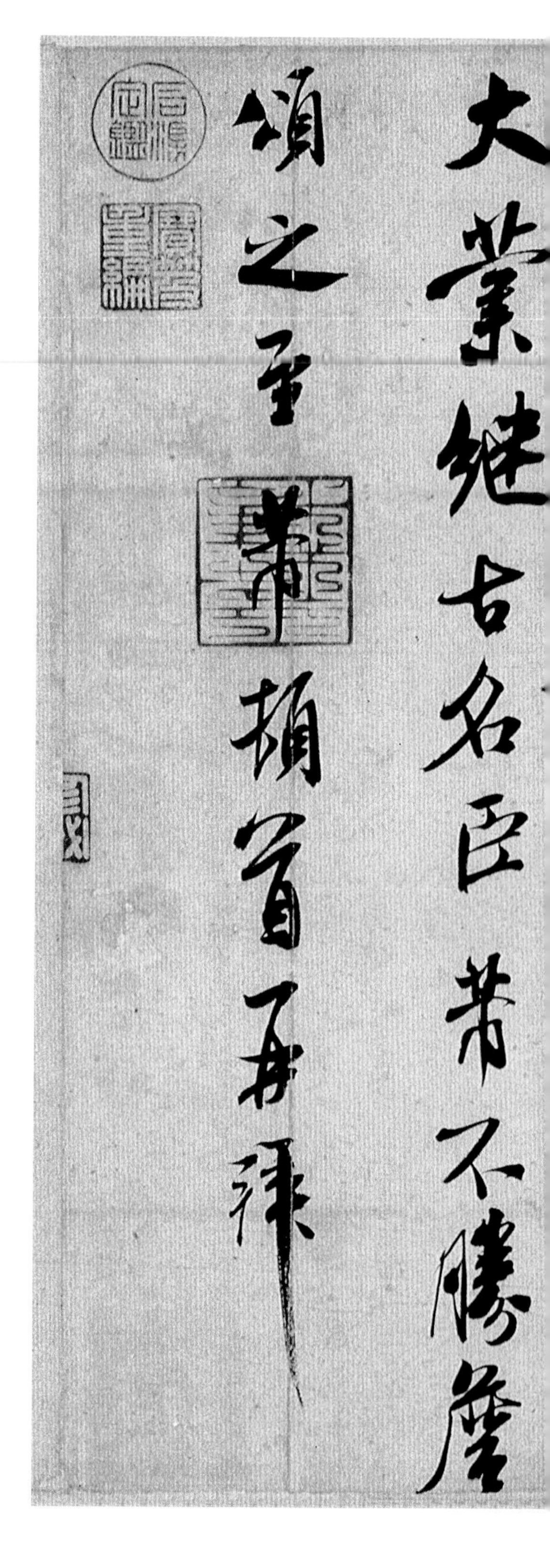

釋文：
芾頓首再拜。長至，伏願
制置發運左司學士，主
公議於
清朝，振
斯文於來世。
彌縫
大業，繼古名臣，芾不勝詹
頌之至。芾頓首再拜

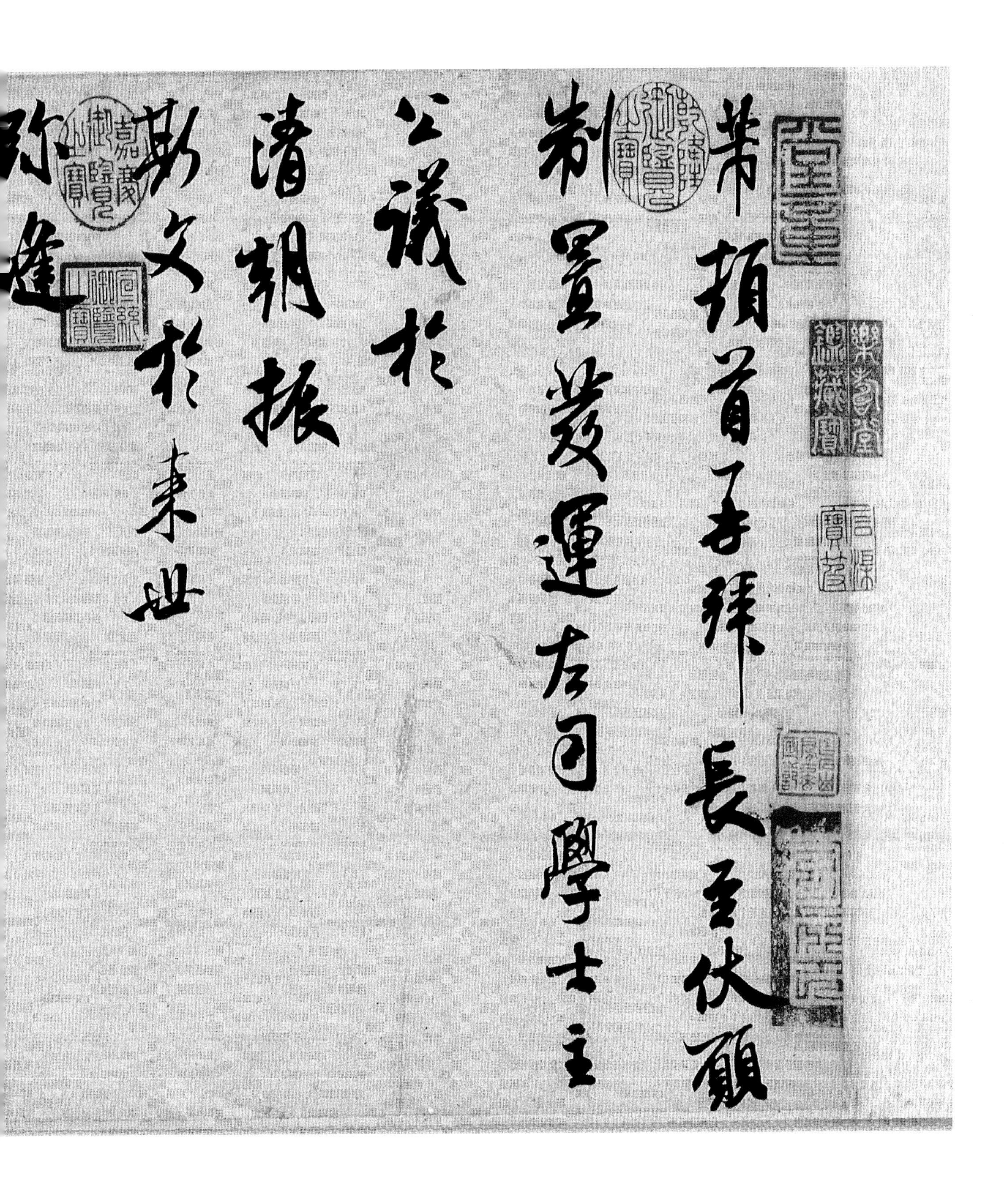

54

米芾　行書韓馬帖頁

紙本　行書

縱33.3厘米　橫33.3厘米

Han Ma Tie in running script

By Mi Fu

Leaf, ink on paper

H. 33.3cm　L. 33.3cm

帖中的"韓馬"，當指唐代韓幹所畫鞍馬圖。此帖應是米芾在汴京時所寫，以書法論，或為崇寧二年後之作，年約五十餘歲。

此帖筆畫清輕勁健，沉着痛快，體態顧盼生姿，用險得夷，點畫頓挫牽連尤見精妙，是米芾行書的得意之作。

鑑藏印記："珍祕"(白文)。

釋文：

芾頓首啟：前日幸拔

晤，即日

起居沖勝。韓馬慾借三

五日，節中數貴遊宴集

處，使之賞玩如何。忝

親契敢爾，過節

面納也。謹奉啟，不宣。芾皇恐

寺丞仁親閤下

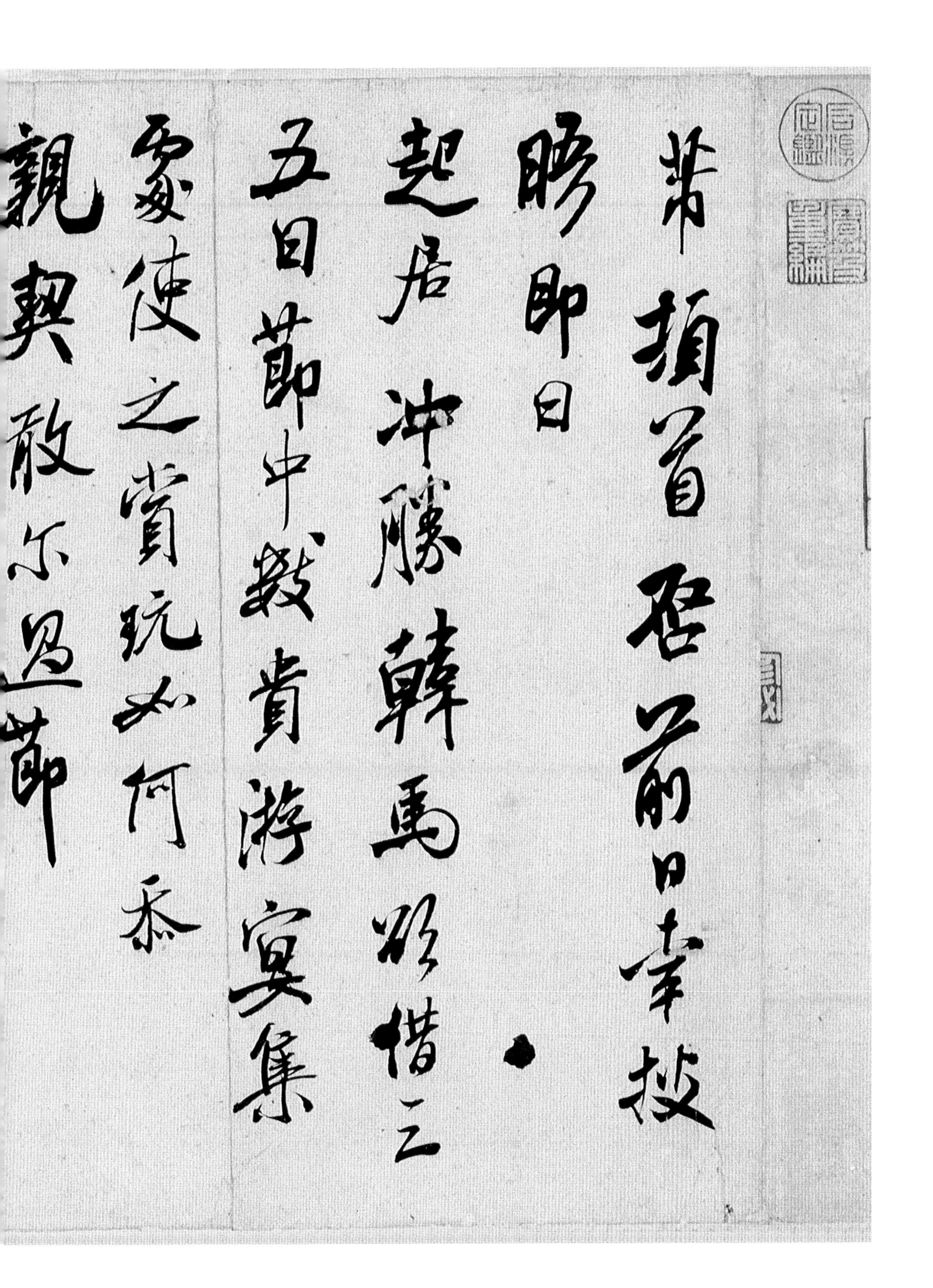

55

米芾　行書珊瑚帖頁

紙本　行書

縱26.6厘米　橫47.1厘米

Shan Hu Tie in running script

By Mi Fu

Leaf, ink on paper

H. 26.6cm　L. 47.1cm

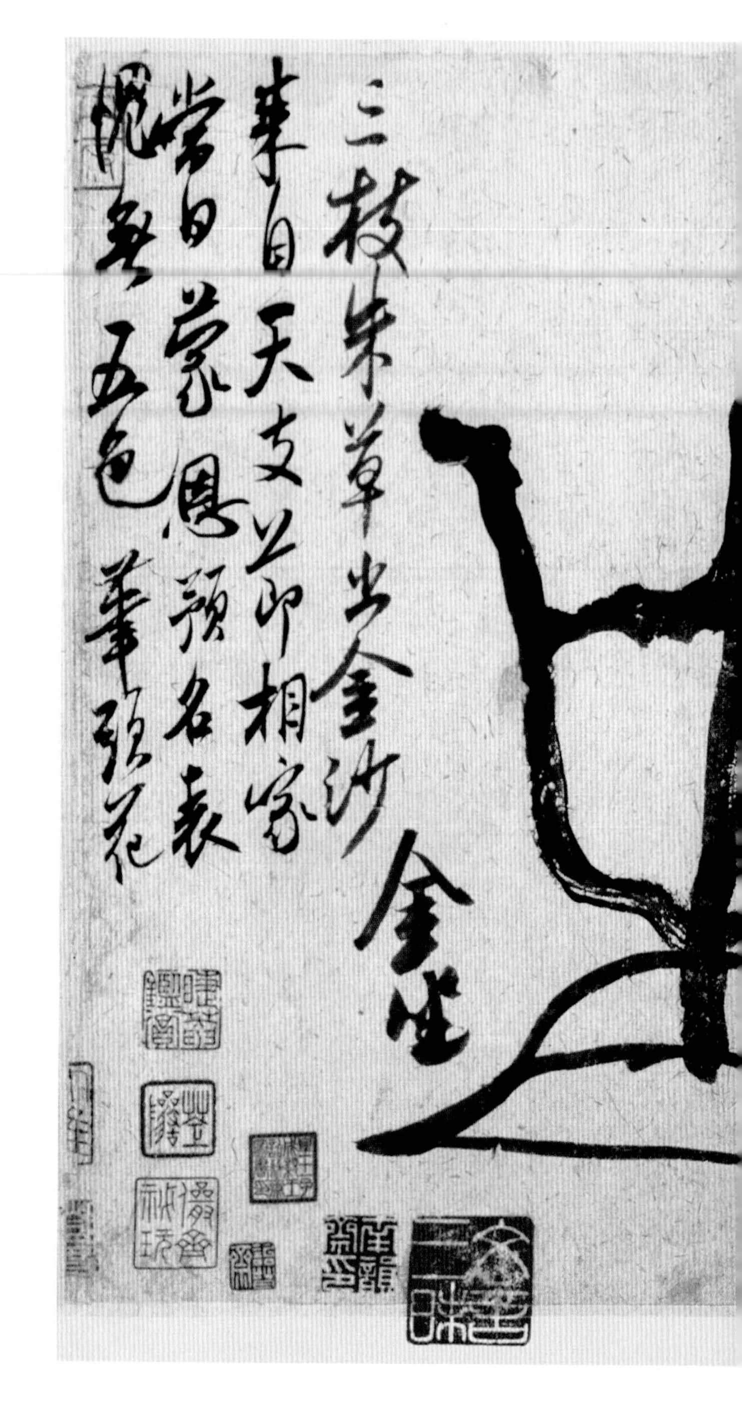

《珊瑚帖》所稱"景溫問禮圖"，應是謝景溫所藏"孔子問禮於老聃之圖"。謝景溫，字師直，元祐三年(1088)初"置權六曹尚書，以為刑部"(《宋史》)，當時的習尚將"權尚書出知州軍事"的人稱為"節相"。從這一點推測，此帖應作於元祐三年後不久，米氏約四十歲，論書法亦相合。書後附畫珊瑚筆架一枝，可謂存世惟一米畫真跡。

此帖筆勢雄逸，使轉縱橫，窮極變化而又筆到法隨，而且行文中忽畫一珊瑚筆架以助説明，可謂神來之筆，意態橫生。

此帖與《復官帖》後有宋代米友仁，元代郭天錫(祐之)、施光遠、季宗元，明代謝在杍、焦源溥，清代永瑆題跋。

鑑藏印記："內府書印"(朱文三件)、"大雅"(朱文半印)、"文言三昧"(白文)、梁清標諸印、王鴻緒諸印、安岐諸印、永瑆諸印、"南韻齋印"(白文)、"定府珍藏"(朱文)、"曾存定邸行有恆堂"(朱文)、"曾存行有恆堂"(朱文)、"行有恆堂審定真跡"(朱文)、"睫菴鑑賞"(朱文)等。

歷代著錄：《雲煙過眼錄》、《大觀錄》、《墨緣彙觀》、《壯陶閣書畫錄》、文物出版社影印。

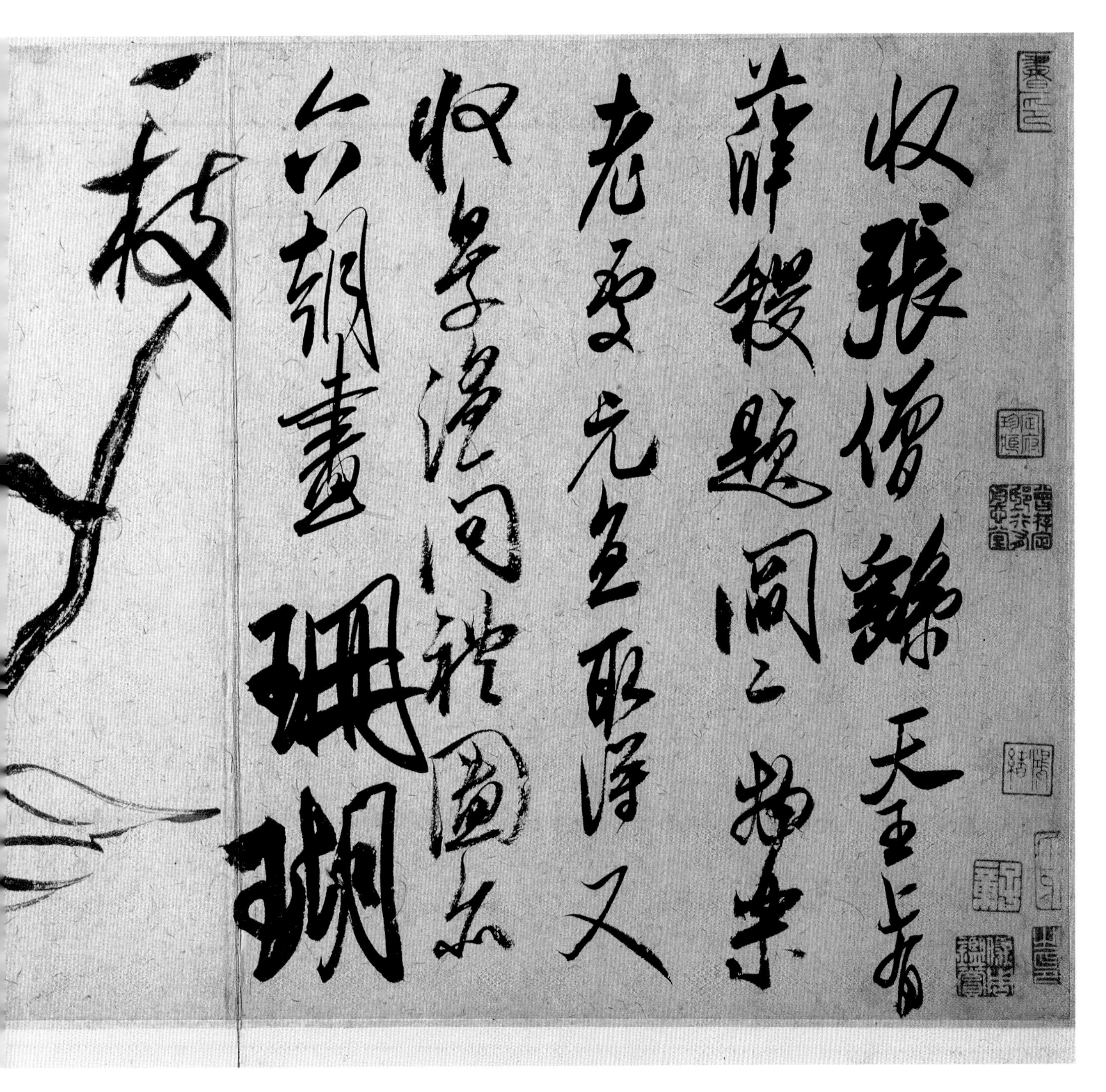

釋文：
收張僧繇天王，上有
薛稷題。閻二物，樂
老處元直取得。又
收景溫《問禮圖》，亦
六朝畫。珊瑚
一枝。
三枝朱草出金沙，
來自天支節相家。
當日蒙恩預名表，
愧無五色筆頭花。

56

米芾　行書復官帖頁

紙本　行書

縱27.1厘米　橫49.9厘米

Fu Guan Tie in running script

By Mi Fu

Leaf, ink on paper

H. 27.1cm　L. 49.9cm

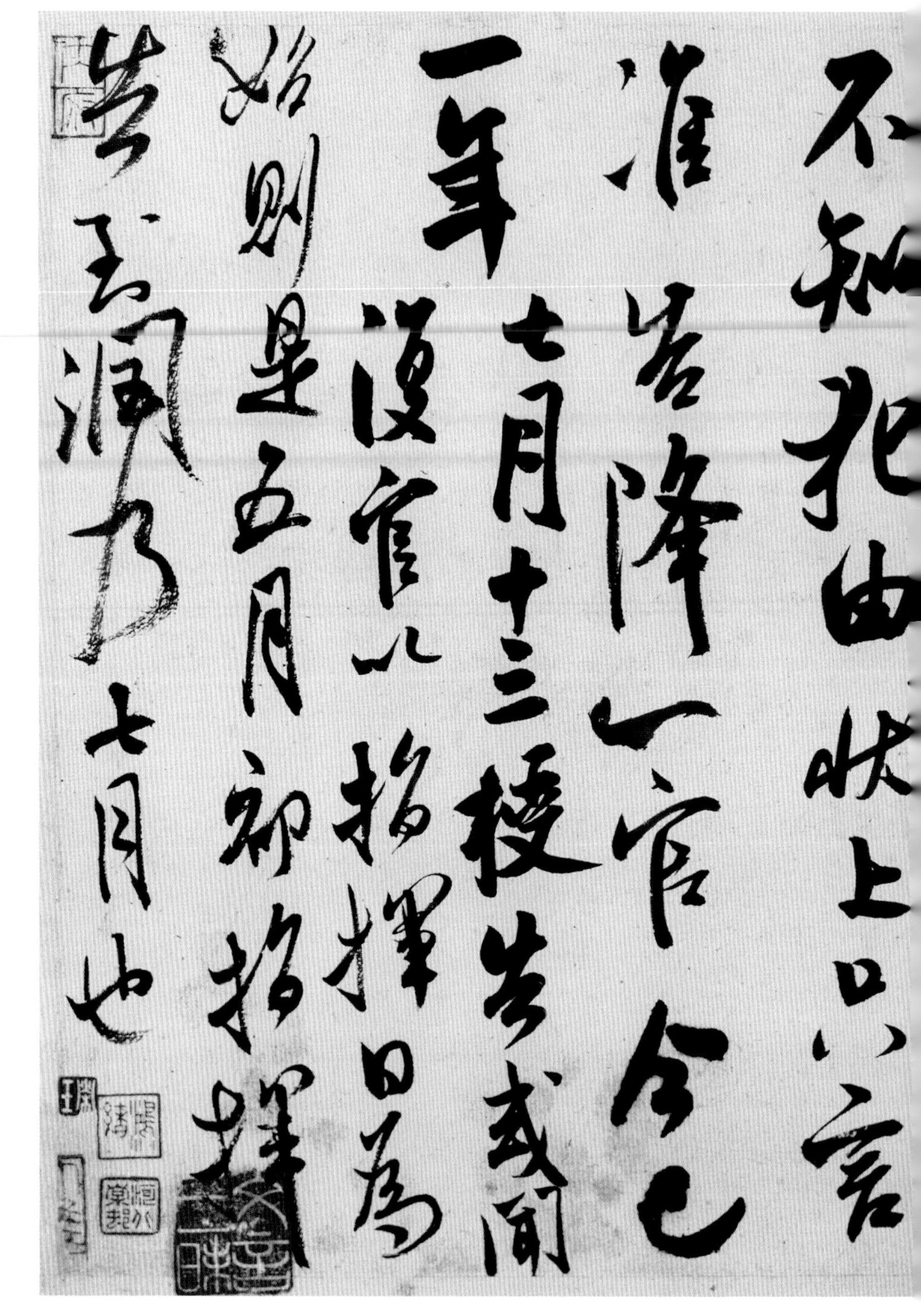

《復官帖》是米氏晚年之筆，帖中所説，似為降官斥責回家，詢問何時可以"起復"。米芾於崇寧四年(1105)官書學博士，又由書學博士擢禮部員外郎，曾"數遭白簡(彈劾)逐去"，一年後在家——潤州(今鎮江)書此札，時年五十六歲。

此帖筆力雄肆，側縱豪放，前肥後瘦，但肥不沒骨，瘦不露筋，引控極為自如，為米芾晚年得意書。

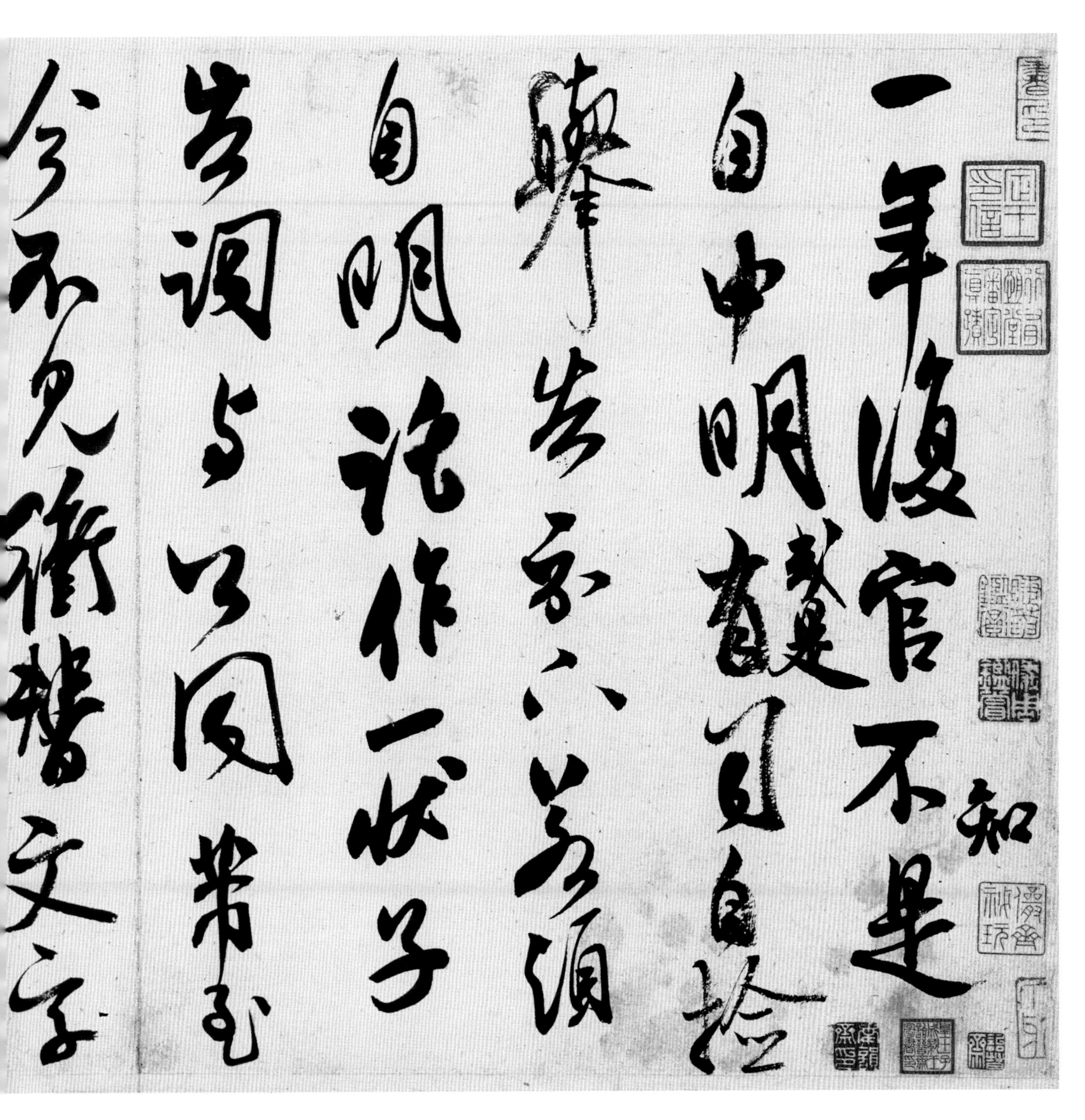

釋文：
一年復官，不知是
自申明，或是有司自檢
舉告示下。若須
自明，託作一狀子，
告詞與公同。芾至
今不見銜替文字，
不知犯由，狀上只言
准告降一官。今已
一年。七月十三授告，或聞
復官以指揮日為
始，則是五月初指揮，
告到潤乃七月也。

57

米芾　行書衰老帖頁

紙本　行書
縱34.5厘米　橫49.2厘米
清宮舊藏

Shuai Lao Tie in running script
By Mi Fu
Leaf, ink on paper
H. 34.5cm　L. 49.2cm
Qing court collection

《衰老帖》書法與"珊瑚"、"復官"二札很近，當為一時所作。王鐸稱米書"縱橫飄忽"，此帖筆畫雄健者力透紙背，細勁者嬌若遊龍，健骨豐筋，轉折肥美，亦米氏得意之作。此帖入清內府《法書大觀》冊，前有乾隆帝題"快馬斫陣，屈曲隨人"，後被人挖去，但三希堂刻本此字尚存。

鑑藏印記：項元汴諸印、"安儀周家珍藏"(朱文) 等印。

歷代著錄：《吳氏書畫記》、《平生壯觀》、《大觀錄》、《墨緣彙觀》，刻《三希堂法帖》、故宮博物院影印《法書大觀》。

釋文：
芾頓首啟：衰老人所棄，蒙
□節翌日欲拜
謝，慮
大君子訝其情文。欽向，欽向。晴和
起居何如。想
□檢已了，來日欲屈
節華同
彥勉家庖早飯，不審
肯顧否。謹具啟。不備。芾頓首再拜
提刑殿院節下

芾頓首啟襄老人所弃家
節翌日將拜
謝憲
大君子許其情文欽尚、晴和
起居何如想
里捨已得來日將居

58

薛紹彭　草書大年帖頁

紙本　草書

縱25.1厘米　橫34.8厘米

Da Nian Tie in cursive script

By Xue Shaopeng

Leaf, ink on paper

H. 25.1cm　L. 34.8cm

薛紹彭，字道祖，號翠微居士，宋代河中萬泉（今山西萬榮）人。曾官祕閣修撰，知梓潼路漕。平生與米芾交往密切，亦善於鑑古。書法"結法內擫，鋒藏不露，而古意時溢毫素間，不作傾險浮急態"（王世貞語），時人並稱"米、薛"。

《大年帖》又稱《晴和帖》或《大年借墨帖》，原為三帖合卷之一，現在只存此一帖。書法圓健，結構茂密，以骨力勝，深得二王遺意。帖中所稱《異熱帖》為王羲之書，承晏、張遇均為古時制墨名家。上款"大年太尉"應是宋宗室、名畫家趙令穰。

鑑藏印記："貞元"（朱文連珠半印）、"紹興"（朱文連珠半印）、"許子仙鑑定印"（朱文）等。

歷代著錄：《寓意編》、《鐵網珊瑚》、《式古堂書畫彙考》、《平生壯觀》。

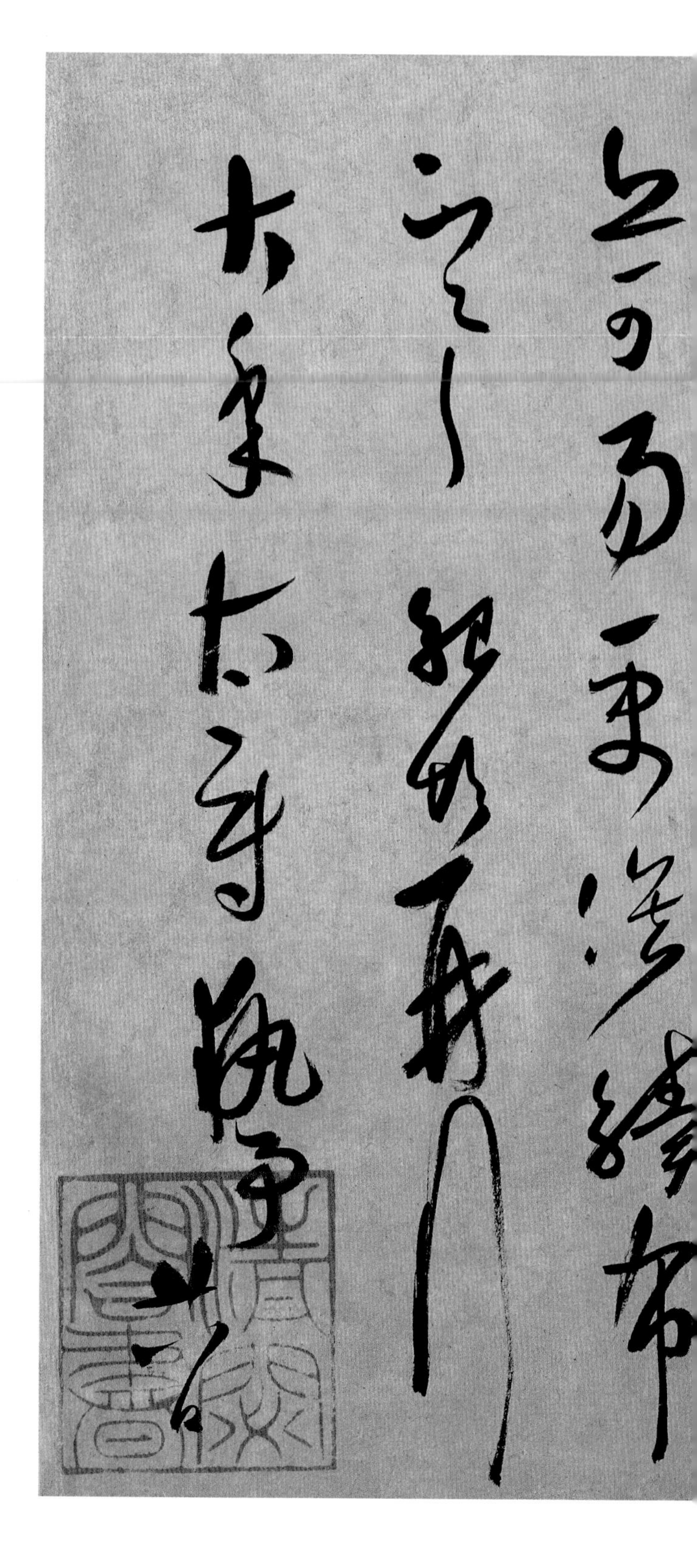

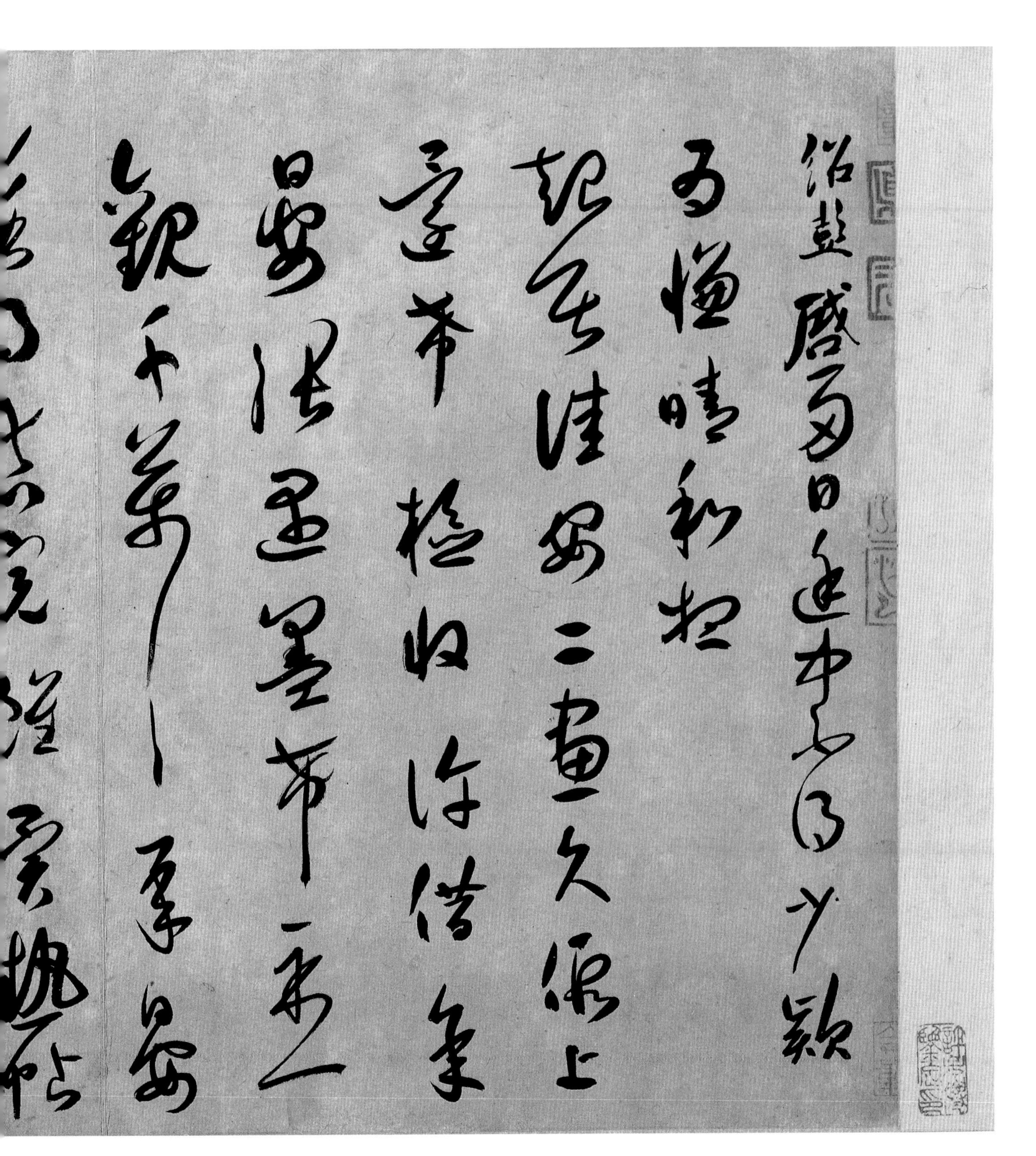

釋文：
紹彭啟：多日廷中不得少款
為慊，晴和想
起居佳安。二畫久假，上
還希檢收。許借承
晏、張遇墨，希示一
觀，千萬，千萬。承晏
若得真玩，雖異熱帖
亦可易。更俟續布，
不具。紹彭再拜
大年太尉執事
廿八日

59

王巖叟　行楷書大人上問帖頁

紙本　行楷書

縱26厘米　橫38厘米

清宮舊藏

Da Ren Shang Wen Tie in running-regular script

By Wang Yansou

Leaf, ink on paper

H. 26cm　L. 38cm

Qing court collection

王巖叟(1043－1094)，字彥霖，北宋大名清平(今山東高唐)人。嘉祐六年狀元，官樞密直學士，簽書院事。有《易詩春秋傳》、《大名集》等書傳世。

此帖書法豐潤端穩，行筆老健，有北宋初台閣體遺意。

鑑藏印記："浦江旌表孝義鄭氏"(朱文)、"審定真跡"(朱文)、"張鏐"(朱文)。

歷代著錄：《吳氏書畫記》、《石渠寶笈續編》。

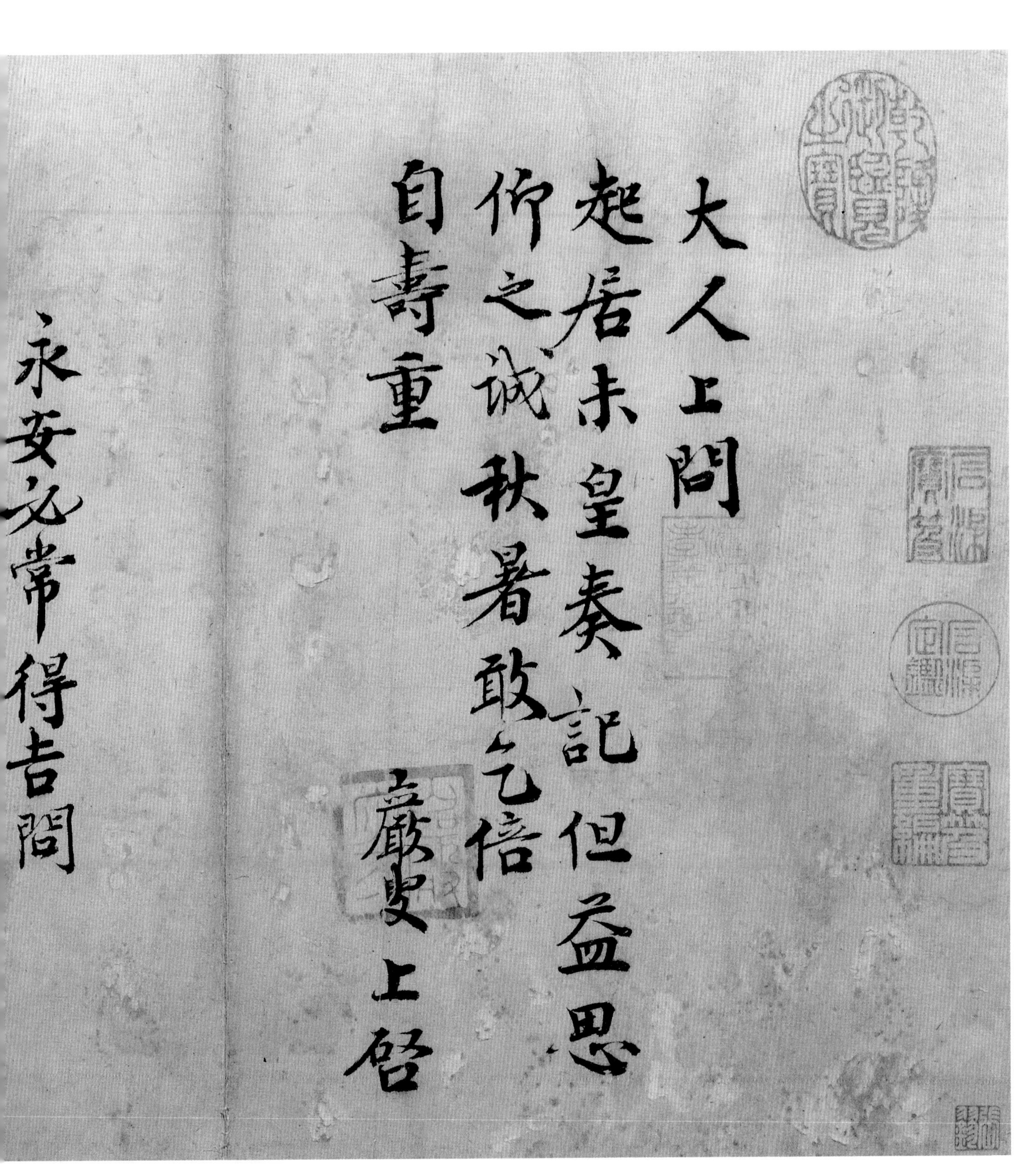

釋文：
大人上問
起居，未皇奏記，但益思
仰之誠，秋暑敢乞倍
自壽重。巖叟上啟
永安必常得吉問

60

米友仁　行書動止持福帖頁

紙本　行書
縱33.1厘米　橫59.6厘米

Dong Zhi Chi Fu Tie in running script
By Mi Youren
Leaf, ink on paper
H. 33.1cm　L. 59.6cm

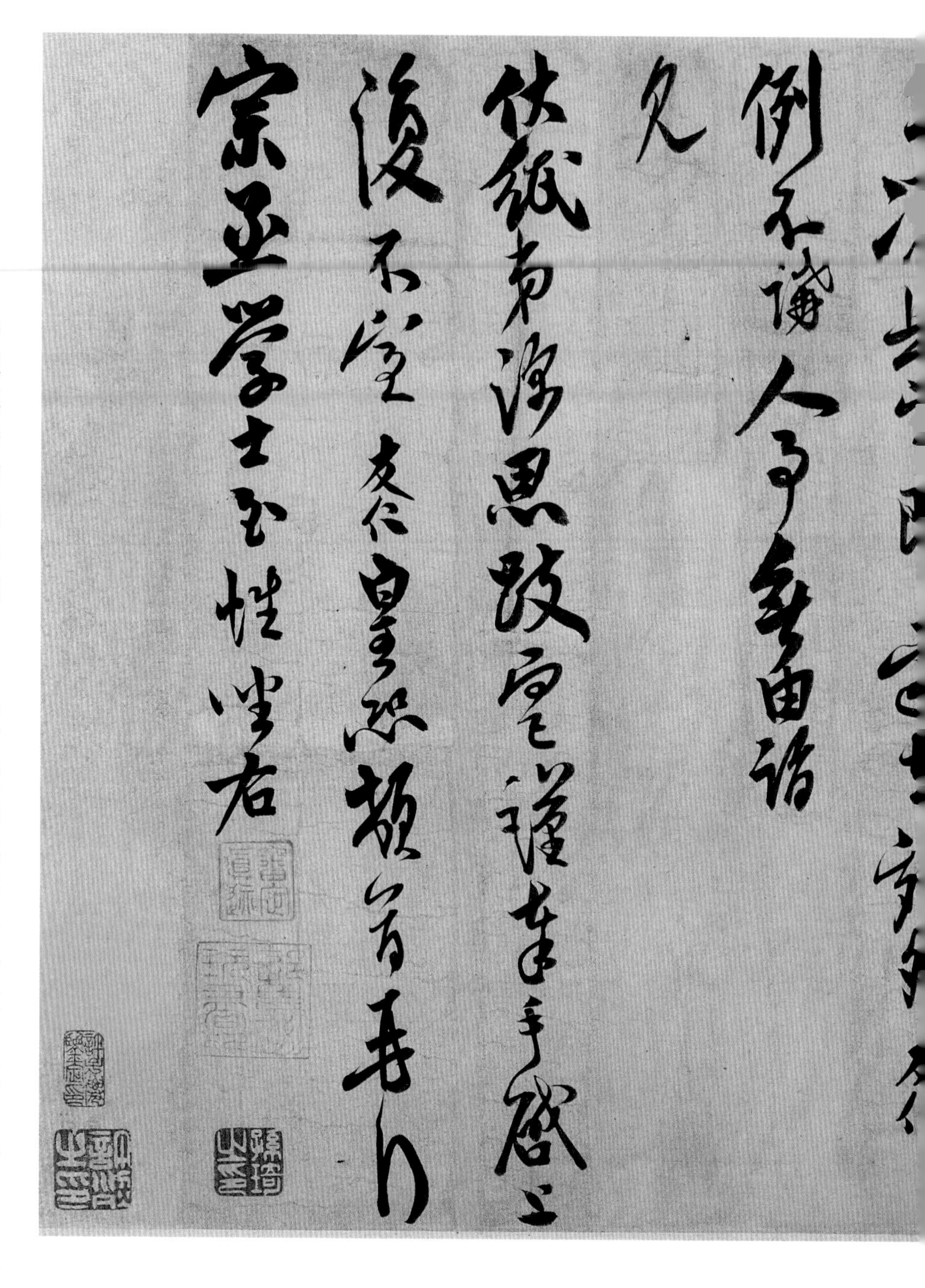

米友仁(1074－1153)，米芾長子，早名尹仁，後由黃庭堅贈古印並命字元暉，晚年自號懶拙道人，與其父稱大、小米。力學嗜古，尤善書畫，書傳家學，極似其父。南宋初曾官兵部侍郎、敷文閣大學士，晚年得宋高宗知遇，侍近並為之鑑定書畫。今多本傳世墨跡後面有他的"臣"字款審定題記。

《動止持福帖》又稱《至性帖》，行書尺牘十五行，箋衣裱，因經割裂而或有缺字，所以文句有不甚通順處。帖後有元人何謙光跋，稱之為"筆底龍蛇飛動，紈素間雖顏筋柳骨未有能出其右者。"雖係讚美之辭而實不得要領，反不如《書史會要》所評："作斜弩之筆，一字皆成橫欹之勢。"筆法頗類其父，注重結態造勢，以險求夷，欹側生姿。但也有自己的特點，較之老米書筆筆壓紙、筆筆離紙的沉着痛快，小米書沒有那般筆勢凌厲，而是筆畫柔和，結體收斂，顯得有些緊迫、侷促。

鑑藏印記：元代"郭氏祕玩之印"(朱文)、"審定真跡"(朱文)，明代"孫琦之印"、"翰墨林書畫章"(朱文)等。

歷代著錄：《式古堂書畫彙考》、《大觀錄》。

釋文：

友仁皇恐頓首再拜，
宗丞學士至性坐右。即日伏惟
節抑順變序之遷，
動止持福，不勝馳情之深。自
承廬
國封塋次，既未經百日，
義不敢遣人
上問。忽承
來過張羅之蒼，復奉
手況，具審即日遠在郊外。友仁
例不講人事，無由詣
見，
伏紙弟深思跂而已。謹奉手啟上
復。不宣。友仁皇恐頓首再拜
宗丞學士至性坐右

61

王升　行書首夏帖頁

紙本　行書
縱32.2厘米　橫38.1厘米

Shou Xia Tie in running script
By Wang Sheng
Leaf, ink on paper
H. 32.2cm　L. 38.1cm

王升（1067－？），字逸老，號羔羊居士，工草書，宣和年間以所寫聖經上進，除官書錄。卒年不詳，1149年尚在。虞集評：“逸老草書，殊有旭顛轉折變態”，但考察其流傳書跡，實是學米芾。

此帖書法全學米芾，氣勢酣暢，筆法老健，應是晚年之筆。

鑑藏印記：“宋犖審定”（朱文）、“珍繪堂記”（朱文）、“蓮樵鑑賞”（朱文）、“沿州”（朱文）、“汪恂之印”（白文）、“南韻齋”（朱文）、“皇十一子成親王詒晉齋圖書印”（朱文）、“德”“量”（朱文連珠）。

歷代著錄：《書畫鑑影》。

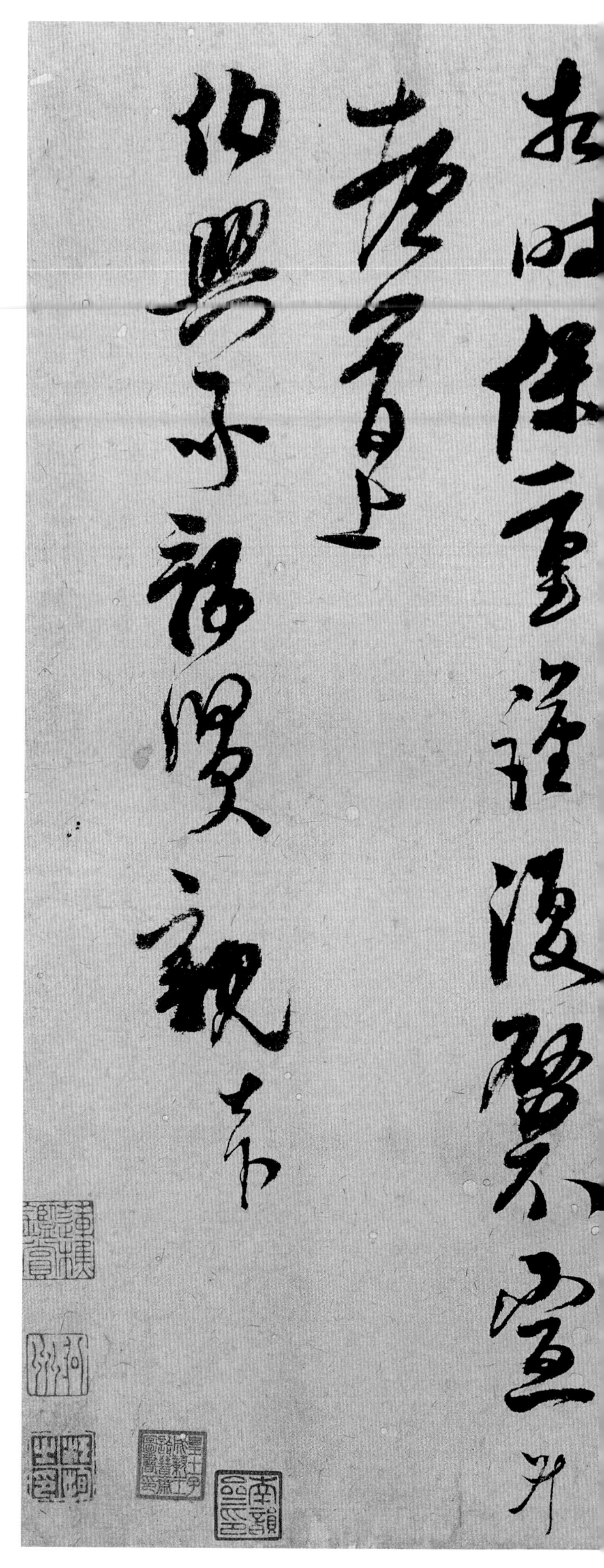

釋文：
升頓首復，
伯興承務賢親坐下。首夏
清和，伏惟
神明讚相，
尊候萬福，再
會未期，伏幾
相時保重。謹復啟，不宣。升
頓首上
伯興承務賢親坐下

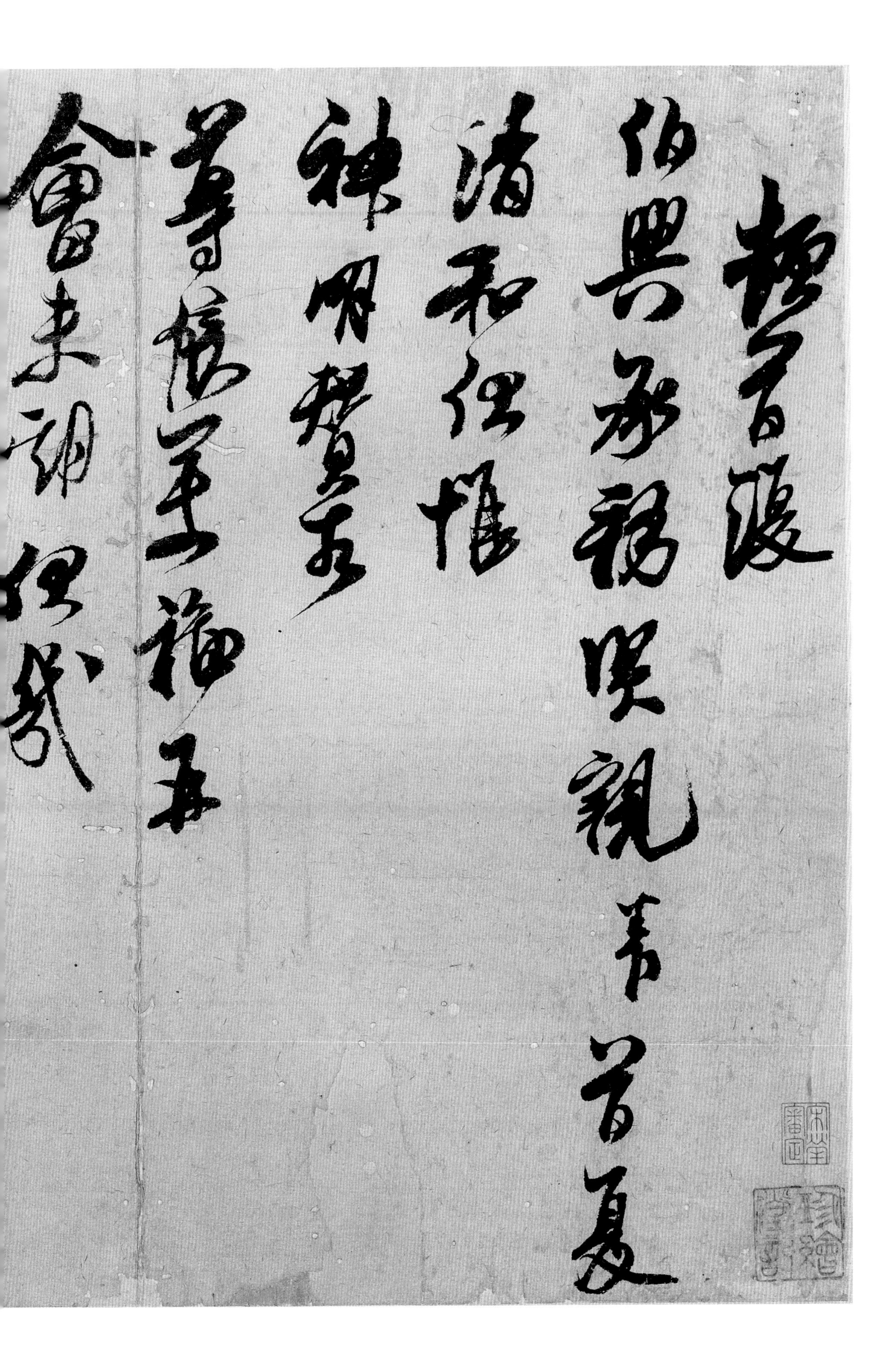

62

鄭望之　行書向過帖頁

紙本　行書
縱34.3厘米　橫47厘米

Xiang Guo Tie in running script
By Zheng Wangzhi
Leaf, ink on paper
H. 34.3cm　L. 47cm

鄭望之（1078－1161），字顧道，宋代彭城（今江蘇徐州）人。崇寧間進士，官至吏部侍郎，徽猷閣學士。

《向過帖》又稱《婺源帖》。"宏父"為曾宏父。南宋紹興十三年（1143）鄭氏官台州府事，致仕還家後與曾宏父"日夕往來，杯酒流行"（宋代王明清《揮塵後錄》），此帖應即書於此時。行筆勁爽，時露鋒芒，是其晚年佳作。

鑑藏印記："許子仙鑑定印"（朱文）、"季修波古"（朱文）、"受青"（朱文）。

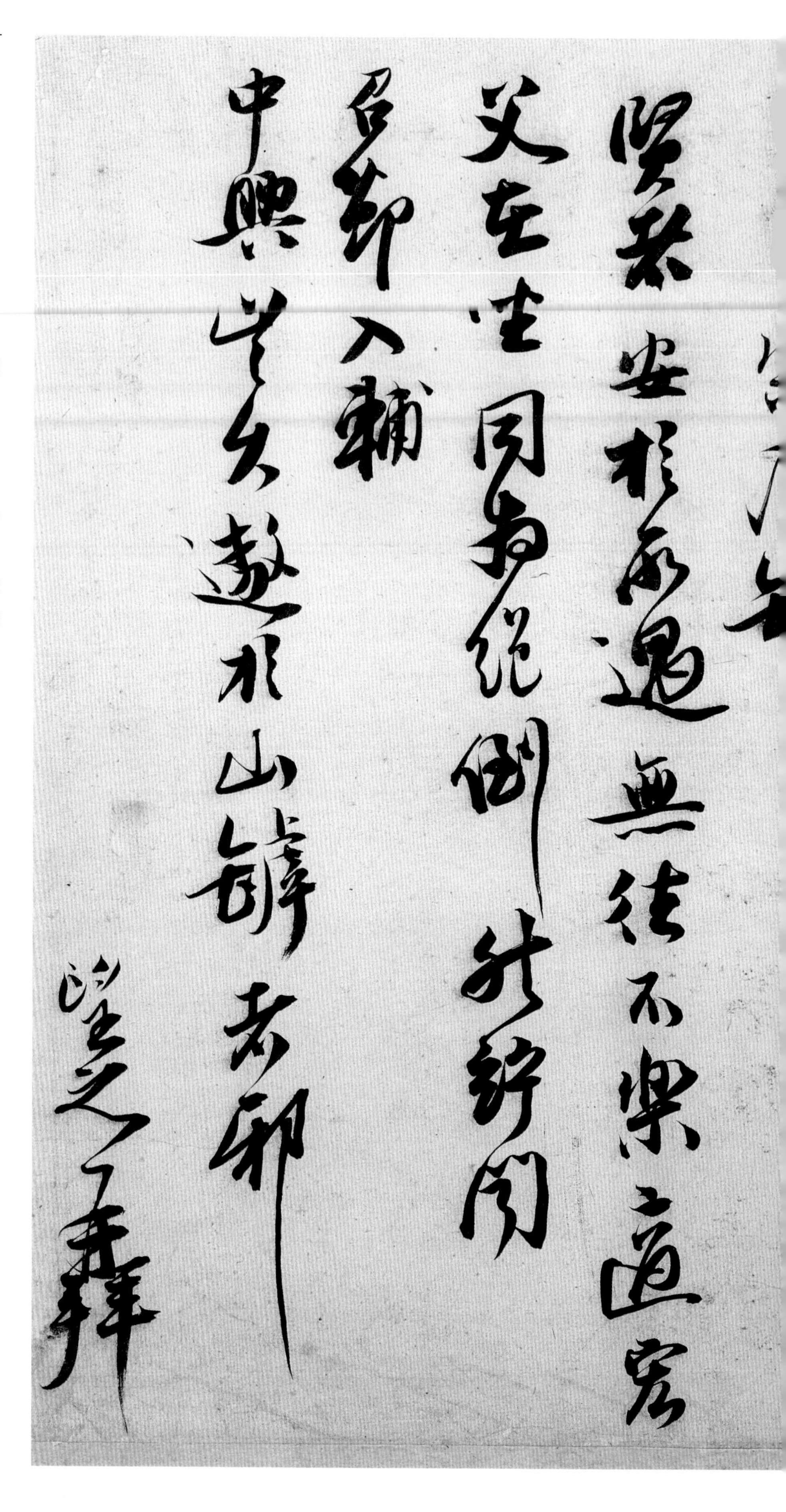

釋文：
望之頓首再拜。向過婺源，
山川草木，大勝饒信間。明
日越芙蓉嶺，到新安，江山
氣象，反不如屬縣。
老兄前守霅川，而來蒞此邦，
想更覺寂寞，及得
來書，山罅中作一遨頭，亦
足自樂，乃知
賢者安於所遇，無往不樂。適宏
父在坐，同為絕倒，然竚聞
召節入輔
中興，豈久遨於山罅者邪。
望之再拜

蹤之頓首拜問過谿源
山川草木大勝饒行間明
日越芙蓉嶺到新安江山
氣象及不如屬縣
來見前穿雲川而來登此耶
想更覺寂寞及得
來書山罅中作一遨頭亦

63

趙佶　楷書閏中秋月詩帖頁

紙本　楷書
縱35厘米　橫44.5厘米
清宮舊藏

Run Zhong Qiu Yue Shi Tie in regular script

By Zhao Ji
Leaf, ink on paper
H. 35cm　L. 44.5cm
Qing court collection

趙佶（1082－1135），即宋徽宗，北宋第八位皇帝。元符三年即帝位，在位二十五年（1101－1125），怠於政治，崇信道教，自稱道君皇帝。“靖康之變”，趙佶父子均被金人虜去，於南宋紹興五年死於五國城（今黑龍江依蘭）。徽宗一生勤於書畫且精於鑑別，創“瘦金體”，在中國書法史上獨樹一幟。他對北宋文化藝事起了積極的倡導和推動作用，將御府所藏歷代書畫敕編成《宣和書譜》、《宣和畫譜》，並刻《大觀帖》。趙佶不僅有許多書法作品傳世，一些傳世名作亦經他親筆題押，在中國書畫史上佔有重要地位。

《閏中秋月詩帖頁》，楷書七律一首，書於北宋大觀四年（1110）庚寅閏八月，趙佶時年二十九歲。書法矜持細勁，瘦硬峭健，是趙佶瘦金書的典型作品。宋人蔡絛《鐵圍山叢談》對徽宗早年習書論畫的師承經過有詳細記載，指出趙佶早年習黃庭堅而自成一法，後又通過吳元瑜學薛稷。由此可知，趙佶書的“瘦”是受到黃山谷書體的影響，又通過學習薛稷，由此發展變化形成“瘦金體”。本帖右上角鈐“御書”（朱文），左上角鈐“宣和殿寶”（朱文）。

鑑藏印記：“宋犖審定”（朱文）。

歷代著錄：《石渠寶笈初編》。

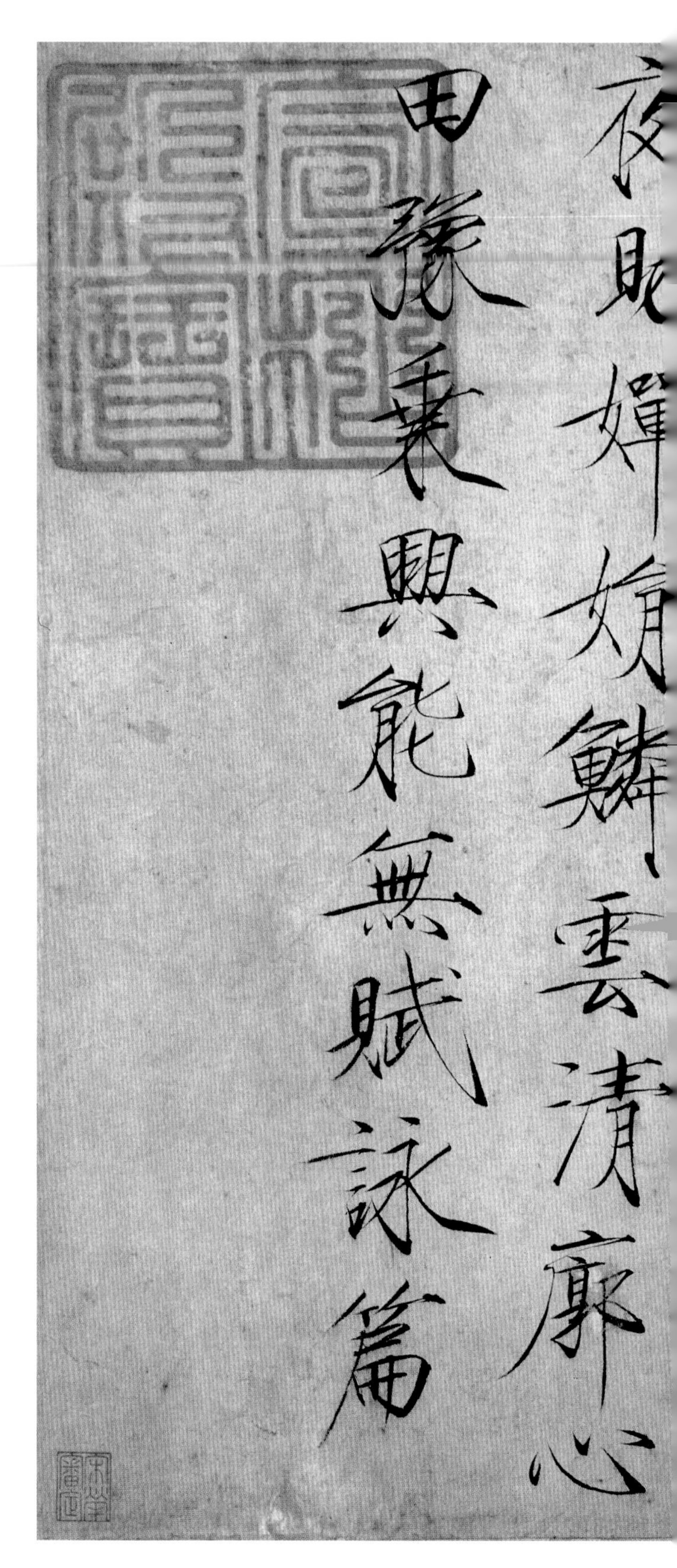

釋文：
閏中秋月
桂彩中秋特地圓，況當餘
閏魄澄鮮。因懷勝賞初
經月，免使詩人嘆隔年。
萬象斂光增浩蕩，四溟收
夜助嬋娟。鱗雲清廓心
田豫，乘興能無賦詠篇。

閏中秋月

桂彩中秋特地圓況當餘

閏魄澄鮮因懷勝賞初

經月免使詩人嘆隔年

萬象斂光增浩蕩四溟收

64

趙佶　楷書夏日詩帖頁
紙本　楷書
縱34厘米　橫44.5厘米

Xia Ri Shi Tie in regular script
By Zhao Ji
Leaf, ink on paper
H. 34cm　L. 44.5cm

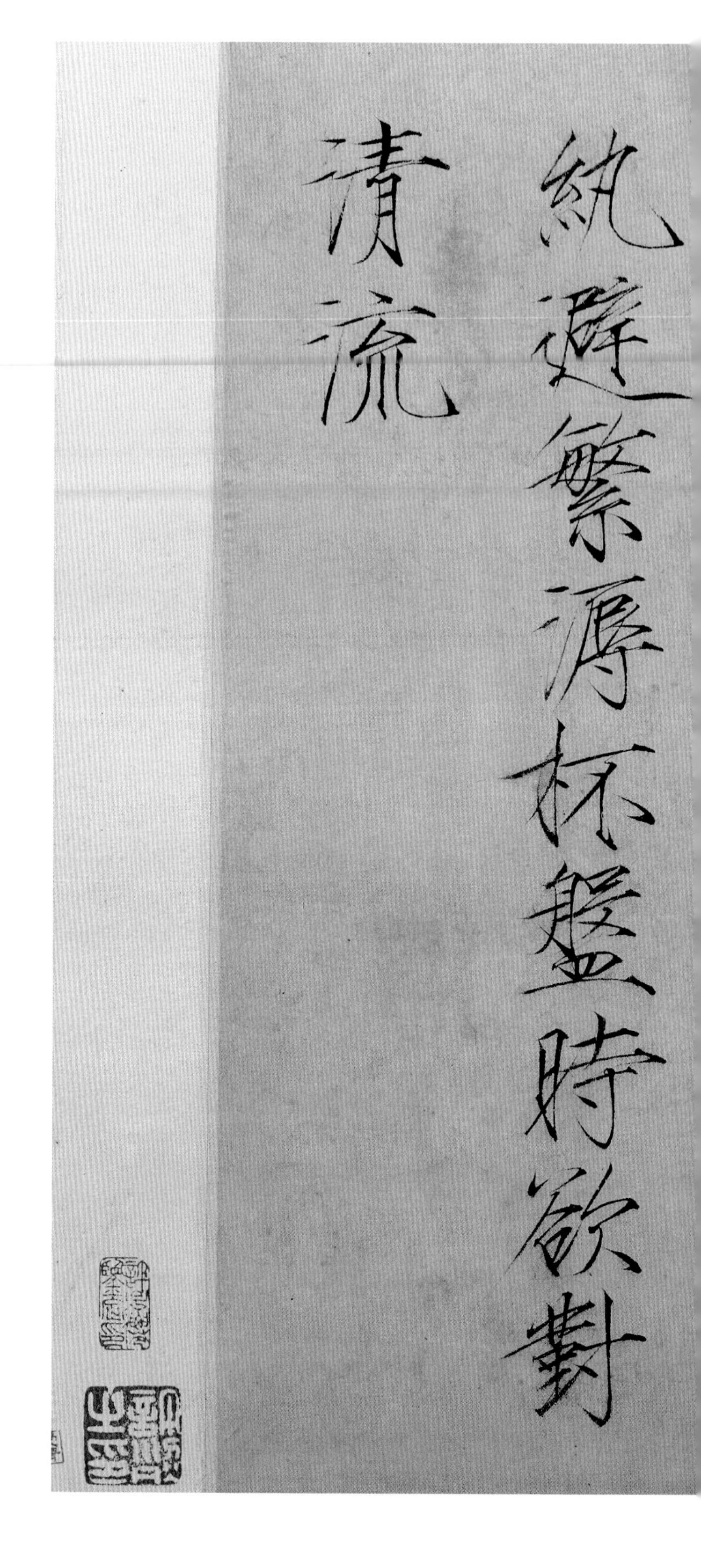

《夏日詩帖》以瘦金體書七言詩一首。瘦金體或稱"瘦筋體"，筆畫細勁，筋脈弩張，個性分明。此帖筆法縱逸流暢，遒麗挺拔，特見鋒芒頓挫，有俊美飄動之態，淋漓盡致地表露出作者鮮明的書體特徵。

鑑藏印記：帖前有"政和"(朱文連珠方印)，前後鑲紙有許烈等五方藏印。

歷代著錄：《式古堂書畫彙考》。

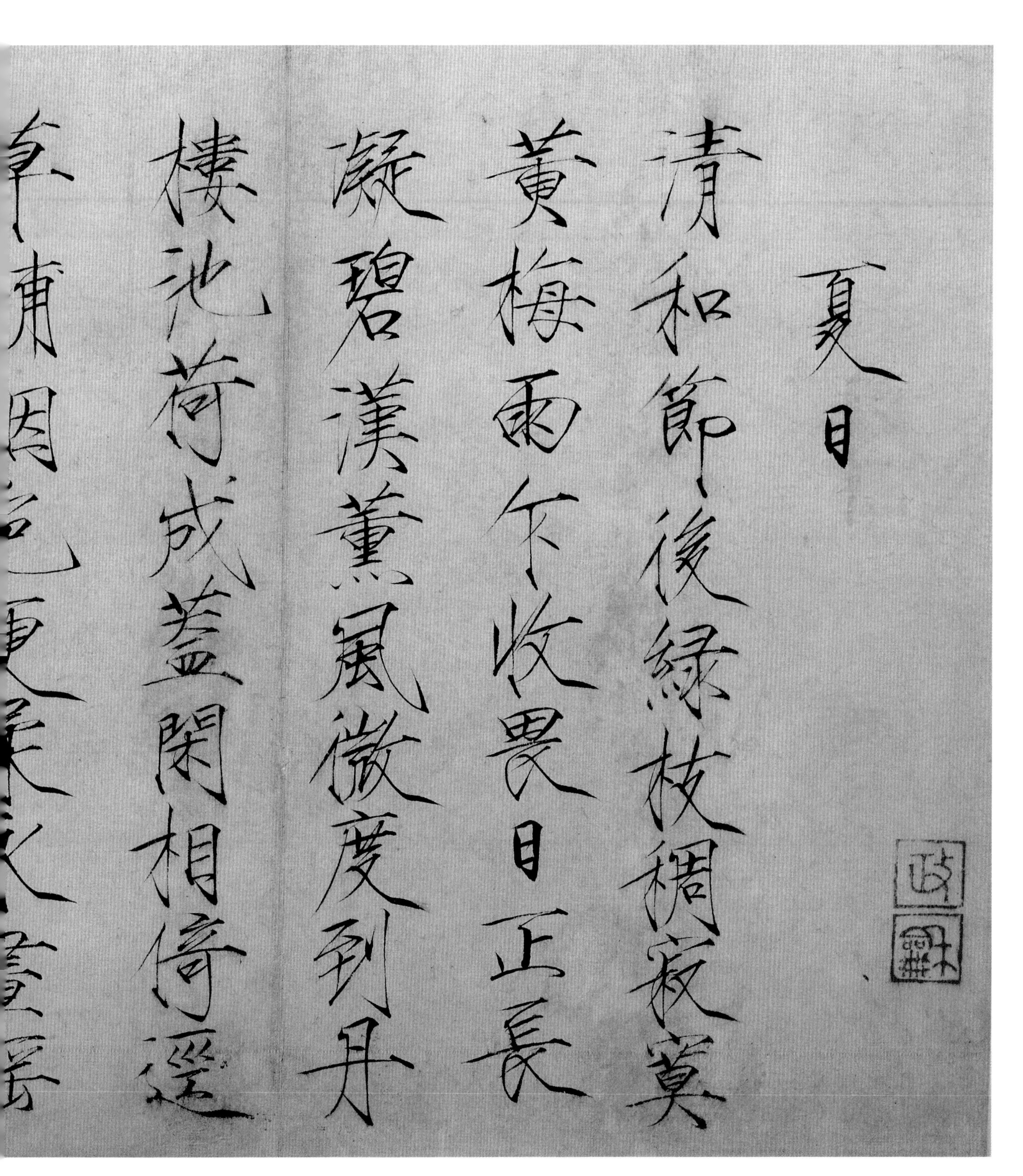

釋文：

夏日

清和節後綠枝稠，寂寞

黃梅雨乍收。畏日正長

凝碧漢，薰風微度到丹

樓。池荷成蓋閒相倚，逕

草鋪裀色更柔。永晝搖

紈避繁溽，杯盤時欲對

清流。

65

韓世忠　行楷書高義帖頁

紙本　行楷書

縱29.7厘米　橫37.7厘米

Gao Yi Tie in running-regular script

By Han Shizhong

Leaf, ink on paper

H. 29.7cm　L. 37.7cm

韓世忠(1089－1151)，字良臣，宋代延安(今屬陝西)人。十八歲時應募入軍，以勇敢著稱。南宋初屢屢抗擊金兵，稱"中興武功第一"。紹興中解除兵權，拜樞密使，進太保，封英國公。謚忠武。

《高義帖》書法學蘇軾，結體端正，用筆豐潤。《宋史》稱韓世忠在紹興十一年(1141)四月解除兵權，"拜樞密使，遂以所積軍儲錢百萬貫、米九十萬石、酒庫十五，歸於國"，帖中所説"以私家身物，悉進朝廷"，正與此相合，故此帖當作於適時，韓氏五十三歲。

鑑藏印記："無恙"(白文魚雁形印)、"李悠"(朱文)、"許子仙鑑定印"(朱文)。

歷代著錄：《式古堂書畫彙考》。

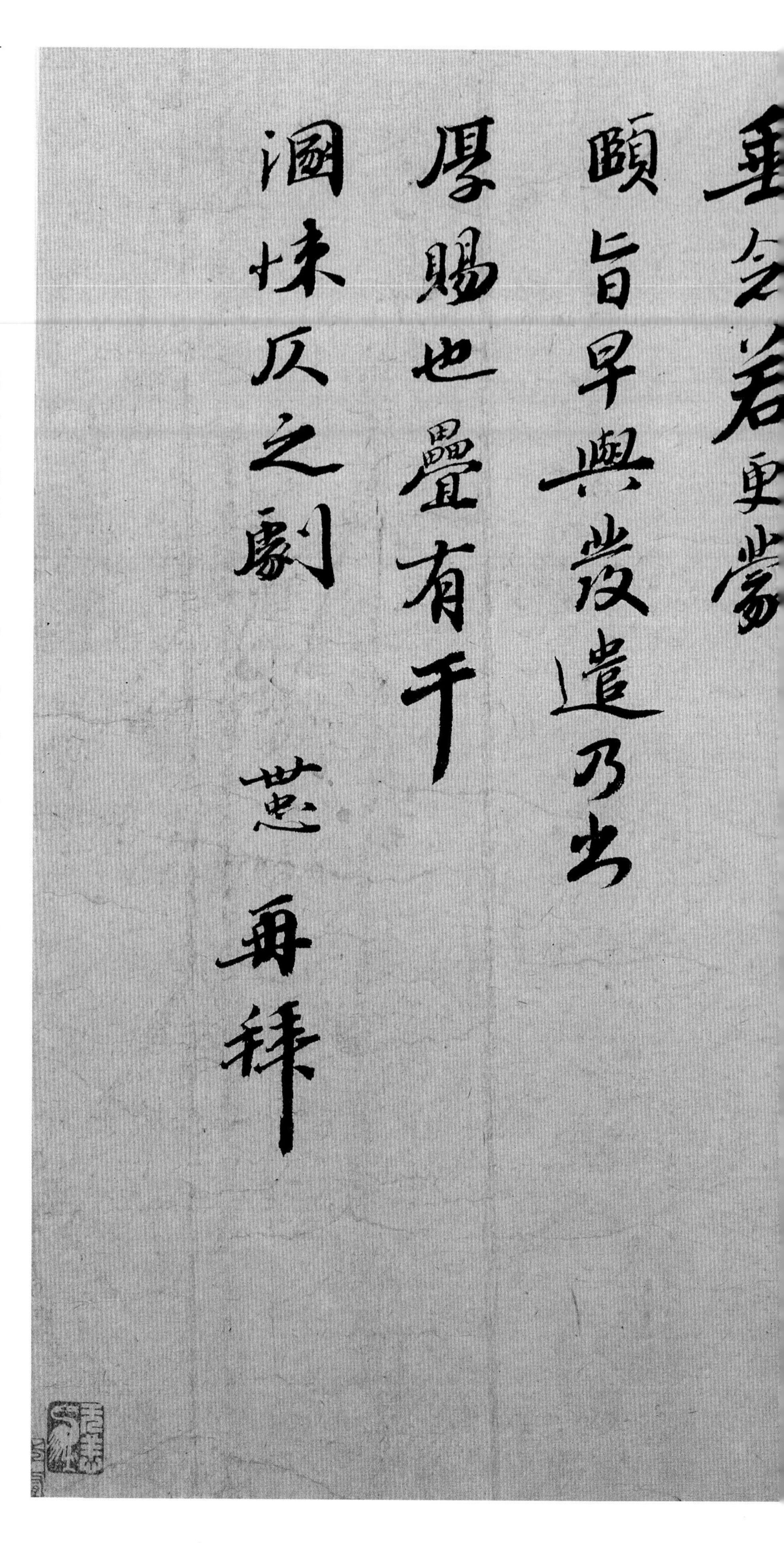

釋文：

世忠再拜。日者事緒種種，每荷

周全，自非

高義，何以及此。世忠近以私家身物，悉進

朝廷，復得

聖旨，令世忠般取縷細。專遣人拜

聞，諒已

垂念。若更蒙

頤旨，早與發遣，乃出

厚賜也。疊有千

溷，悚仄之劇。世忠再拜

葸再拜 日者事緒種〻每荷

周全自非

高義何以及此 葸近以私家外物悉進

朝廷復得

聖旨令 葸敢取縷細專遣人拜

聞諒巳

66

劉光世　行書即辰帖頁

紙本　行書
縱33.5厘米　橫43.2厘米

Ji Chen Tie in running script
By Liu Guangshi
Leaf, ink on paper
H. 33.5cm　L. 43.2cm

劉光世（1089－1142），字平叔，宋代保安軍（今陝西志丹）人。曾帶兵破方臘，官拜太保，為三京招撫使。

《即辰帖》行筆流暢，略近蘇軾，有學者考證，當是幕僚們的代筆。蘇氏一路的書體，在當時的公牘之中十分流行，由此可見一斑。

鑑藏印記：“瞻衮堂”（朱文殘印），“忠徹”（朱文）、“袁忠徹印”（白文）、“南昌袁氏家藏珍玩子孫永保”（朱文）。

歷代著錄：《吳氏書畫記》、《式古堂書畫彙考》、《石渠寶笈續編》。

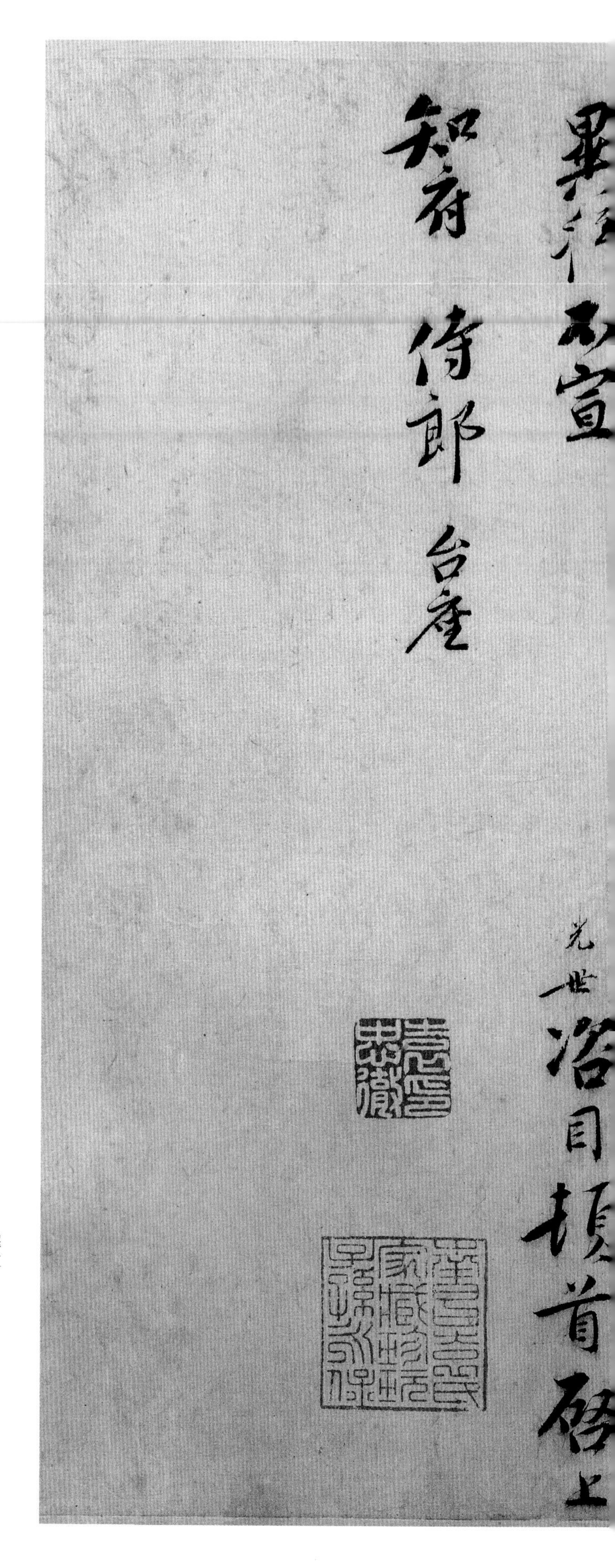

釋文：
光世咨目頓首啟上，
知府侍郎台座。即辰秋思寢肅，伏惟
撫字之暇，
神贊
忠嘉，
台候動止萬福。光世駐軍淮右，未緣
會晤，伏冀
惠時
為國保嗇，前膺
異拜，不宣。
知府侍郎台座　光世咨目頓首啟上

光世咨目頓首啓上

知府侍郎台座即辰秋恩寖肅伏惟

撫字之暇

神贊

忠嘉

台候動止萬福光世駐軍淮右未緣

瞻晤伏冀

惠持

67

朱勝非　行楷書杜門帖頁

紙本　行楷書
縱28.7厘米　橫28.6厘米

Du Men Tie in running-regular script
By Zhu Shengfei
Leaf, ink on paper
H. 28.7cm　L. 28.6cm

朱勝非(1082－1144)，字藏一，宋代蔡州(今屬河南)人。崇寧間進士，累官至尚書右僕射，兼知樞密院事。由於與秦檜不合，廢居八年。

朱氏在紹興五年(1135)"引疾歸"，《宋史》稱他"廢居八年，卒"，故此帖或作於1135至1144年間，是其晚年作品。書法略仿蘇軾，稍欠工穩。

鑑藏印記："子京"(朱文)、"天籟閣"(朱文)、"項元汴印"(朱文)、"項墨林鑑賞章"(白文)、"退密"(朱文)、"墨林山人"(白文)、"項子京家珍藏"(朱文)、"檇李項氏士家寶玩"(朱文)、"士奇之印"(朱文)、"楊氏家藏"(朱文)。

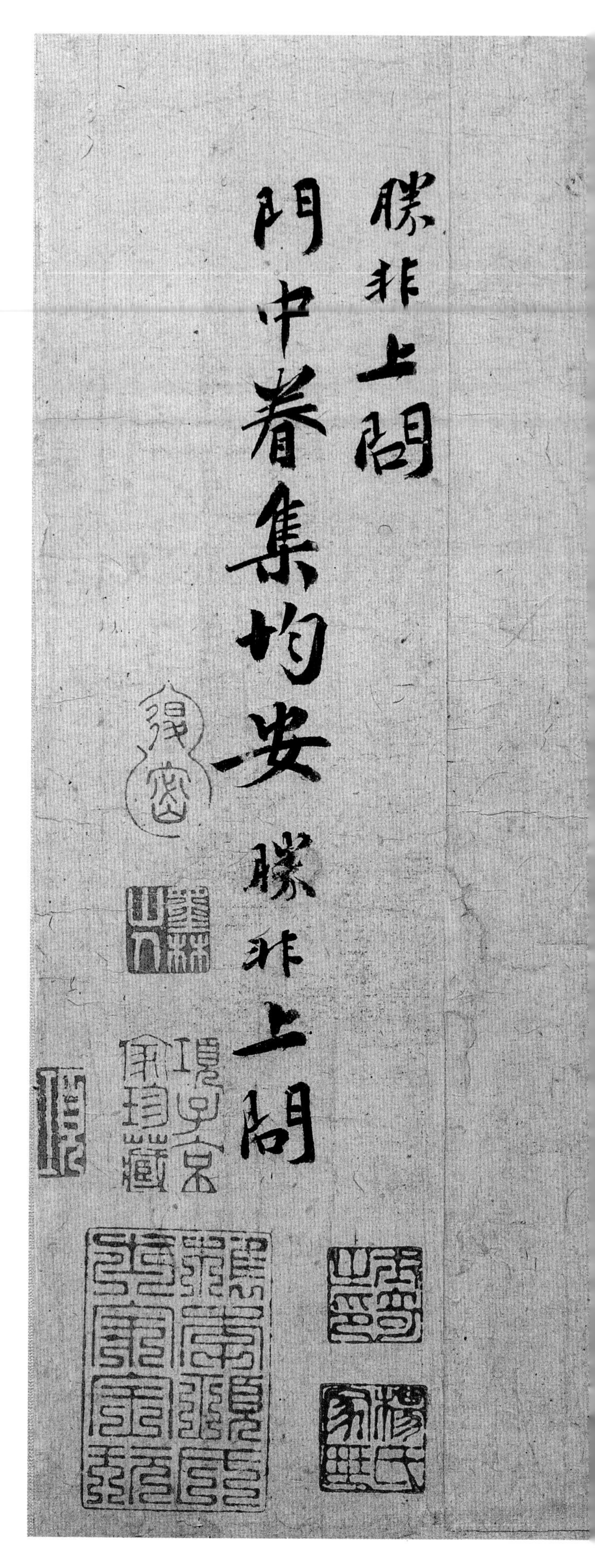

釋文：
勝非頓首。勝非憂患餘生，杜門養□，人事曠絕。獨蒙記存，垂問曲折，區區又以刻荷，人還敘謝率略，尚幸情照。勝非再拜。
勝非上問
門中眷集均安。勝非上問

朕非頓首朕非憂患餘生杜門養々

人事曠絕獨蒙

記存

垂問曲折區々又以刻荷人還敘

謝率略尚幸

情照朕非再拜

68

張浚　行書談笑措置帖頁

紙本　行書
縱31.5厘米　橫38.2厘米

Tan Xiao Cuo Zhi Tie in running script
By Zhang Jun
Leaf, ink on paper
H. 31.5cm　L. 38.2cm

張浚（1097－1164），字德遠，宋代漢州綿竹（今屬四川）人。官至定國軍節度使，力主抗金。進封魏國公。卒後謚忠獻。

《談笑措置帖》是寫給岳飛的書札。岳飛於紹興三年（1133）四月帶兵至虔州平定反叛，"斬十大王"，"一無遺類"，六月班師。此帖稱"虔賊陸梁"，當是四、五月份所發，時張浚三十六歲。

鑑藏印記："沈周寶玩"（朱文）、"李君實鑑定"（朱文）、"檇李李氏鶴夢軒珍藏記"（朱文）、"無恙"（白文魚雁形印）、"吳沈氏有竹莊圖書"（朱文）、"許子仙鑑定印"（朱文）。

歷代著錄：《寓意編》、《清河書畫舫》、《式古堂書畫彙考》、《平生壯觀》。

釋文：
浚再拜。虔賊陸梁，出於州郡，養成端倪，漸以滋蔓。
左右談笑措置，招撫剿除，愜當事會。
朝廷倚重
巨鎮，一聽
規謀，切望
頤旨早為之所，庶民獲安居，為惠甚大。僭率，僭率。浚再拜

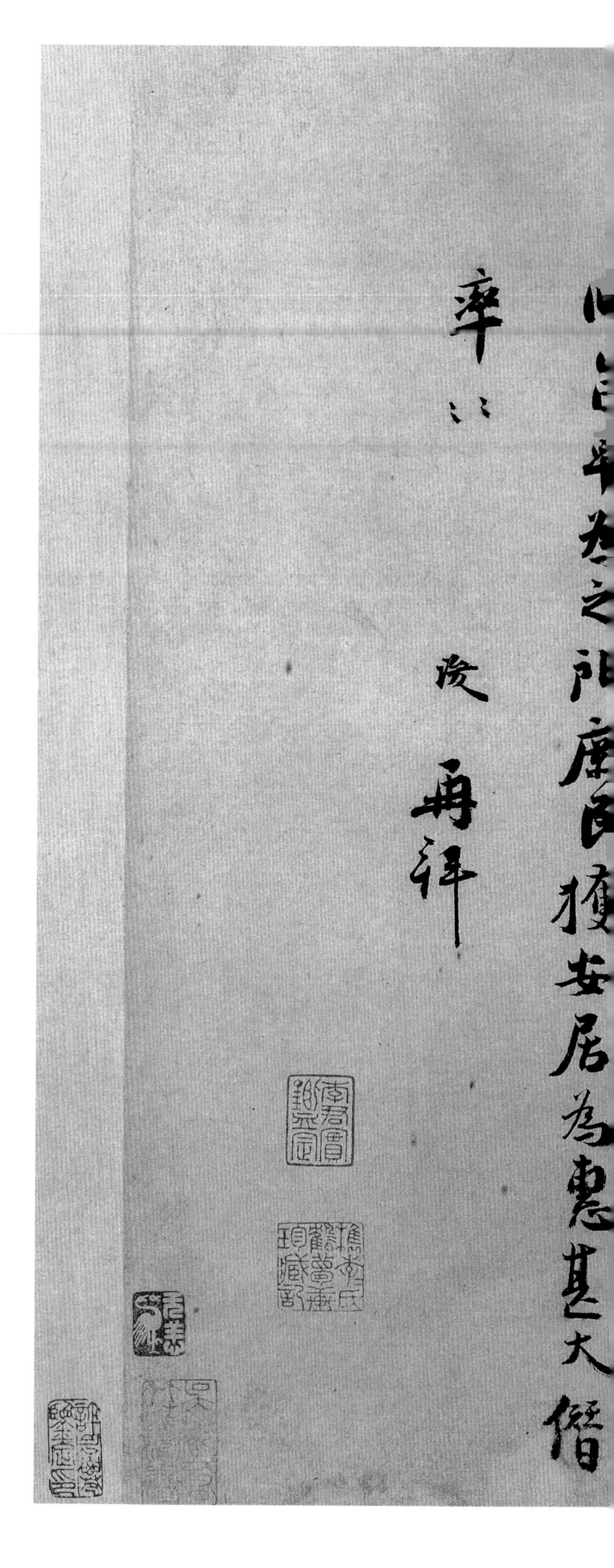

徵再詳虜賊陸梁出於州郡養成端
倪漸以滋蔓
左右談笑措置招撫勦除極當事會
朝廷倚重
巨鎮一聽
規謀切望

69

趙構　草書後赤壁賦卷

絹本　草書
縱29.5厘米　橫143厘米（含畫）
清宮舊藏

Hou Chi Bi Fu in cursive script
By Zhao Gou
Handscroll, ink on silk
H. 29.5cm　L. 143cm (including the painting)
Qing court collection

趙構（1107－1187），即宋高宗，宋徽宗第九子。徽、欽二帝被擄後，南渡即帝位於南京（今河南商丘南），後定都於臨安，在位三十六年（1127－1162）。《書史會要》評其“善真行草書”。初學米芾，中年亦學黃庭堅體，晚年學王羲之、王獻之及六朝書，自成一家。著有《翰墨志》，總結宋以來書法，尤有見地。其書對南宋羣臣影響頗大。

《後赤壁賦卷》同馬和之畫《後赤壁賦圖》同裝，筆法精熟，筆畫稍顯瘦峻，可見鋒棱筋骨，功力極深。該段後接另紙無款篆書蘇軾《後赤壁賦》全篇。

鑑藏印記：梁清標、安儀周等藏印。

歷代著錄：《南宋畫院錄》、《大觀錄》、《墨緣彙觀續錄》、《石渠寶笈續編》。

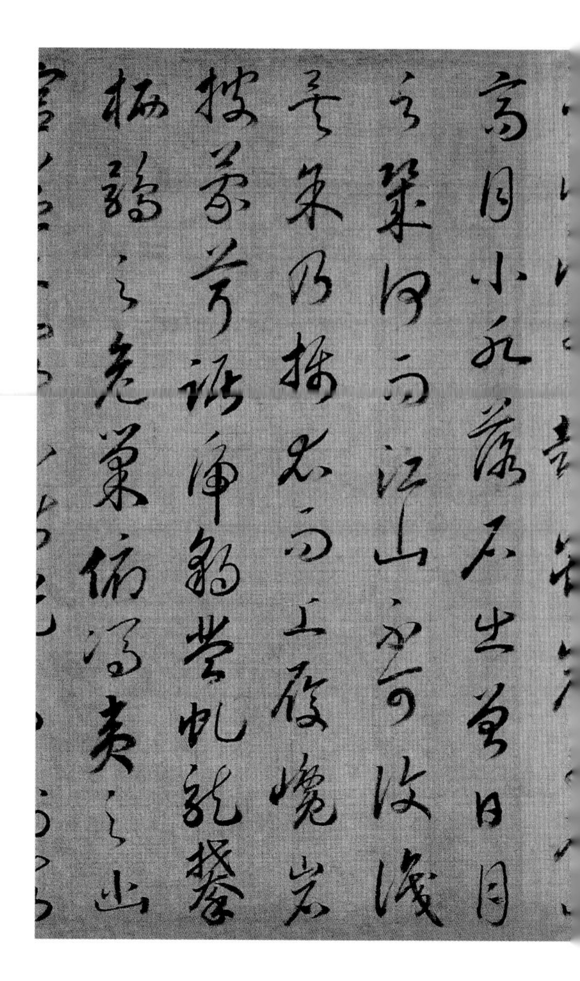

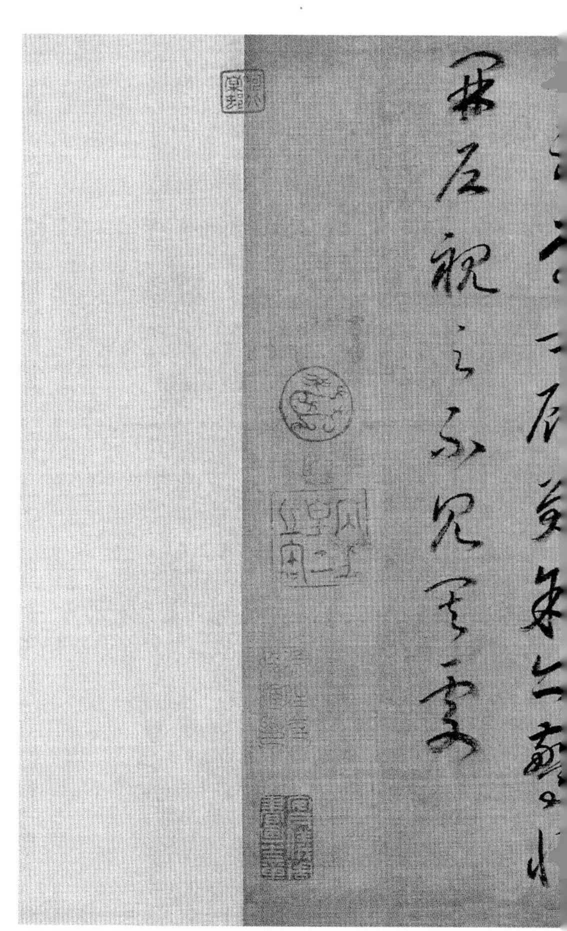

是歲十月之望步自雪堂
將歸于臨皋二客從予過
黃泥之坂霜露既降木葉
盡脫人影在地仰見明月
顧而樂之行歌相答已而
歎曰有客無酒有酒無肴
月白風清如此良夜何客
曰今者薄暮舉網得魚巨
口細鱗狀似松江之鱸顧
安所得酒乎歸而謀諸婦
婦曰我有斗酒藏之久
矣以待子不時之須於是

宮蓋二客不能從焉劃然
長嘯草木震動山鳴谷應
風起水涌予亦悄然而悲
肅然而恐凜乎其不可留
也反而登舟放乎中流聽
其所止而休焉時夜將半
四顧寂寥適有孤鶴橫江
東來翅如車輪玄裳縞衣
戛然長鳴掠予舟而西也
須臾客去予亦就睡夢一
道士羽衣翩僊過臨皋之
下揖予而言曰赤壁之遊
樂乎問其姓名俛而不答
嗚呼噫嘻我知之矣疇昔

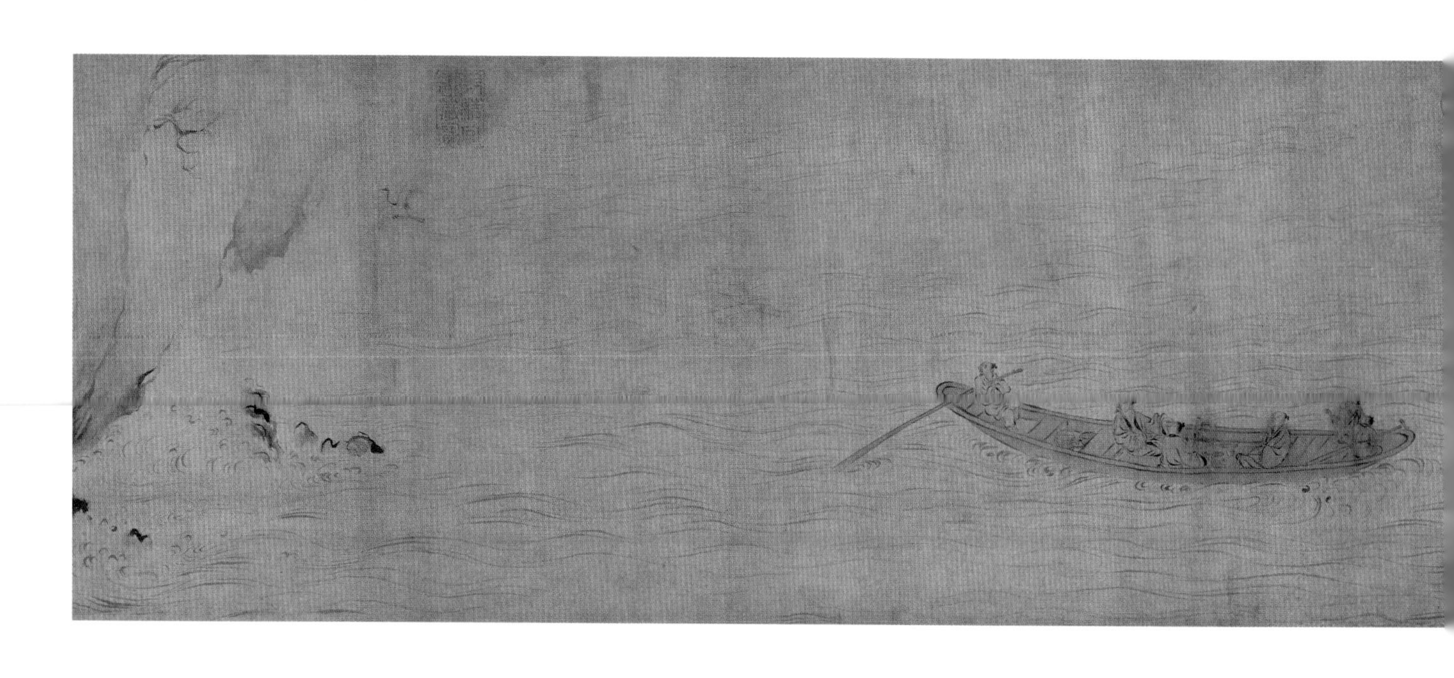

是以待子不時之須於是
攜酒與魚復遊於赤壁之
下江流有聲斷岸千尺山
高月小水落石出曾日月
之幾何而江山不可復識
矣予乃攝衣而上履巉岩
披蒙茸踞虎豹登虬龍攀
棲鶻之危巢俯馮夷之幽
宮蓋二客不能從焉劃然
長嘯草木震動山鳴谷應
風起水涌予亦悄然而悲
肅然而恐凜乎其不可留
也反而登舟放乎中流聽
其所止而休焉時夜將半
四顧寂寥適有孤鶴橫江
東來翅如車輪玄裳縞衣
戛然長鳴掠予舟而西也
須臾客去予亦就睡夢一
道士羽衣蹁躚過臨皋之
下揖予而言曰赤壁之遊
樂乎問其姓名俛而不答
嗚呼噫嘻我知之矣疇昔
之夜飛鳴而過我者非子

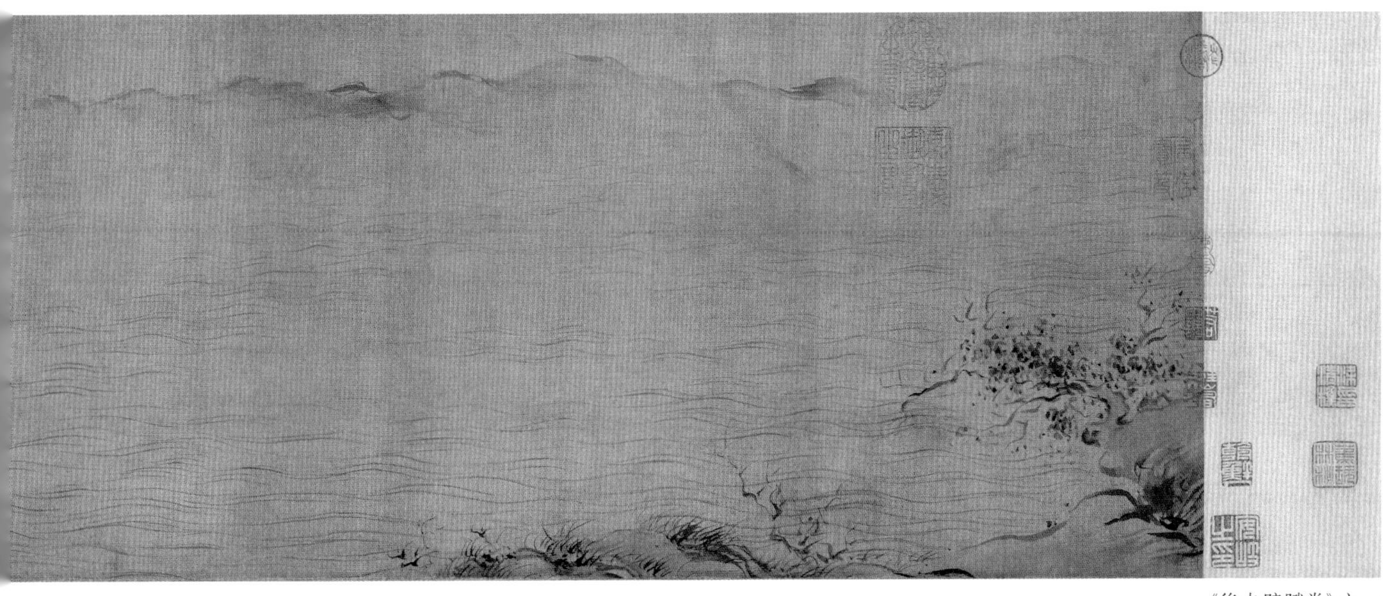
《後赤壁賦卷》之一

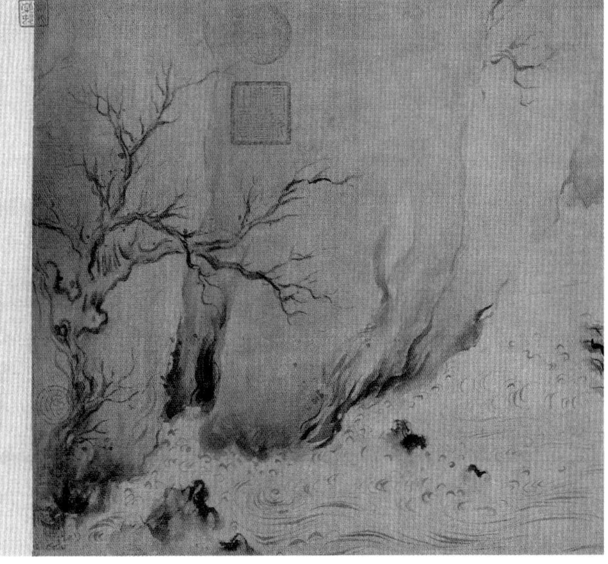
《後赤壁賦卷》之二

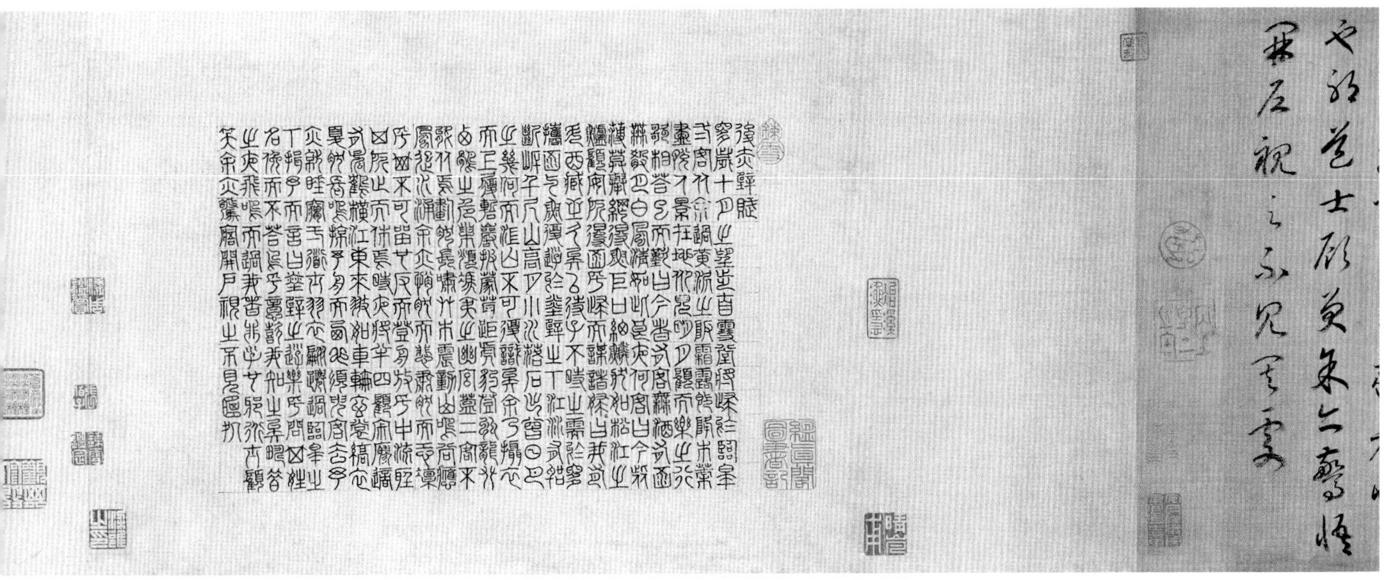
《後赤壁賦卷》之三

70

劉岑　行草書門下帖頁

紙本　行草書

縱31.3厘米　橫52.5厘米

Men Xia Tie in running-cursive script

By Liu Cen

Leaf, ink on paper

H. 31.3cm　L. 52.5cm

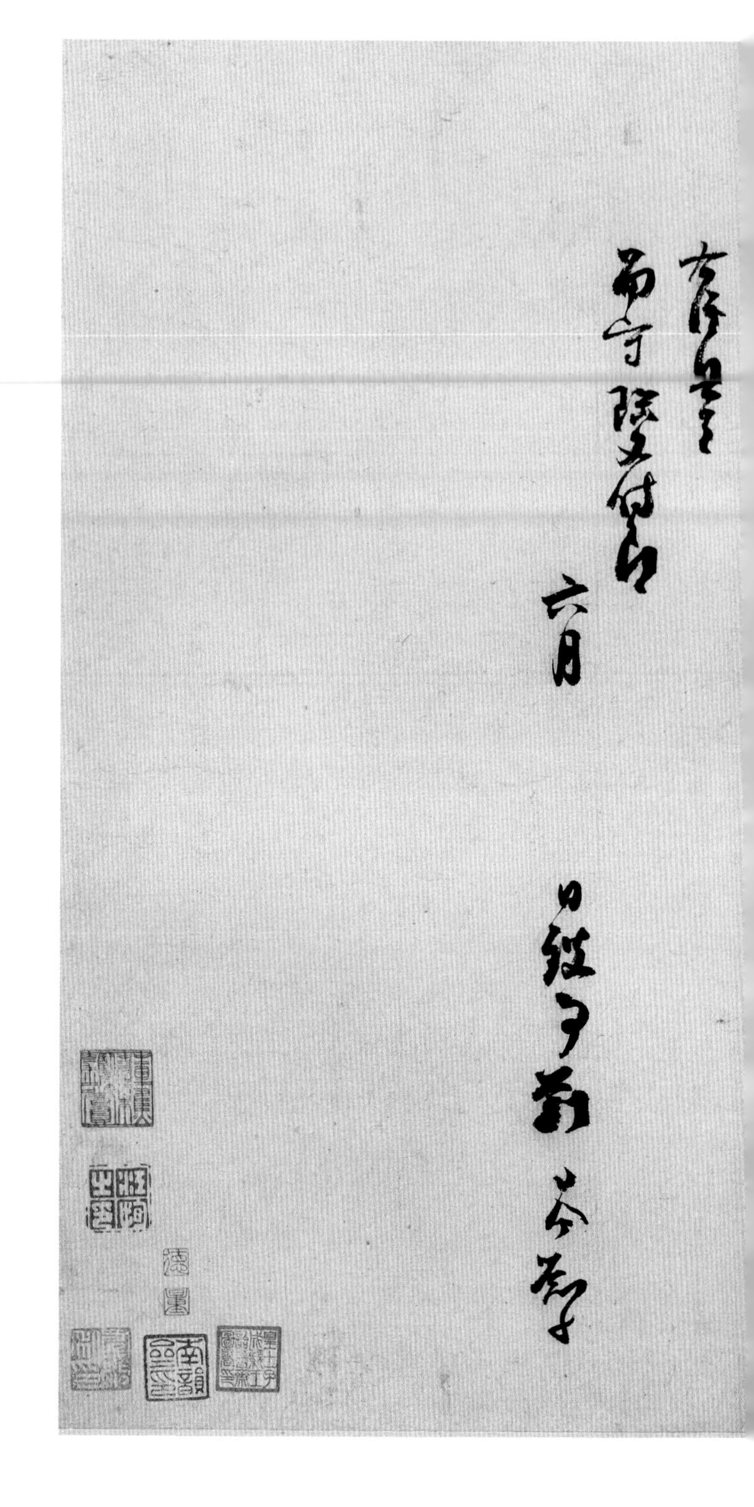

劉岑，字季高，號杼山，宋代吳興（今浙江湖州）人，遷居溧陽（今屬江蘇）。進士出身，後官至戶部侍郎，知揚州、潭州，徽猷閣待制。

此帖用筆豐潤，“縱逸不拘，有自得之趣”（《書史會要》），是其晚年手筆。

鑑藏印記：“□州”（朱文）、“宋犖審定”（朱文）、“蓮樵曾觀”（白文）、“蓮樵鑑賞”（朱文）、“江恂之印”（白文）、“德”“量”（朱文連珠）、“皇十一子成親王詒晉齋圖書印”（朱文）、“南韻齋印”（朱文）。

歷代著錄：《書畫鑑影》。

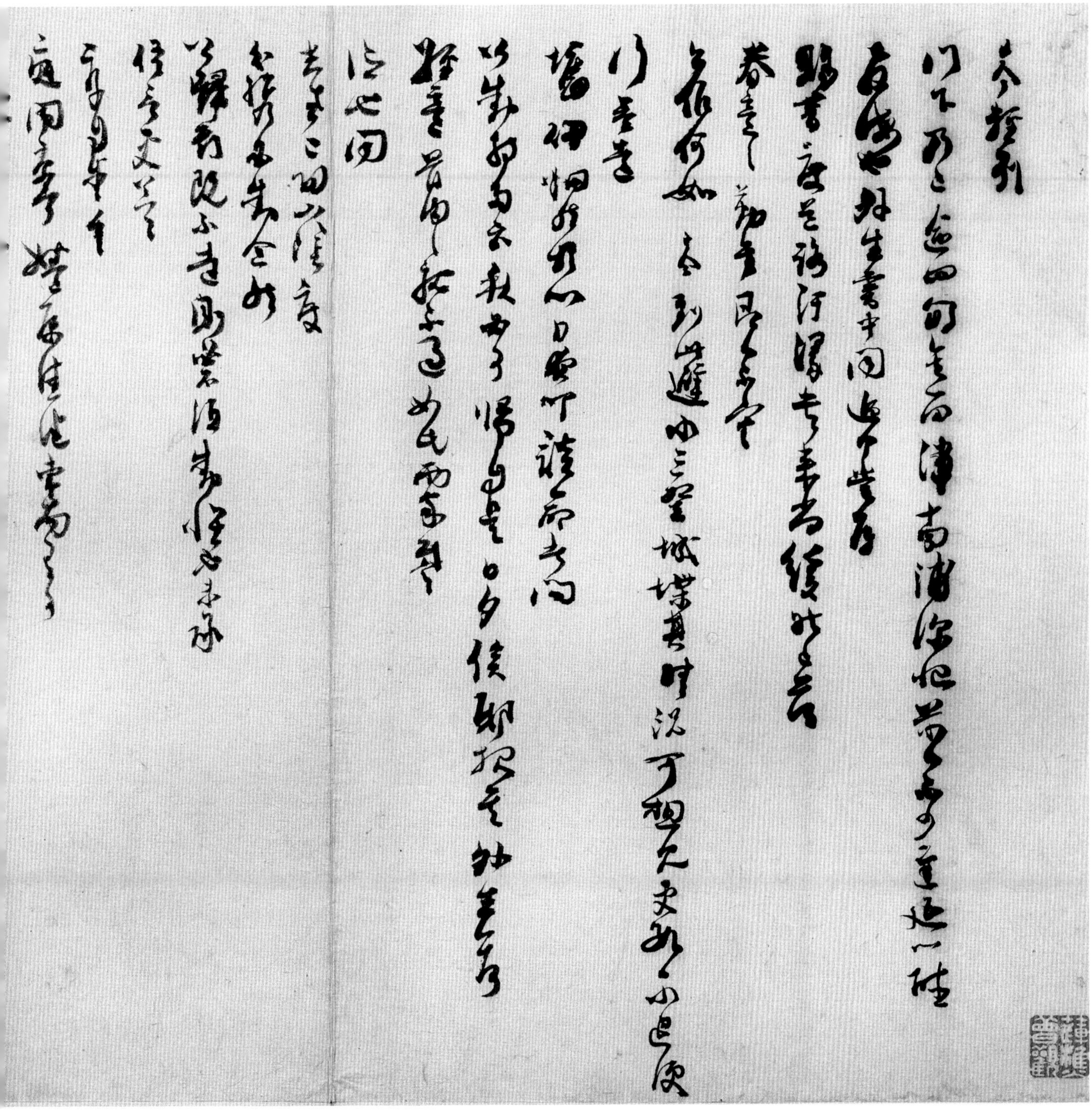

釋文：

岑輕別
門下，乃已逾四旬矣。雨滯南浦，深恨前日不
少遲延，以聽
教誨也。外生書中，聞近中嘗存
賜書，度道路汙□，書來尚緩，然已荷
眷意之勤矣。即日不審
台候何如。岑到此避水，三登城堞，其情況可
想見。更數日，水退便
行，益遠
墻□惘然於心。日夜叩談命者問
公動靜，多云：秋必可歸。自是日夕俟邸報
矣。外生荷
經意，骨肉之親，不過如此，兩家戴
德也。聞
老已歸山陰，度
分攜必動念，然
公歸期既不遠，則必不須動懷也。未承
語言，更益
厚自愛重。
庭闈康寧，□屬佳健。東南有可
教無小大，岑不愛於力，千万不□□。
右謹具呈
留守珐文侍郎
六月日　致事劉岑劄子

71

吳說　行書門內星聚帖頁

紙本　行書

縱25.2厘米　橫45.4厘米

Men Nei Xing Ju Tie in running script

By Wu Yue

Leaf, ink on paper

H. 25.2cm　L. 45.4cm

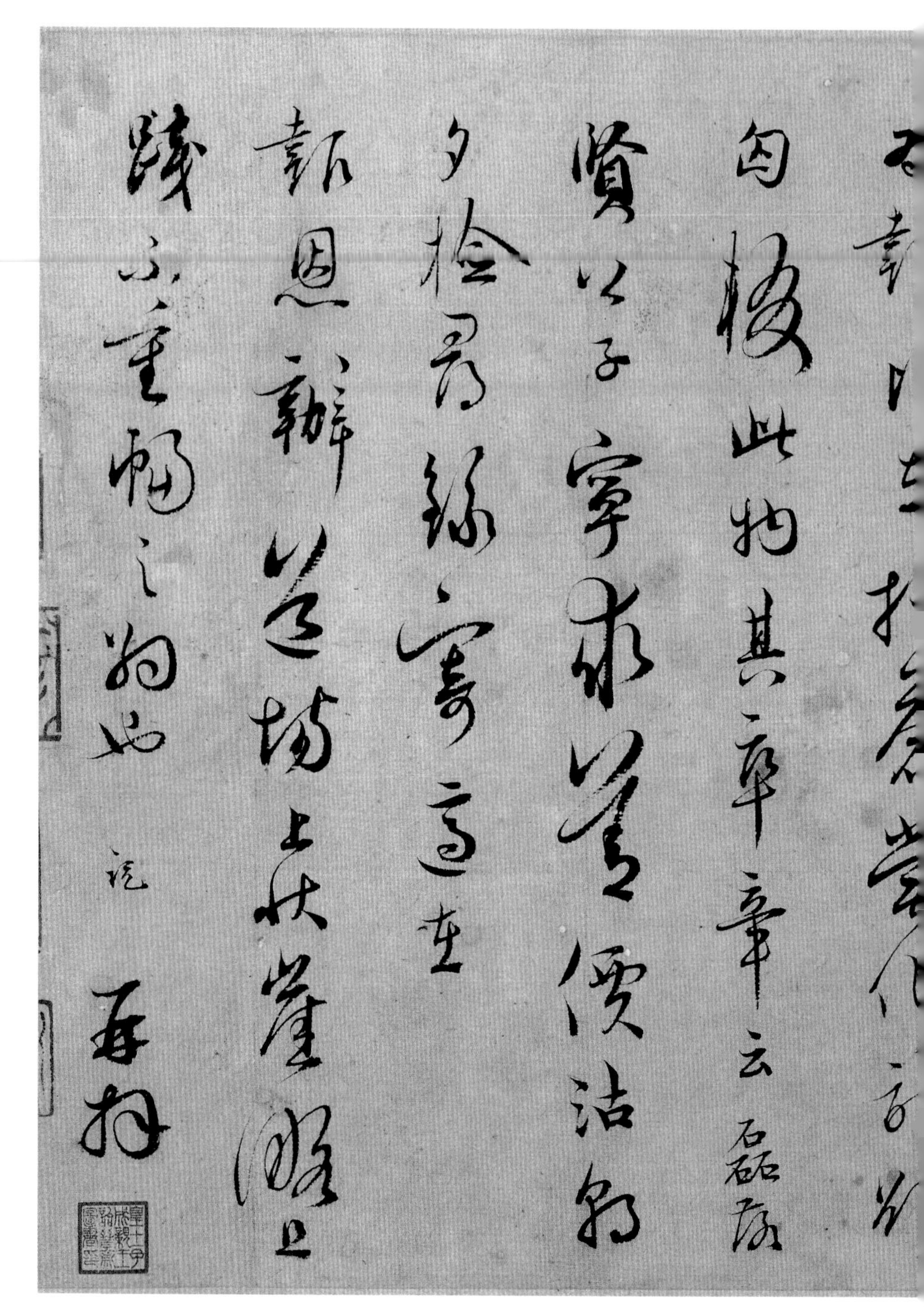

吳說，字傅朋，號練塘，宋代錢塘（今浙江杭州）人。曾官上饒、盱眙等地的通判，又作過尚書省郎中。生卒年不詳，南宋乾道五年（1169）尚在。

吳說曾獨創"遊絲書"，自飛白法演變而出，全以筆尖運化，"如晴絲遊空"。此帖雖為行書，但筆法秀逸，筆勢連綿，"圓美流麗，亦書家之韻勝者也"（周必大《文忠集》）。

鑑藏印記：古半印六方，文不辨，"皇十一子成親王詒晉齋圖書印"（朱文）、"汪德量鑑藏印"（朱文）。

歷代著錄：《裝餘偶記》。

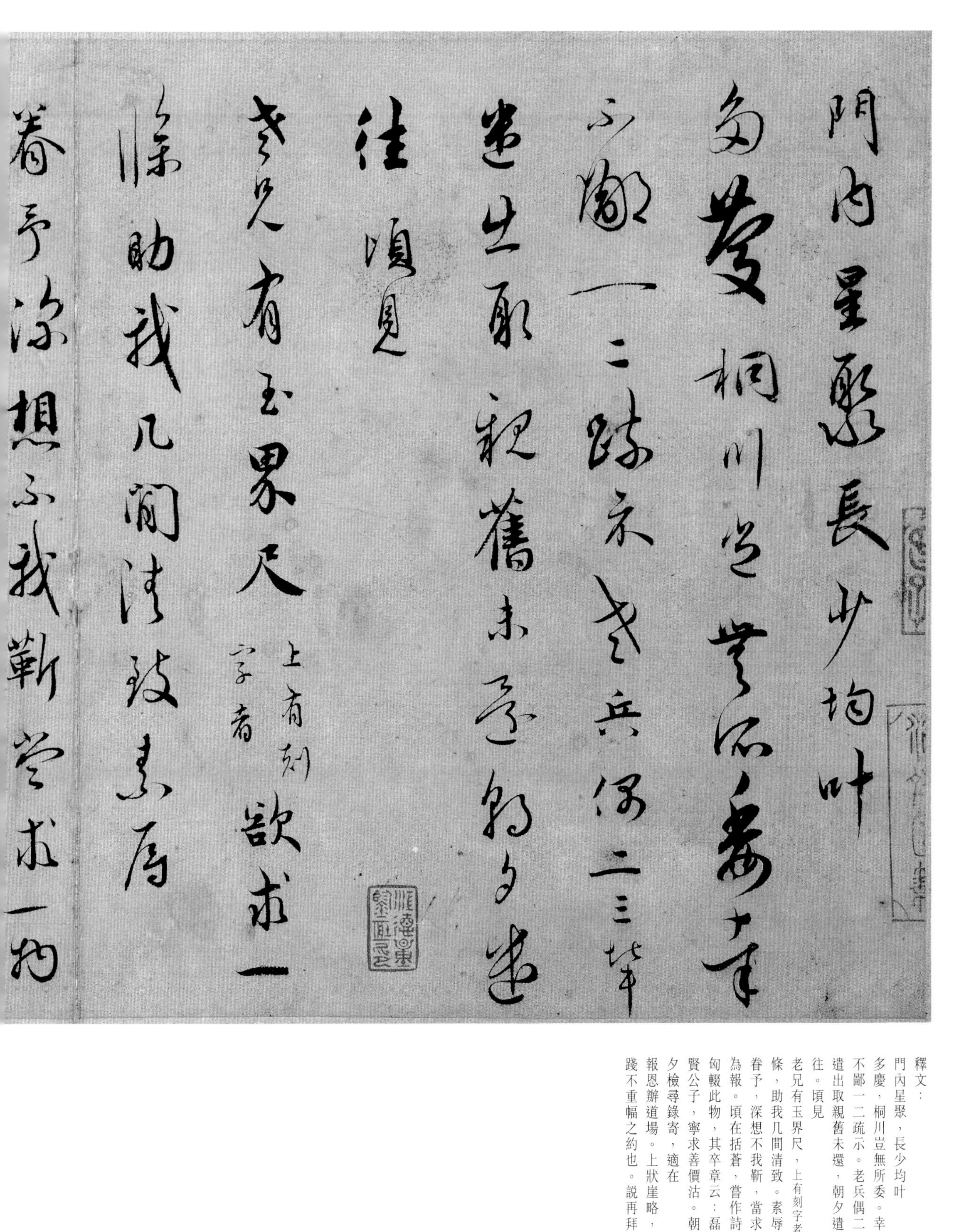

釋文：
門內星聚，長少均叶
多慶，桐川豈無所委。幸
不鄙一二疏示。老兵偶二三輩
遣出取親舊未還，朝夕遣
往。頃見
老兄有玉界尺，上有刻字者，欲求一
條，助我几間清致。素辱
眷予，深想不我靳，當求一物
為報。頃在括蒼，嘗作詩欲
匈輟此物，其卒章云：磊落
賢公子，寧求善價沽。朝
夕檢尋錄寄，適在
報恩辦道場。上狀崖略，且
踐不重幅之約也。説再拜

72

陸游　行草書懷成都十韻詩卷

紙本　行草書
縱34.6厘米　橫82.4厘米
清宮舊藏

Huai Chengdu Shi Yun Shi in running-cursive script
By Lu You
Handscroll, ink on paper
H. 34.6cm　L. 82.4cm
Qing court collection

陸游(1125－1210)，字務觀，晚年號放翁，南宋越州山陰(今浙江紹興)人。曾知嚴州，後升寶謨閣待制。其"才氣超逸，尤長於詩"，以詩詞聞名於世。

此詩卷據《劍南詩稿》第十卷題稱《懷成都十韻》定名，是陸游回憶五十歲左右在四川成都做參議官時的生活情況。當時范成大做四川制置使，和他"以文字交，不拘禮法"，於是"人譏其頹放，因自號放翁"。到南宋淳熙五年(1178)戊戌，他就東還了。詩作於該年秋盡"暫歸故居"(清錢大昕《陸放翁年譜》)之時，故詩中有"歸來山舍萬事空"之句，時陸游五十四歲。書寫此卷的時間可能晚一些。

後紙有明陸釴、謝鐸、程敏政、王鏊、周經、楊循吉、沈周題跋。

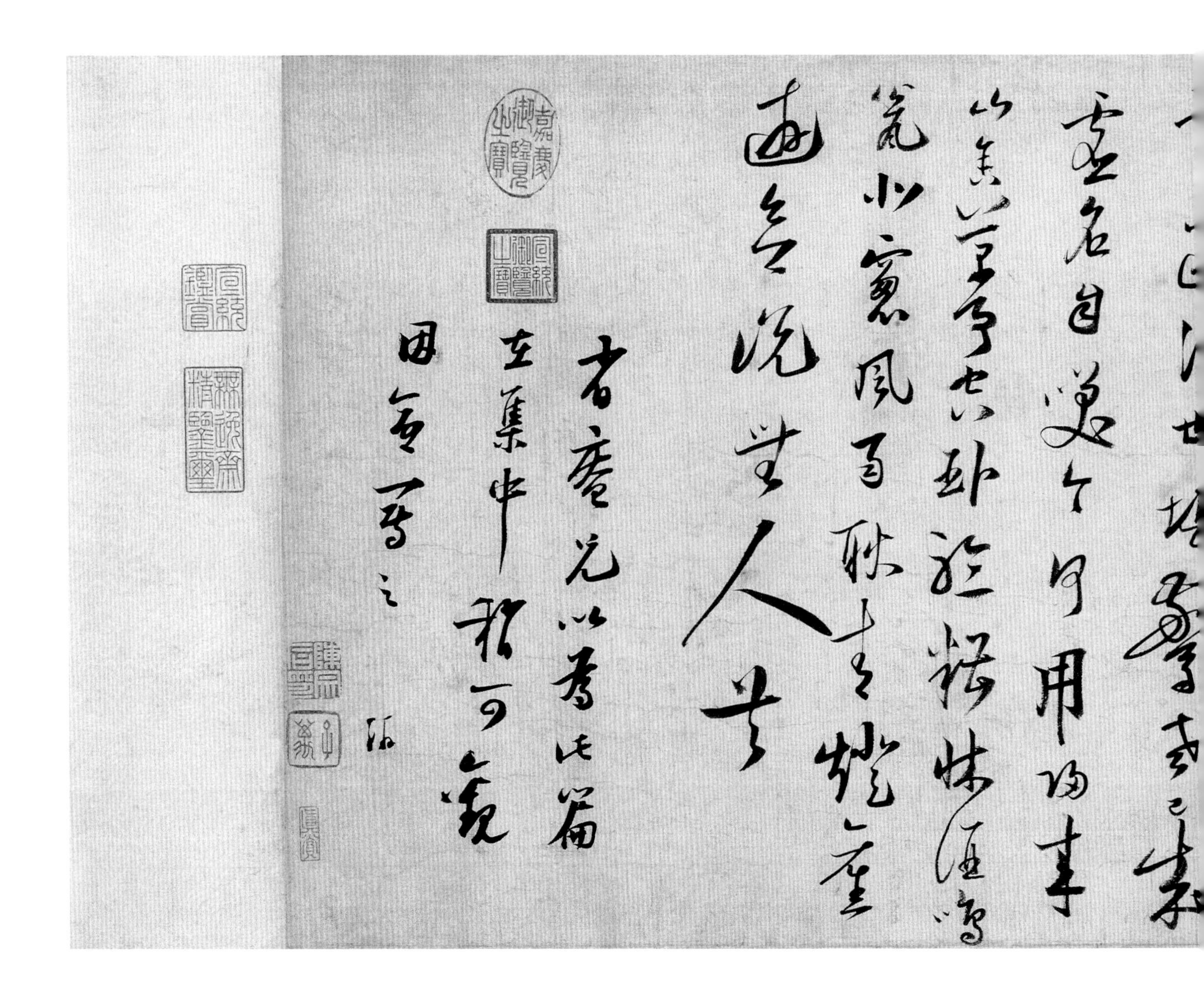

鑑藏印記：清乾隆、嘉慶、宣統內府諸印，“商丘宋犖審定真跡”（朱文）、“原博”（朱文）、“陳宗後印”（白文）、“子萬”（朱文）、“真賞”（朱文）。

歷代著錄：《裝餘偶記》、《石渠寶笈》。

釋文：
放翁五十猶豪縱，錦城一覺繁華夢。竹葉春醪碧玉壺，桃花駿馬青絲鞚。鬥雞南市各分朋，射雉西郊常命中。壯士臂立綠絛鷹，佳人袍畫金泥鳳。椽燭那知夜漏殘，銀貂不管晨霜重。一梢紅破海棠回，數蕊香新早梅動。酒徒詩社朝暮忙，日月匆匆迭賓送。浮世堪驚老已成，虛名自笑今何用。歸來山舍萬事空，臥聽糟床酒鳴甕。北窗風雨耿青燈，舊遊欲說無人共。
省庵兄以為此篇在集中稍可觀，因命寫之游

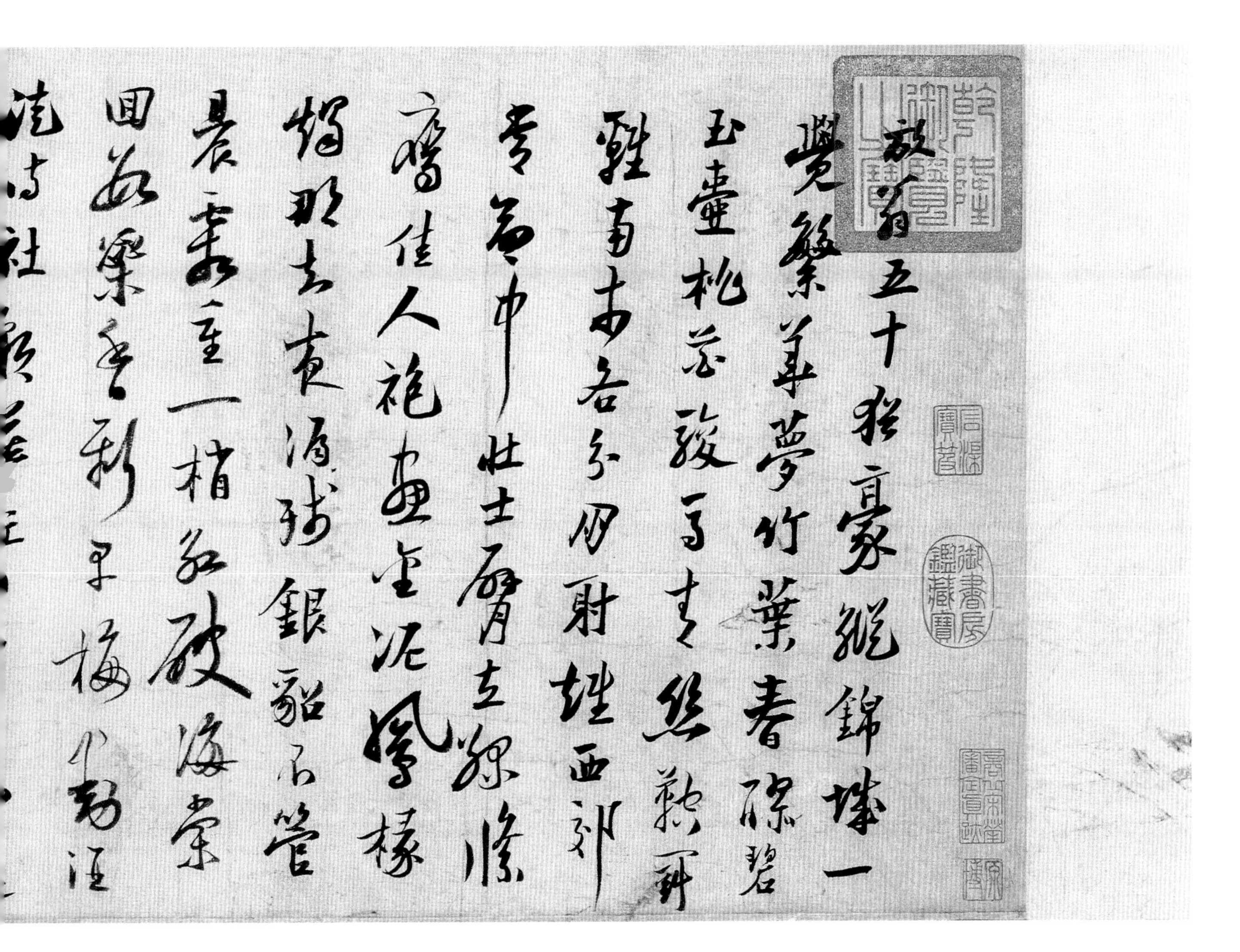

……官之樂
聞雞射雉梯燭銀貂可謂極一
時之豪矣豈密院編脩之日歎然
之錦城海棠實是倅夔入蜀之時
蓋於是時翁以主戰禁中語見斥益
自縱弛其忘情物外而相尋於酒
徒詩社之間固宜其然也翁才力
甚富詩爲中興之冠幼爲曾文清
公賞之劉後村亦甚推重之觀此
詩信其不虛也然此紙乃其退閒時
所筆而翁晚節好爲子澤所累
所謂萬事空者豈亦有感于心歟
因原博先生示余俾題其後遂書之
庚子歲二月庚申崑山陸

放翁詩本學茶山出韓子蒼
故自江西以來稱詩家宗派一時
諸人豈如翁者稱洪二為第自
石湖最不厭其詩亟稱之至謂
豪健俊逸者其篇亦難可見
於前輩而未於江西諸家也
人豈又稱詩也雖於晚翁之料
率不能出其一二之權度也
是雖後自稱亦且不及矣於此
前朝諸人如此哉 宋化庚子春
三月戊申[illegible]題

菴謹身飭行誦法程朱者也於茲胡
取焉豈以其猶有唐晉人之風歟若
其所建禁絕珍玩訂正名器二事
史氏特著之傳亦不以人廢言之意
爾且史浩與之同時其言宜信而
篁墩後謂浩不知翁何哉弘治
己未秋九月望太原周經題

放翁自以此詩爲得意之作而澗谷
須溪二選本中皆不登載知音之難
如此翁平生詩有雄壯有極淡兵談
道詠色，盡具而蜀中詩如此作豪
縱者尤多翁之爲人殆俠而多好者也
然此詩於貧薄中追憶富貴之事
直叙曾次如以家事許人更無隱留
此可以見翁之真矣
吳後學楊循吉敬題

讀放翁入蜀記山川日月歷歷不遺知公
於蜀總其遊矣追歸老於詩尚富
不忘且許其壯懷豪氣使人可想
見乎後世正猶韋蘇州贈楊開
府之篇相與論說併感前流念其
追少情之深至自不能已於言也
後學長洲沈周敬跋

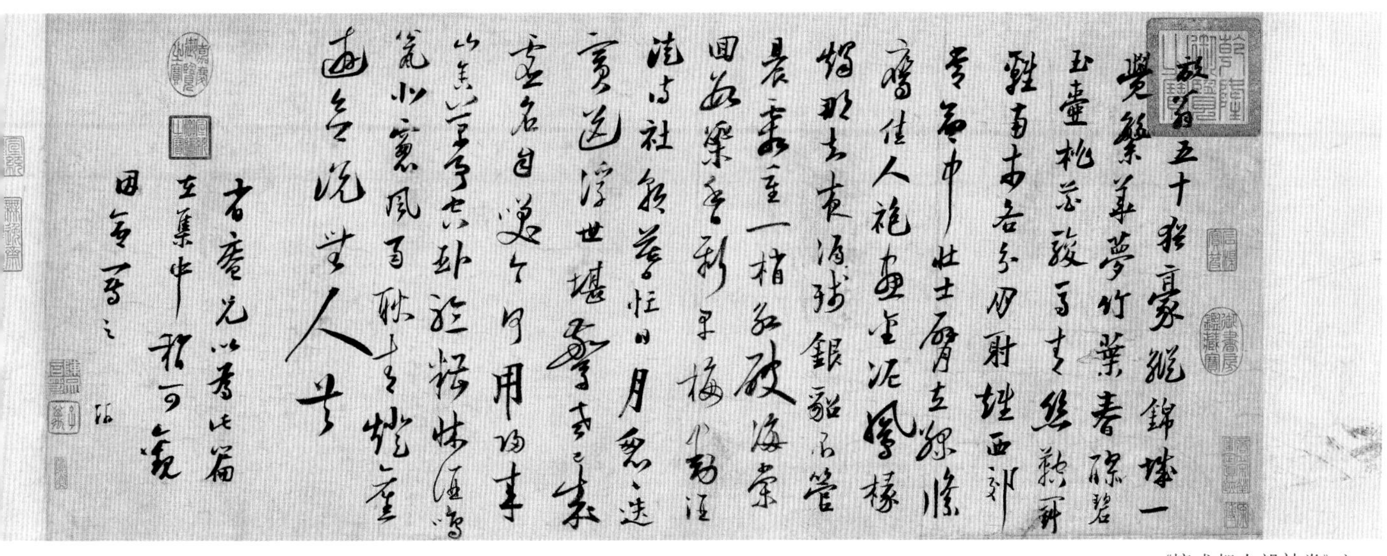

《懷成都十韻詩卷》之一

放翁此詩甚流麗而字亦清勁可
愛觀詩後所自題蓋亦自負矣
原博同寅買藏此卷於齋居必
攜至私第把玩久之而未曉考翁
之出處也一日檢宋史得翁兩事
云高宗時內中貴人市珍玩以進
者翁奏陛下以損名齋自經籍翰
墨外悉屏而不御小臣乃不體聖
意輒私買珍玩以瀆換聖德乞嚴
禁絕又應詔言請者有以師傅而
領三衙有以太尉而領閤門瀆亂
名器請加訂正翁所建如此而史
浩以善詞章薦之豈知翁者哉
成化丙午孟秋十日程敏政書

蜀中山川風物欽游之盛備見杜少陵詩其後有
陸放翁二公唐宋詩人在蜀最久少陵在嚴武幕放翁
在范成大幕賓主相得風流文雅爲一時之盛宋史
稱成大帥蜀游以文字交人譏其頹放此放翁所以號也
嘉泰三年致仕此詩殆致仕後追憶蜀中游之盛而
作翁詩萬首此爲何觀其字畫尤不易得孝宗嘗稱
之曰卿筆力回斡甚善斯言信哉震澤王鏊題

《懷成都十韻詩卷》之二

73

陸游　行書桐江帖頁

紙本　行書
縱32.7厘米　橫34.2厘米
清宮舊藏

Tong Jiang Tie in running script
By Lu You
Leaf, ink on paper
H. 32.7cm　L. 34.2cm
Qing court collection

《桐江帖》又稱《拜違道義帖》，是陸游在淳熙十三年(1186)知嚴州上路前所作，時六十二歲。用筆細勁，意致高遠，為其晚年佳作。

鑑藏印記："珍繪堂記"(朱文)。

歷代著錄：《石渠寶笈續編》，刻入《三希堂法帖》。

釋文：
游皇恐再拜。拜違
道義，忽復許時，仰懷
誨益，未嘗一日忘也。桐江戌期，忽在目前。
盛暑非道塗之時，而代者督趣甚切，不
免用此月下浣登舟。愈遠
門闌，心目俱斷。然
親家赴鎮亦不過數月間，
彼此如風中蓬，未知相遇復在
何日。憑紙黯然，惟日望
召歸，遂躋
禁途，為親舊之先爾。游皇恐再拜

74

陸游　行書長夏帖頁

紙本　行書
縱30.9厘米　橫30.1厘米
清宮舊藏

Chang Xia Tie in running script
By Lu You
Leaf, ink on paper
H. 30.9cm　L. 30.1cm
Qing court collection

陸游自稱："草書學張顛（張旭），行書學楊風（楊凝式）。"此帖書法自然流暢，意勢連綿，結體用筆與《桐江帖》如出一轍，當同為晚年之作。

鑑藏印記："珍繪堂記"（朱文）。

歷代著錄：《石渠寶笈續編》。

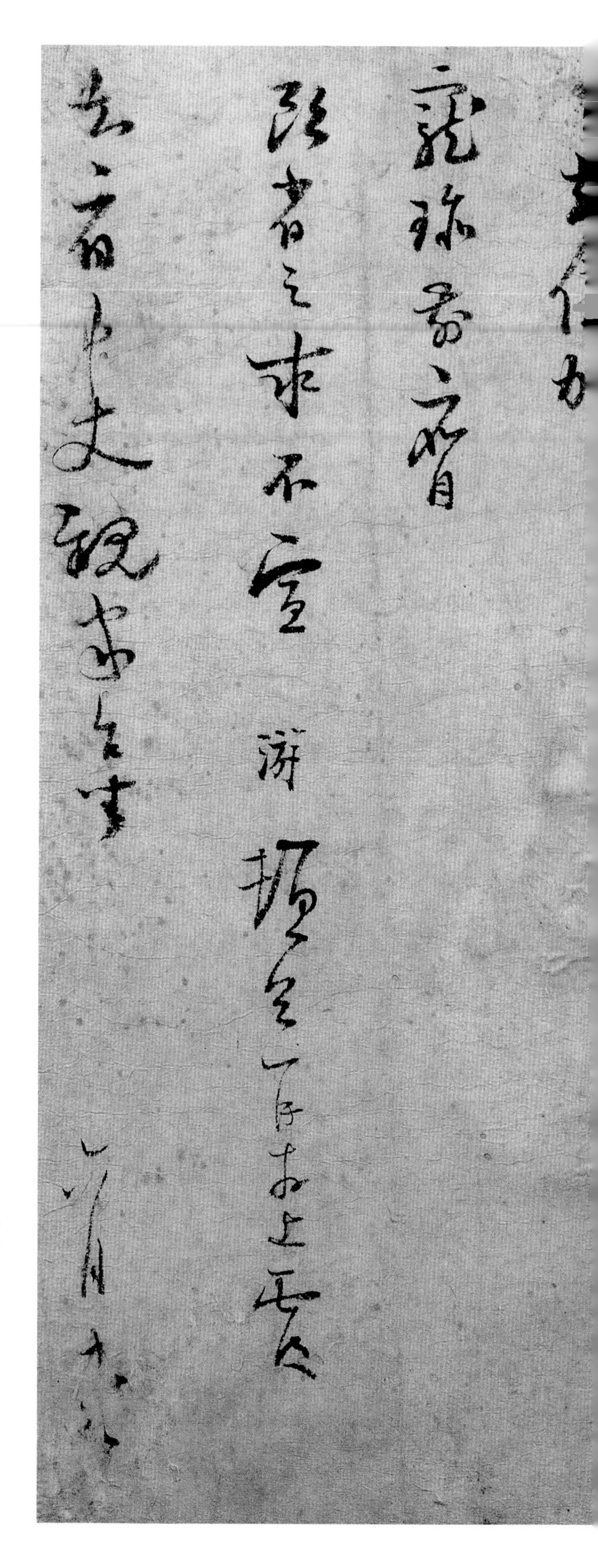

釋文：
游頓首再拜上覆，
知府中大親家台坐。即日長夏毒暑，共惟
懷章有相，
台候起居万福，未由
參晤，伏祈
上為
主知，倍加
寵珍。前膺
郎省之求，不宣。游頓首再拜上覆
知府中大親家台坐　六月十八日

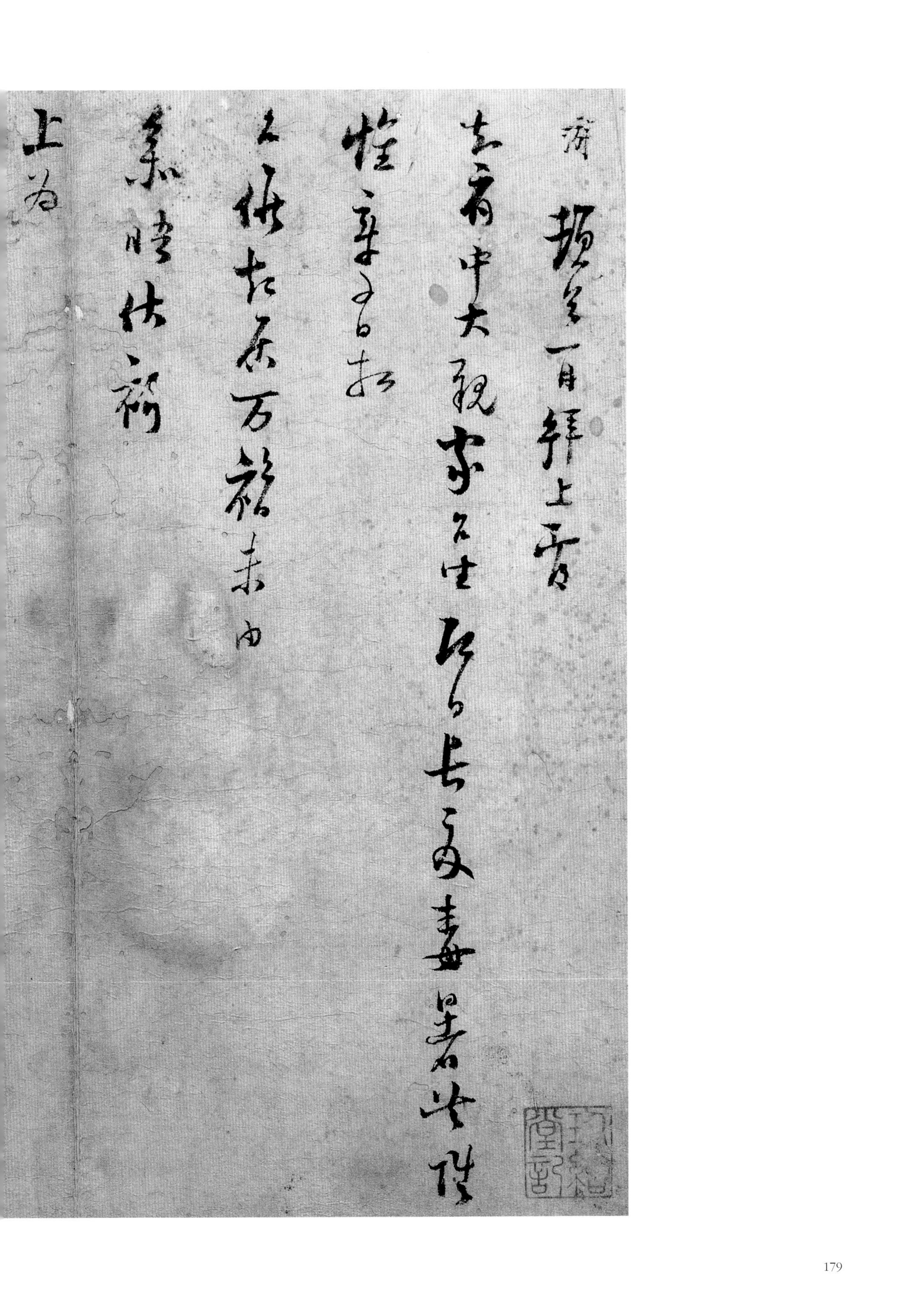

75

陸游　行書尊眷帖頁

紙本　行書

縱29.3厘米　橫38.3厘米

Zun Juan Tie in running script

By Lu You

Leaf, ink on paper

H. 29.3cm　L. 38.3cm

帖中言及的“子聿”，為陸游幼子，生於淳熙四年丁酉(1177)，時陸游五十三歲。“鏡中”指紹興鏡湖，即鑑湖，所以此帖當書於家中。

此帖書法結體頎長，筆畫勁健，轉折點畫精致爽利。雖自具面目，但仍可見楊凝式、蘇軾及黃庭堅書法遺意。

鑑藏印記：“宋犖審定”(朱文)、“淞洲”(朱文)、“江恂之印”(白文)、“德畬借觀”(朱文)，以及成親王、成勛等印記。

歷代著錄：《書畫鑑影》，《海山仙館藏真帖》摹刻。

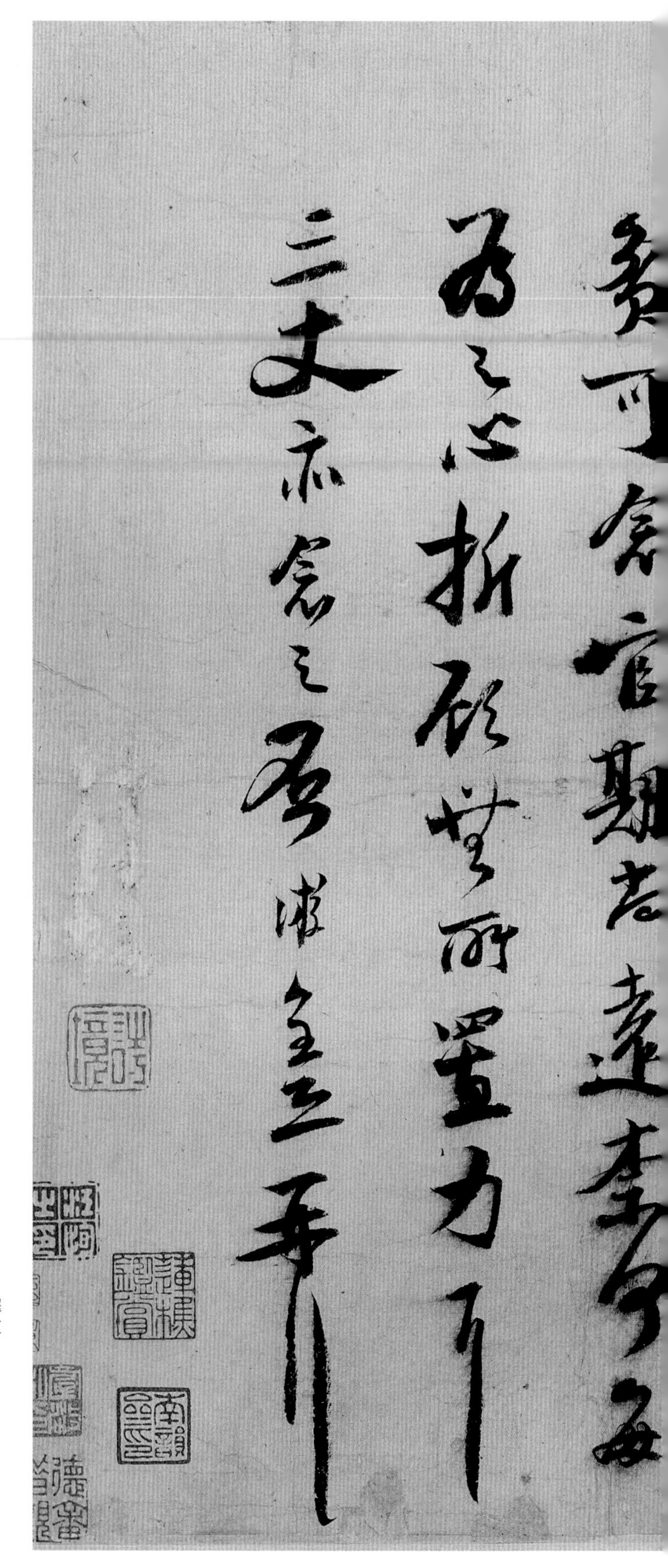

釋文：

游皇恐拜問

契家

尊眷，共惟

並擁壽祺。鏡中有

委敢請，子聿亦粗能勤

苦，但恨不得卒業，

函丈若不

棄遺，尚未晚也。張七三哥□

貧可念，官期尚遠，奈何，每

為之心折。顧無所置力耳。

三丈亦念之否。游皇恐再拜

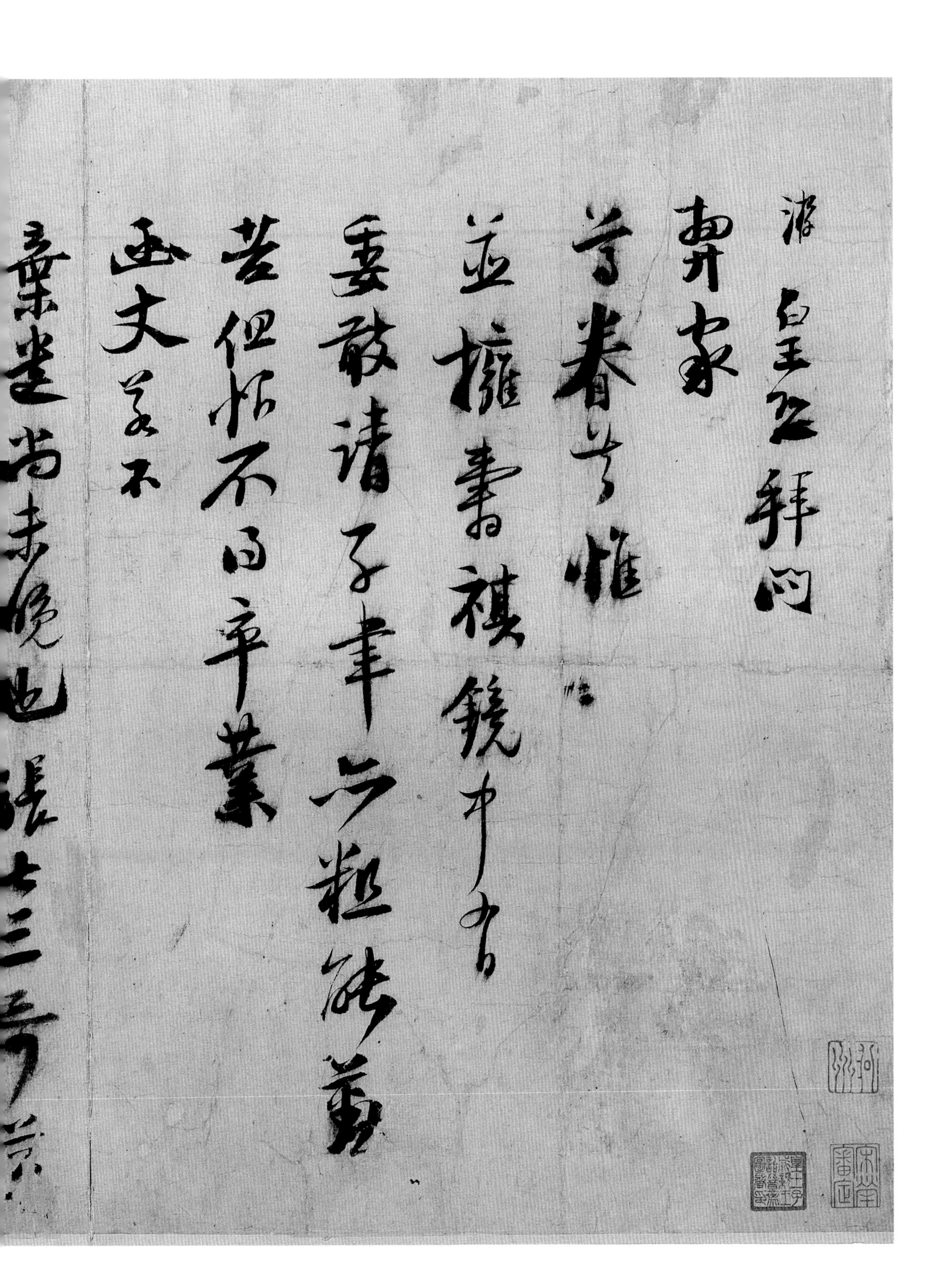

76

范成大　行書中流一壺帖頁

紙本　行書
縱31.8厘米　橫42.4厘米

Zhong Liu Yi Hu Tie in running script
By Fan Chengda
Leaf, ink on paper
H. 31.8cm　L. 42.4cm

范成大（1126－1193），字致能，號石湖居士，南宋蘇州吳縣（今江蘇蘇州）人。紹興進士，曾官靜江知府，兼廣西安撫使及四川制置使，有政績。“素有文名，尤工於詩”，為南宋著名詩人。

《中流一壺帖》又稱《上問帖》，為致“二嫂宜人”的問疾帖，書法遒勁健挺中不乏蘊藉含蓄，兼有黃庭堅、米芾二家之妙。

鑑藏印記：“螮庵書畫”（朱文）、“檇李李氏鶴夢軒珍藏記”（朱文）、“雲煙過眼”（朱文）、“項篤壽印”（白文）、“項子長父鑑定”（朱文）、“無恙”（白文魚雁形印）、“許子仙鑑定印”（朱文）“清淑齋印”（白文）、“受青”（朱文）九方。

歷代著錄：《式古堂書畫彙考》、《平生壯觀》。

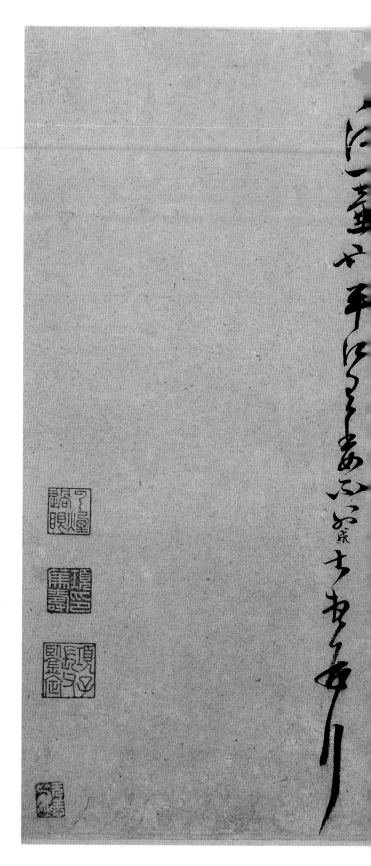

釋文：
成大再拜上問，
二嫂宜人懿候万福。老嫂兒女輩悉拜起居
之禮，
郎娘侍奉均慶。元日四哥見過，卻云，得大哥書，
近曾不快，從善書又來為渠覓丹。聞前段虛
弱，甚懸懸也。四哥云，得其侄書受之只批數字耳。
不知
先之彼中曾得書否。鍾醫捨我而它之，亦緣貧病
交攻，可亮，想數曾相見。如聞錢卿頗周其急，可謂
中流一壺也。平江有委否也。成大頓首再拜

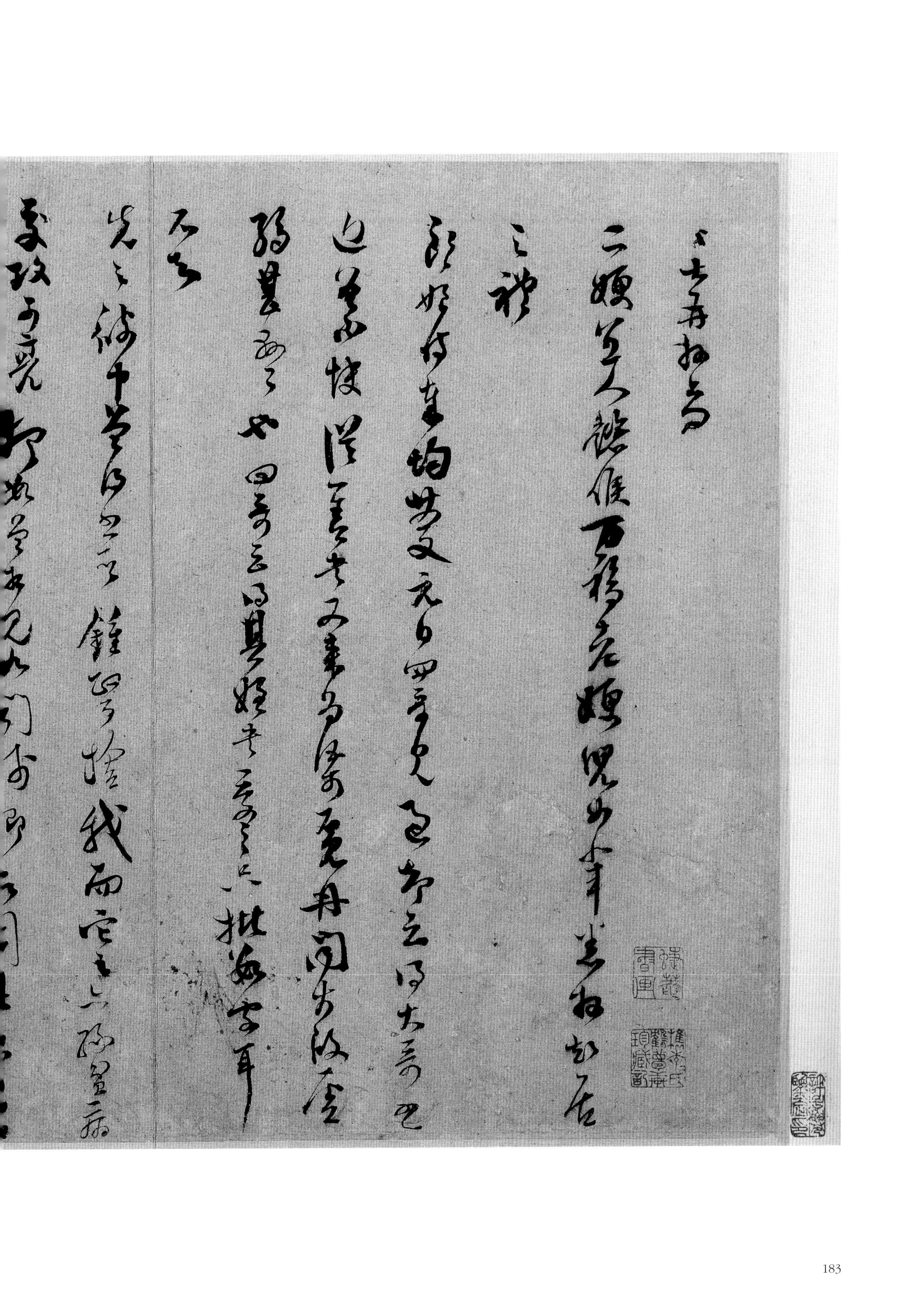

77

岳珂　楷書郡符帖頁

紙本　楷書

縱30.3厘米　橫49.5厘米

Jun Fu Tie in regular script

By Yue Ke

Leaf, ink on paper

H. 30.3cm　L. 49.5cm

岳珂(1183－1234)，字肅之，號倦翁，岳飛孫。官戶部侍郎、淮東總領制置使、寶謨閣學士。富收藏，精鑑別，工書法。

此帖楷書工整，是典型宋代信札"劄子"格式。

鑑藏印記："岳雪樓主人六孫昭鋆私印"(白文)、"許子仙鑑定印"(朱文)、"許烈之印"(朱文)、"受青"(朱文)。

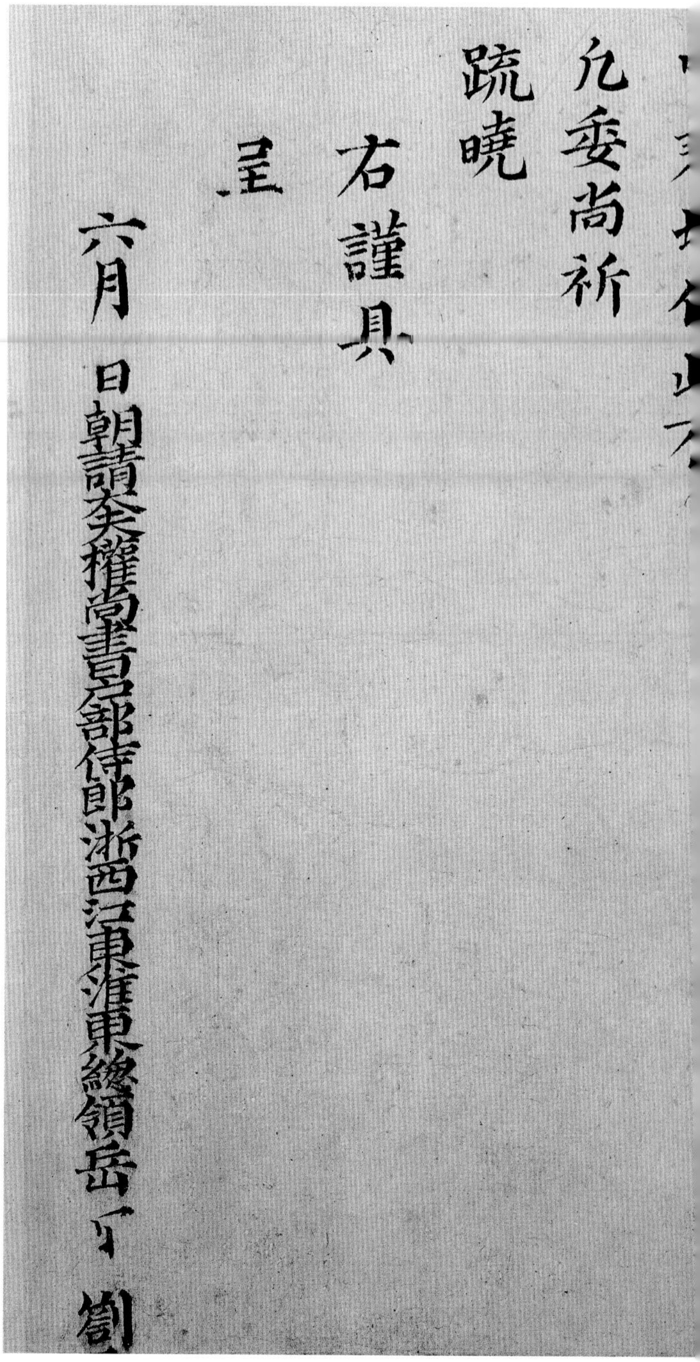

釋文：

珂揆序且夏庚伏蘊隆，伏惟
權郡簽判通直榮攝郡符，
神所佽介，
台候動止萬福。珂比者草率上狀，旋蒙
巽答，慰懌曷已。宇文兄試牒重荷，
垂應寒士，三年之期，一試之地，得失升沉之所繇
繫。自匪
惠念，何以有此感怍，殆不容聲，丞此敘
謝。未究悃愊，尚須嗣記時間，敢幾
居高
召擢之寵，
台閎
貴輯
中表均休。此有
凡委，尚祈
疏曉。
右謹具
呈。
六月日朝請大夫權尚書戶部侍郎浙西江東淮東總領岳珂劄子

78

張孝祥　行書臨存帖頁

紙本　行書

縱31.3厘米　橫45.9厘米

Lin Cun Tie in running script

By Zhang Xiaoxiang

Leaf, ink on paper

H. 31.3cm　L. 45.9cm

張孝祥（1133－1170），字安國，號於湖，南宋和州烏江（今安徽和縣）人。紹興二十四年狀元，官司集英殿修撰，知平江府。《宋史》稱其“文章過人，尤工翰墨”。

此帖書法豐潤端莊，用筆穩健不失流暢。論者稱其書法“真而放，卓然有顏真卿風格”（《宋史》）。

鑑藏印記：“清容齋”（朱文）及項元汴等印。

歷代著錄：《式古堂書畫彙考》。

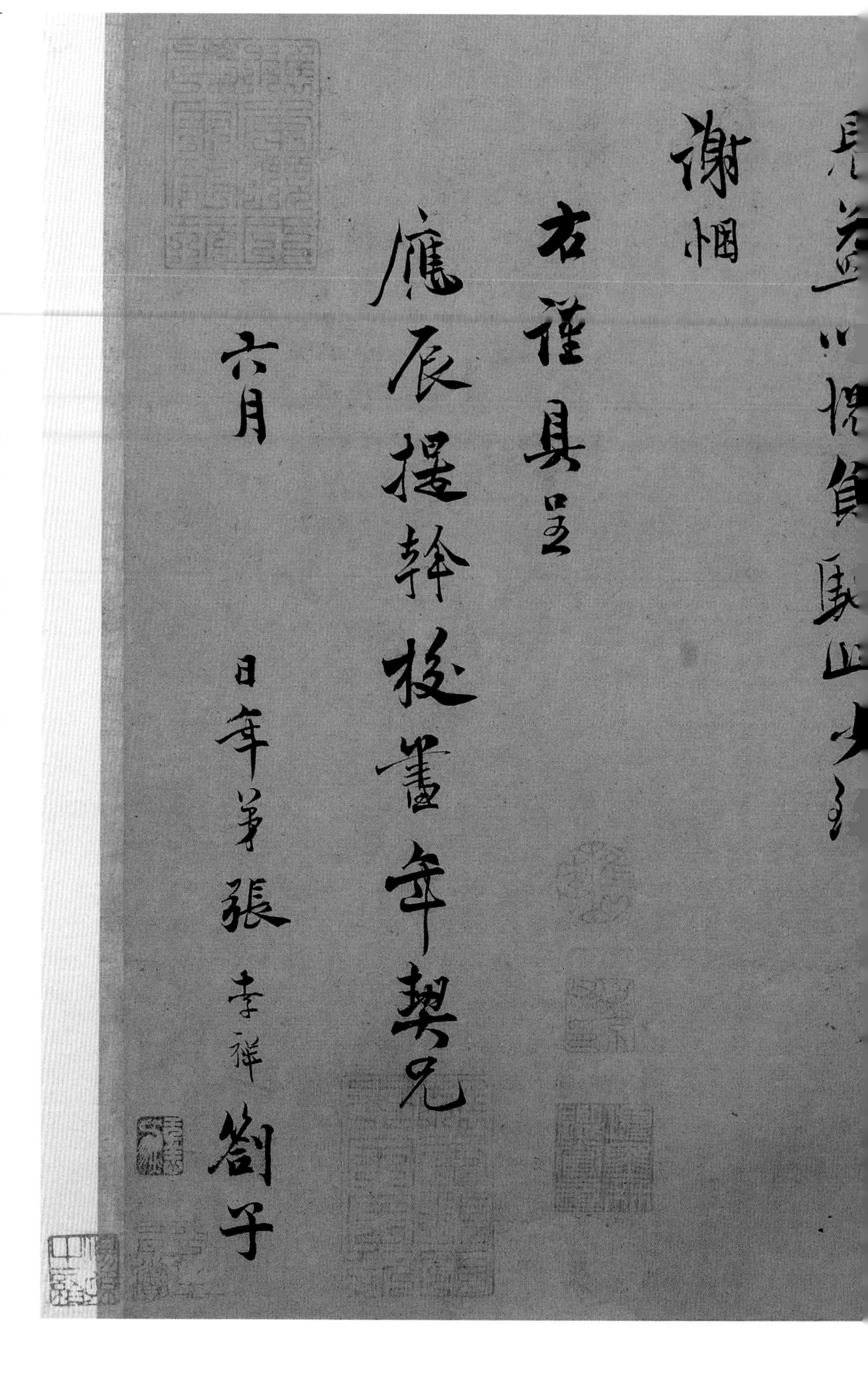

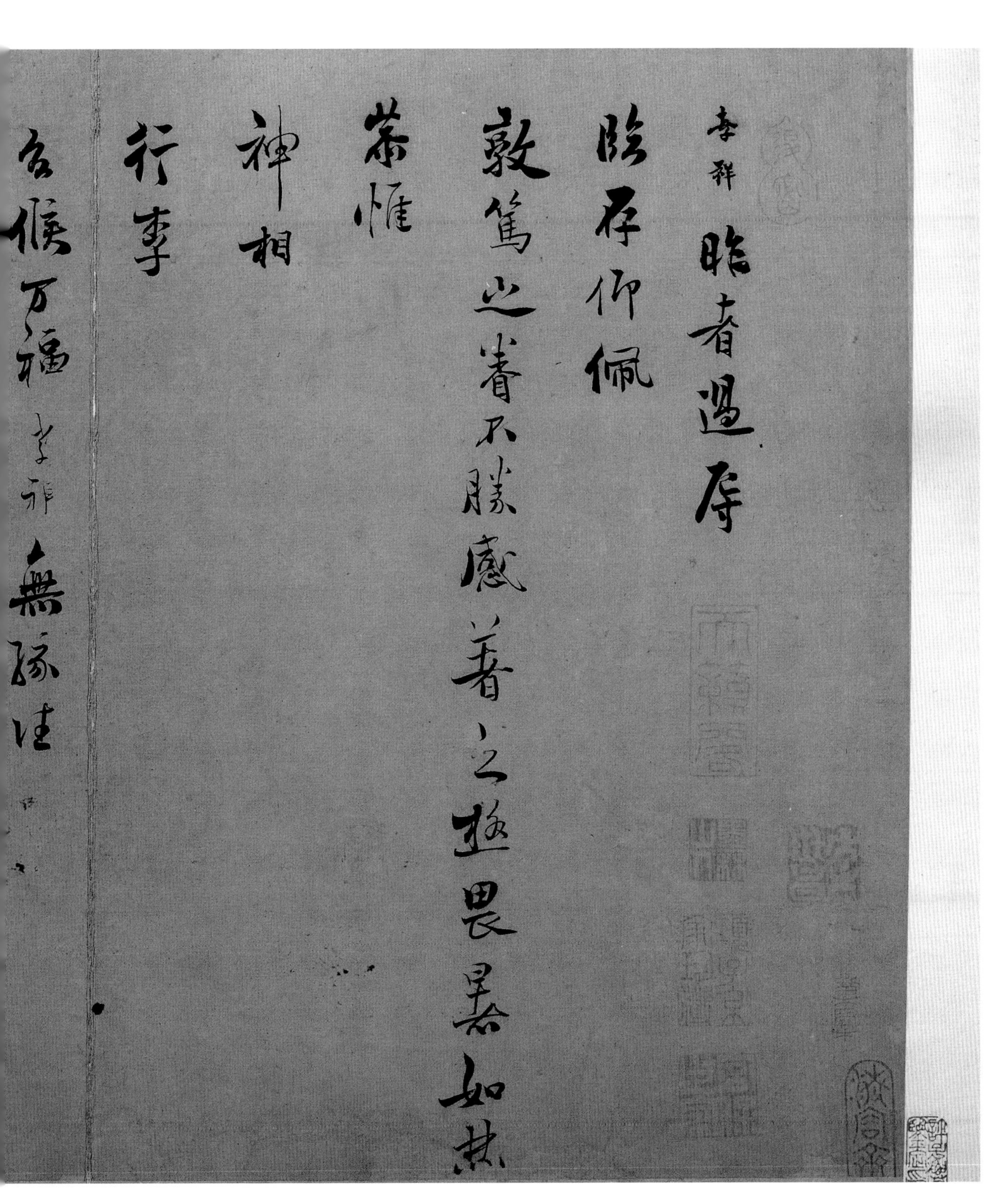

釋文：

孝祥昨者過辱
臨存，仰佩
敦篤之眷，不勝感著之極。畏暑如焚，
恭惟
神相
行李
台候万福。孝祥無緣往
見，益以愧負。馳此少致
謝悃。
右謹具呈：
應辰提幹校書年契兄。
六月日　年弟張孝祥劄子

79

吳琚　行草書壽父帖頁

紙本　行草書

縱22.5厘米　橫48.7厘米

Shou Fu Tie in runing-cursive script

By Wu Ju

Leaf, ink on paper

H. 22.5cm　L. 48.7cm

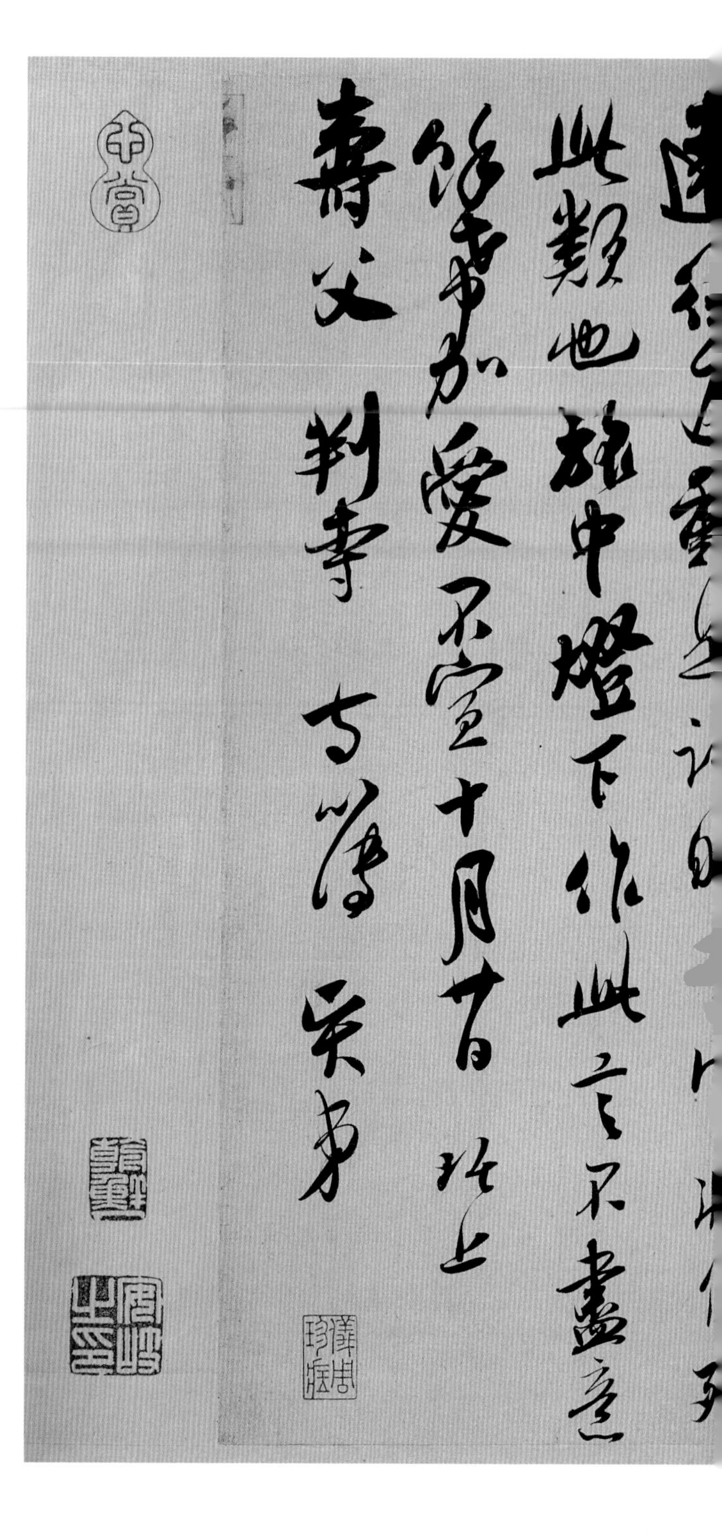

吳琚，字居父，號雲壑，南宋汴梁(今河南開封)人。宋高宗吳皇后侄。歷尚書郎、部使者、直學士，以鎮安節度使留守建康，遷少保，世稱"吳七郡王"。其平生"性寡嗜好，日臨古帖以自娛，字體類米芾。"

此帖書法行筆自然流暢，結體用筆均習米芾，且頗得神似，正如安岐所言："初視之以為米書，見款始知為雲壑得意書"(《墨緣彙觀》)。帖中所稱"閱古"，應是韓侂胄，侂胄有"閱古堂"。吳琚在《焦山題名帖》中稱其於紹熙三年(1192)辛亥"解組襄陽"，而此帖是官襄陽任上所作，故當書於淳熙末年。

鑑藏印記："安儀周家珍藏"(朱文)、"儀周珍藏"(朱文)、"心賞"(朱文)、"朝鮮人"(白文)、"安岐之印"(白文)等。

歷代著錄：《平生壯觀》、《大觀錄》、《墨緣彙觀》，刻入《三希堂法帖》。

釋文：

比總總附書，諒只在下旬可到。途中收十月三日手筆並詩，深以為慰。示喻已悉，襄州之行，非所憚也，不謂以常式辭免，就降改命。辭難避事，何以自文。不知閱古之意如何。今必有定論矣。十九日入京西界，交割安撫司職事，廿日方得改差。𥲅子已具辭免且在郢州境上伺候回降。若省𥲅更遲數日，則已到襄陽。郢去襄只二百餘里，江陵亦然。歲晚客裏，進退不能，勢須等候月十日方見次第。地遠往返動是許時，遠宦非便，殆此類也。旅中燈下作此，言不盡意。餘希加愛，不宣。十月廿日　琚上

壽父判寺寺簿賢弟

80

吳琚　行書神龍詩帖頁（雜詩帖之一）

紙本　行書
縱26.3厘米　橫12.5厘米
清宮舊藏

Shen Long Shi Tie in running script
By Wu Ju
Leaf, ink on paper
H. 26.3cm　L. 12.5cm
Qing court collection

吳琚《雜詩帖》書前人五言、七言，絕句、律詩不一，該冊九開半共十九紙，其中數帖文不全，原來當不止此數。《神龍詩帖》、《望君詩帖》為前二頁。書法極像米芾，然稍嫌圓熟，缺乏米書俊拔之氣。

鑑藏印記：乾隆、嘉慶、宣統內府諸印，梁清標"蕉林收藏"（朱文）、"蕉林書屋"（朱文）、"蒼巖子梁清標玉立氏印章"（朱文）、"觀其大略"（白文）等。

歷代著錄：刻入《三希堂法帖》。

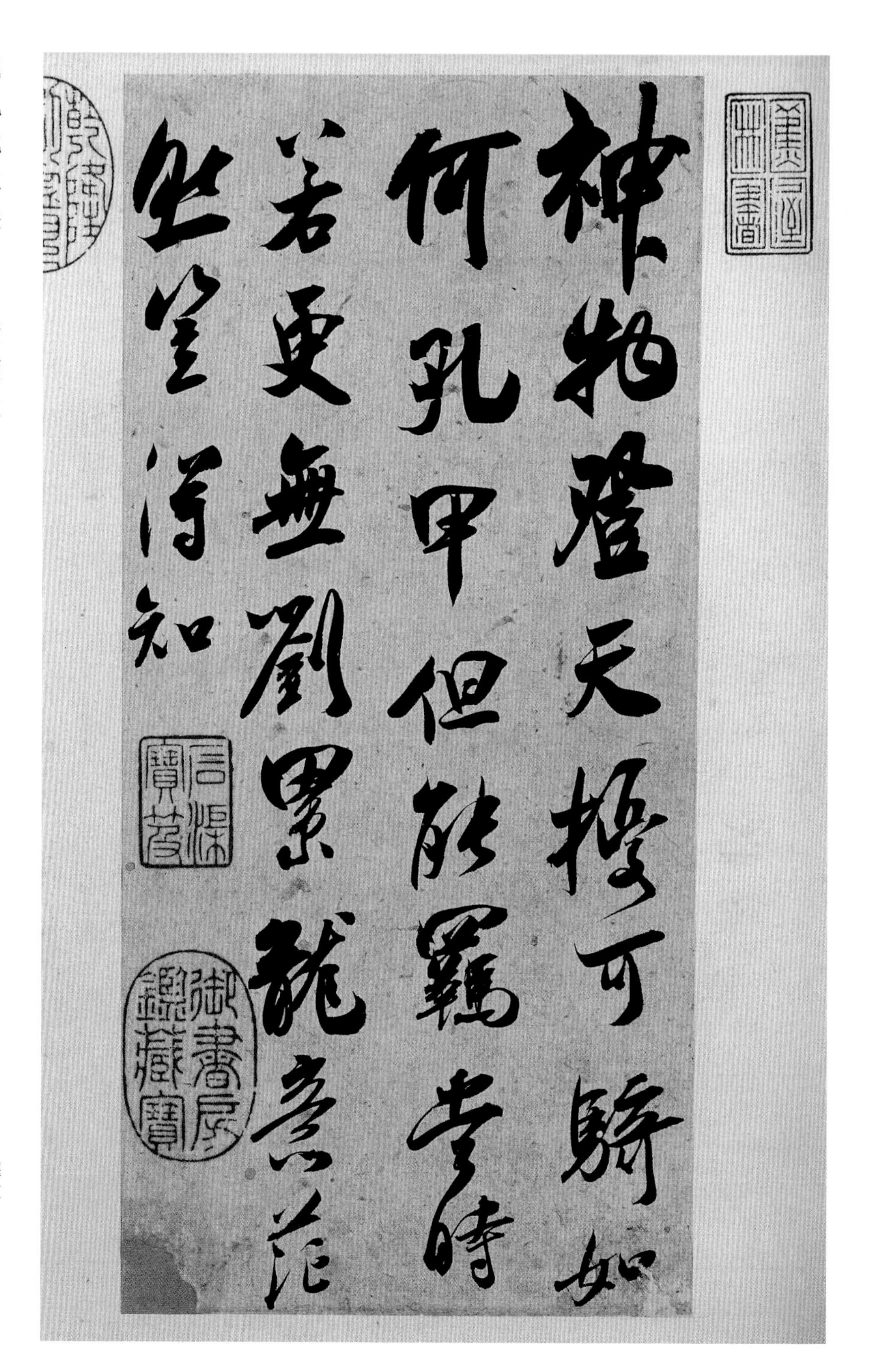

釋文：
神物登天擾可騎，如何孔甲但能羈。當時若更無劉累，龍意茫然豈得知。

81

吳琚　行書望君詩帖頁（雜詩帖之二）

紙本　行書
縱26厘米　橫12.1厘米
清宮舊藏

Wang Jun Shi Tie in running script
By Wu Ju
Leaf, ink on paper
H. 26cm　L. 12.1cm
Qing court collection

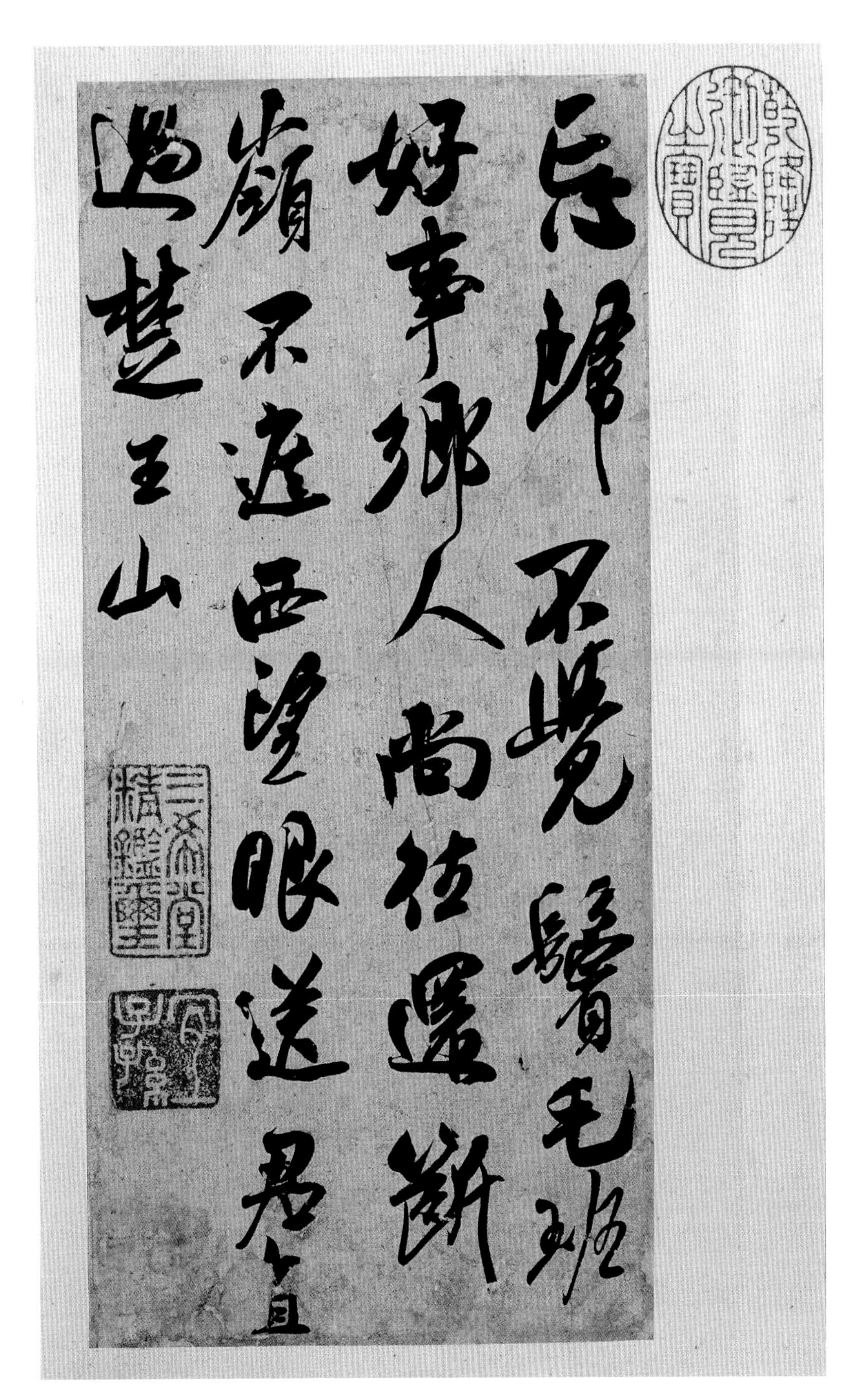

釋文：
忘歸不覺鬢毛班，好事鄉人尚往還。斷嶺不遮西望眼，送君直過楚王山。

82

朱熹　行書城南唱和詩卷

紙本　行書
縱31.5厘米　橫275.5厘米
清宮舊藏

Cheng Nan Chang He Shi in running script
By Zhu Xi
Handscroll, ink on paper
H. 31.5cm　L. 275.5cm
Qing court collection

朱熹(1130－1200)，字元晦，號晦庵，人稱考亭先生。南宋徽州婺源(今屬江西)人，寓居建州。紹興進士，官至煥章閣待制，提舉南京鴻慶宮。是著名的理學家，著述甚豐。工書，早年學鍾繇，《書史會要》說他："善行草，尤善小字，下筆即沉着典雅。"

《城南唱和詩卷》是朱熹"奉同敬夫兄城南之作"。"敬夫"即張栻(詳見後)。據《朱子年譜》記載，南宋乾道三年(1167)八月朱熹訪張栻於潭州，遊歷城南盛景，與其有很多應酬唱和詩，此二十詠應與此時間相去不遠。此時，朱熹年三十八歲。此帖為朱熹早年書法，筆勢迅疾，無意求工，而點畫波磔無一不合書家規矩，韻度潤逸，筆墨精妙，為其代表之作。

卷後明代司馬亞，另紙元代乾文傳、黃溍、乾淵，明代李東陽、吳寬、周木、陸簡、何喬新、董越、李士實、張元禎、費宏題跋。引首李東陽篆書"晦翁手澤"。前隔水孫承澤標題"元晦夫子手澤"。

鑑藏印記："孫承澤印"(白文)、"顓庵"(朱文)、"王剡之印"(朱文)、"王藻儒收藏圖書"(白文)，清嘉慶、宣統內府諸印。

歷代著錄：《朱氏鐵網珊瑚》、《鈐山堂書畫記》、《庚子銷夏記》、《式古堂書畫彙考》、《石渠寶笈三編》。

釋文：
奉同
敬夫兄城南之作
納湖
詩筒連畫卷，坐看復行吟。
想象南湖水，秋來幾許深。
東渚
小山幽桂藂，歲莫藹佳色。
花落洞庭波，秋風渺何極。
詠歸橋
涼漲平橋水，朱欄跨水橋。
舞雩千載事，歷歷在今朝。
船齋
考槃雖在陸，滉瀁水雲深。
正爾滄州趣，難忘魏闕心。

麗澤堂
堂後林陰密，堂前湖水深。
感君懷我意，千里夢相尋。
蘭澗
光風浮碧澗，蘭杜日猗猗。
竟歲無人採，含薰只自知。
書樓
君家一編書，不自圯上得。
石室寄林端，時來玩幽賾。
山齋
藏書樓上頭，讀書樓下屋。
懷哉千載心，俯仰數椽足。
蒙軒
先生湖海姿，蒙養今自閟。
銘座仰先賢，點畫存象系。

元晦夫子手蹟

奉同

敬夫兄城南之作

納湖

詩筒連畫卷坐看復成吟
想象南湖水秋來幾許深

東渚

小山幽桂叢歲莫藹佳色
花落洞庭波秋風渺何極

詠歸橋

綠漲平橋水朱欄跨水橋
舞雩千載事歷歷在今朝

船齋

考槃雖在陸滉漾水雲深

麗澤堂

堂後林陰密堂前湖水深
感君懷古意千載夢相尋

蘭澗

光風浮碧澗蘭杜日猗猗
竟歲無人采含薰祇自知

書樓

君家一編書不自圯上得
石室寄林端時來玩幽賾

山齋

藏書樓上頭讀書樓下屋
懷哉千載心俯仰數椽足

蒙軒

先生湖海姿蒙養今自閟

石瀨

疏此竹下渠，瀨彼澗中石。
莫館邊寒聲，秋空動澄碧。

捲雲亭

西山雲氣深，徙倚一舒嘯。
浩蕩忽褰開，為君展遐眺。

柳堤

渚華初出水，堤樹亦成行。
吟罷天津句，薰風拂面涼。

月榭

月色三秋白，湖光四面平。
與君臨倒景，上下極空明。

濯清亭

涉江採芙蓉，十反心無斁。
不遇無極翁，深衷竟誰識。

西嶼

朝吟東嶼風，夕弄西嶼月。
人境諒非遙，湖山自幽絕。

淙琤谷

湖光湛不流，嵌竇亦潛注。
倚仗忽淙琤，竹深無覓處。

梅堤

仙人貞冰雪（此行衍文）仙人冰雪姿，貞秀絕倫擬。
驛使詎知聞，尋香問煙水。

聽雨舫

倸舟停畫槳，容與得欹眠。
夢破蓬窗雨，寒聲動一川。

採菱舟

湖平秋水碧，桂棹木蘭舟。
一曲菱歌晚，驚飛欲下鷗。

南阜

高丘復層觀，何日去登臨。
一目長空盡，寒江列莫岑。

熹再拜

石瀨

路出竹下梁瀨彼澗中石
莫館遠寒聲秋空動澄碧

卷雲亭

西山雲氣深徙倚一舒嘯
浩蕩忽褰開爲爽居巡眺

柳隩

清華初生水隩樹已成川
吟羅正津句薰風拂面涼

月榭

月色三秋白湖光四面平
與君昭倒景上下極空明

澄清亭

信於然澄瑤竹間無賞處

梅隩

仙人自冰雪
仙人冰雪姿自秀絕倫擬
驛使能不問尋香問煙水

聽雨舫

綵舟停畫槳容與得歸眠
夢破蓬窗雨寒聲動一川

采菱舟

湖平秋水碧桂棹木蘭舟
一曲菱歌晚驚飛不下鷗

南皋

高丘復層觀何●古壁浩

元晦夫子手蹟

奉同
敬夫兄城南之作

納湖
詩翁連畫卷坐看復成吟
想象南湖水秋來幾許深

東渚
小山幽桂叢歲暮藹佳色
花落洞庭波秋風渺何極

詠歸橋
綠漲平橋水朱欄跨水橋
舞雩千載事歷歷在今朝

舡齋
考槃雖在陸滉漾水雲深
正爾滄洲趣難忘魏闕心

麗澤堂
堂後林陰密堂前湖水深
感君懷我意千里夢相尋

蘭澗
光風浮碧澗蘭杜日猗猗
竟歲無人采含薰祗自知

西嶼
朝吟東嶼風夕弄西嶼月
人境諒非遥湖山自幽絕

淙琤谷
湖光湛不流嵌竇亦潛注
倚杖忽琮琤竹深無覓處

梅堤
仙人冰雪姿貞秀絕倫擬
驛使詎知聞尋香問煙水

聽雨舫
彩舟停畫槳容與得欹眠
夢破蓬窗雨寒聲動一川

采菱舟
湖平秋水碧桂棹木蘭舟
一曲菱歌晚驚飛欲下鷗

南阜
高丘復層觀何日去登臨
一目長空盡寒江列岫陰

熹

乎古之人以求聖賢之道斯亦可謂有志者矣惟先生顯擢巍科薦膺仕文學政事著聞當世為一代鉅儒而伯廣以鄉里子弟獲從之游則其有所依歸而授受之間所得之多可知矣雖然先生之道實出於朱子而朱子之道天下後世所同尊而共由者也世之誦其詩讀其書者夫人皆是也然能真知其道而實踐之者幾何人哉今伯廣於其遺墨之偶存即愛護而表顯之若親覿其光儀而聆其謦欬則於其道能知而踐之又可知也夫既曰先生之傳而上求朱子之道復表朱子之遺墨而不敢虛先生之賜然則伯廣之息游藏脩於是齋也其殆庶幾俯仰而無愧乎詩曰高山仰止景行行止此伯廣之志也又曰相在爾室尚不愧于屋漏予之望於伯廣者不其以此歟予於先生有同年之好而陝州之請復堅故為伯廣一言之嗟乎先生不可作矣伯廣尚或因予言而有警哉五月甲子金華黃溍記

君徽國文公真蹟先祖禮部府君所藏也禮部君嘗守婺源寔公闕里其故業久為豪右所據公五世孫光繫頸以組誓不復故業雖死不去其組凡十有五年而禮部君垂力復其業光深德之已而秩滿光持公所書二卷以報禮部君納焉愛之不啻珙璧重寶會海虞錢伯廣氏謁禮部君於私第伯廣嗜古好學因出示之其詳玩不忍釋手先祖以其好之之篤他日命淵持其一以贈伯廣為搆城南小隱以居之又博求大夫士為詩文以詠歌其間且成軸矣未幾禮部君歿更十餘年而兵戈搶攘伯廣亦已遺世向之城南小隱鞠為丘墟則此卷者安知其所在哉近乃於虞君子賢客次見之及觀先祖手澤黃太史所為記竊深有所感焉矧聞虞君之得是卷也亦於其所居之東搆軒二十楹各題其詩于上蓋其好之之篤不亦愈於伯廣者乎故併以家藏之卷贈之是亦承禮部君之遺意也因識其顛末于左方而歸之虞君云至正癸卯冬十又一月既望吳

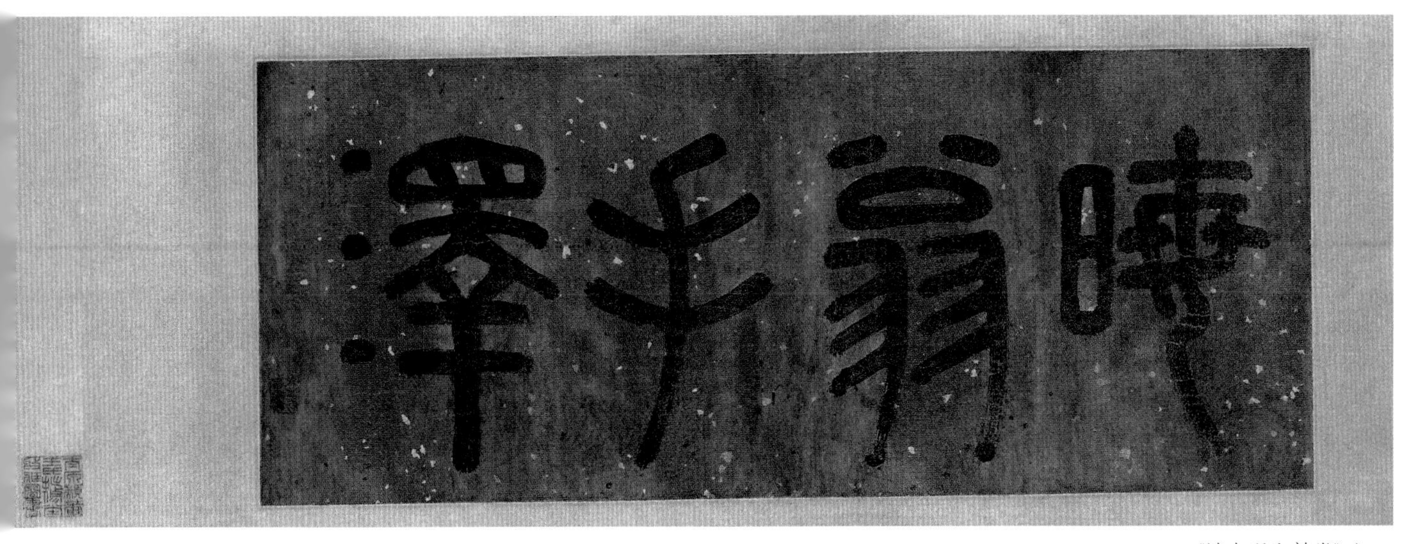

《城南唱和詩卷》之一

書樓

君家一編書，不自圯上得。石室寄林端，時來玩幽賾。

山齋

藏書樓上頭，讀書樓下屋。懷哉千載心，俯仰數椽足。

[illegible]軒

先生湖海姿，蒙養今自閑。銘坐仰先賢，點畫存篆籀。

石瀨

疏此竹下渠，漱彼澗中石。暮館遠寒聲，秋空動澄碧。

卷雲亭

西山雲氣深，徙倚一舒嘯。浩蕩忽褰開，為君展遐眺。

柳堤

渚華初出水，堤樹亦成行。吟罷天津句，薰風拂面涼。

月榭

月色三秋白，湖光四面平。與君凌倒景，上下極空明。

濯清亭

《城南唱和詩卷》之二

城南齋記

城南齋者，常熟錢君伯廣息游藏脩之所也。伯廣早從其鄉先達尚書干先生游，先生之守婺源也，嘗得晦菴朱子手書城南二十詠而寶愛之，未嘗輙以示人，卒乃帰之伯廣。而伯廣之居適在其州之南，謂朱子之遺墨為不易得，而先生之賜尤不可虛辱，遂即所居東偏搆斯齋而扁曰城南，且并以城南自號，仍

右晦菴先生真蹟，筆精墨妙，有晉人之風。大賢無所不能，固非可一藝名也。當是先生由建中回新安時所書，流落人間。文傳薄遊婺源，得之不啻若拱璧，携以歸吳中，嘗同仁夫一觀，餘不以示他人也。近伯廣自琴川來訪病中，不及款曲，別後思所以見意，念他物皆不足以浼伯廣，因書于卷尾，令[illegible]持贈之，轉似仁夫，仍題數語于其後。云吳郡干文傳

晦翁此帖極神俊。弘治　後學司馬垔拜觀於友人沈暉時暘所

《城南唱和詩卷》之三

亦有跋語，並吳中文獻之所考見，則是
卷之資，余識其亦多矣。弘治癸丑春
正月既望，長洲吳寬謹書。

此紫陽朱先生之手蹟也。木敬
奉觀卷舒，不忍釋手者三四。不
覺悵然曰：紫陽之蹟，僅為琴川
之珍，今吾為琴川人，亦不獲寶
其蹟，得無有愧乎？昔有詰者曰：
予言不幾於誤也？蓋師紫陽者
不貴其蹟而貴其心，得其蹟而
兼得其心與得其心，亦不必得
其蹟，是豈有間然耶？三復斯言，
深嘆服其有警於余之而愧余
未到也。謹書以歸方伯甫，并冀
考夫異日焉。
弘治六年癸丑二月朔旦，後學
周木謹題

紫陽夫子平生講道之功，日不
暇給，而於辭翰游戲之事，亦復
精詣絕人。評書家謂其書攄有
道義之氣，固耳之觀。吾鄉沈方
伯時夢所藏和張宣公城南雜詠
手蹟，詞皆衡口而得，字字從筆所
書，想度張安態，逸度雖晉唐
諸名家未易比數。世之稱求道者
動輒曰是範藻之藝，非吾事也，不
亦異哉？方伯書來魯公，此盖考

此詩見先生全集第三卷，其曰敬夫
者，南軒也。宋臣文多避忌，雖字音之
同者亦所不免，詩中之貞曰貞者
為槓諱也。夫字與詩皆非先生素
所專，至而思致都度一出自然，如
此信非先生意到也。窮鄉晚學
獲觀墨刻雖多，而真蹟則未嘗
見。方伯沈公博雅好古，家藏此
帖，間出示予，披閱累日，不翅入芳
亭，侍研席，其為惠教多矣。歐陽
公所謂視其所好可以知其人，方
伯有之。
弘治六年癸丑春正月二十四日庚寅
後學寧都董越謹拜手識

晦翁先生書初學魏武，晚乃成
家。其成也則亦超然自得。觀乎其
順論因詩者嘗曰：巧於斤斧者
多疑其拙，苦於檢括輒匆其
叔。孔子曰：窜武子其智可及也，
其愚不可及也。亦此所可與觀
先生書矣。真蹟所著，雖已
予僅兩見一卷，為崔氏家
本，一則今木大方伯沈公所藏
也。先生平生固未嘗專書

若世人園莽減裂而為之者哉？然
其學主於為己，歸於求心，而非有爭
妍鬪靡之意，故其形於歌詠則古
澹和平，見於簡札則蕭散簡遠，非
流俗所敢望，而人之寶之，蓋又不專
在於言語文字之間也。予來宜興，少
司空豫軒沈公示予此卷，乃先生
所和南軒張子城南諸詩，意者先
生遊衡湘時所作。世傳先生雅好
佳山水，所至聞有名勝，雖迂途數
十里必往遊焉，故其南遊過予邑
也，於紫溪石井章巖皆有詩，載
諸集中，具可考見。恨予生晚，不得
操几杖執筆硯，從先生遍覽名勝，
以快平生之願。然諦觀手澤，恍如
聆謦欬而親儀矩，亦何幸哉！因謹
拜稽首書于卷末，庶幾托以傳諸
不朽云。正德甲戌秋九月壬申，後
學鉛山費宏寓予莊謹識

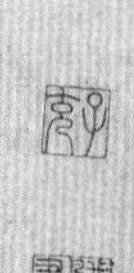

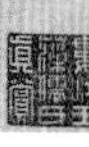

鄒干淵再拜書

晦翁詩翰一通近獲覩于吾友沈
方伯時暘往復吟諷不勝高山仰
止之歎弘治癸丑春正月十七日後
學長沙李東陽拜書

東陽嘗侍坐于外舅蒙泉先生々
指壁間晦翁石刻曰還識此中妙
處否大抵一筆是一筆時亦不甚
著意今思此語亦不可得也東陽
又書

晦菴先生和張宣公城南二十詠先生手
書也吾鄉尚書干公壽道故元時仕于婺
源初得于先生五世孫光既而歸吾鄉
錢伯廣々々復歸其邑虞子賢自子賢
以後不知幾傳今為江西左布政使宜興
沈公得之公博雅好古景仰前哲是二
卷亦有以託矣去前哲遺跡亦寡所[illegible]
題識因以見示聊著其所流傳者而還

《城南唱和詩卷》之四

法蓋範之以方嚴毅烈之風而不得
道義之助若此觸類而長宜其德
弘政粹日就大成不書文翰之妙而
已也況公世家義興之黃瀆採太
湖橡李詩中意象舉目而是當
其景與心融若自口出風流人豪古
今人豈相遠哉其睬諸搆軒列扁
區々模擬者有除韻矣方伯家多
法書名墨而寶此為特甚其有以
也夫弘治癸丑春正月廿一日晉陵
陸簡拜手並識

晦菴先生潛心聖賢之學探索至
道其於詞章字畫蓋有不暇留意
者今觀先生自書所和張宣公城南
雜詠廿首其詞渾厚和平有盛唐
風致其字如孤松老栢晉宋間以書名
家者未易及也是雖大賢多能所到
其所以然者亦本於心耳先生之學以
正心為本夫詩心聲也字心畫也心得
所養則發之於詩形之於字卓乎絕
俗豈世之憊精疲神以學詩學字
者所可彷彿哉善學先生者詠其心
聲玩其心畫則放心自復鄙吝自消固
可得其心法於詞句點畫之表矣方伯
沈公時暘得此卷寶之不啻縣藜照
乘之珍間出示予拜觀之餘肅然起
敬謹識其後而歸之時弘治癸丑秋九
月菊節後三日盱江後學何喬新識

《城南唱和詩卷》之五

也先生平生固未嘗專[illegible]
[illegible]事亦未嘗不以[illegible]事是
以千古之下流布人間如石刻
[illegible]之類甚多而不可寶
之途至於論真蹟以為
甚不可多得哉癸丑八月朔
後学[illegible]拜手書

詞翰儒者末事々觀吾
紫陽先生詩筆皆精到如
此可以仰窺其心之萬一矣
事在是則心在是凡事都
有到家處事不到家亦其
心容有未到也吾徒知所以
用心与謬自誑以為此末事不
必留心者可猛省矣董拜識
偏諸沈氏付都憲公
命方下弘治甲寅五月二十六
日也後学南昌張元禎書

晦菴先生嘗因程子作字甚敬之

《城南唱和詩卷》之六

83

朱熹　行書上時宰二札卷

紙本　行書
第一札縱33.8厘米　橫68.2厘米
第二札縱33.3厘米　橫28.5厘米

Shang Shi Zai Er Zha in running script
By Zhu Xi
Handscrolls, ink on paper
H. 33.8cm　L. 68.2cm,　H. 33.3cm　L. 28.5cm

第一札文中款識"南康軍事"，及"具稟減稅、請祠二事"，在《宋史．朱熹傳》中有記載，可知書於淳熙六年(1179)六月，朱熹時年五十歲。第二札落款為"宣教郎直祕閣提舉兩浙東路常平茶鹽公事"，應在淳熙九年，朱熹五十三歲。

此帖為朱熹中年之筆，箋札之作，筆法精簡，字法奇異，韻度溢於紙墨間。書法深沉古雅，有學者風範。

卷後明代吳寬、陳敬宗、廖莊、李東陽題跋。

鑑藏印記："湫若"(朱文)、"式古堂"(朱文)、"無恙"(白文)。

歷代著錄：《式古堂書畫彙考》、《平生壯觀》、《穰梨館書畫過眼錄》、《過雲樓書畫記》。

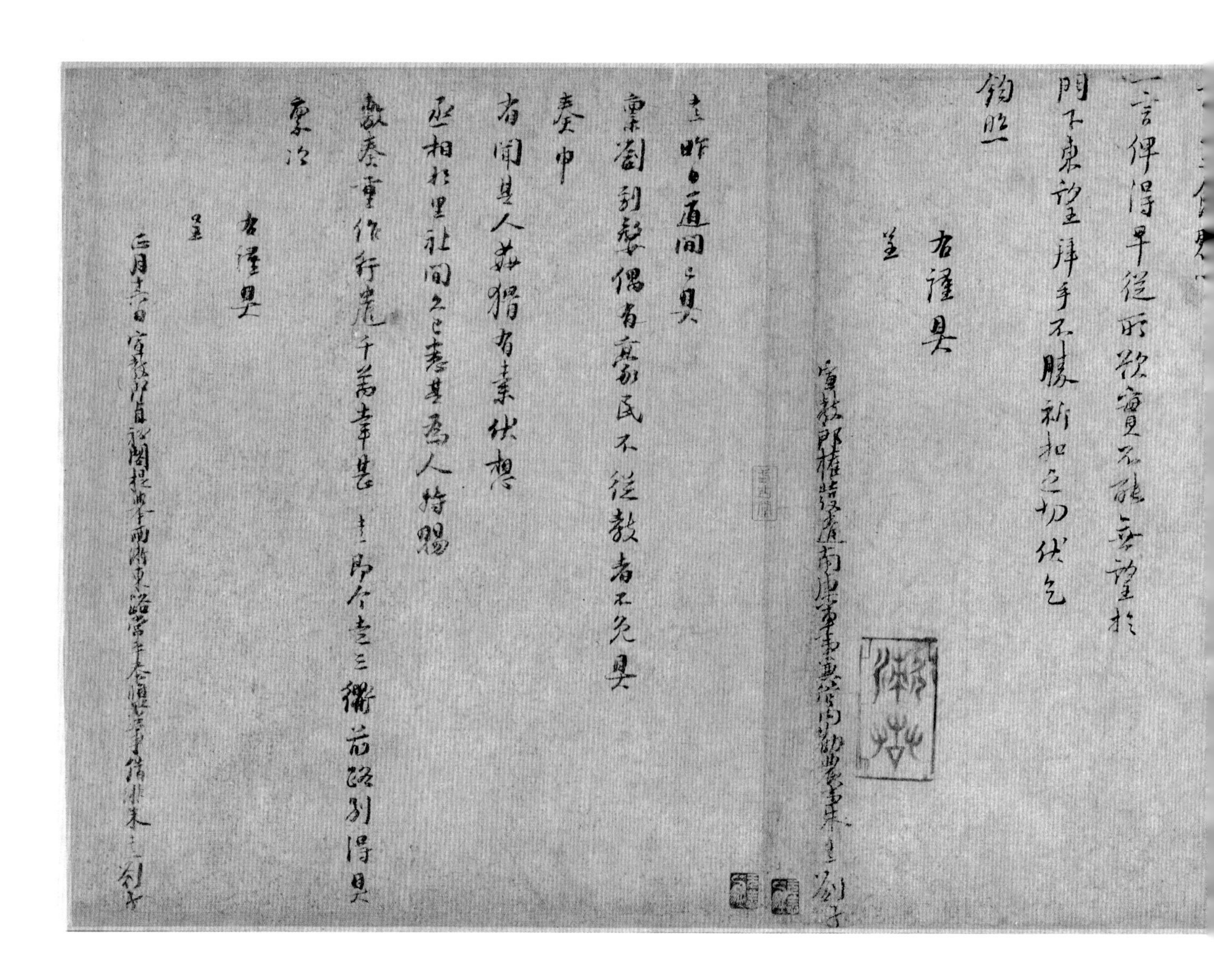

釋文：

熹前者便中累奉
鈞翰之賜，去月末間拜啟。略敘
謝誠。竊計已遂
登徹，繼此未遑嗣問，下情但切瞻仰。熹前所具
稟減稅、請祠二事，伏想已蒙
鈞念矣。但延頸計日以俟
賜可之報，而杳然未有聞，衰病之軀，日益疲憊。舊證之
外，加以洞泄不時，兼旬未止，兩目昏澀，殆不復見物。如作此
字，但以意摸索寫成，其大小濃淡，略不能知。又以鄙性狹
劣，不能自寬。薄書期會之間，又不敢全然曠弛。日夕應
接吏民，省閱文案。若更旬月不得脫去，即精神氣血內外
枯耗，不復可更支吾矣。至於郡計空乏，有失料理，猶未
暇以為憂也。今有劄目申懇，乞賜
憐念。
二公之門，不敢數致私書，亦已各具稟劄，託劉堯夫國正
宛轉關白矣。
論道之餘，賜以
一言，俾得早從所欲，實不能無望於
門下。東望拜手，不勝祈扣之切，伏乞
鈞照。
右謹具
呈
宣教郎　權發遣南康軍事兼管內勸農事　朱熹劄子
熹昨日道間已具
稟劄。到婺偶有豪民不從教者，不免具
奏申
省。聞其人奸猾有素，伏想
丞相於里社間久已悉其為人。特賜
敷奏，重作行遣，千萬幸甚。熹即今走三衢，前路別得具
稟次。
右謹具
呈
正月十六日　宣教郎　直祕閣　提舉兩浙東路常平茶鹽公事　借緋　朱熹劄子

84

朱熹　行草書大桂帖頁

紙本　行草書
縱33.4厘米　橫57.3厘米
清宮舊藏

Da Gui Tie in running-cursive script
By Zhu xi
Leaf, ink on paper
H. 33.4cm　L. 57.3cm
Qing court collection

按朱熹《年譜》載，南宋紹熙五年（1194）五月朱熹知潭州。文中“八月十五日”，“辛苦三月，已不勝郡事”，在任上正好三個月。文中“告歸未獲”，指朱熹在六月曾“申乞放歸田裏”。文中所提及諸事多為紹熙五年事，故推算書於此時，朱熹時年六十五歲。

《大桂帖》為《宋賢遺翰冊》之一，書法縱逸不拘，醇古自然，神態娓娓，如煙雲風捲，意在行文，有自得之趣。如詹景鳳所言：“不以書名，固以學掩之。”

鑑藏印記：“張鏐”（白文）、“吳楨”（朱文）、“周生”（朱白文）。

歷代著錄：《石渠寶笈續編》。

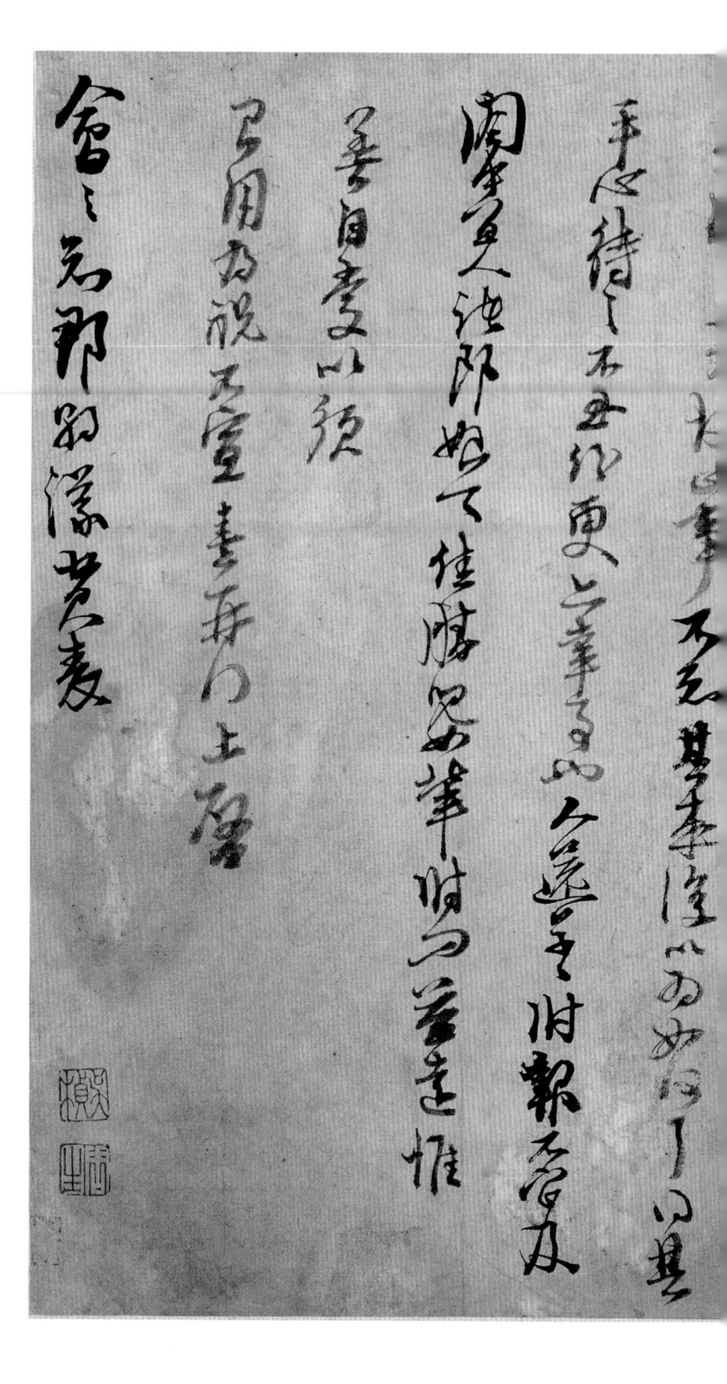

釋文：

八月十五日　熹頓首上啟。大桂驛中草草奉問，想已
達矣。行次宜春，乃承
專介惠書。獲聞比日秋暑，
政成有相
起處多福為慰。熹衰晚亡堪，辛苦三月，已不
勝郡事。告歸未獲，而勿叨此。雖荷
朝廷記憶之深，然踈闊腐儒，亦何補於
時論之萬分哉。已上免牘，前至臨川，恭聽
處分，即自彼東還建陽耳。辰傜復爾，應是
小小仇殺，不知今復如何。昨來所以不免再喚蒲來矢
輩赴司羈縻之。政以爭競有端，不可不預防之。
新帥素不快此事，不知其來複以為如何耳。得其
平心待之，不至紛更，亦幸事也。人還草草附報，不它及。
閤中宜人，諸郎姐哥佳勝，兒女輩時問。益遠、惟
善自愛。以須
召用為祝。不宣。熹再拜上啟
會之知郡朝議賢表

張栻　行書嚴陵帖頁

紙本　行書
縱33.3厘米　橫60厘米

Yan Ling Tie in runing script
By Zhang Shi
Leaf, ink on paper
H. 33.3cm　L. 60cm

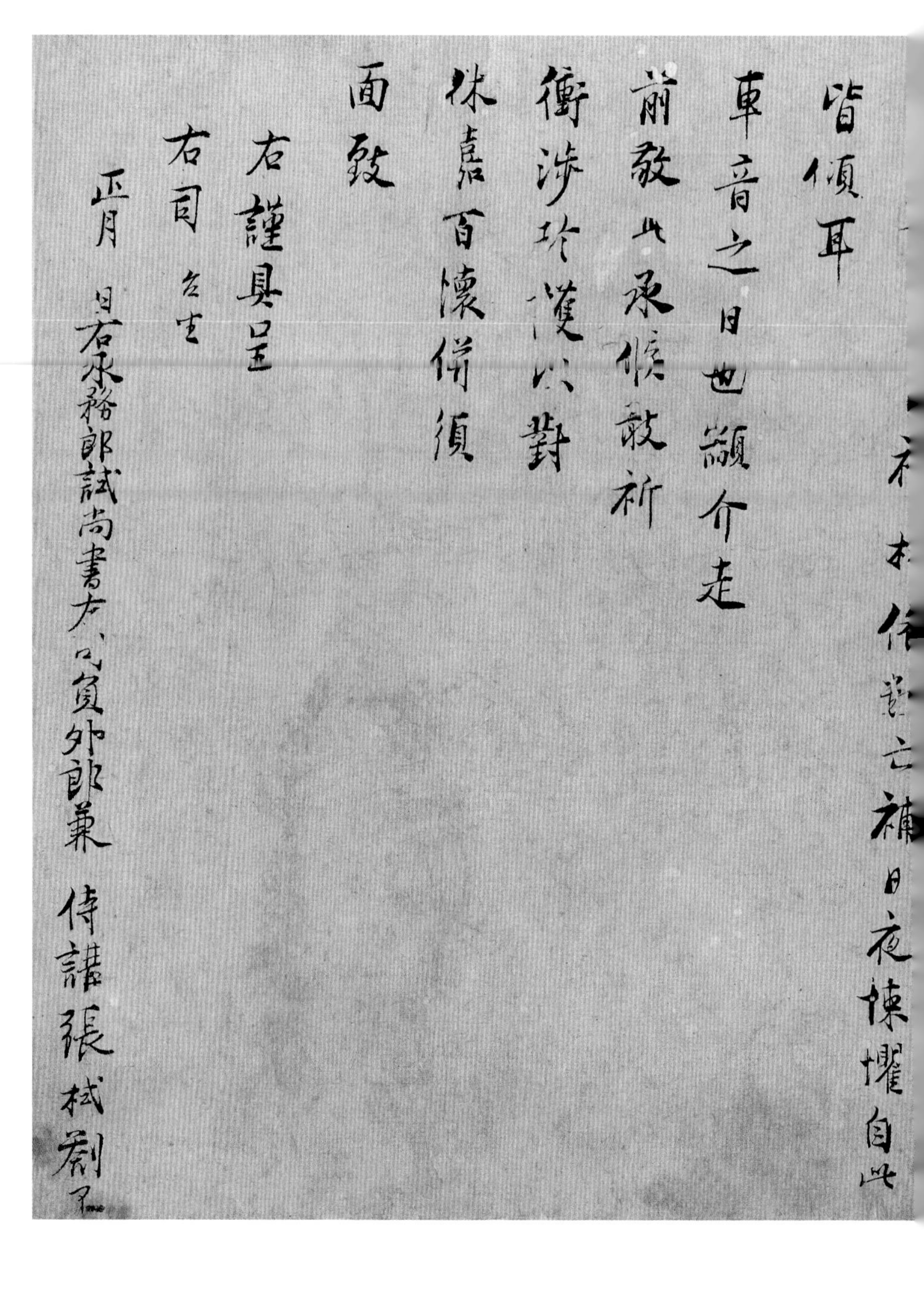

皆傾耳
車音之日也顒介走
前敢此承候敢祈
衛涉於護以對
休嘉百懷倍須
面叙
右謹具呈
右司 名空
正月 日右承務郎試尚書左司員外郎兼侍講張栻劄子

張栻（1133－1180），字敬夫，張浚長子。遷居衡陽，以蔭補官直祕閣，後官至祕閣修撰，荊湖北路轉運副使。理學家，人稱“南軒先生”。

《嚴陵帖》為《宋代法書冊》之一，是致韓元吉（無咎）的書信。文中說：“栻自來嚴陵，與令婿伯恭遊從”，“伯恭”即呂祖謙（詳見後），可知呂氏的丈人正是韓元吉。《宋史》載，張栻乾道七年官尚書吏部員外郎，後兼侍讀、左司員外郎，與此帖官銜正合。張栻在朝不滿一年，明年出知袁州，故此帖應為南宋乾道八年（1172）正月所書，時年四十歲。此帖書法筆工勁利，行體挺拔，字法緊俏，清高閒雅。此帖為名人簡文，不獨書法耳。本幅有草押一字。

釋文：

栻自來嚴陵，與
令婿伯恭游從。每聞
起居狀，及
論議□詳，用以自慰。茲承
□御祥琴，
皇家急
賢，
除日亟下，甚慰士望。而孤拙者，遂有
聯事之便，日承
警誨。庶其寡悔，欣幸預深。即日春首尚寒，
伏惟
趣裝有相，
台候動止萬福。栻備數亡補，日夜悚懼，自此
皆傾耳
車音之日也。顓介走
前，敬此承候。敢祈
衛涉珍護，以對
休嘉。百懷並須
面致。
右謹具呈
右司台坐
正月日　右承務郎　試尚書左司員外郎　兼侍講　張栻劄子

86

呂祖謙　行書文潛帖頁

紙本　行書
縱30厘米　橫18.8厘米

Wen Qian Tie in running script
By Lü Zuqian
Leaf, ink on paper
H. 30cm　L. 18.8cm

呂祖謙(1137－1181)，字伯恭，呂好問孫，南宋壽州(今屬安徽)人。初以蔭補入官，後舉進士，再中博學宏詞科，官至著作郎，兼國史院編修官。理學家，與朱熹、張栻並稱"東南三賢"。

《文潛帖》為《宋代法書冊》之一，是致劉焞的書札。劉焞，字文潛，成都人，曾任集英殿修撰，淳熙七年正月移知江陵。宋代朝議大夫與集英殿修撰同為正六品，上款稱其"知府，朝議"，當在淳熙七年知潭州任時。因此，此帖應為淳熙七年(1180)所書，呂祖謙時年四十四歲。此帖筆法奇異，行筆婉轉、跌宕。呂氏存世作品很少，冊後清代孫承澤、張敦仁等題跋。

鑑藏印記："忠源"(朱文)、"之印"(白文)等印，草押一字。

釋文：
祖謙上覆。
文潛至孝知府朝議兄，謹此附承
慰唁。惓惓之意，不殊前幅。
中甫昆仲，並想
□痛難勝，亦不及一一上狀。祖謙上覆。

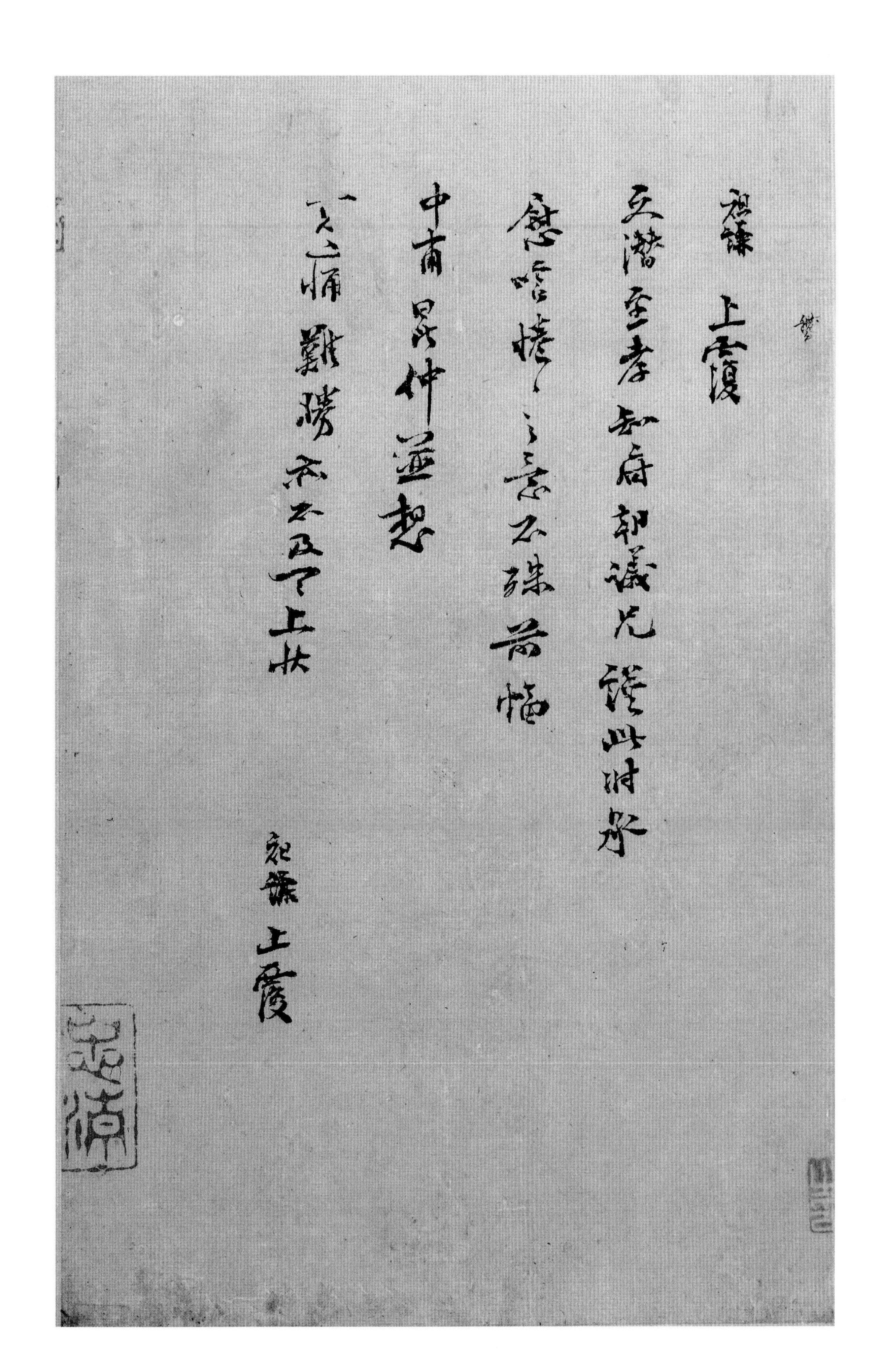

紀謹　上覆
天潛至孝知府朝議兄　從此時所
感唁情之意不殊常悔
中甫昆仲並起
一之之情　難勝　不宣及下上狀
紀謹　上覆

87

樓鑰　行書題徐鉉篆書帖

紙本　行書

縱26.7厘米　橫78.3厘米

Ti Xu Xuan Zhuan Shu Tie in running script

By Lou Yao

Ink on paper

H. 26.7cm　L. 78.3cm

樓鑰(1137－1213)，字大防，南宋明州鄞縣(今屬浙江)人。隆興進士，官中書舍人，翰林學士，進參知政事。工文章，精而博，著有《攻媿集》。

文中“騎省”即徐鉉，字鼎臣，宋代著名書家，精小篆。此跋就是為徐鉉篆書《項王亭賦》所作的跋語。分前後兩則，書寫時間相距二十年。前跋作於紹熙改元(1190)，樓鑰時年五十四歲，後跋作於南宋嘉定三年(1210)，樓鑰時年七十四歲。跋中“季路”為汪逵，乾道進士，嘉定初為太常卿，累官吏部尚書。此帖書法方正，用筆隨意，捺筆微摻隸意。《書史會要》稱樓鑰“善大字，宋高宗時太學成，奉敕書匾”，當時也是頗有名氣的。鈐“鑰”(白文)、“攻媿齋”(白文)印。

歷代著錄：《吳氏書畫記》、《平生壯觀》、《墨緣彙觀》、《石渠寶笈續編》、《石渠隨筆》。

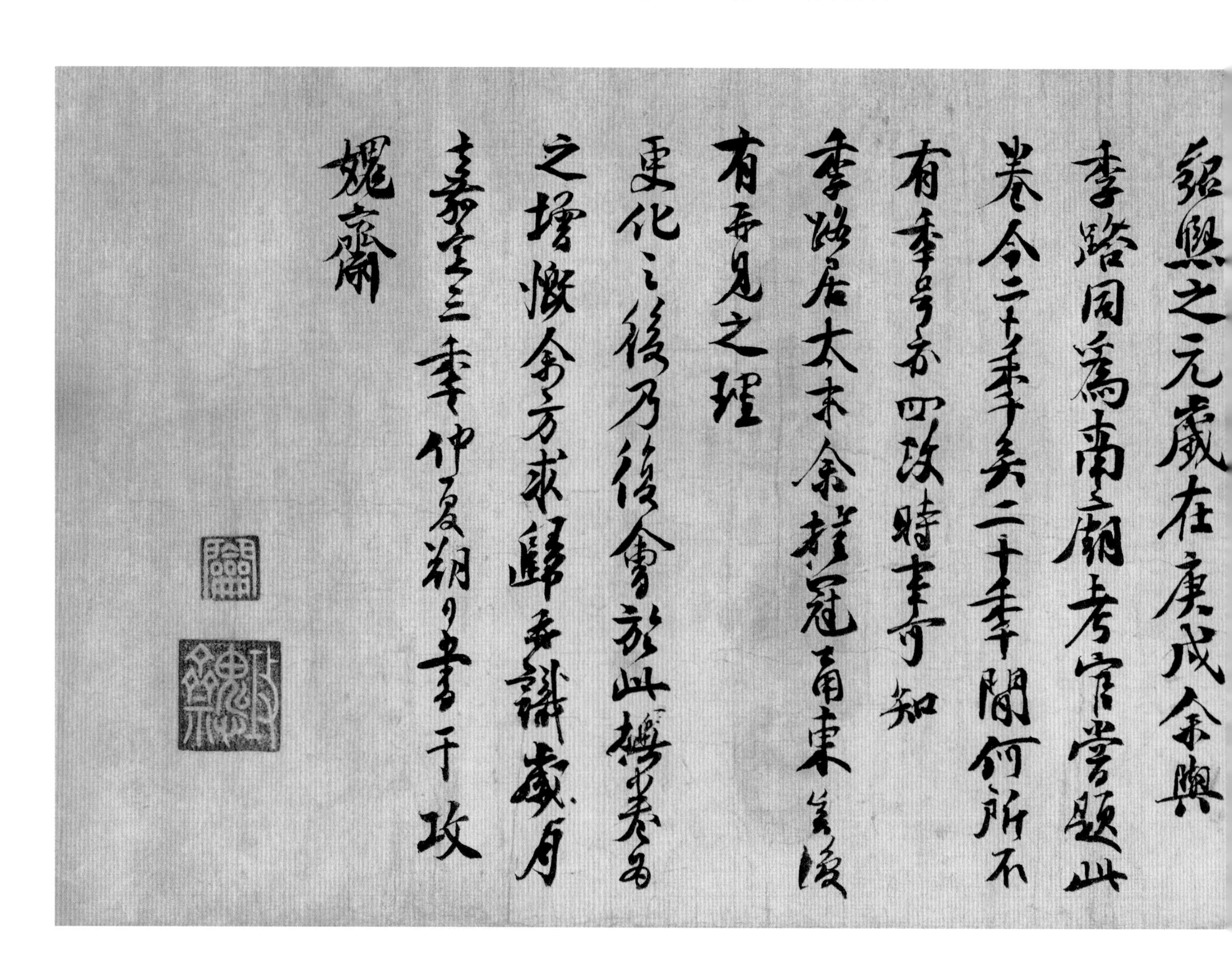

釋文：

舊見岸老筆談載騎省竵匾之說，近有敷原王季中、彥良，實襄敏諸孫。余及見其莫年，嘗問古人篆字真跡，何以無燥筆，季中笑曰：「罕有問及此者，蓋古人力在腕，不盡用筆力。今人以筆為力，或燒筆使禿而用之，移筆則墨已燥矣。」今觀此軸，信然。子孫非不甚工，惜其自壞家法，反以端直姿媚售一時，後進競效之，古意頓盡，但可為知者道爾。紹熙改元清明　鮚埼樓鑰

紹熙之元，歲在庚戌。余與季路同為南廟考官，嘗題此卷，今二十年矣。二十年間，何所不有，年號亦四改，時事可知。季路居太末，余掛冠甬東，豈復有再見之理。更化之後，乃復會於此。撫卷為之增慨，余方求歸，再識歲月。嘉定三年仲夏朔日　書於攻媿齋

88

辛棄疾　行楷書去國帖頁
紙本　行楷書
縱33.5厘米　橫21.5厘米

Qu Guo Tie in running-regular script
By Xin Qiji
Leaf, ink on paper
H. 33.5cm　L. 21.5cm

辛棄疾(1140－1207)，字幼安，南宋濟南歷城(今山東濟南)人。官至大理少卿，加集英殿修撰，知福州兼福建安撫使，後進龍圖閣，知江陵府，又進樞密都承旨。著名詞人，豪放派代表。

《去國帖》為《宋人手簡冊》之一。文中："秋初去國"，"日從事於兵車羽檄間"是指在江西提刑任平"茶寇"賴文政事。《宋史》記載，淳熙二年為江西提刑的辛棄疾因討捕茶寇有功，因此而得到陞遷，詔江西提刑除祕閣修撰。據此，本帖書於淳熙二年(1175)十月間，辛棄疾時年三十六歲。書法中鋒用筆，點畫盡合法度，書寫流暢自如，渾厚沉婉，筆意略顯蘇、黃遺規。雖無豪縱恣肆之態，亦不失方正挺拔之氣。此為辛棄疾僅見的墨跡珍品，殊為難得。

鑑藏印記："楊氏家藏"(白文)、"原素齋"(白文)、"松雪齋"(朱文)、"琳印"(朱文)、"海印居士"(白文)、"黃琳美之"(朱文)、"休伯"(朱文)、項元汴諸印，"皇十一子成親王詒晉齋圖書印"(朱文)、"南韻齋印"(朱文)、"蓮樵成勛鑑賞書畫印"(朱文)、"蓮樵曾觀"(朱文)等。

歷代著錄：《六研齋三筆》、《書畫鑑影》。

釋文：
棄疾自秋初去
國，倏忽見冬，
詹詠之誠，朝夕不替。第緣驅馳到官，即專意督捕，日從事於兵車羽檄
間，坐是倥偬，略亡少暇。
起居之問，缺然不講，非敢懈怠，當蒙
情亮也。指吳會雲間，未龜
合并。心旌所向，坐以神馳。
右謹具
呈
宣教郎新除祕閣修撰　權江南西路提點刑獄公事　辛棄疾劄子

棄疾自秋初去
國倏忽見冬
詹詠之誠朝夕不替第緣驅馳到官即專意督捕日從事於兵車羽檄
間[illegible]倥偬略亡少暇
起居之問缺然不講非敢懈怠當蒙
情亮也指吳會雲間未龜
合并心旌所向坐以神馳
右謹具
呈
宣教郎新除秘閣修撰權江南西路提點刑獄公事辛棄疾劄子

89

喬行簡　行書閏餘帖

紙本　行書

縱32.1厘米　橫42.5厘米

Run Yu Tie (Guan Shi Lang Zhong Tie) in running script

By Qiao Xingjian

Ink on paper

H. 32.1cm　L. 42.5cm

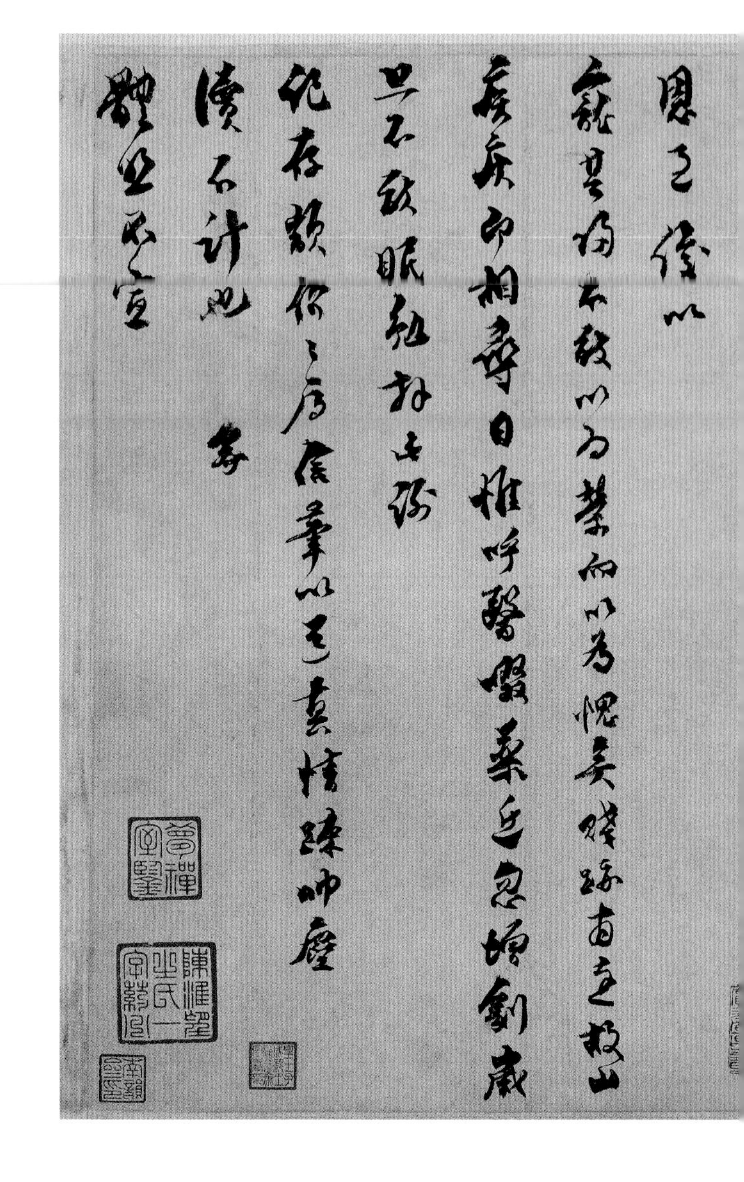

喬行簡（1156－1241），字壽朋，南宋婺州東陽（今屬浙江）人。呂祖謙弟子。紹熙進士，官至刑部尚書，樞密院事，拜左丞相，加少師、保寧軍節度使、禮泉觀使，封魯國公。

《閏餘帖》又稱《觀使郎中帖》，為《宋人手簡冊》之一。原落款“夷簡”二字是後人把“行”字改為“夷”字，以冒充北宋呂夷簡手跡。“蒙體照不宣”後，應有官職名銜，現已裁去，《宋人手簡冊》中有喬行簡書札可以對照，書法、文字內容也與喬氏史傳相合。文中“即日閏餘盈數，歲陽肇端”，嘉熙四年正是閏十二月。喬氏晚年衰病不堪，與文中“日惟呼醫啜藥”等相符，因此，本帖書於南宋嘉熙四年（1240），喬氏年八十五歲。《閏餘帖》隨手為之，書法殊形異態，氣勢雍容，行筆跌宕。

鑑藏印記：“蓮樵鑑賞”（朱文）、“皇十一子成親王詒晉齋圖書印”（朱文）、“蓮樵成勛鑑賞書畫之章”（朱文）、“南韻齋印”（朱文）、“夢禪室鑑”（朱文）、“陳淮望之氏一字藥州”（朱文）。

歷代著錄：《平生壯觀》、《書畫鑑影》。

釋文：

行簡伏以即日閏餘盈數，歲易肇端。共惟
觀使郎中鄉眷丈。小駐寓鄉，
會頒新渥，
行神先路，
台候動止萬福。行簡向心不得一
見而別，負慊久之。茲又悤悤度時，未及奉
主書之敬，忽承
真翰，
意愛甚隆，慚感溢寸衿矣。行簡宜歸久矣。
誤蒙
旒扆之知，偷枉歲月，不覺年數之趣，其後遂以
情懇祈而遂所請。然當軸處中不為不久，而身
偶艱難，勞無寸效可以持謝
鄉黨、親戚、朋友、故舊，負我夙志，枉有遭時遇
主之大幸，而迄無以自見于
明時，故雖蒙
恩過優，以寵
其歸，不敢以為榮，而以為愧矣。賤跡甫達故山，
疾疢即相尋。日惟呼醫啜藥，近忽增劇，歲
旦不敢眠，勉拜此謝。
記存顓價之候，信筆以道真情。疏□塵
瀆不計也。蒙
體照不宣。

90

尤袤　行書蘭亭序跋
紙本　行書
縱25厘米　橫45厘米

Lan Ting Xu Ba in running script
By You Mao
Ink on paper
H. 25cm　L. 45cm

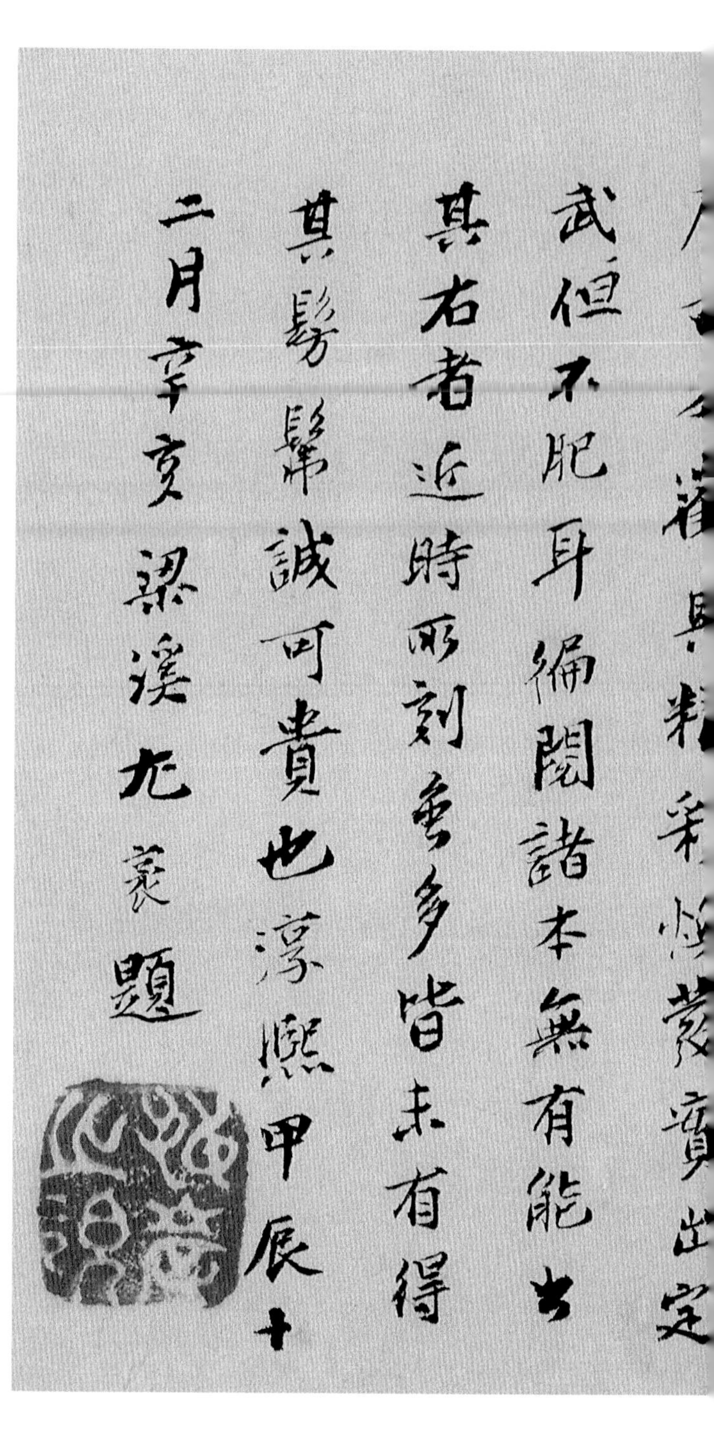

尤袤(1124－1194)，字延之，南宋常州無錫(今屬江蘇)人。紹興進士，官秘書丞兼國史院編修，實錄院檢討官，遷著作郎兼太子侍讀，最後為給事中，禮部尚書。擅詩，稱“南宋四大家”，著有中國最早的版本目錄《遂初堂書目》。

此帖年款“淳熙甲辰十二月辛亥”，為淳熙十一年(1184)，尤袤六十一歲。書法率意清峭，不拘繩尺，用筆蕭散簡潔，有尺素書意味。落筆有古人法，又頗知曉“定武蘭亭”之來龍去脈，又有“精彩煥發”之議論，可謂精通書學。此為名人墨跡，世傳罕見。

帖前原有“定武蘭亭”拓本，現已不知下落，另配入舊拓一幅。卷後有張翥、王蒙題文，趙孟頫臨“蘭亭”帖，清代慶錫跋二行。尾紙有明代湯傑重裝款及清代蕭應禧觀款各一段。

鑑藏印記：“蟄公書畫”(朱文)。

釋文：

蘭亭序世以定武石刻為最。然定
武自有三本，其佳者則民間李氏
本。李氏祕惜之，別刻一本，世之所
刻，皆其副耳。韓忠獻用其本刻
之，則官本也。李氏亡，負官錢，宋景
文以公帑代償，取石置庫中，薛道
祖刻他石以換之。斲去湍、流、帶、右、
天五字，其後亦歸
宣和殿矣。此本石在長安。薛謂之
唐古本，觀其精彩煥發，實出定
武，但不肥耳。遍閱諸本，無有能出
其右者。近時所刻雖多，皆未有得
其仿佛，誠可貴也。淳熙甲辰十
二月辛亥　梁溪尤袤題

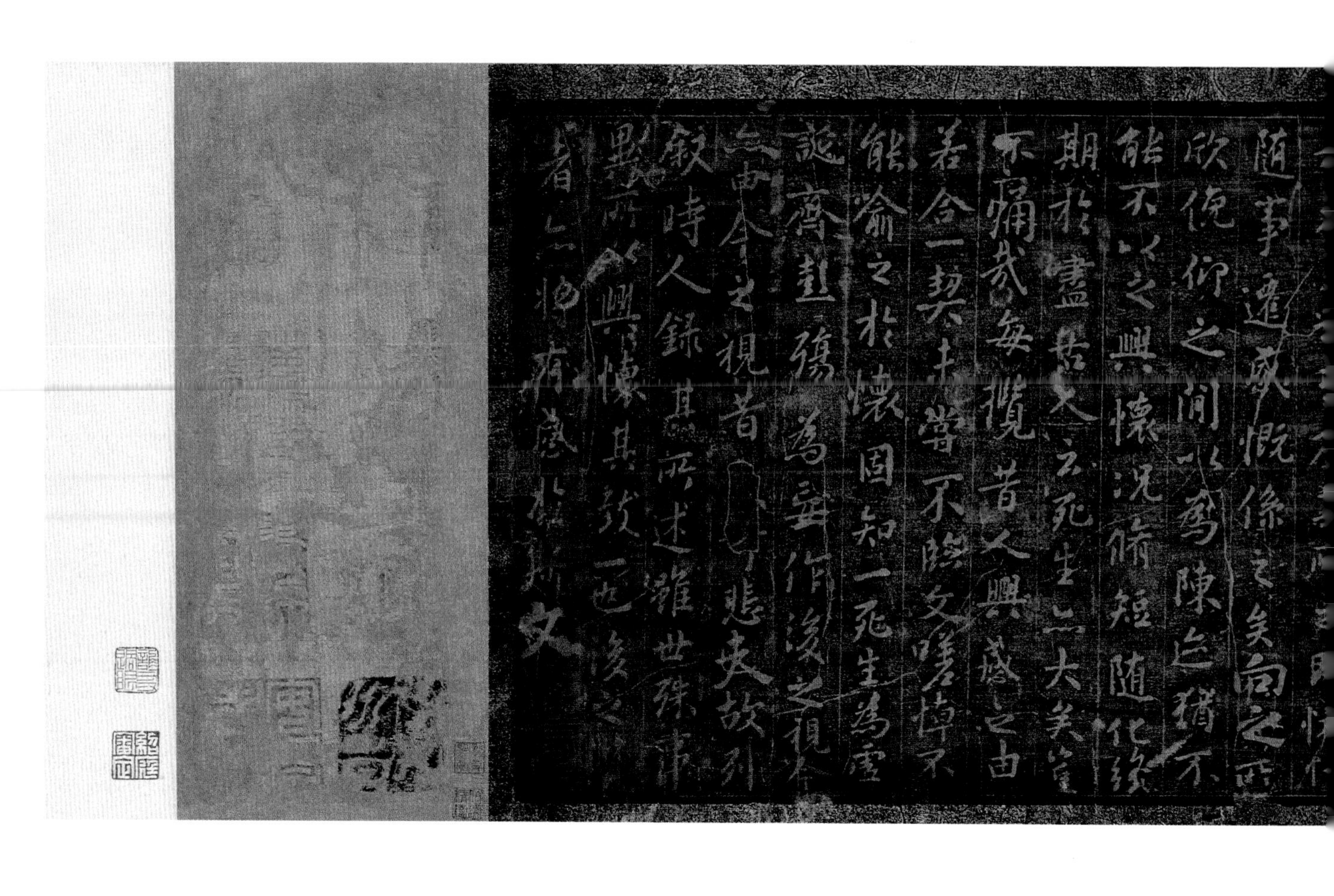
隨事遷感慨係之矣向之所
欣俛仰之間以為陳迹猶不
能不以之興懷況脩短隨化終
期於盡古人云死生亦大矣豈
不痛哉每攬昔人興感之由
若合一契未嘗不臨文嗟悼不
能喻之於懷固知一死生為虛
誕齊彭殤為妄作後之視
今亦由今之視昔悲夫故列
敘時人錄其所述雖世殊事
異所以興懷其致一也後之
者亦將有感於斯文

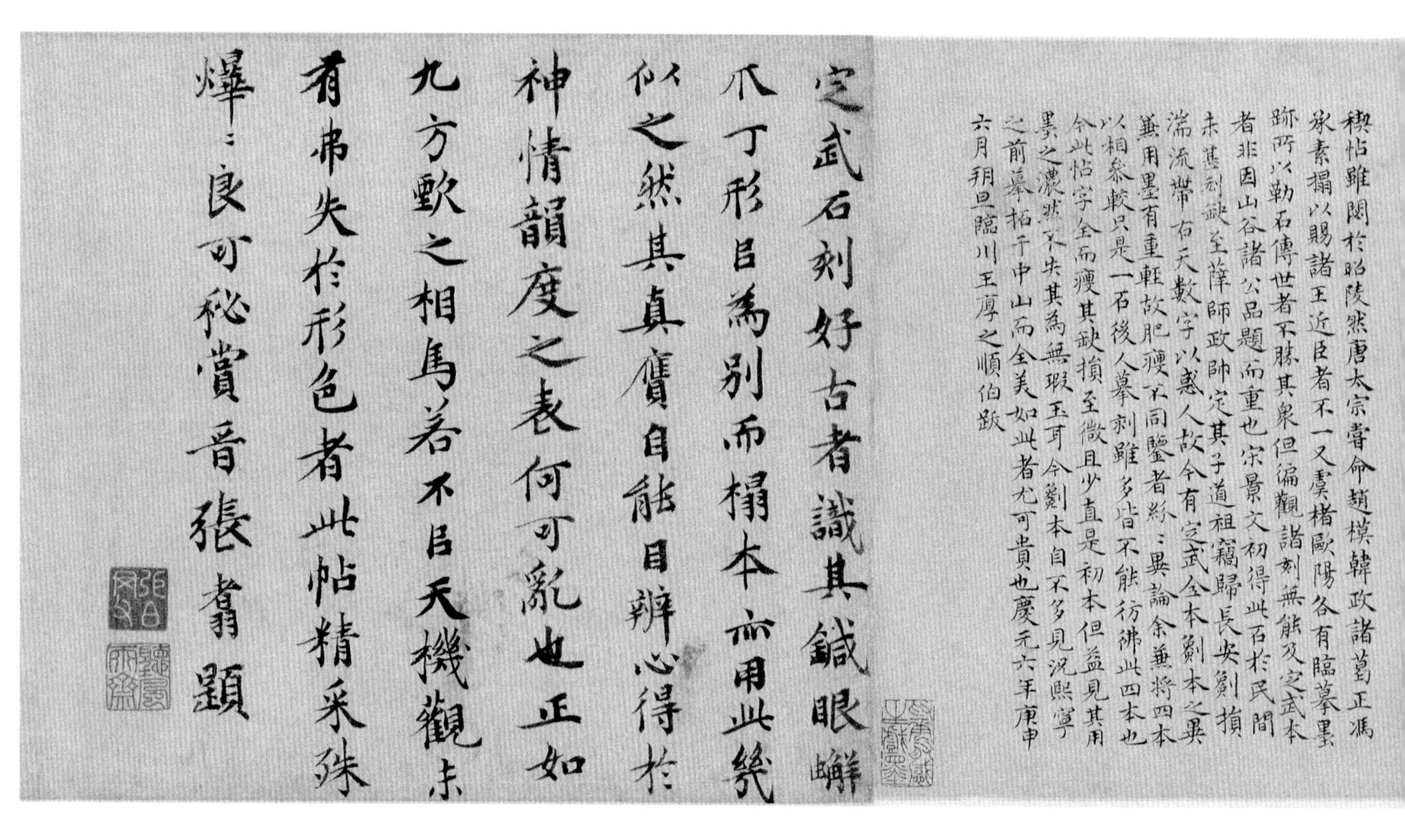
禊帖雖閟於昭陵然唐太宗嘗命趙模韓政諸葛正馮
承素搨以賜諸王近臣者不一又虞褚歐陽各有臨摹墨
跡所以勒石傳世者不勝其衆但徧觀諸刻無能及定武本
者非因山谷諸公品題而重也宋景文初得此石於民間
未甚刓缺至薛師政師定其子道祖竊歸長安劉損
湍流帶右天數字以惑人故今有定武全本劉本之異
兼用墨有重輕故肥瘦不同鑒者紛紛異論余兼將四本
以相參較只是一石後人摹刻雖多皆不能彷彿此四本也
今此帖字全而瘦其缺損至微且少直是初本但益見其用
墨之濃然不失其為無瑕玉耳今劉本自不多見況熙寧
之前摹拓于中山而全美如此者尤可貴也慶元六年庚申
六月朔旦臨川王厚之順伯跋

定武石刻好古者識其鐵眼蟹
爪丁形以為別而搨本亦用此幾
似之然其真贋自能目辨心得於
神情韻度之表何可亂也正如
九方歅之相馬若不以天機觀未
有弗失於形色者此帖精采殊
燁燁良可秘賞晉張翥題

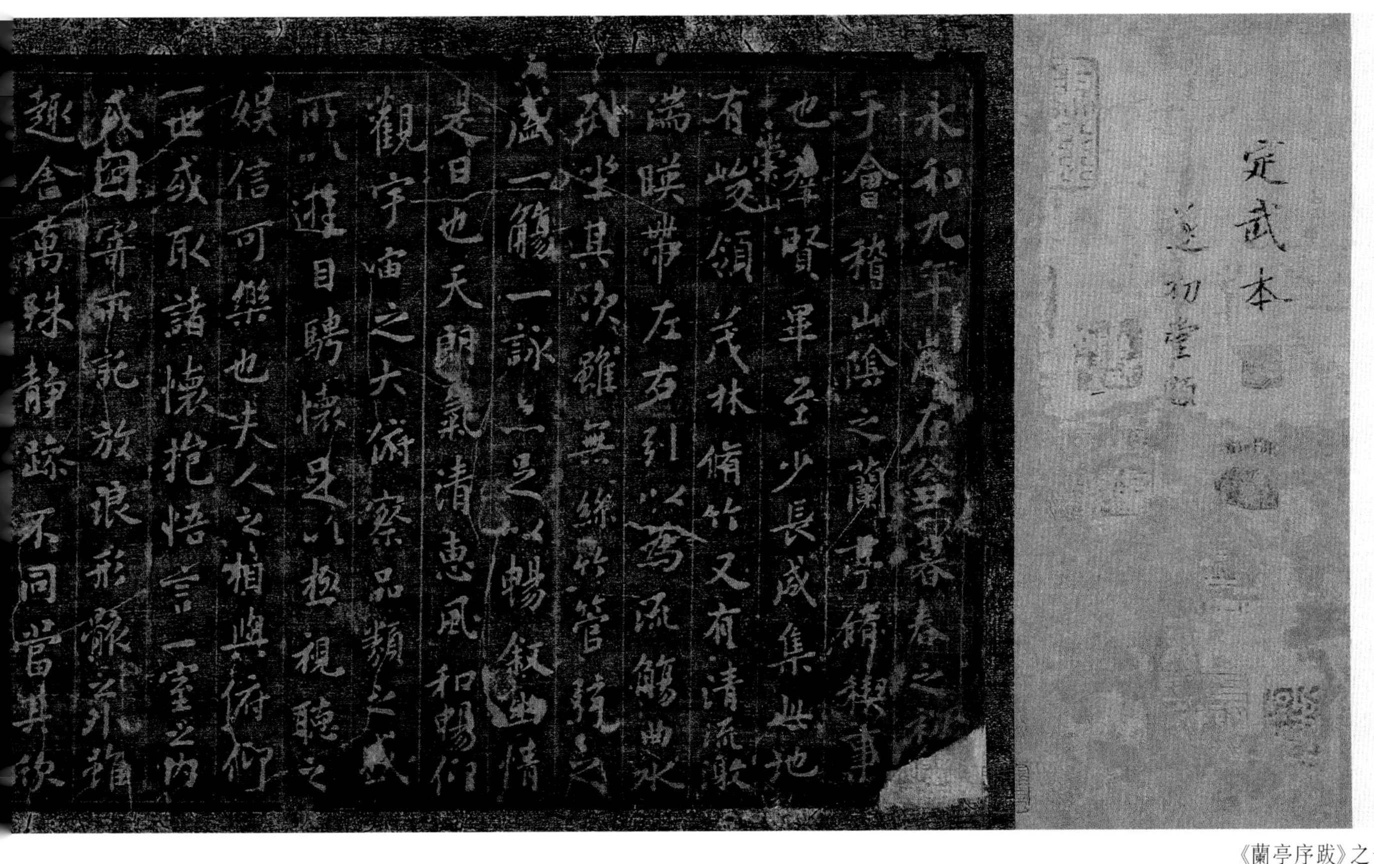

《蘭亭序跋》之一

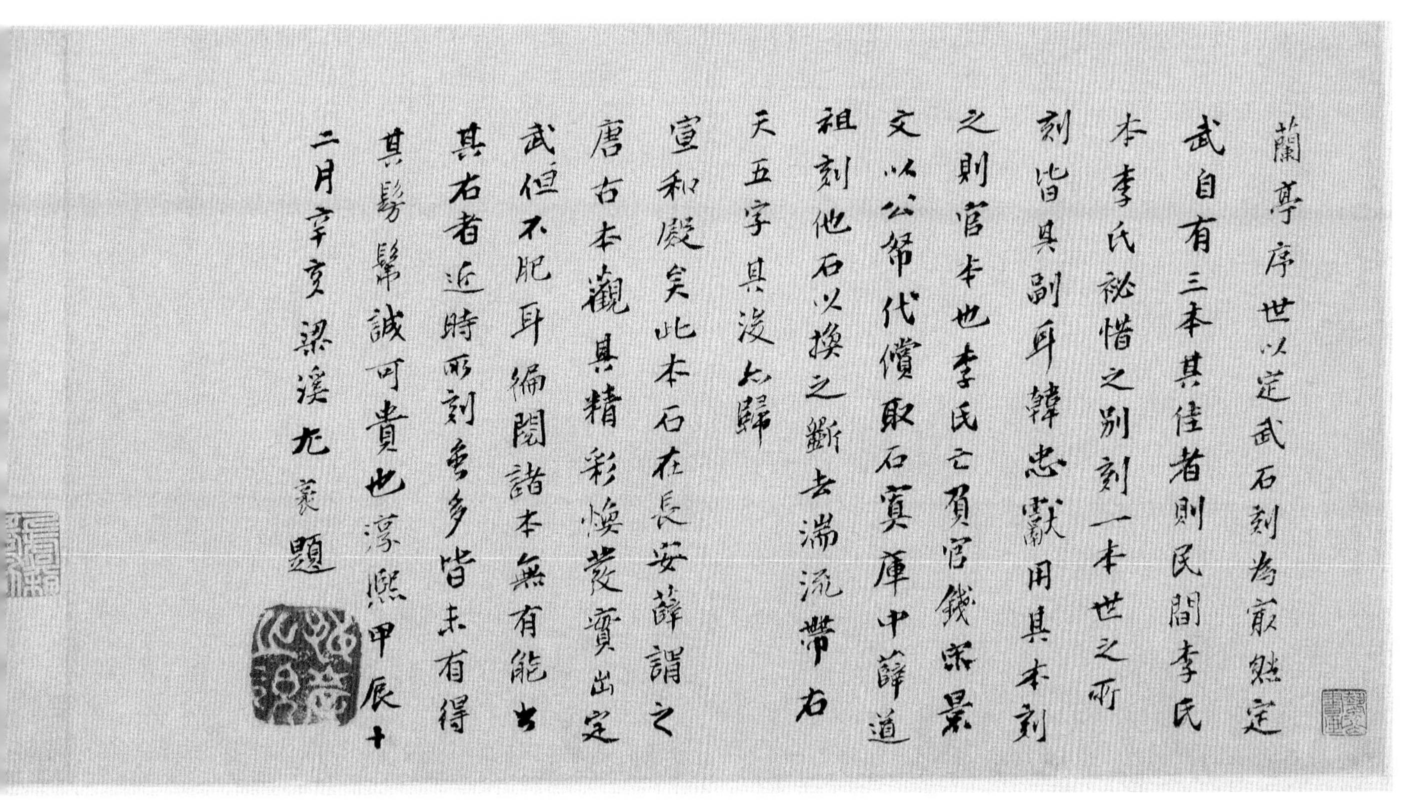

《蘭亭序跋》之二

矣老之將至及其所之既惓情
隨事遷感慨係之矣向之所
欣俛仰之間以為陳迹猶不
能不以之興懷况脩短隨化終
期於盡古人云死生亦大矣豈
不痛哉每攬昔人興感之由
若合一契未嘗不臨文嗟悼不
能喻之於懷固知一死生為虛
誕齊彭殤為妄作後之視今
亦由今之視昔 悲夫故列
叙時人錄其所述雖世殊事
異所以興懷其致一也後之攬
者亦將有感於斯文

子昂

光緒四年歲在戊寅暮春之初竹隱老人慶錫同子注昌
獲觀定武未損五字蘭亭本於好閒齋 時年六十又九

一本亦是後輩臨一本可見
愛惜之至不忍去手於文敏題跋中
此本又當為第一也嗚呼一千年之前
惟有一人惟有此得意書數
千刻中惟此一刻墨本在世者何
啻萬計皆化劫灰存至今日惟此
一本最精後千年惟有一人一人
惟有此一題為至精至賞舉千
年之世書法之精妙者無過此一
本以此論之金玉易得性命可輕
好事之家當為傳世之寶不可
以尋常書刻觀也余於至正廿五
年秋七月購得於吳城如獲重寶
玩弄不捨後之子孫當世寶之毋
為富者財物所易毋為強者勢
力所奪真吾之子孫也苟能專心
臨摹數千過雖不能企及前世人
要當不讓今世能書者遂識而
藏之黃鶴山人王蒙書

永和九年歲在癸丑暮春之初
于會稽山陰之蘭亭脩禊事
也羣賢畢至少長咸集此地
有崇山峻領茂林脩竹又有清流激
湍暎帶左右引以為流觴曲水
列坐其次雖無絲竹管絃之
盛一觴一詠亦足以暢敘幽情
是日也天朗氣清惠風和暢仰
觀宇宙之大俯察品類之盛
所以遊目騁懷足以極視聽之
娛信可樂也夫人之相與俯仰
一世或取諸懷抱悟言一室之內
或因寄所託放浪形骸之外雖
趣舍萬殊靜躁不同當其欣

《蘭亭序跋》之三

自永和九年至于今日九千有餘歲其
間善書入神者當以王右軍為第一所
謂龍跳天門虎臥鳳闕真不誣也右軍
平生書最得意者蘭亭為第一其真
跡為隨僧辯材所藏唐太宗以計獲之
命褚遂良馮承素等摹搨以賜近臣
刻石惟定武一本最得其真後世共寶
之故石刻當以定武為第一石晉時為
契丹輦其石投此棄中山境中後人
取龕置宣化堂壁薛紹彭易歸其弟
獻于朝高宗南渡至揚州而失之其
石已亡而碑本散落人間者有數然墨
有濃淡紙有精麤摹手有高下故雖
出一石夐然不同又有真贗相襍非精
鑒者不能識也余平生所見定武本
惟此一本紙墨既嘉摹手復善無毫
髮遺恨千古墨本中此本當為第一
自右軍之下唐宋勿論千有餘年
後能繼右軍之筆法者惟先外祖
魏國趙文敏公當為第一文敏平昔
所題蘭亭墨本亦多矣或一題數語

《蘭亭序跋》之四

91

張即之　楷書雙松圖歌卷

紙本　楷書
縱33.8厘米　橫1196厘米

Shuang Song Tu Ge in regular script
By Zhang Jizhi
Handscroll, ink on paper
H. 33.8cm　L. 1196cm

張即之(1186－1266)，字溫夫，號樗寮，南宋和州(今屬安徽)人。官至司農寺丞，授直祕閣。以擅書名世，書宗唐人，結體嚴謹，筆法險勁，對當時書壇影響很大，北方亦多仿效其體者。

《雙松圖歌卷》鈐“張”(朱文)、“張氏”(白文)、“即之”(朱文)印，款署：“張即之七十二歲寫”，即南宋寶祐五年(1257)，為晚年之筆。後人皆稱張即之“以能書聞天下”，“大字古雅遒勁，細書尤俊健不凡”。此卷擘窠大字，神完氣足，勁健雄肆，但時見險怪之態。

卷前有偽作託名蘇東坡古柏圖，後有明代陳新、夏彥良跋。

歷代著錄：《寓意錄》、《石渠寶笈初編》。

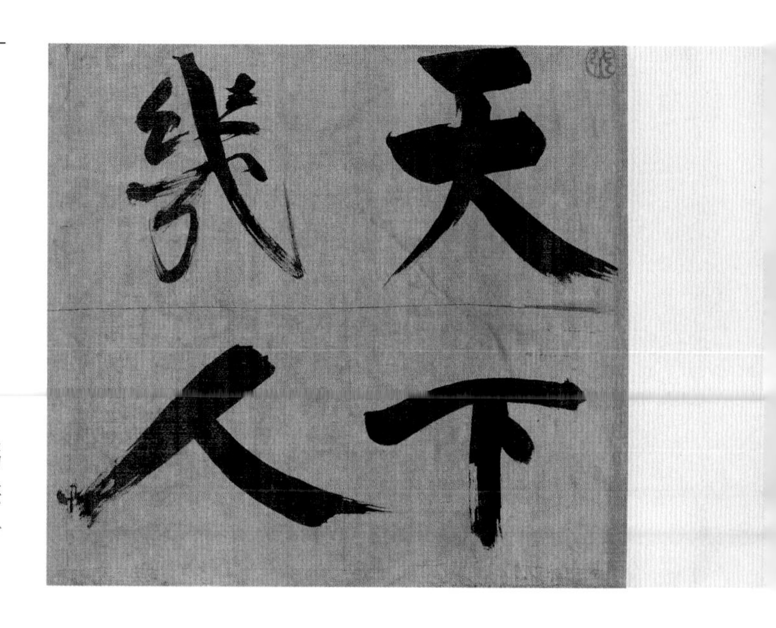

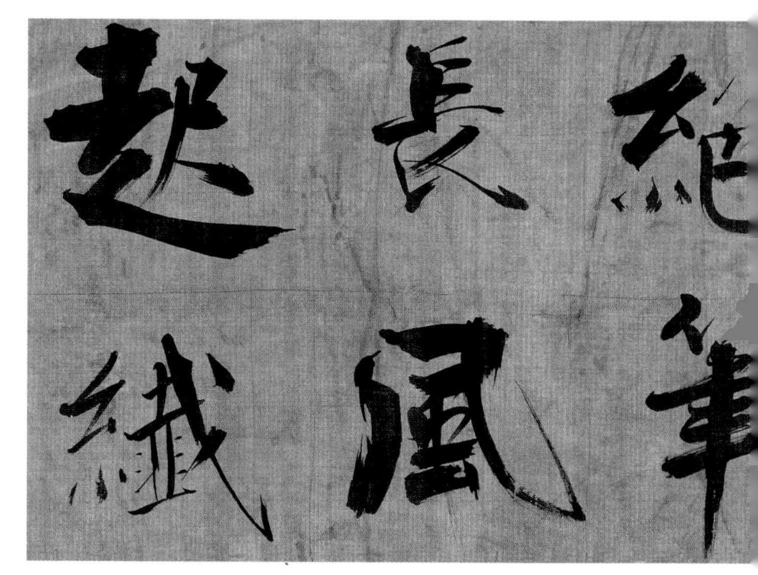

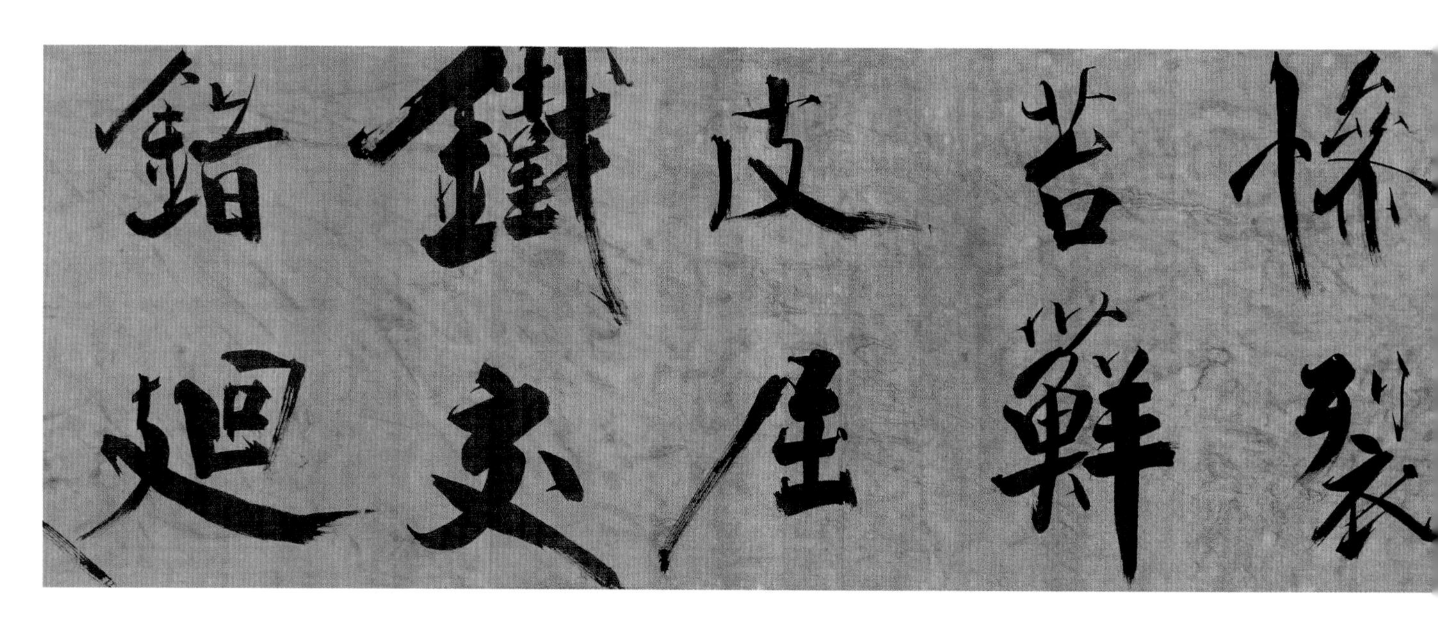

釋文：天下幾人畫古松，畢宏已老韋偃少。絕筆長風起纖末，滿堂動色嗟神妙。兩株慘裂苔蘚皮，屈鐵交錯迴

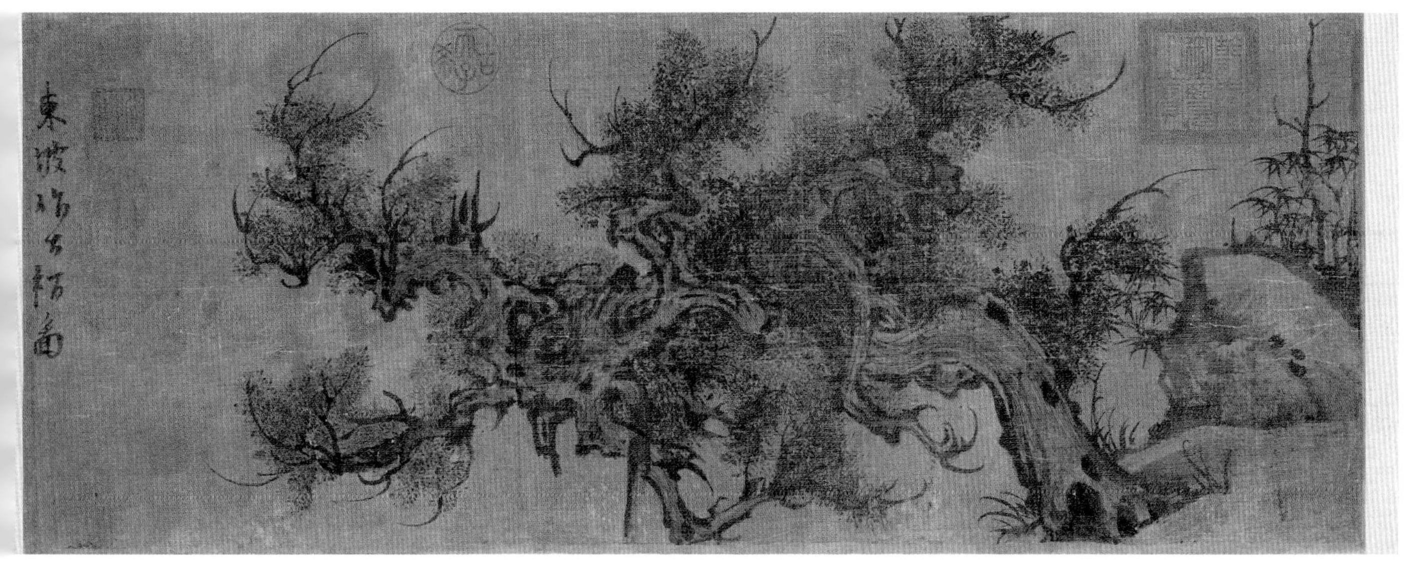

《雙松圖歌卷》之一

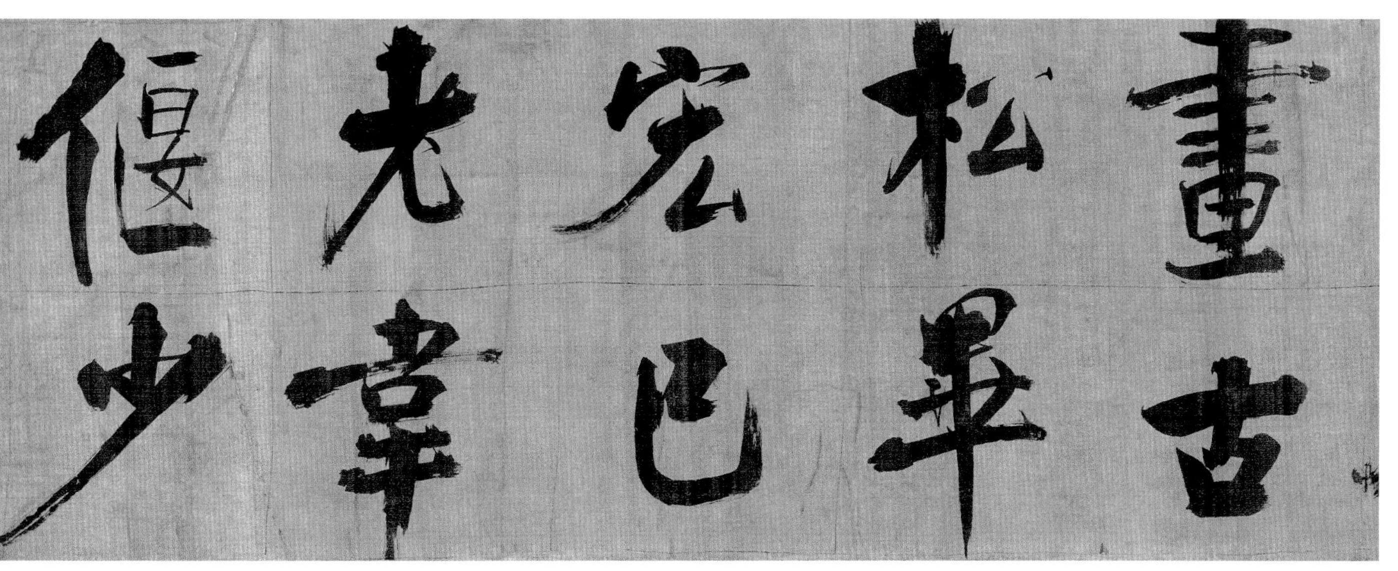

《雙松圖歌卷》之二

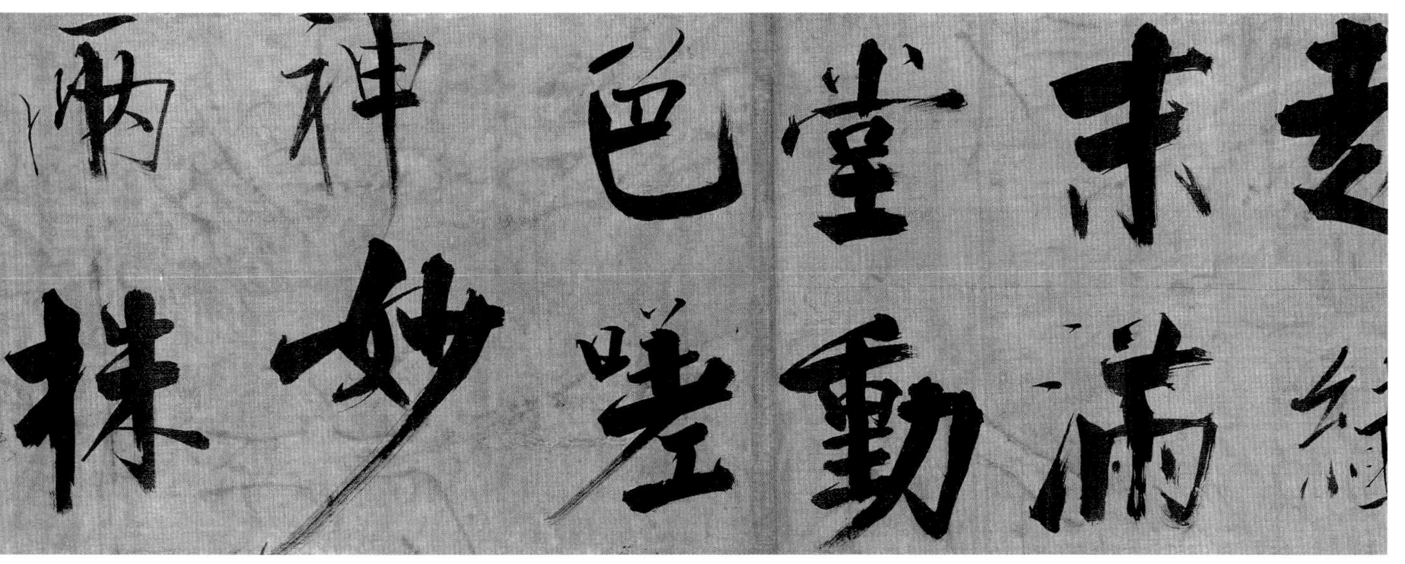

《雙松圖歌卷》之三

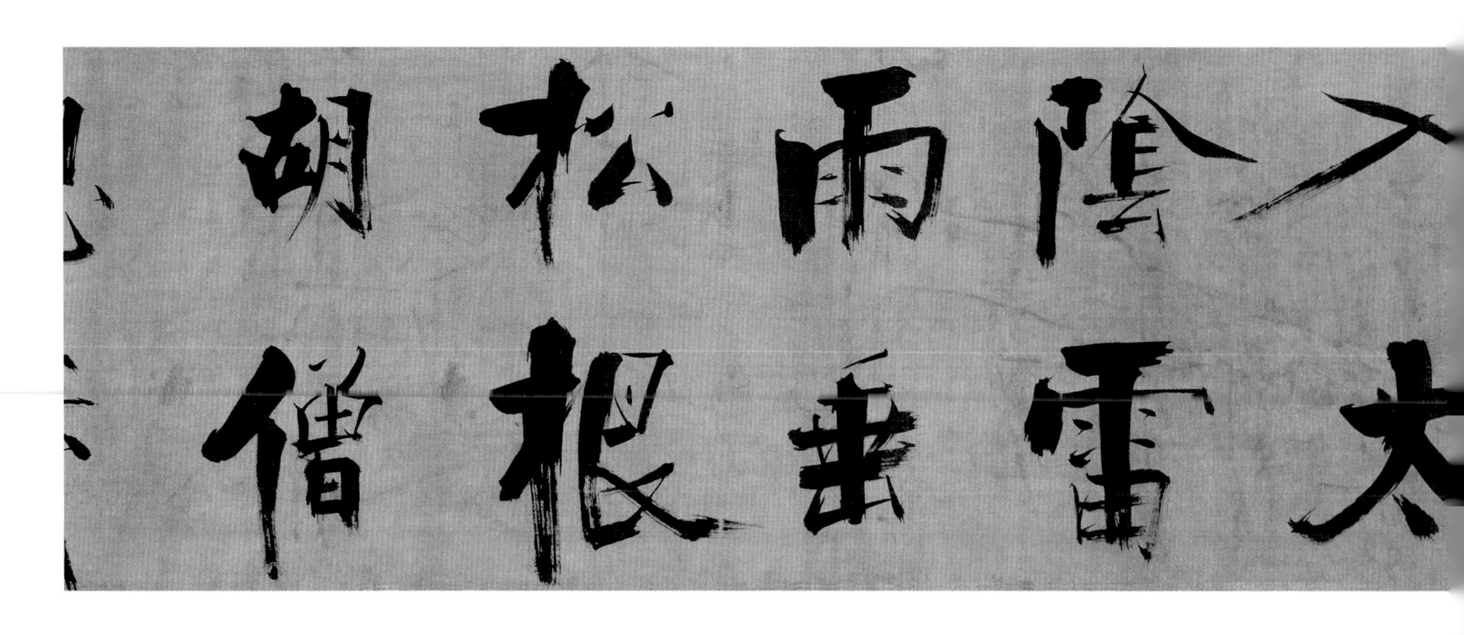

高枝。白摧朽骨龍虎死，黑入太陰雷雨垂。松根胡僧憩寂寞，龐眉皓首無住著。偏袒右肩露雙腳，葉裏松子僧前落，韋侯數相見。我有一匹好東絹，重之不減錦繡

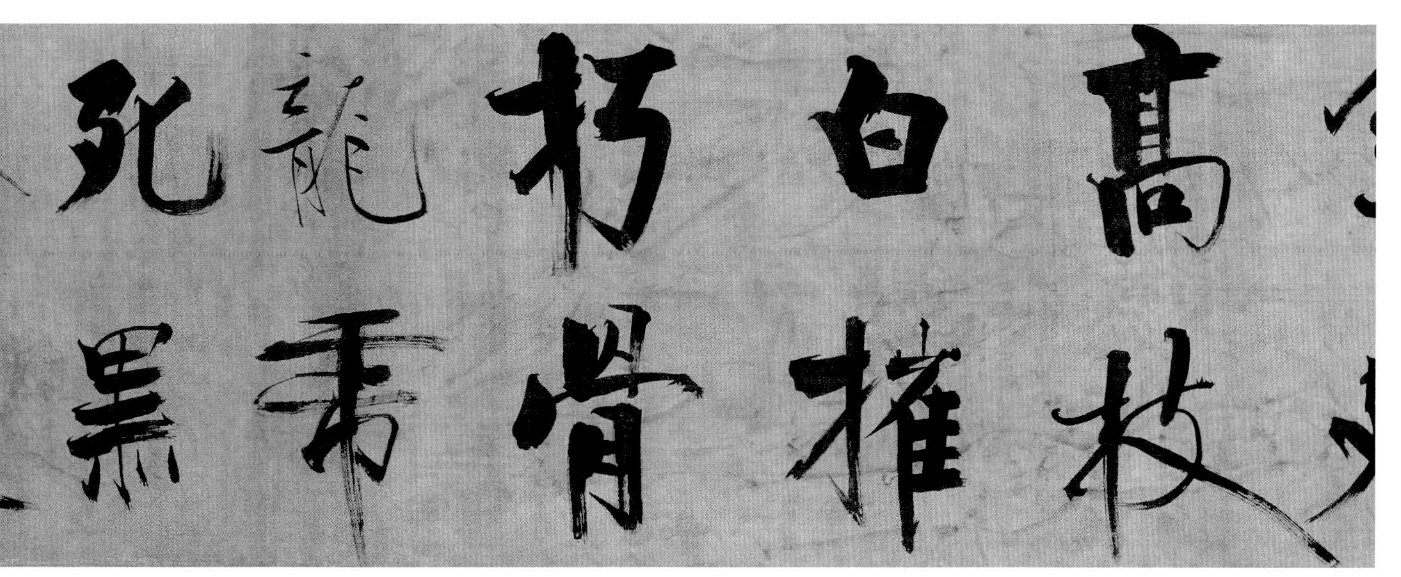

《雙松圖歌卷》之四

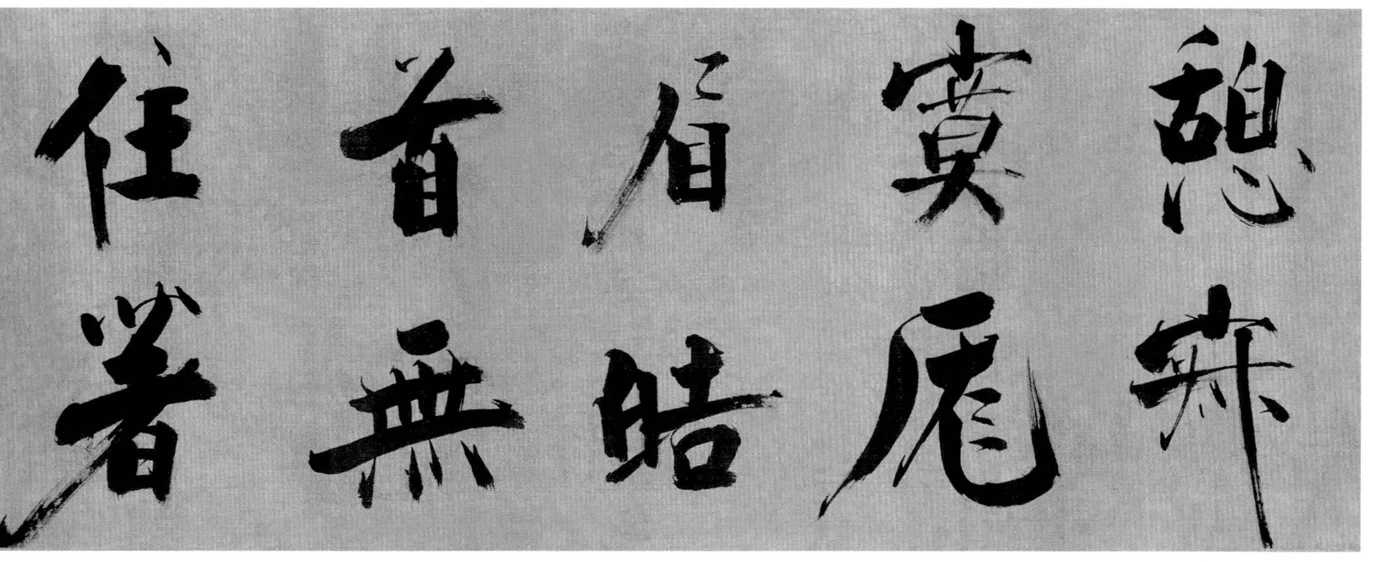

《雙松圖歌卷》之五

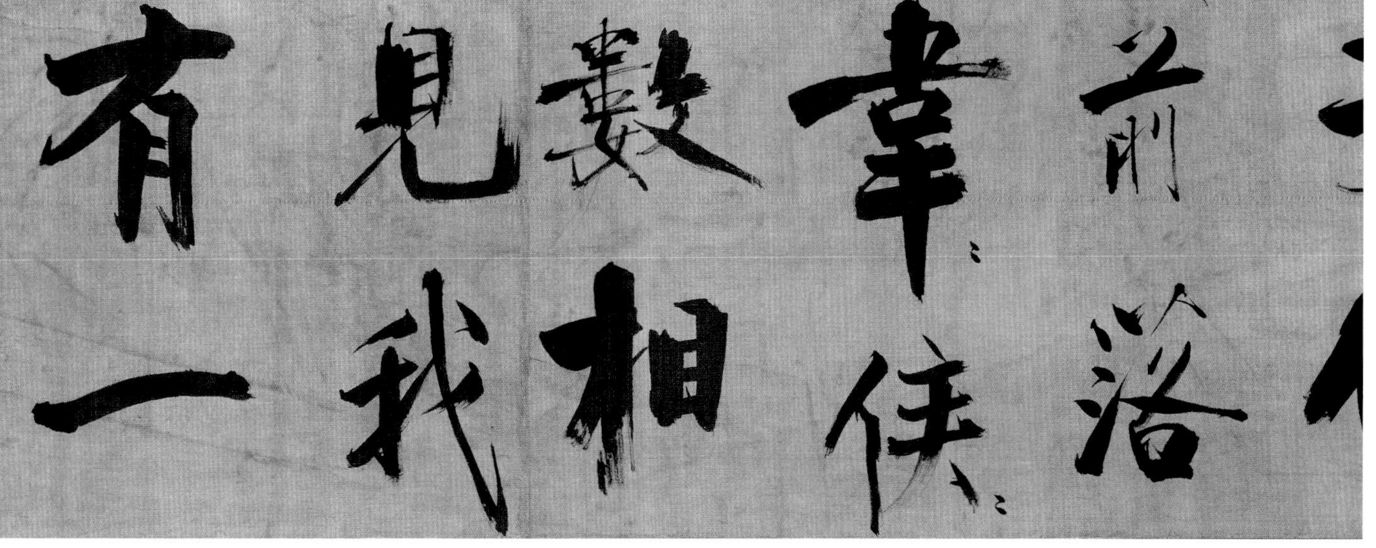

《雙松圖歌卷》之六

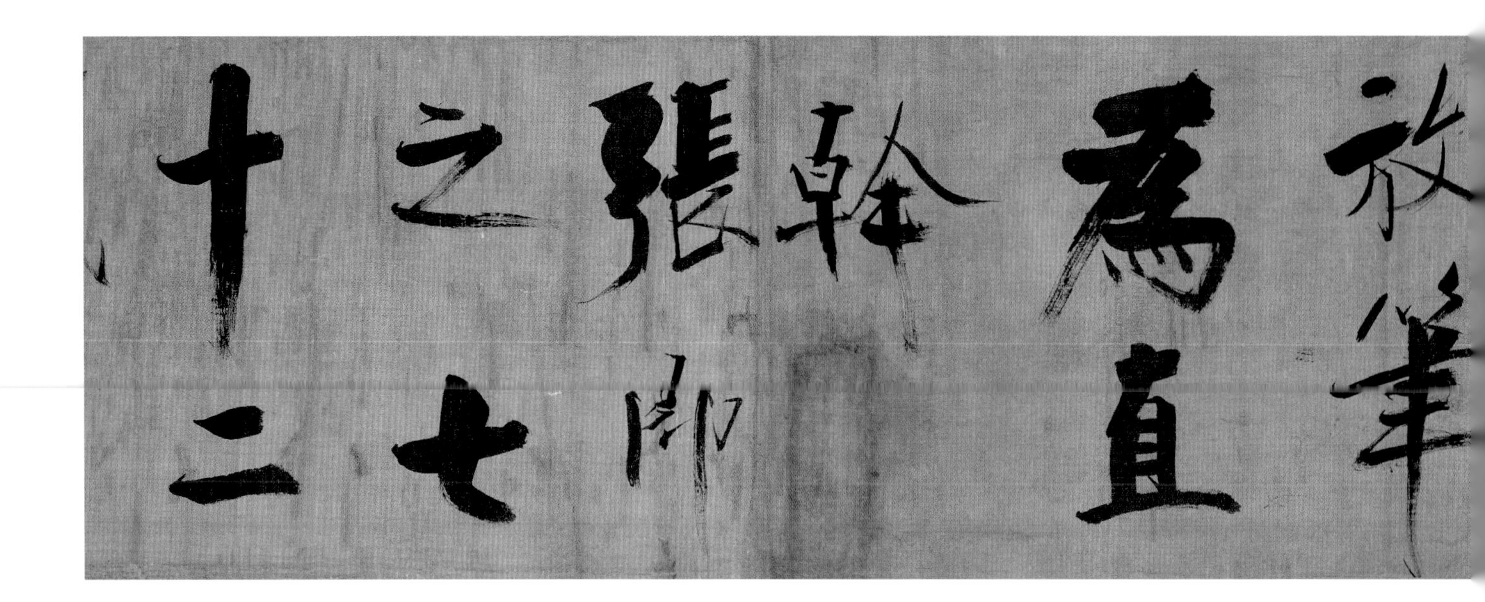

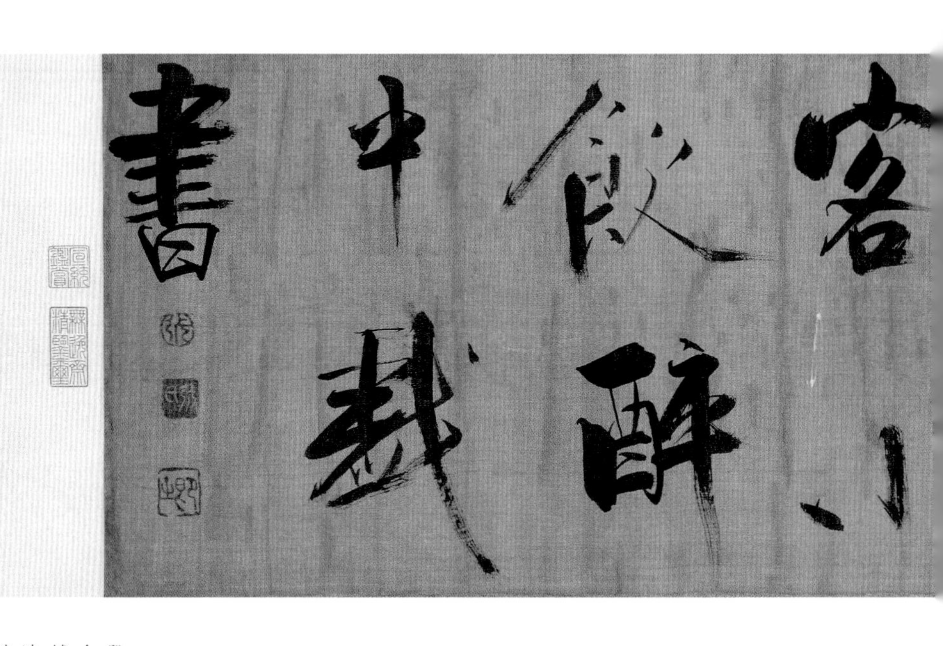

段。已令拂拭光凌亂，請公放筆為直幹。張即之七十二歲寫，時積雨連霉，槐龍舞翠，與客小飲，醉中戲書

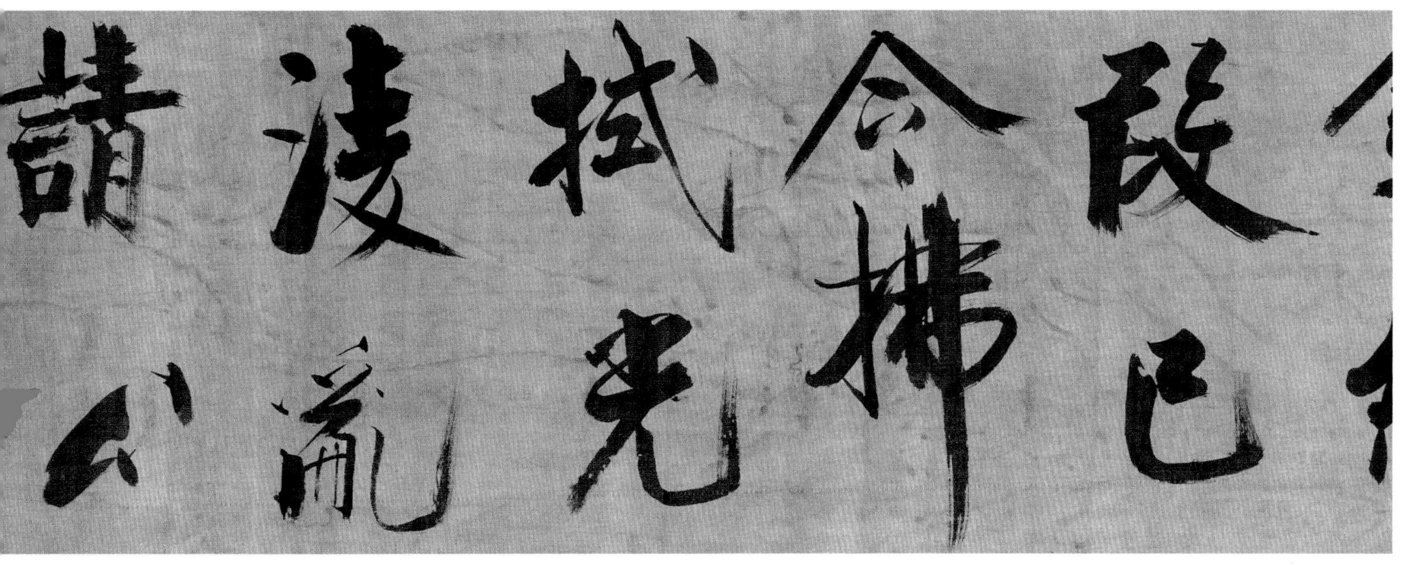

《雙松圖歌卷》之七

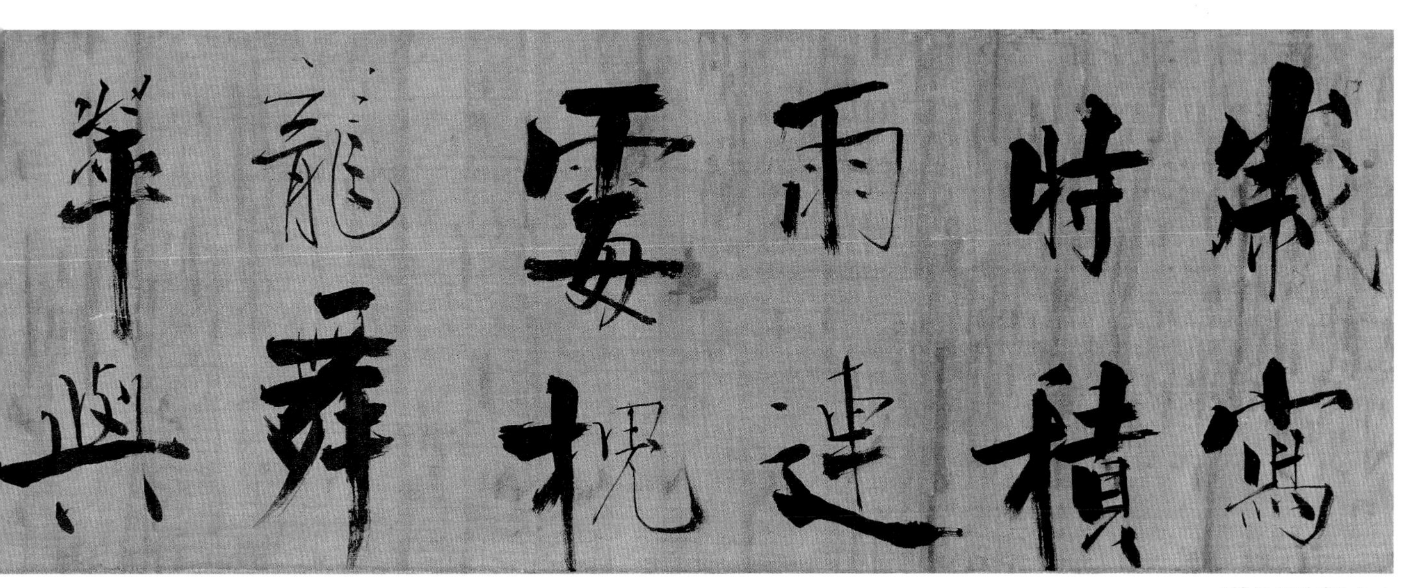

《雙松圖歌卷》之八

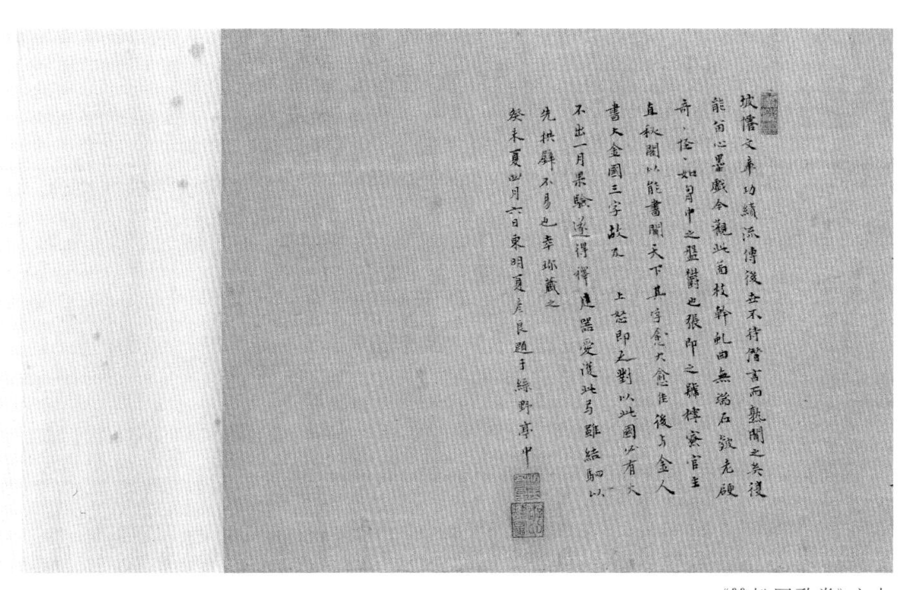

《雙松圖歌卷》之九

92

張即之　行書台慈帖頁

紙本　行書
縱30.9厘米　橫43.1厘米

Tai Ci Tie in running script
By Zhang Jizhi
Leaf, ink on paper
H. 30.9cm　L. 43.1cm

此帖結銜稱“致仕”，應作於南宋景定年間(1260－1264)，故為張即之老年之筆。書法精勁峭利，無衰退氣象。

歷代著錄：《書畫鑑影》。

釋文：
即之伏蒙
台慈，
寵賜
寶墨，仰體
記軫之厚。即之年來衰病日侵，視聽久廢。兩
月前忽得小府癃疾，訖今未愈，不容親具稟
謝之幅。仰乞
台照，
垂喻備悉。昨來大字，已曾納去。若小字，則目視茫茫，
如隔煙霧，度不復可下筆矣。切幸
加亮。
右謹具申
呈
二月日　中大夫直祕閣致仕　張即之箚子

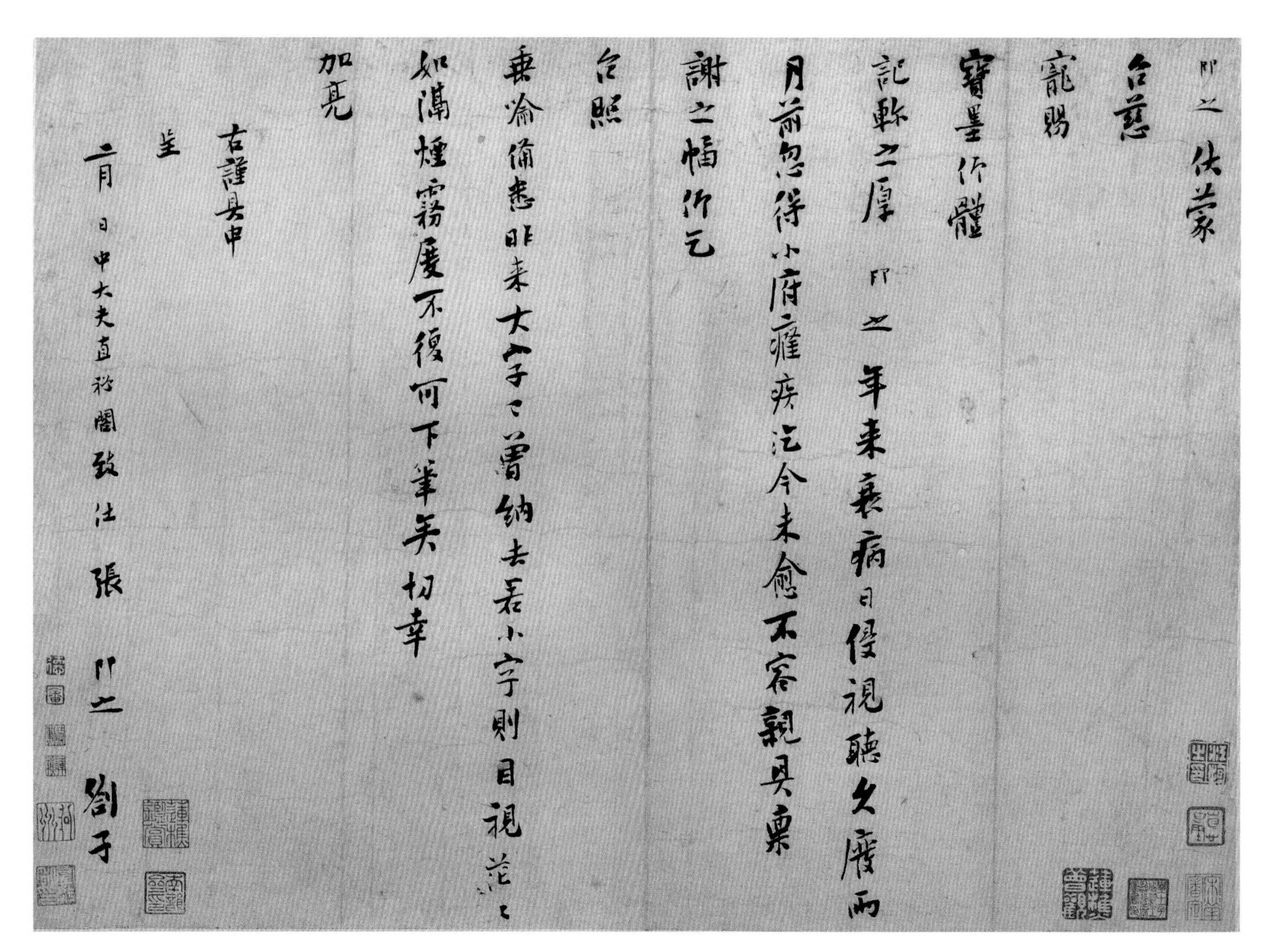

93

張即之　楷書度人經冊

紙本　楷書　五十九頁
每頁縱30.7厘米　橫14.1厘米

Du Ren Jing in regular script
By Zhang Jizhi
Album of 59 leaves, ink on paper
Each leaf: H. 30.7cm　L. 14.1cm

按錢陳羣題跋言："度人經為張君中壽時所作無疑。"此經書法平正秀勁，紙墨精好，用筆秀穎，前後完整。

"度人經"全名為"太上洞玄靈寶無量度人上品妙經"。冊前有清乾隆帝行書"毫素通靈"四字，後有錢陳羣題跋一段。

鑑藏印記：清乾隆、嘉慶、宣統內府諸印，冊後餘紙有"李受持"三字，字下鈐"蒙孫"(朱文)，字上鈐"山水中人梅江李氏"(朱白文)及山水印一方。

歷代著錄：《祕殿珠林續編》。

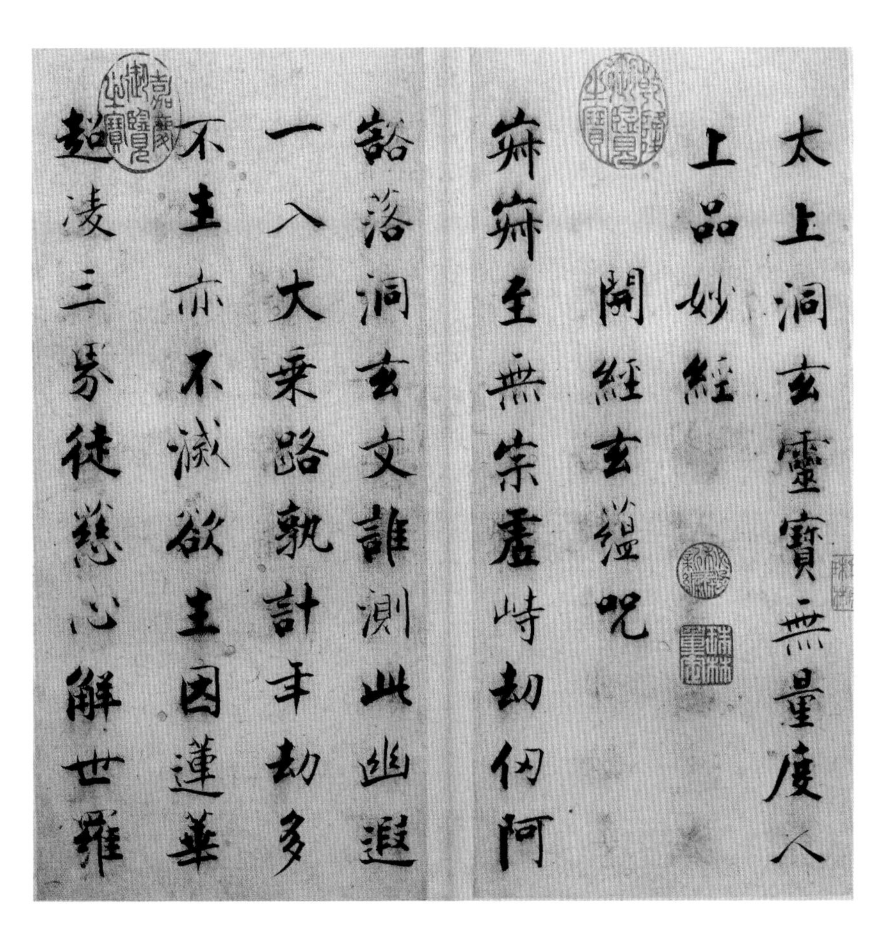

第一開

衆乘空而来飛雲丹霄綠
輿瓔輪羽蓋垂陰流精玉
光五色鬱勃洞煥太空七
日七夜諸天日月星宿璇

第四開

璣玉衡一時停輪神風靜
默山海藏雲天無浮翳四
炁朗清一國地土山川林
木緬平一等無復高下土
皆作碧玉無有異色衆真
侍座元始天尊玄坐空浮
五色師子之上說經一徧
諸天大聖同時稱善是時

一國是男是女莫不傾心
皆受護度咸得長生
道言是時元始天尊說經
一徧東方無極無量品至

第七開

真大神無鞅之衆浮空而
至說經二徧南方無極無
量品至真大神無鞅之衆
浮空而至說經三徧西方
無極無量品至真大神無
鞅之衆浮空而至說經四
徧北方無極無量品至真
大神無鞅之衆浮空而至

第二開

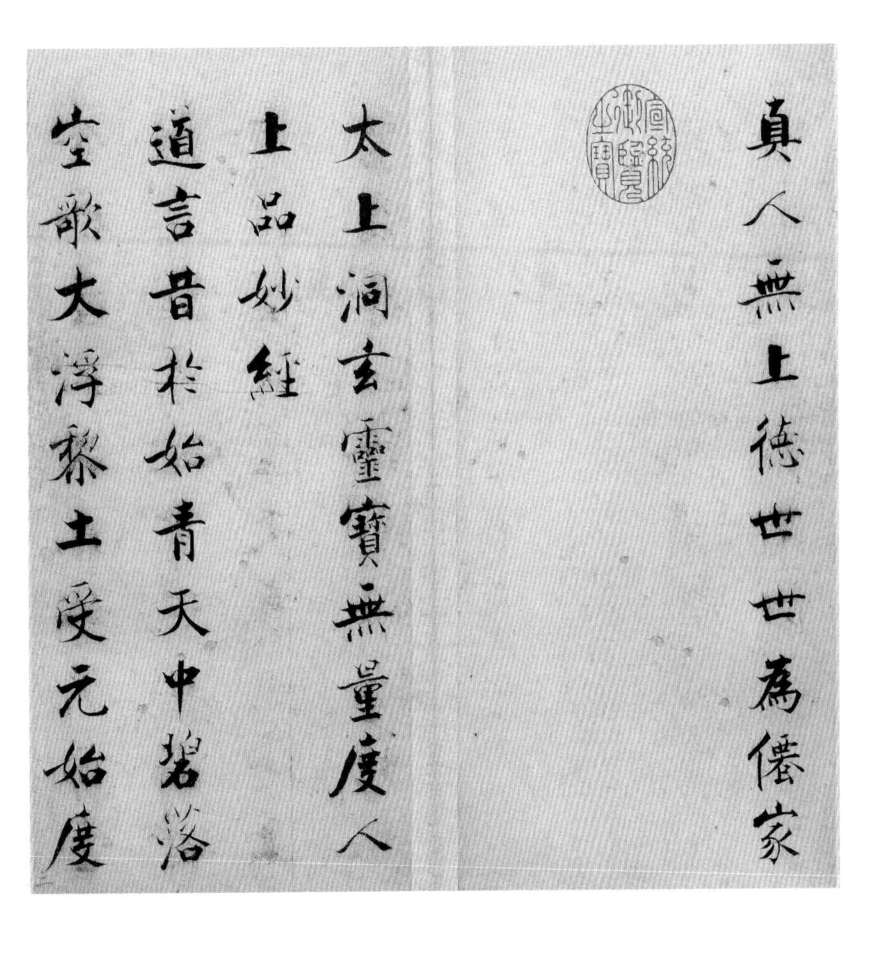

真人無上德世世為僊家

太上洞玄靈寶無量度人上品妙經

道言昔於始青天中碧落空歌大浮黎土受元始度

第三開

人無量上品元始天尊當說是經周迴十過以召十方始當詣座天真大神上聖高尊妙行真人無鞅數

第五開

一國男女聾病耳皆開聰說經二徧盲者目明說經三徧瘖者能言說經四徧跛痾積逮皆能起行說經五徧久病固疾一時復形說經六徧髮白反黑齒落更生說經七徧老者反壯少者皆強說經八徧婦人

第六開

懷姙鳥獸含胎已生未生皆得生成說經九徧地藏發泄金玉露形說經十徧枯骨更生皆起成人是時

第十開

歸仰來者有如細雨密霧
無鞅之衆迮國一半土皆
偏陷非可禁止於是元始
懸一寶珠大如黍米在空
玄之中去地五丈元始登
引天真大神上聖高尊妙
行真人十方無極至真大
大神無鞅數衆俱入寶珠

方無極無量品至真大神
無鞅之衆浮空而至十徧
周竟十方無極天真大神
一時同至一國男女傾心

第十三開

有至心宗奉禮敬皆得度
世
道言元始天尊說經中所
言並是諸天上帝內名隱
韻之音亦是魔王內諱百
靈之隱名也非世之常辭
上聖已成真人通玄究微
能悉其章誦之十過諸天

貪不欲不憎不妒言無華
綺口無惡聲齊同慈愛異
骨成親國安民豐欣樂太
平經始出教一國以道預

第八開

說經五徧東北無極無量
品至真大神無鞅之衆浮
空而至說經六徧東南無
極無量品至真大神無鞅
之衆浮空而至說經七徧
西南無極無量品至真大
神無鞅之衆浮空而至說
經八徧西北無極無量品

第九開

至真大神無鞅之衆浮空
而至說經九徧上方無極
無量品至真大神無鞅之
衆浮空而至說經十徧下

第十一開

之中天人仰看惟見勃勃
從珠口中入既入珠口不
知所在國人廓散地還平
正無復欹陷元始即於寶
珠之內說經都竟衆真監
度以授於我當此之時喜
慶難言法事粗悉諸天復
位倏欻之間寂無遺響是

第十二開

時天人遇值經法普得濟
度全其本年無有中傷傾
土歸仰咸行善心不殺不
害不嫉不妬不婬不盜不

殃供養尊禮門户興隆世
世昌熾與善因緣萬災不
干神明護門斯經尊妙獨
步玉京度人無量爲萬道

第十六開

之宗巍巍大範德難可勝
道言凡誦是經十過諸天
齋到億曾萬祖幽魂苦爽
皆即受度上昇朱宮格皆
徹逕御無上三十二天元
始上帝至尊几前畢引炁
三十二過東向誦經
元始無量度人上品妙經

三華離便大有妙庭金闕
玉房森羅浄霄大行梵炁
周迴十方中有度人不死
之神中有南極長生之君

第十九開

中有度世司馬大神中有
好生韓君丈人中有南上
司命司録延壽益筭度厄
尊神迴骸起死無量度人
今日校録諸天臨軒
東方無極飛天神王長生
大聖無量度人
南方無極飛天神王長生

第十四開

遥唱萬帝設禮河海静默
山嶽藏雲日月停景璇璣
不行群魔束形鬼精滅爽
迴尸起死白骨成人至學
之士誦之十過則五帝侍
衛三界稽首魔精喪眼鬼
妖滅爽濟度垂死絶而復
生所以爾者學士穢氣未

第十五開

消體未洞真召制十方威
未制天攺德可伏御地祇
束縛魔靈但却死而已不
能更生輕誦此章身則被

第十七開

元始洞玄靈寶本章上品
妙首十迴度人百魔隱韻
離合自然混洞赤文無無
上真元始祖劫化生諸天
開明三景是為天根上無
復祖唯道為身五文開廓
普殖神靈無文不光無文
不明無文不立無文不成

第十八開

無文不度無文不生是為
大梵天中之天鬱羅蕭臺
玉山上京上極無上大羅
玉清眇眇劫刃若亡若存

大聖無量度人
上方無極飛天神王長生
大聖無量度人
下方無極飛天神王長生

第二十二開

大聖無量度人
十方至真飛天神王長生
度世無量大神並乘飛雲
丹輿綠輦羽蓋瓊輪參駕
朱鳳五色玄龍建九色之
節十絕靈幡前嘯九鳳齊
唱後吹八鸞同鳴師子白
鶴嘯歌邕邕五老啓塗群

品南宮死魂受煉仙化成
人生身受度劫劫長存隨
劫輪轉與天齊年永度三
塗五苦八難超陵三界逍

第二十五開

遙上清上清之天天帝玉
真無色之境梵行
東方八天
太黃皇曾天帝鬱鑒玉明
太明玉完天帝須阿那田
清明何童天帝元育齊京
玄胎平育天帝劉度內鮮
元明文舉天帝醜法輪

第二十開

大聖無量度人天神王長主
西方無極飛天神王長主
大聖無量度人
北方無極飛天神王長主
大聖無量度人
東北無極飛天神王長主
大聖無量度人
東南無極飛天神王長主

第二十一開

大聖無量度人
西南無極飛天神王長主
大聖無量度人
西北無極飛天神王長主

第二十三開

儀翼轅億乘萬騎浮空而
來傾光迴駕監真度生諸
天並相南昌上宮韓司主
錄監生大神執錄把籍齋
到帝前隨所應度嚴校諸
天普告三界無極神鄉泉
曲之府北都羅酆三官九
署十二河源上解祖考億

第二十四開

劫種親疾除罪簿落滅惡
根不得拘留逼合鬼群元
始符命時刻昇遷北都寒
池部衛形魂制魔保舉度

西方八天
元載孔昇天帝開真定光
太安皇崖天帝婆婁阿貪
顯定極風天帝招真童

第二十八開

始黃孝芒天帝薩羅婁王
太黃翁重浮容天帝閔巴狂
無思江由天帝明梵光
上揲阮樂天帝勃勃監
無極曇誓天帝飄弩穹隆
北方八天
皓庭霄度天帝惠覺昏
淵通元洞天帝梵行觀王

深不可詳敷落神真普度
天神令日欣慶受度歷關
諸天請滅三惡斬絕地根
飛度五戶名列太玄魔王

第三十一開

監舉無拘天門東斗注算
西斗記名北斗落死南斗
上生中斗大魁總監衆靈
青帝護魂白帝侍魄赤帝
養炁黑帝通血黃帝中主
萬神無越青天魔王巴元
醜伯赤天魔王負天擔石
白天魔王反山六目黑天

第二十六開

上明七曜摩夷天帝恬憺延
虛無越衡天帝正定光
太極濛翳天帝曲育九昌
南方八天
赤明和陽天帝理禁上真
玄明恭華天帝空謠醜音
耀明宗飄天帝重光明
竺落皇笳天帝摩夷妙辯

第二十七開

虛明堂曜天帝阿那婁生
觀明端靖天帝鬱密羅千
玄明恭慶天帝龍羅菩提
太煥極瑤天帝宛黎無延

第二十九開

太文翰寵妙成天帝那育醜瑛
太素秀樂禁上天帝龍羅覺長
太虛無上常融天帝總監鬼神
太釋玉隆騰勝天帝眇眇行元
龍變梵度天帝運上玄玄
太極平育賈奕天帝大擇法門
三十二天三十二帝諸天
隱諱諸天隱名天中空洞

第三十開

自然靈章諸天隱韻天中
之音天中之尊天中之神
天中大魔天中之霧九和
十合變化上清無量之奧

干犯鬼無妖精三官北酆
明檢鬼營不得容隱金馬
驛呈普告無窮萬神咸聽
三界五帝列言上清元洞

第三十四開

玉曆龍漢延康眇眇億劫
混沌之中上無復色下無
復淵風澤洞虛金剛乘天
天上天下無幽無冥無形
無影無極無窮溟涬大梵
遼廓無光赤明開圖運度
自然元始安鎮敷落五篇
赤書玉字八威龍文保制

司命桃康合延執符把籙
保命生根上遊上清出入
華房八冥之內細微之中
下鎮人身泥丸絳宮中理

第三十七開

五炁混合百神十轉迴靈
萬炁齊僊僊道貴生無量
度人上開八門飛天法輪
罪福禁戒宿命因緣普受
開度死魂生身身得受生
上聞諸天諸天之上各有
生門中有空洞謠歌之章
魔王靈篇辭參高真

第三十二開

魔王豐醴朗馥黃天魔王
橫天檐力五帝大魔萬神
之宗飛行鼓從摠領鬼兵
麾幢鼓節遊觀太空自號
赫奕諸天齊功上天度人
嚴攝北酆神公受命普掃
不祥八威吐毒猛馬四張
天丁前驅大帥杖旛擲火

第三十三開

萬里流鈴八衝敢有干試
巨逆上真金鉞前戮巨天
後刑屠割鬼爽風火無停
千千截首萬萬翦形魔無

第三十五開

劫運使天長存梵炁彌羅
萬範開張元綱流演三十
二天輪轉無色周迴十方
旋斗曆箕迴度五常三十
五分摠炁上元八景冥合
炁入玄玄玄中太皇上帝
高真汎景太霞嘯詠洞章
金真朗郁流響雲營玉音

第三十六開

攝炁靈風聚煙紫蓋鬱秀
輔翼萬僊千和萬合自然
成真真中有神長主大君
無英公子白元尊神太乙

第二色界魔王之章
落落高章　明炁四騫
梵行諸天　周迴十方
無量大神　皆由我身

第四十開

我有洞章　萬徧成僊
僊道貴度　鬼道相連
天地眇莽　穢炁氛氛
三界樂兮　過之長存
身度我界　體入自然
此時樂兮　薄由我恩
龍漢蕩蕩　何能別真
我界難度　故作洞文

僊道難固　鬼道易邪
人道者心　諒不由他
仙道貴實　人道貴華
爾不樂僊道三界那得過

第四十三開

其欲轉五道我當復柰何
此三界之上飛空之中魔
王歌音音齊洞章誦之百
徧名度南宮誦之千徧魔
王保迎萬徧道備飛昇太
空過度三界位登仙公有
聞靈音魔王敬形勅制地
祇侍衛送迎拔出地戶五

第三十八開

第一欲界飛空之音
人道眇眇　仙道莽莽
鬼道樂兮　當人生門
天道貴生　鬼道貴終
僊道常自吉　鬼道常自凶
高上清靈爽　悲歌朗太空
惟願僊道成　不欲人道窮
北都泉曲府　中有萬鬼群

第三十九開

但欲遏人算　斷截人命門
阿人歌洞章　以攝北羅酆
束送妖魔精　斬馘六鬼鋒
諸天氣蕩蕩　我道日興隆

第四十一開

變化飛空　以試爾身
成敗懈退　度者幾人
笑爾不度　故作歌音
第三無色界魔王歌曰
三界之上　眇眇大羅
上無色根　雲層峨峨
惟有元始　浩劫之家
部制我界　統乘玄都

第四十二開

有過我界　身入玉虛
我位上王　匡御眾魔
空中萬變　穢氣紛葩
保真者少　迷惑者多

人齎金寶質心依脩格吉
盟十天然後而付焉
道言夫天地運度亦有否
終日月五星亦有虧盈至

第四十六開

聖神人亦有休否末學之
夫亦有疾傷凡有此災同
然皆當齋心修齋六時行
香十徧轉經福德立降消
諸不祥無量之文普度無
窮
道言夫末學道淺或僻品
未充運應滅度身經太陰

傷亦當脩齋行香誦經師
友命過亦當脩齋行香誦
經夫齋戒誦經功德甚重
上消天災保鎮帝王下禳

第四十九開

毒害以度兆民生死受賴
其福難勝故曰無量普度
天人
道言凡有是經能爲天地
帝主兆民行是功德有灾
之日發心脩齋燒香誦經
十過皆諸天記名萬神侍
衛右別至人魁得爲聖君

第四十四開

苦八難七祖昇遷永離鬼
官魂度朱陵受鍊更生是
謂無量普度無窮有秘上
天文諸天共所崇泄慢慎
地獄禍及七祖翁
道言此二章並是諸天上
帝及至靈魔王隱秘之音
皆是大梵之言非世上常

第四十五開

辭言無韻麗曲無華宛故
謂玄奧難可尋詳上天所
寶秘於玄都紫微上宮依
玄科四萬劫一傳若有至

第四十七開

臨過之時同學至人為其
行香誦經十　以度尸形
如法魂神遷上南宮隨其
學功計日而得更生輪轉
不滅使得神僊
道言夫天地運終亦當脩
齋行香誦經星宿錯度日
月失昏亦當脩齋行香誦

第四十八開

經四時失度陰陽不調亦
當修齋行香誦經國主有
災兵革四興亦當脩齋行
香誦經疫毒流行兆民死

吞洛大梵　散煙慶雲
飛沺玉都　明魔上門
無行上首　迴蹠流玄
阿陀龍羅　四象吁員

五十一

第五十二開

南天八天

南閻洞浮　玉眸詵詵
梵形落空　九靈推前
澤洛菩臺　緑羅大千
眇莽九醜　韶謠緣邅
雲上九都　飛生自騫
那育郁馥　摩羅法輪
霐持無鏡　攬資運容

五十二

坤母東覆　形攝上玄
陀羅育邈　眇炁合雲
飛天大醜　揔監上天
沙陀劫量　龍漢瑛鮮

五十四

第五十五開

碧落浮黎　空歌保珎
惡奔無品　洞妙自真
元梵恢漠　幽寂度人

道言此諸天中大梵隱語
無量之音舊文字皆廣長
一丈天真皇人昔書其文
以為正音有知其音能齋
而誦之者諸天皆遣飛天

五十五

第五十開

金闕之臣諸天記人功過
毫分無失天中魔王亦保
舉爾身得道者乃當洞明
至言也
諸天中大梵隱語無量音
道君撰
元始靈書中篇
東方八天

第五十一開

亶婁阿薈　無惒觀音
須延明首　法攬菩曇
稼那阿奕　忽訶流吟
華都曲麗　鮮菩育臻

第五十三開

無量扶蓋　浮羅合神
玉誕長桑　栢空度仙
北方八天
玃無自育　九日導乾
流羅梵萌　景蔚蕭嵎
易邈無舛　宛首少都
阿濫郁竺　華莫延由
九開自辯　阿那品首

第五十四開

馥朗廓奕　神纓自宮
西方八天
刀利禪猷　婆泥咎通
宛藪滌色　太眇之堂

第五十七開

神朝禮三界侍軒群妖束
首鬼精自亡琳琅振響十
方肅清河海靜默山嶽吞
煙萬靈振伏招集群仙天
無氛穢地無妖塵冥慧洞
清大量玄玄也
太上洞玄靈寶無量度人

第五十九開

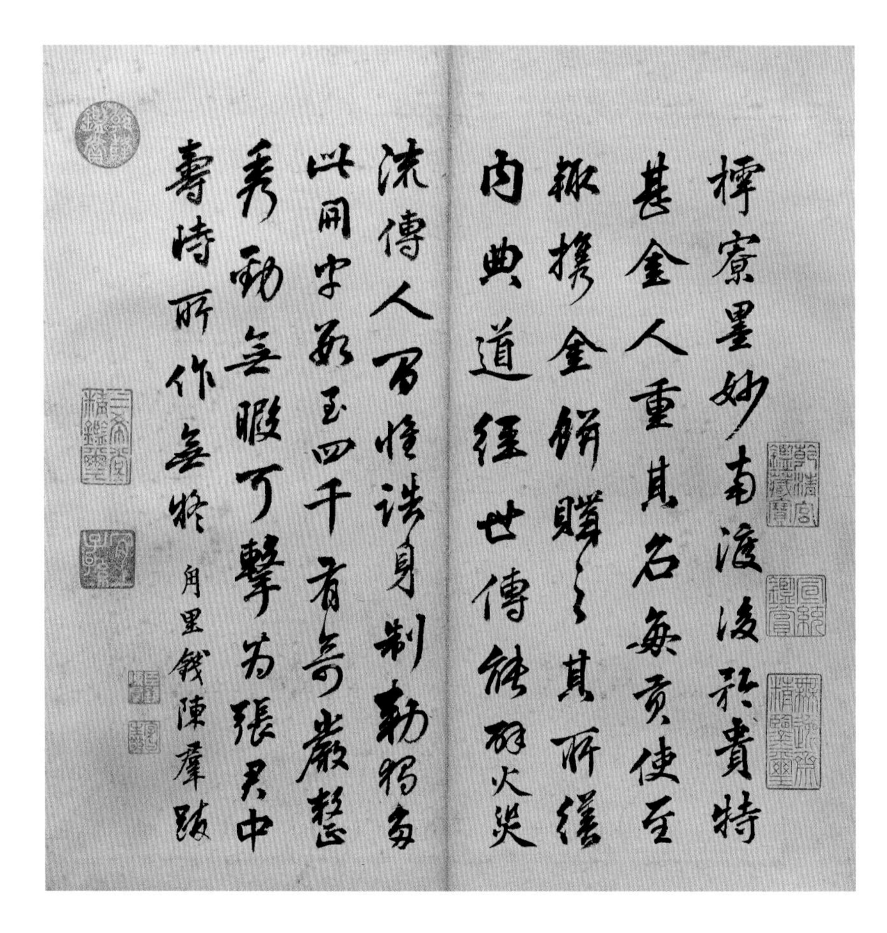
樗寮墨妙南渡後於貴特
甚金人重其名每貢使至
輒攜金餅購之其所繕
內典道經世傳能禦火災
流傳人間惟法身制勅獨多
此冊字數至四千有奇嚴整
秀勁無瑕可擊為張君中
壽時所作無疑
甬里錢陳群跋

第五十六開

神王下觀其身書其功勲
上奏諸天萬神禮〻朝地祇
侍門大勲魔王保舉上僊
道備尅得遊行三界昇入

金門此音無斷不辟無斷
不讓無斷不度無斷不成
天真自然之音也故誦之
致飛天下觀上帝遥唱萬

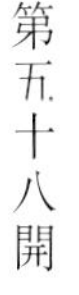

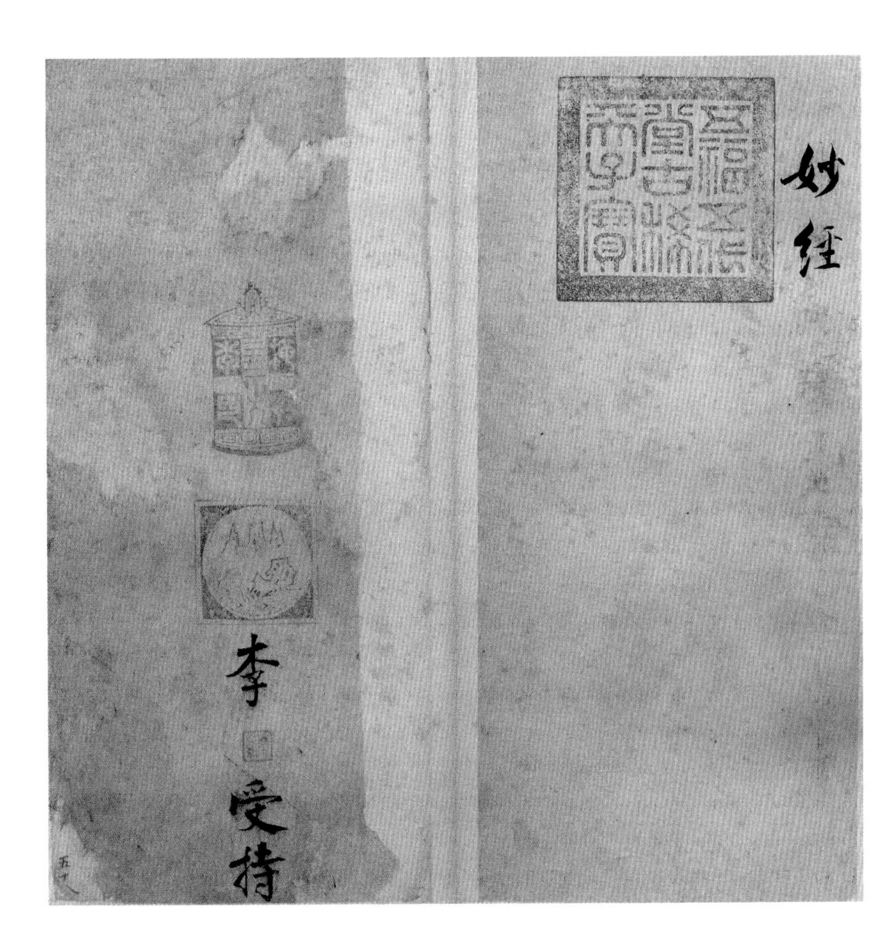

94

魏了翁　草書提刑提舉帖頁

紙本　草書
前頁縱36.2厘米　橫47.8厘米
後頁縱36.2厘米　橫51.8厘米

Ti Xing Ti Ju Tie in cursive script
By Wei Liaoweng
Leaves, ink on paper
H. 36.2cm　L. 47.8cm,
H. 36.2cm　L. 51.8cm

魏了翁(1178－1237)，字華父，南宋邛州蒲江(今屬四川)人。慶元進士，官簽書樞密院事，後知福州，福建安撫使等。推崇理學，長於經學。

《提刑提舉帖》是給趙范、趙葵兄弟吊其父喪的書札。"提刑提舉"是指趙氏兄弟之父趙方(彥直)。趙方，衡山人，張栻弟子，曾官提舉京西常平兼轉運判官，提點刑獄，後為京湖制置使，兼知襄陽。文中"中興勳德之家"乃為勇抗金兵、保衛京西而得名。文稱"機宜大孝賢伯仲"，《宋史・趙范傳》云："十四年"，"與弟葵俱授制置安撫司內機事"，據此認定此帖為嘉定十四年(1221)所作，魏了翁時年四十四歲。此帖翰墨波瀾老成，形態高古，筆法流暢，有自然之勢，頗具尺素書之特點。

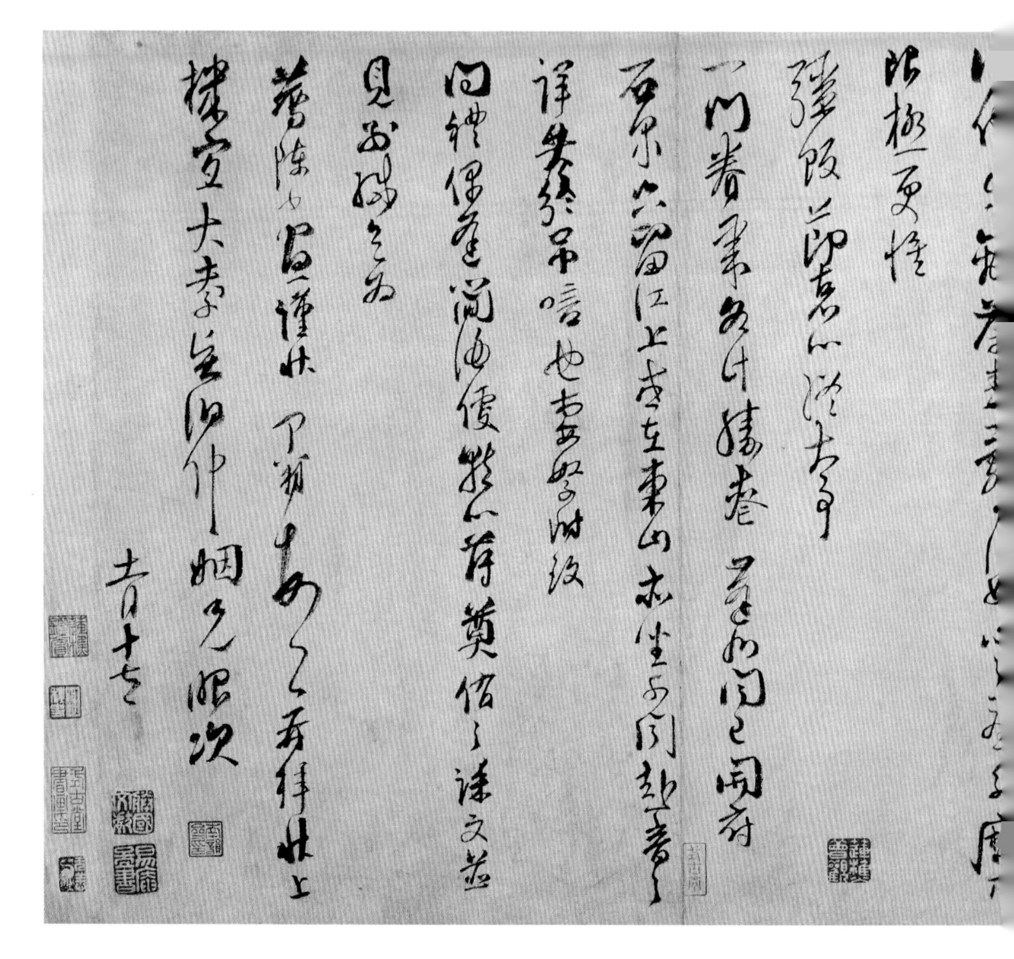

鑑藏印記："貞""元"(朱文)、"淋印"(白文)、"無恙"(白文)、"卞令之鑑定"(朱文)、"式古堂書畫印"(朱文)、"勝國文獻"(白文)、"易庵圖書"(白文)、"式古堂"(朱文)、"安氏儀周書畫之章"(朱文)、"巢寮"(朱文)、"關內侯印"(白文)、"江德量鑑藏印"(朱文)、"江秋史"(白文)等。成親王、成勛裱邊題記。

歷代著錄：《吳氏書畫記》、《式古堂書畫彙考》、《墨緣彙觀》、《書畫鑑影》。

此札見於安儀周墨緣彙觀

釋文：

提刑提舉親家尊眷丈，所□□
昭代親友兄弟間，咸以
□音來赴，謂久痢所致，謂八月四日午時。又謂
七月廿七日得了翁書，猶於枕間臥誦也。吁，何
遽至此，
中興勳德之家，
今子賢孫相繼零謝。況於事變錯出，人物
眇然之時，而
善人云亡，關繫匪淺，豈惟一家之私。諒惟
孝思追慕，柴瘠弗任。或又云，九月廿四日以
喪車朝祖，十月十五日即窆。了翁荷
提刑知予愛憐，誼均骨肉，而疾不得候問，
死不及憑棺，葬不及請役。五溪之瀨，伶傳吊
影，迸涕交揮，孰知此心也。邇來親友道喪，
死喪不相赴，始聞不審，故審而後拜此，亦
未知
伯仲自離荼毒，體力何如，心之憂系。靡所
限極，更惟
強飯節哀，以終大事。
一門眷眾，各計勝喪。蓬州聞已開府，
石泉只留江上，或在東山，亦坐不聞赴音之
詳，失於吊唁也。妻孥附致
問禮，偶逢簡池便，就以薄奠侑之，誄文並
見別緘，乞為
薦陳。不盡，謹狀，了翁頓首頓首再拜狀上
機宜大孝賢伯仲姻兄服次
十一月十七日

95

劉漢弼　行書曾鞏謚議稿卷

紙本　行書
縱35厘米　橫97.5厘米

Zeng Gong Shi Yi Gao in running script
By Liu Hanbi
Handscroll, ink on paper
H. 35cm　L. 97.5cm

劉漢弼，字正甫，浙江上虞人。嘉定進士，官考功員外郎、監察御史，出知溫州，戶部侍郎等。

此卷為劉漢弼為北宋文學家曾鞏所著謚議。曾鞏卒後因官卑沒有謚法，到南宋年間才追謚為“文定”。此卷是劉漢弼作考功員外郎時為曾鞏議謚寫的草稿，久藏其家，到元代劉氏的後人找人題跋，説明是他們的“先公手澤”，因此才知道這是劉漢弼的遺跡。書法端雅凝重，豐腴悦澤，攲側明顯，狎書姿態橫生，有蘇軾臥筆之態。另外，此文還具有重要的歷史資料價值。

卷後元代韓性、黃晉、危素、周伯琦、盛景年，明代魏驥、張居傑，清代王懿修、胡如瀛、許正綬、胡佚民題詩及題跋。前引首明代張文淵行書“先公手澤”四字。

釋文：

故中書舍人南豐先生曾公謚議

議曰：文章之在天下，有正統。西漢之文，涉八代而衰。至唐
大曆、正元復興，韓愈氏之力也。繼之者有李翱焉。
唐之文，涉五季而衰。至我宋慶曆、嘉祐復興，
歐陽公修之力也。繼之者有南豐曾公鞏及眉
山蘇公軾焉。愈謚文，翱之謚亦曰文，歐公
謚文而配以忠，蘇公之謚亦曰文忠，皆以斯文之正
統所屬焉爾。歐陽子之文誠無愧於愈，南豐之
文殆過於翱，而視蘇公伯仲也。其登六一翁之門，
又實先之，獨無節惠之典可乎。況其一門三秀，始雖
齊名，丞相布之為人，不可與其兄同年語矣，猶得以文肅
謚，其季翰林學士肇，亦以文昭謚，堂堂南豐，實
為白眉，顧以官卑不及謚，殆有司之失也。公歿於元豐之
六年，于今百六十餘載矣。南豐先生之名
與文俱傳，若揭日月，固不待謚而後顯。然
國家邇來褒表儒先，類重易名，不以品秩拘，不以
久近間，而獨於公闕焉。此盱江學舍諸生所以合
詞而有請也。太常奉詔討論，議以謚法，道德博聞
之文，踐行不爽之定，合二美以為公謚。愚觀公之為文，法
度謹嚴似劉向，氣勢雄偉似司馬遷，演綸西掖，日
□數十，詞約義盡皆得體要，卓然自成一家，足
以繼斯文之正統，信可謂之文矣。至其自小官以及登朝，
挺立無所阿附，編校九年，力求補外，轉徙六州恬不
介意，遠跡權貴，既不與用事者苟合，慮患防微，又不
為小人之所中傷，斯不謂之定乎。文定之謚，蓋與蘇少
公轍同炳乎相輝，可以參亞二文忠之間，而文肅、文昭不
得專美於其家矣。斯謚也，不以官而以德，不出於一時
子弟門人之私請，而出於百數十年鄉曲學校之公論。
信所謂磊磊掀天地，決必不沉沒也。公之文在天下，傳
在國史，誠無以謚焉，而盱江之人士，尸而祝之，社而稷
之。有嚴其祠，列於學官，不可無以尊顯之也。請如奉
常之議，以廣朝廷褒表之意，以慰其鄉人望望之思。
謹議。

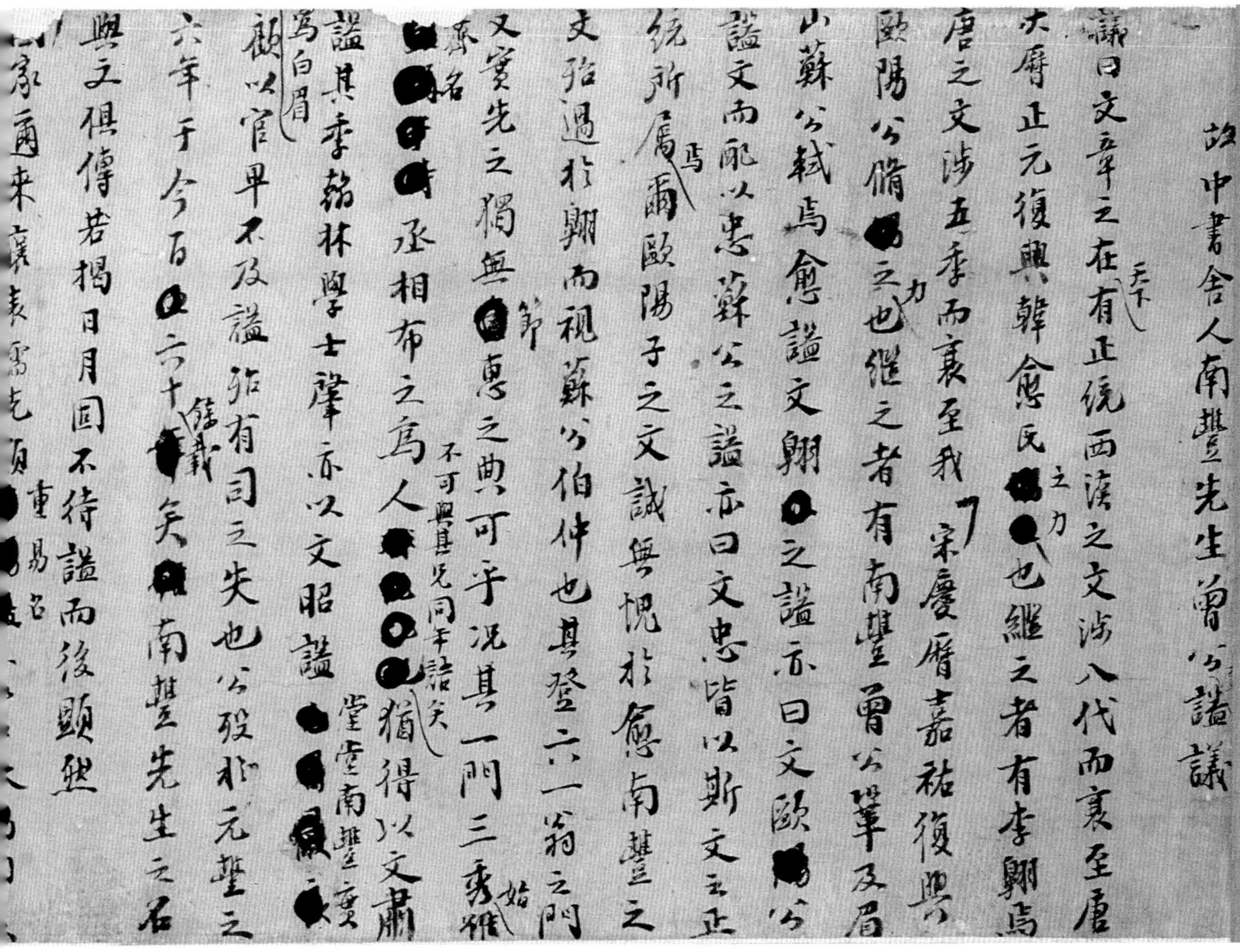

澤

晚生張文淵百拜題

故中書舍人南豐先生曾公諡議

議曰文章之在天下有正統西漢之文歷八代而衰至唐
太曆正元復興韓愈氏之力也繼之者有李翺焉
唐之文涉五季而衰至我宋慶曆嘉祐復興
歐陽公脩之力也繼之者有南豐曾公鞏及眉
山蘇公軾焉愈諡文翺之諡亦曰文歐陽公
諡文而配以忠蘇公之諡亦曰文忠皆以斯文之正
統所屬焉爾歐陽子之文識無愧於愈南豐之

至元乙亥余會待制道傳柳公於江浙試闈
從容爲余言宋鉅公之家曾氏爲盛嘗至盱江訪
其故居家廟嘗並城隅視其題主丞相布兄弟
三人節惠皆以文而南豐先生曰文定與蘇少公
之諡同可謂盛矣未知當時定諡出於何人也後
五年上虞劉忠公諸孫德輝訪余鏡湖之上出其
先世手澤示余然後知霞奉常之諡曾生忠公
之筆其文詞雅正足以發明南豐之道者也昔
東坡叙歐陽公文集先之以道統之傳今忠公定文
定之諡首之以文章之正統其用意蓋一揆也伏讀
之餘謹誌其後安陽韓性

宋制文臣光祿大夫武臣節度使以上法當定諡者皆太常博士
議之考功郎中覆之乃上于朝而得勅給與初欲旌死節之
臣始有賜諡從今中書舍人行詞給告太常考功衣不與焉
由是應得諡者不援以為比況道未充而具非故事而申明
之淳熙中遂詔特命者並經有司議定取旨出勅曾公諡止
中書舍人因御史之請而賜諡其議於太常考功皆
用近制也然其發揚褒美雖書之詞迄寶以詳勒
俗吉考程重哉劉公自嘉熙戊戌記壬寅而考功又再
除員外郎不知此議作於何時今方建白重脩三史考其
歲月以補曾公列傳之闕可也前史官黃溍記

右曾文定公諡議劉忠公手
國家備宋史奉
命求天下遺書來會稽造忠公之家得此議伏讀之服其
公論皆先師吳文正公曾公之學得於孟氏不傳之後
程以來顯之前[illegible]之諡不爲過矣曾公九然類
錄其宋時得諸名公文字而闕此篇將錄以寄之至正四
年四月廿五日第四局史官危素記

至正癸巳十月廿三日同
代祀過浙東獲觀于上虞縣治之道愛堂
爲之歎服翰林直學士鄱陽周伯琦識

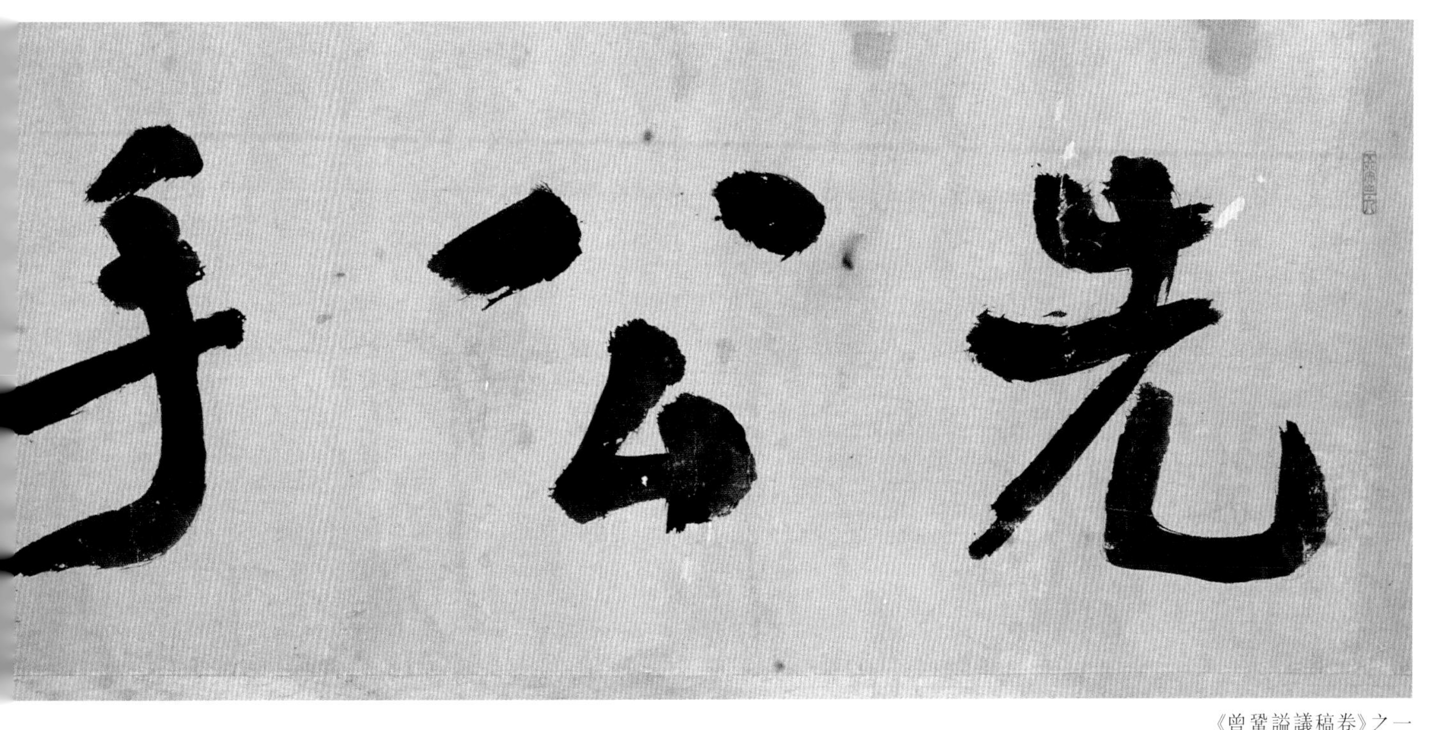

《曾鞏謚議稿卷》之一

文飴過於鄉而視蘇公伯仲也其登六一翁之門
又實先之獨無惠之典可乎況其一門三秀
丞相布之爲人猶得以文肅
謚其季翰林學士肇亦以文昭謚
觀以官卑不及謚非有司之失也公殁於元豐之
六年于今百六十矣南豐先生之名
與文俱傳若揭日月固不待謚而後顯然
國家適來褒表儒先類不以品秩爲拘不以
久近而獨於公闕焉所以合
詞而有請也太常奉詔討論以謚法道德博聞
之文戏行不爽之定合二美以爲公謚是觀公之文法
度謹嚴似劉向氣勢雄偉似司馬遷演繪而抵日
千數十詞約義盡皆體要卓然自成一家足
以繼斯文之正統信可謂之文矣至其自小官以及登朝
挺立無所阿附編校九年力亦補外轉徙六州不
遠遜權貴既不與用事者苟合慮患防微又不
爲小人之所中傷斯不謂之定乎文定之謚蓋與蘇少
公轍同炳乎相輝可以參並二文忠之開而文肅之昭不
得專美于其家矣斯謚也不以官而以德不出於一時
子弟門人之私請而出於百數十年鄉曲學校之公論
信所謂掀天地决必不泯沒也公之文在天下傳
在國史無以謚爲而盱江之人士尸而祝之社而稷
之有嚴列于學官不可無尊顯也請如奉
常之議以廣朝廷褒表之意以慰其鄉人謹謹之思
許議

《曾鞏謚議稿卷》之二

之餘予深以獲遂仰止鄉之先正之私已且
既世之故家子孫如蠶翁不墜詩禮能保先
世之手澤者甚勤而蠶翁之賢尤為可重
故併書以識之
資善大夫南京吏部尚書蕭山魏驥書

右南豐曾先生謚議一通宋侍御史劉忠公所
草此其真蹟也忠公之孫德輝裝潢成卷得韓
莊節黃太史諸名賢題識而尤珍惜久矣今德輝
之玄孫蘊蔚復思所以表章手時出以示予求題
何賢子孫不忘先世手澤之義若徒因一心乎嗟
夫世之人碌碌然號為士大夫而或忘其先烈或以
告身易一醉之資者獨何心哉吾邑劉氏自宋
歷祐歷元至今二百餘年而忠公墨蹟宛然
猶存不至於泯焉者蓋有賢子孫為之愛重
也及觀韓黃二公所以稱羨贊美忠公謚議之
作措辭簡切立論正大不覺為之斂衽後生末
學仰瞻先哲徒竊愧歎安敢妄議於其側耶
姑書此以識拜觀之歲月云
正統甲子春三月初吉後學張居傑謹識

事太常蒙先出朝廷覆覈綜名實公時供職在郎官何幸小臣得秉筆
文章正統矢昌言韓歐屹然龍門尊李蘇並深知遇感曾聲亦邀優獎
恩胡為獨抱遺珠歎得毋官小嗟閒散盱江人士貢口碑一再闡揚尤侃侃
我聞朱子極稱曾公賢又聞與公為同年正氣扶持善類應猶可支撐
半壁天紫陽偽學禁弗用公入臺頗鄭重權奸毒手人亦亡奏疏
煌乎傳誦此篇醇厚似韓歐書法亦與魯公侔盡付手民摹上石爭生位
帖共千秋本公題跋皆偉迹名附青雲光簡策勗哉劉氏賢子孫辦
香永奉先公澤

至正丁酉秋八月予過上虞泊水膠舟留滯忠諫坊下因得觀忠公所草南豐謚議謹再拜而爲之贊曰歐陽之文與韓並峙校其門人曾優於李翱則有謚鞏也則無謂其職卑爲律之拘謚自李世有美無惡跼擄于崇徽稱可作以曾之賢山高水清孰謂其死而不易名名之不易蓋亦有待既遠逾揚正理斯在忠公建議肅若清風匪公之私天下之公新昌臧景年

右謚議一通蓋宋侍御史劉忠公爲考功時爲南豐曾先生鞏之所著者也先生沒於是時已百六十餘年而盱江學館諸生以先生之學之行不可無謚以易名乃上其事於朝廷朝廷是之命太常定議而太常考德撫行而定其謚曰文定已此實考功覆議也不於是議詞[illegible]克協太常而遂謚先生爲文定焉是則不惟愜盱江諸生之願而實愜天下後世斯文之願

[illegible]

《曾鞏謚議稿卷》之三

昔賢門第訪甬東熙祐之際官考功剡藤一幅六百載筆花畢潘光熊熊古今文章溯正統瓣香獨取曾南豐南豐著作革國史氣體上接西京雄平生結交許介甫論文薦於六一翁立朝獨唱講官議一篇初出驚凡聾荊公用事負盛氣始雖延譽終寧同九年編校忽外徙直欲遠舉隨賓鴻才名卓犖絕阿附德行真寓文學中公之著書必傳後祿位彌淡經術充易名古制孰陳請主其議者劉忠公是時周程並從祀千秋道脈傳學宮曾公崛起宗嘉祐下薄濂洛開鴻濛謚以文更配以定詞章氣節相推崇闡揚先哲秉特筆勿以官職分窮通蜿蜒龍蛇乍落紙高文日月懸蒼穹一門布韋異邪正袞褒斧貶生雷風歷官清要重烏府持節威儀乘紫驄丹誠體國見詞藻心腸如鐵文兢工流傳縑素不剝蝕乃與金石垂無窮魏公遺笏寧比此正氣磅礴如長虹名門華胄得手澤襲以綈錦藏縢筒海嶼先生善摹古（真蹟劉氏珍藏茲於海嶼先生處見摹本）播與世寶加磨礱闡函諫立誦百遍元精耿耿聲摩空
嘉慶二年六月望青陽後學王懿脩謹題

嘉慶二年正月訪三餘劉世丈於忠諫故里不晤其子文學公望表弟出其先忠公手艸曾文定公謚議一卷再拜敬觀欣幸何既自斬求學鄉邑有大文獻今行年四十九而始得一仰瞻仰疏陋奚辭顧余行將北上倘失之交臂他日歸來不知更閱幾何年而則又不可謂非今日之幸也謚議始末大略詳元明諸賢手跋惟公之文似二蘇公之書法似大蘇而其元氣流行要是韓范一輩中人不可以文字限也顧自宋歷元迄明相距二百餘年閱者已服鄒翁之守護茲自明正統至今又四百年仍完好如故則忠公之精誠實呵護之而劉氏之世守罔替尤爲近古所僅見也亟假歸敬摹一通仍速送還以誌珍護公望云行當勒諸貞珉以公同好且將錄入邑乘余曰固也雖然此豈一家一邑之事哉
敕授文林郎知山東冠縣事前內廷教習鄉後學咸齋胡如瀛沐手百拜謹誌並書

維宋大儒曾南豐後議謚者劉考功一卷中有兩人傑曾曰文定劉曰忠易名

[illegible]

《曾鞏謚議稿卷》之四

96

趙孟堅　行書自書詩卷

紙本　行書
縱35.8厘米　橫675.6厘米

Zi Shu Shi in running script
By Zhao Mengjian
Handscroll, ink on paper
H. 35.8cm　L. 675.6cm

趙孟堅（1199－1264），字子固，號蘭坡，又號彝齋居士，宋宗室。寶慶進士，官至朝散大夫、嚴州守。後隱居浙江海鹽廣陳鎮。工書畫，善水墨白描水仙梅竹，有梅譜傳世。

此卷詩中稱"大年、永年"兄弟，均宋宗室，以善畫知名。大年名令穰，永年名令松，宋太祖趙匡胤子燕王德昭四世孫。"開慶元(年)"(1259)，趙孟堅時年六十一歲。此卷為趙氏晚年之筆，筆力雄健，縱逸豪放，有黃庭堅書風。而結體瘦勁，中宮緊結，欹側俯仰之勢則師法米芾，自有標度，為其書法代表作。

卷前有落款趙孟堅《水仙》圖，是為舊偽本。卷後元代張紳、明代都穆、清代陳寶琛題觀。

鑑藏印記：項元汴諸印、"伍元蕙儷荃"(朱文)、"伍氏儷荃平生真賞"(白文)、"六湖"(朱文)、"羅六湖家珍藏"(白文)、"潘健庵圖書印"(朱文)、"延齡心賞"(白文)、"端溪何叔子瑗玉號蘧庵過眼經籍金石書畫印記"(朱文)等。

歷代著錄：《壬寅銷夏錄》。

(詳見附錄)

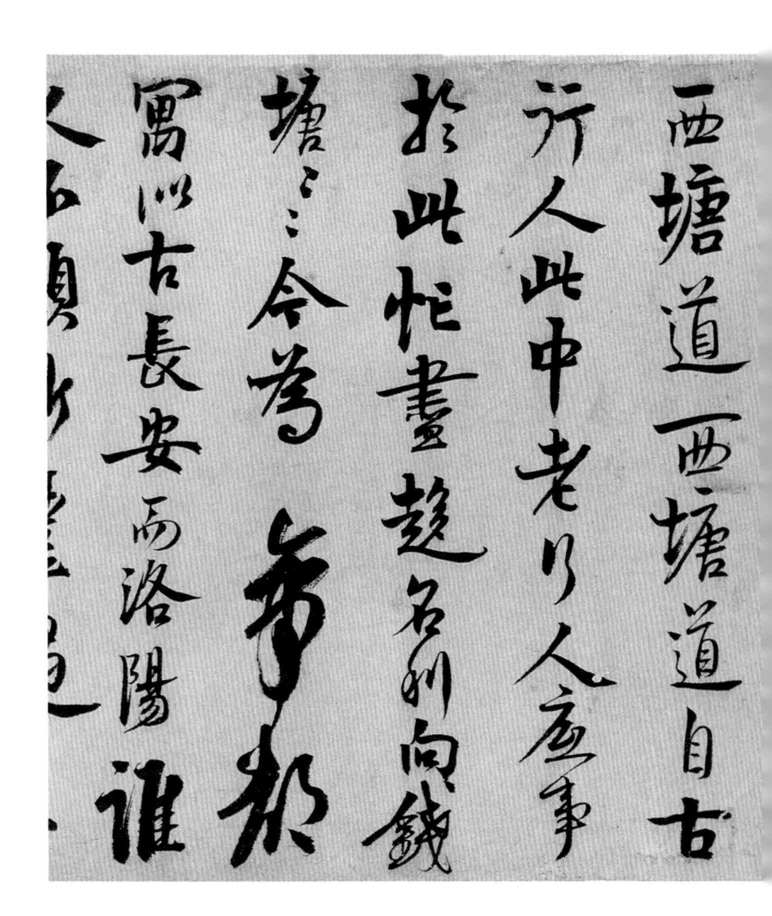

《自書詩卷》之一

《自書詩卷》之二

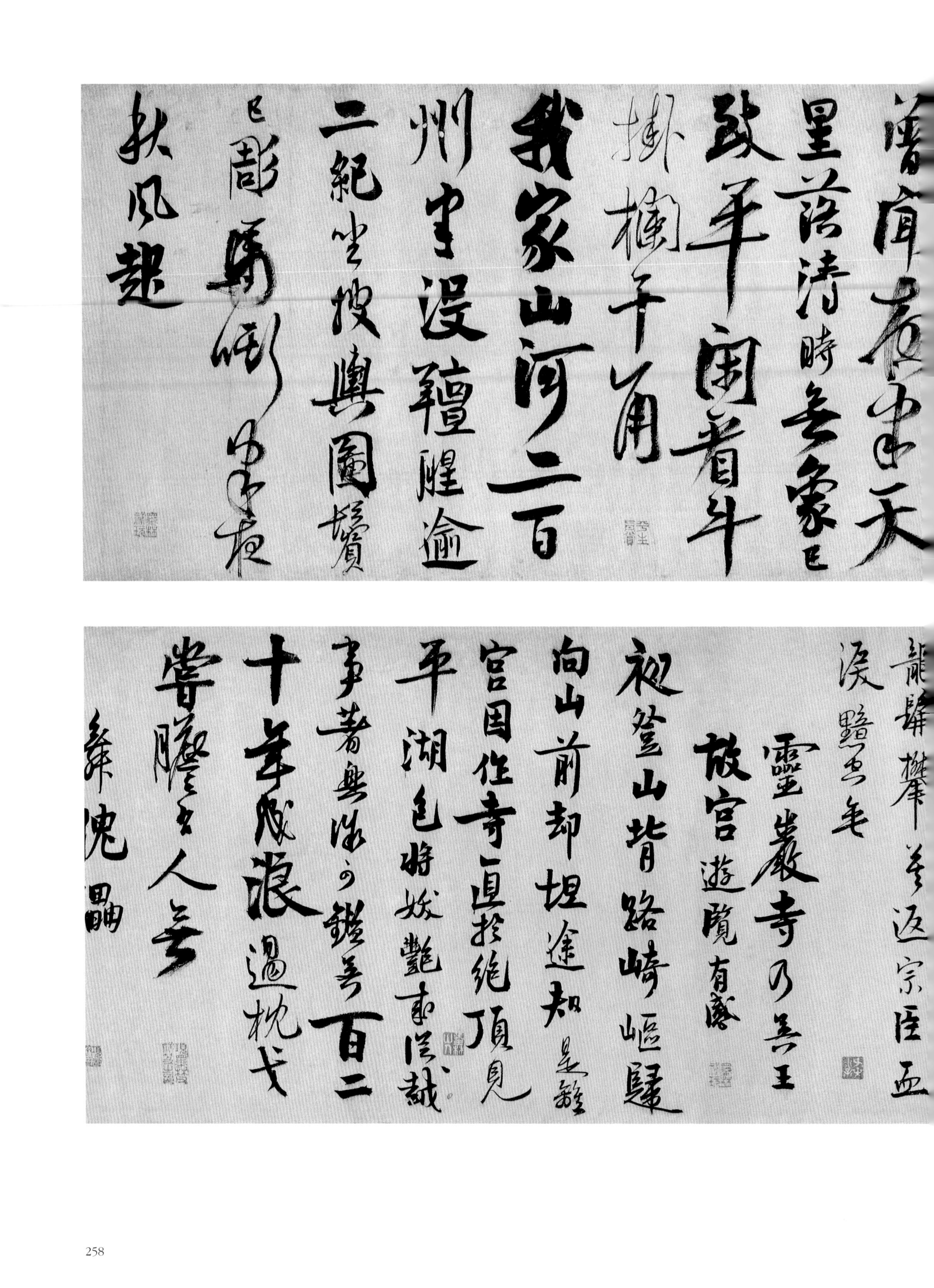

《自書詩卷》之三

《自書詩卷》之四

子固筆力雄健，固出豫章而縱逸又自有
襄陽標度，況此卷又寫所自作詩，其忠貞操
守往往見於辭意之外，世雖流譽魏國，當
知季方難為弟也。中立好古藏此，不以示
人，盛暑中攜來山房，相與展玩，前代流
風餘韻，瞭然在目，孰謂文獻之不足哉。
雲門老樵齋郡張紳識

正德庚午正月五日觀於松陵陳德夢書房 莆進士鄭[illegible]

嘗臨[illegible]人[illegible]
條傀儡
由來線索弄精神
今卻恢諧使治人畢
竟到頭誰簡是乜
間那識假和真
寄湯仲張
燈青窗白夜沉沉魏
殿座蹤迹杳冥已自
無心雲靄靄不應逐叶

《自書詩卷》之五

木而已此至惟蹤蹟去
人矣此書之但不多是昭不
足為異天日高影多凡
蹊留者碑者流又蹤蹟
所存況至次者乎江湖方事
歟乃余乃筆於後而還
也夫

此軸系人來寫屈多感
興尚未付屬
帆香高鑒見取因君歸
也昔開慶元九廿二日題
孟堅 項晉

《自書詩卷》之六

97

陳容　行草書自書詩卷

紙本　行草書
縱31.1厘米　橫382.8厘米

Zi Shu Shi in running-cursive script
By Chen Rong
Handscroll, ink on paper
H. 31.1cm　L. 382.8cm

陳容，字公儲，自號所翁。南宋福州長樂（今屬福建）人。端平進士，曾官郡文學，入國子監主薄，出守莆田。詩文豪壯，善畫墨龍，寶祐間名重一時。

卷後“戊戌前四月書”為南宋嘉熙二年（1238）。此書放筆恣縱，自成一家，有顏真卿遺意，圓中帶方，又不盡顏法，行字大小錯落，線條粗細變化明顯。卷後有葉恭綽題跋一則。

鑑藏印記：“雙清”（朱文）、“是為雙氏在山泉館藏物”（朱文）、“雙清長壽”（白文）及葉恭綽諸印。

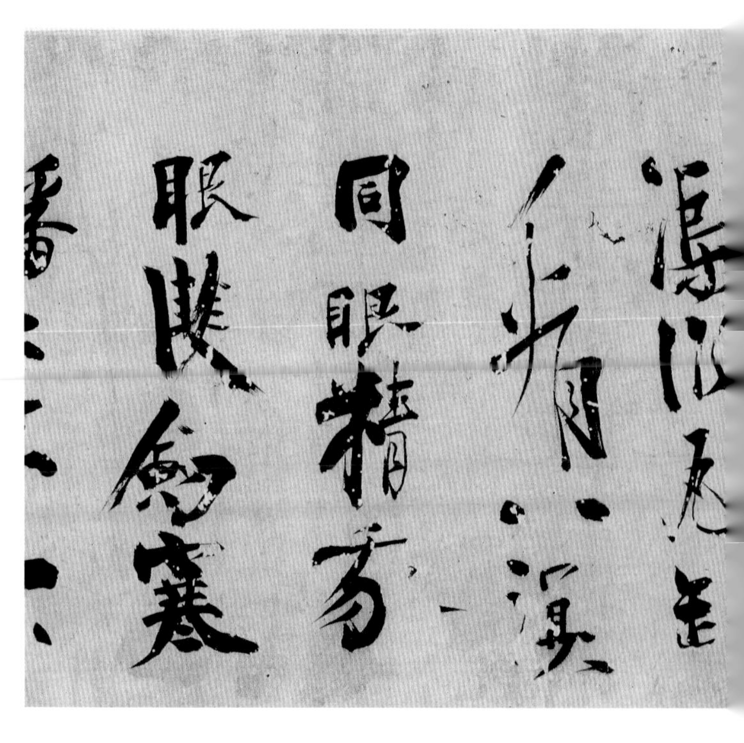

釋文：
潘公海夜飲
書樓
陳容
夫君美無度，
視世一鼠肝。□
夫失意時，不
知樞在環。雲
氣上罍樽，
渠作瓦缶
看。八溟
同眼精，我
眼雙劍寒。

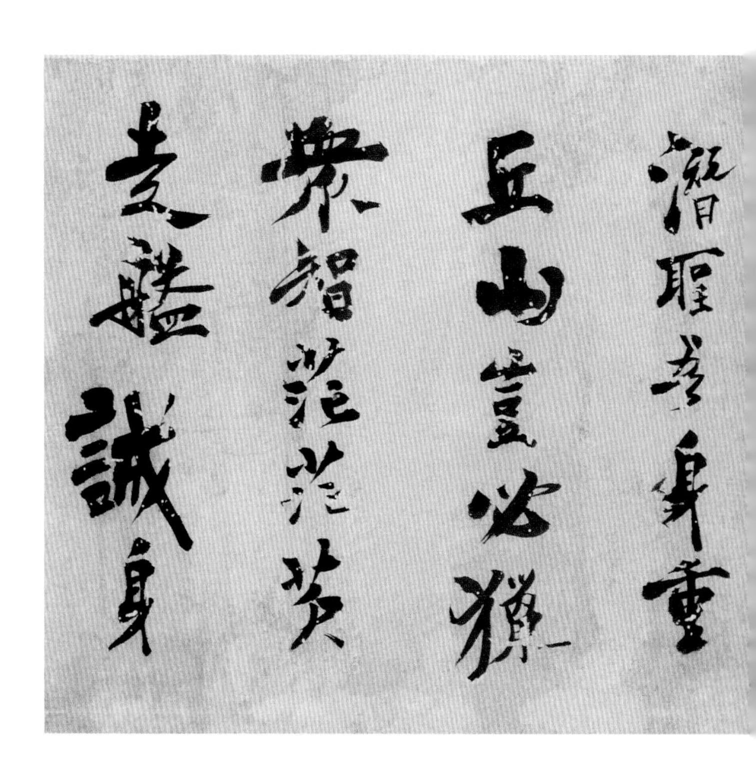

潘江字□
海，陸海無
波瀾。文
章有戰勝，
此道難躋
攀。嚮來聞
歌商，政以靜
體觀。收心學
潛聖，吾身重
丘山。豈必獵
眾智，茫茫茨
走盤。誠身

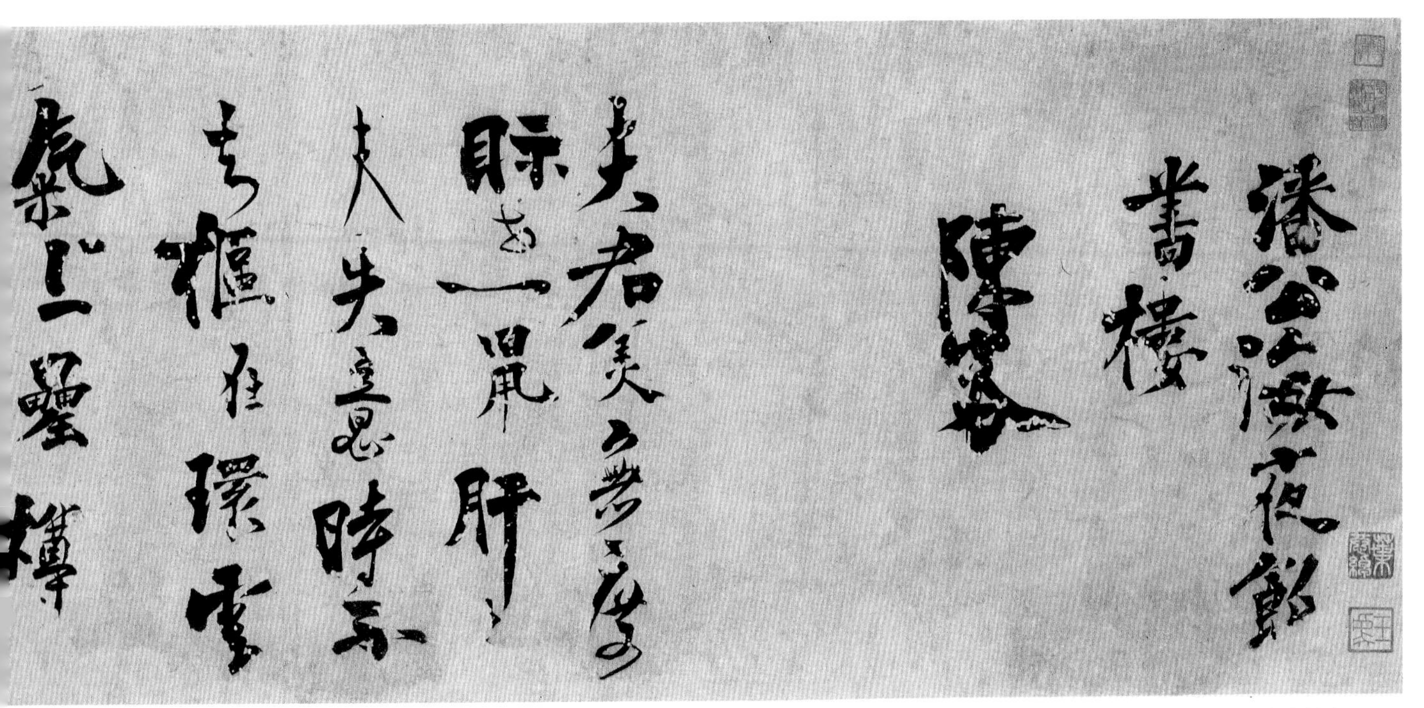

《自書詩卷》之一

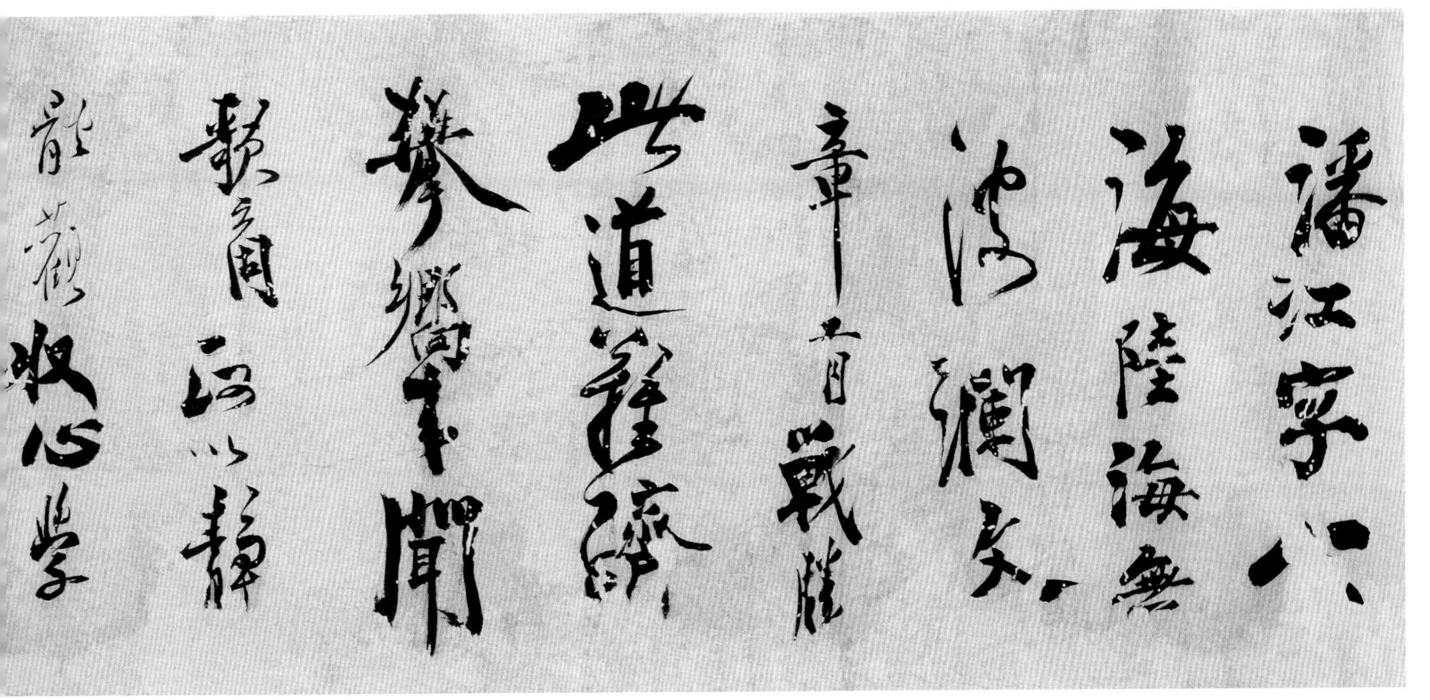

《自書詩卷》之二

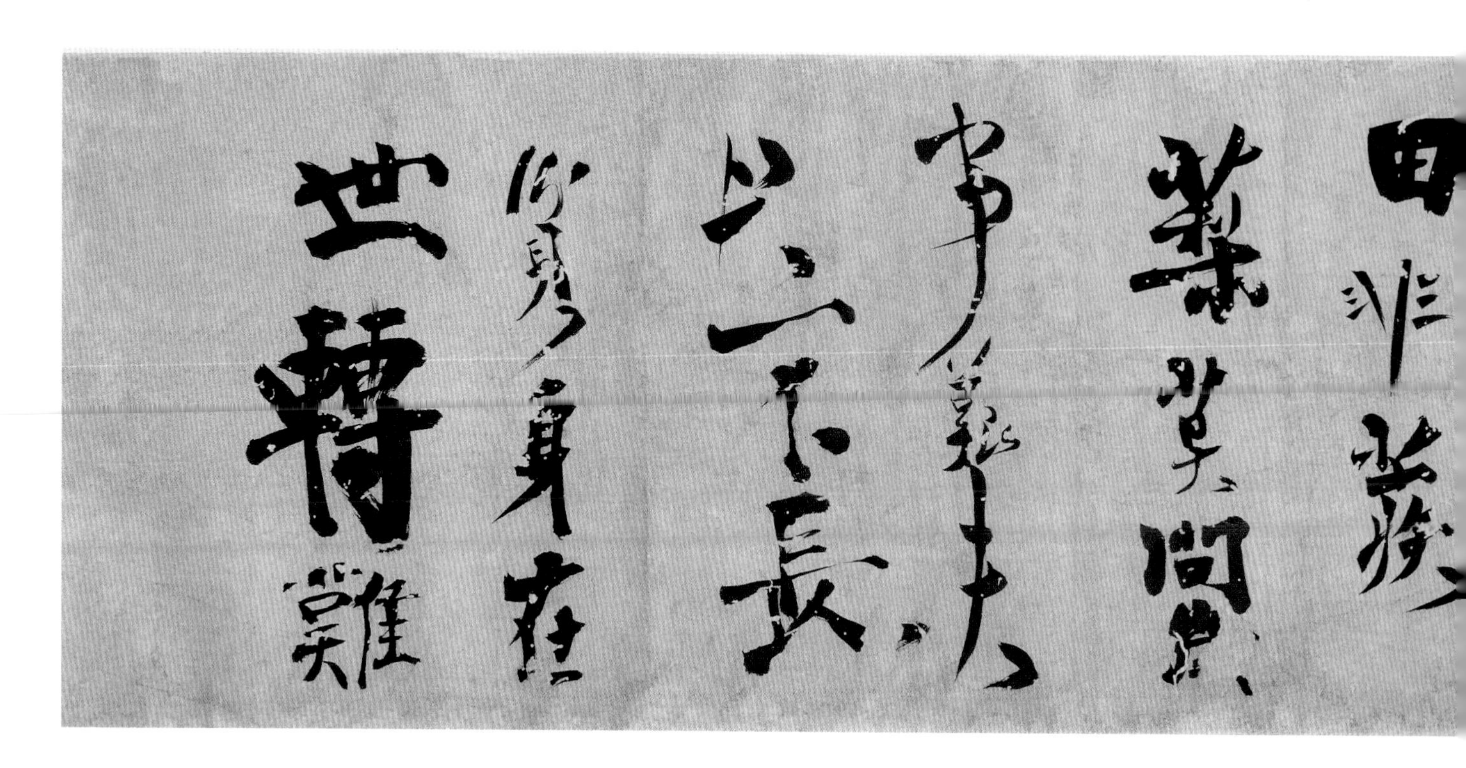

與教子，戶
內天壤寬。
苜蓿上朝
盤，道人
齊
入關。土
田非蒺
藜，莫問歲
事艱。夫
君不長
貧，身在
世轉難。

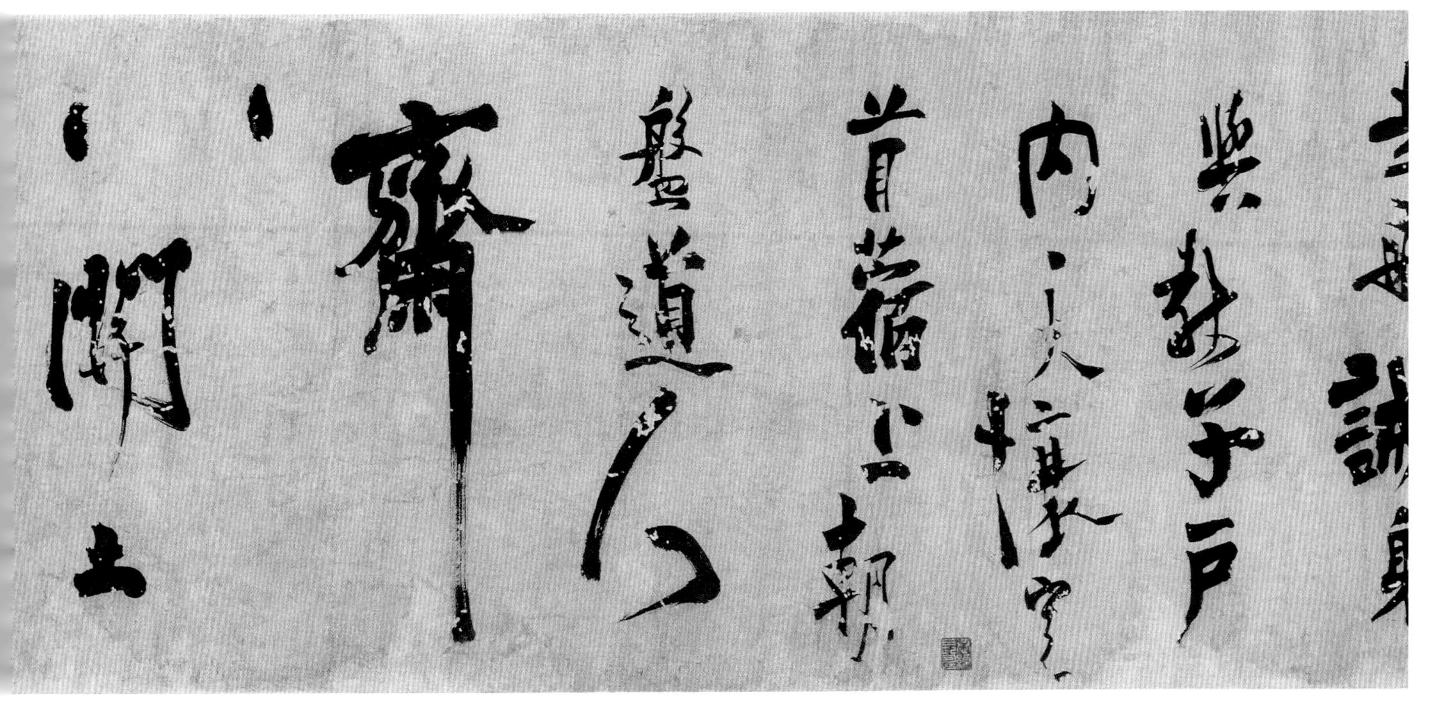

《自書詩卷》之三

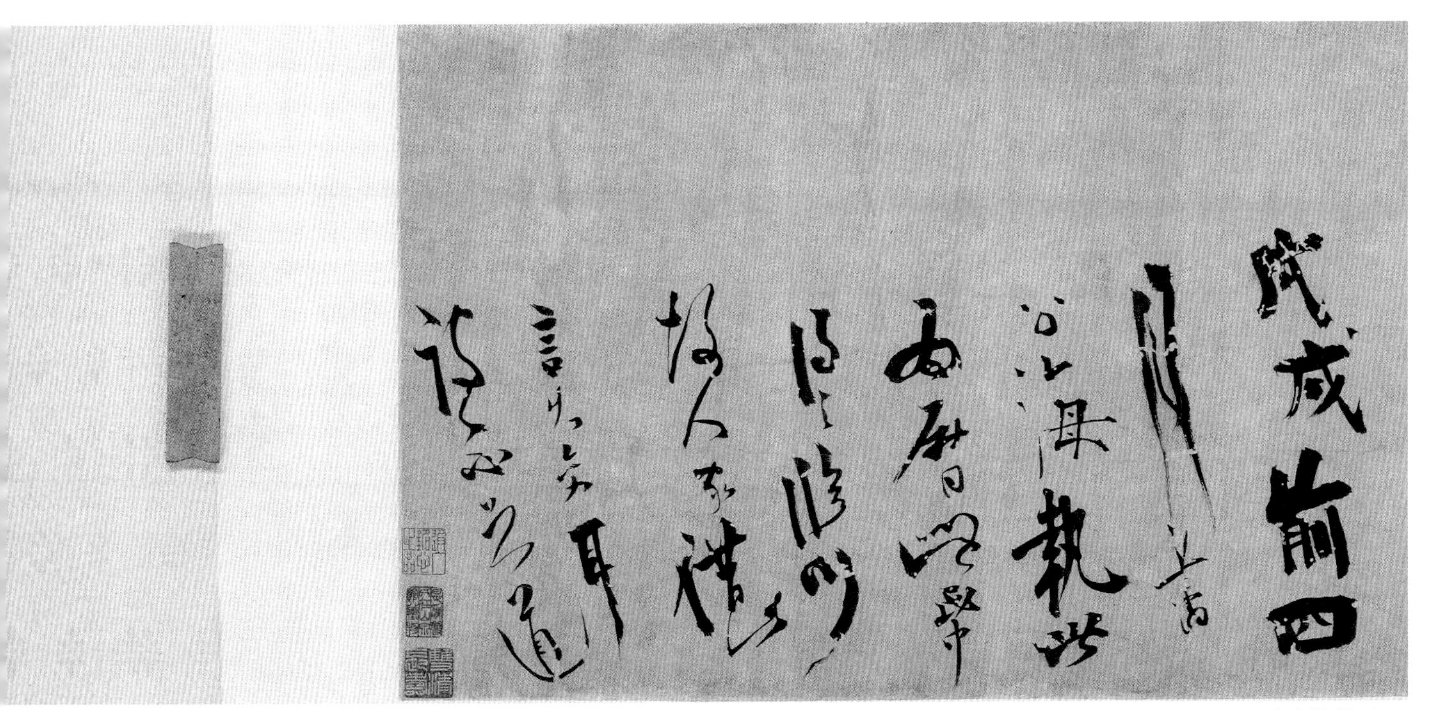

《自書詩卷》之四

戊戌前四月書。公海執此為曆。此紙得之臨川故人家。借此言久交耳，詩不足道。

98

葛長庚　草書足軒銘卷

紙本　草書
縱32.5厘米　橫81.5厘米

Zu Xuan Ming in cursive script
By Ge Changgeng
Handscroll, ink on paper
H. 32.5cm　L. 81.5cm

葛長庚(1194－1229)，號白玉蟾。南宋閩清(今屬福建)人。道士，嘉定間設教區，成為宋元道教南宗。善草書，有龍翔鳳翥之勢，兼善篆隸。

卷中"寶慶丙戌"為南宋寶慶二年(1226)。此帖書法，筆勢清勁爽健，用意超遠，有晉人風度，為名家精品，世所罕見。

卷後元代虞集，明代項元汴，清代永瑆、守虛子、綿億、崇恩，近代吳湖帆、潘靜淑題跋。

鑑藏印記：項元汴、耿嘉祚、安岐、乾隆內府、永瑆、奕繪、吳湖帆等印。

歷代著錄：《平生壯觀》、《墨緣彙觀》。

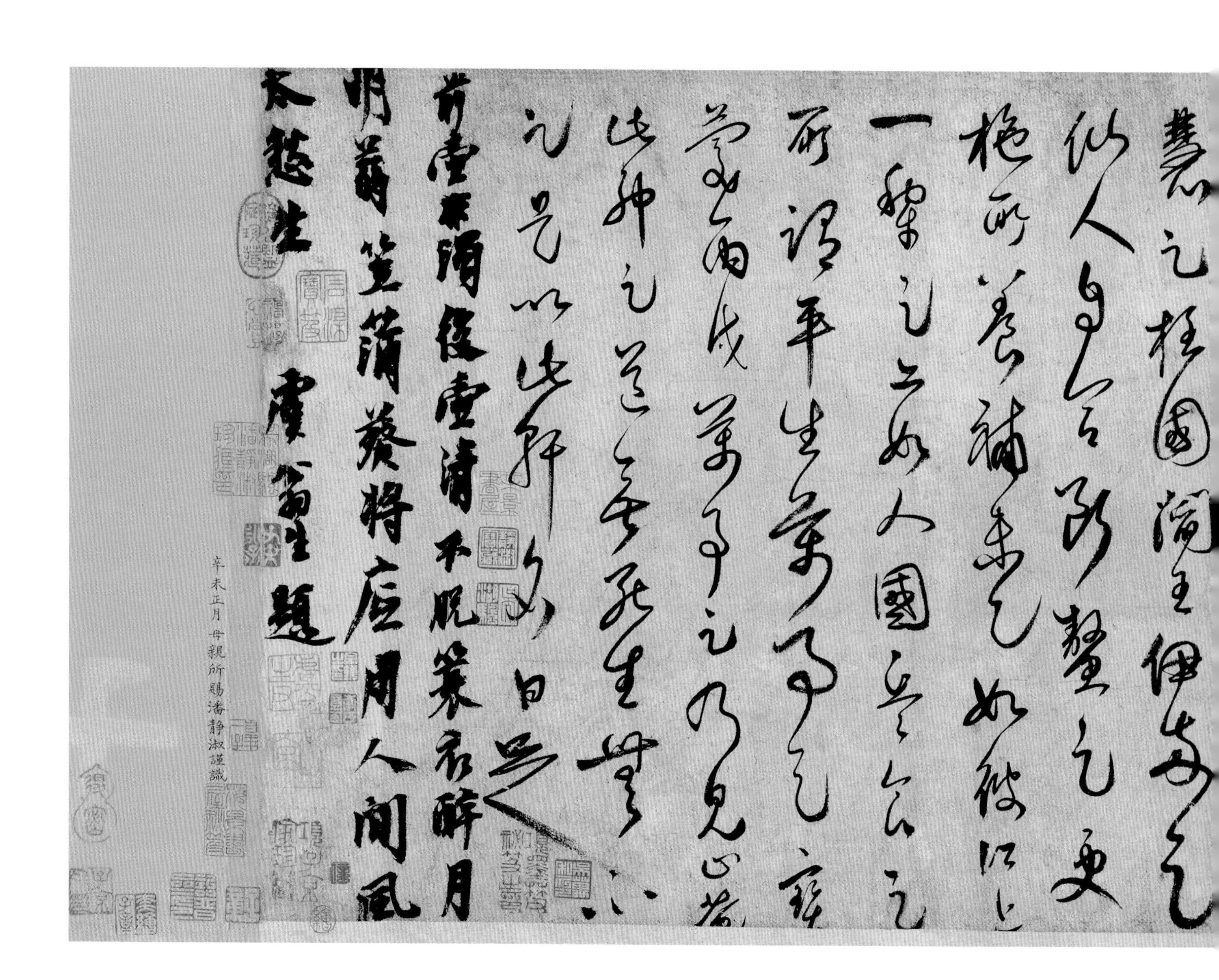

釋文：

寄題
足軒奉似
吾友周叟長高士
紫清白玉蟾
一丘一壑志願足，始縫掖時
文史足。不肯柰行禮自足，
指此鑑心信知足。老氏宁
馨一夔足，靜觀平生萬
事足，何必封侯萬（此字點去）然後足。
有人冷笑招不足，擭元氣
如擭手足。擬待登天欠
兩足，使子果然功行足。為
須司命來是足，莫學神
王無厭足。羞使瞿曇福
慧足，極國閻王伊多足。
仙人自合斷鰲足，更
施所養補未足。如彼江上
一犁足，亦如人國兵食足。
所謂平生萬事足，
寶慶丙戌萬事足。乃見止□
此神足，道無死生無不
足，是以此軒名曰足。

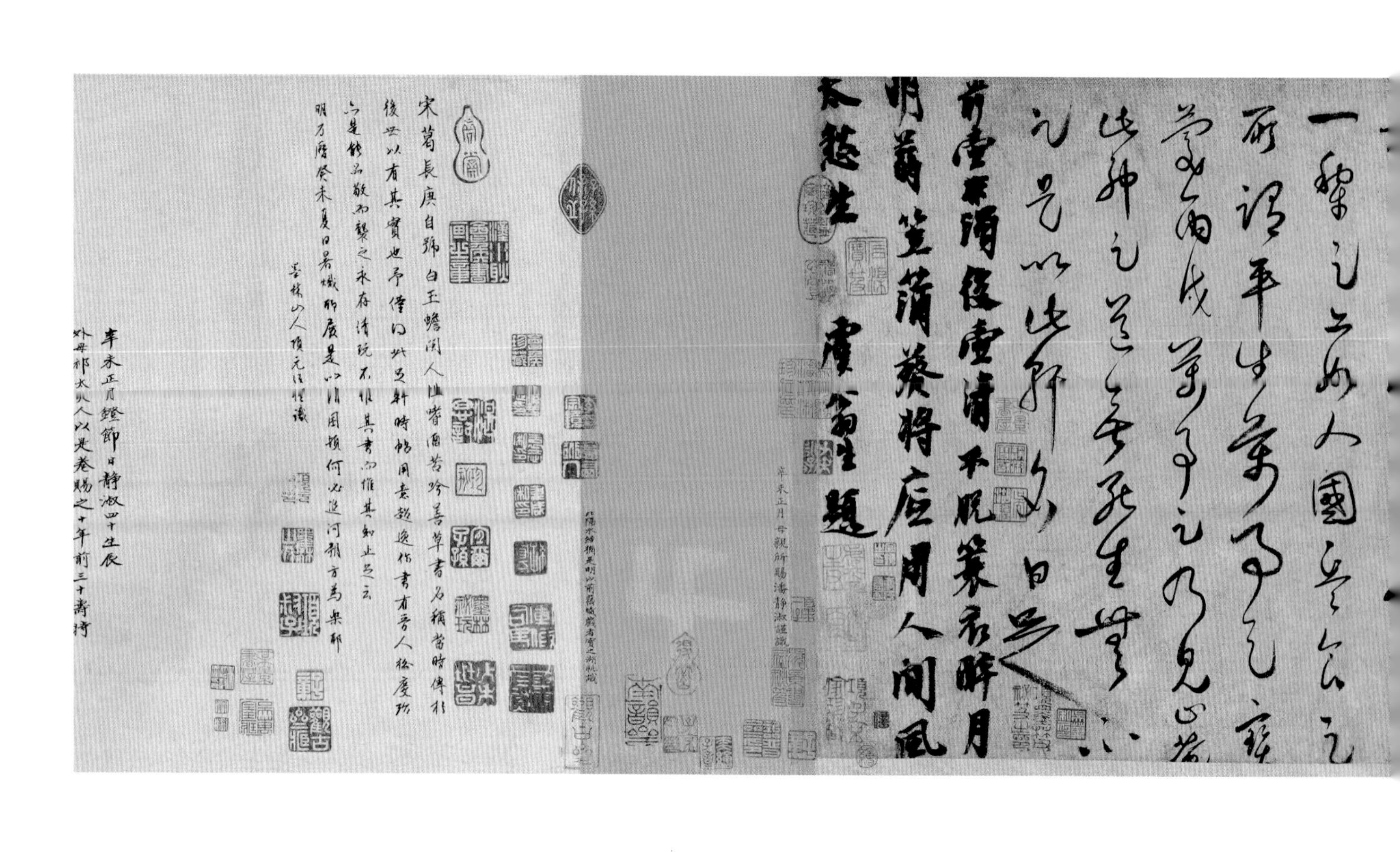

按武夷山志載白玉蟾行蹟頗詳稱其
草書有龍翔鳳翥之勢觀此可得崖略
世不多見也至云嘉定間詔徵赴闕命館太
乙宮一日不知所往其事惝怳難信道家至
今傳之
嘉慶十六年四月十七日榮郡王觀并識

天地本来無滿之缺陷世界更難之人生特患
不知足知足之足乃常足吉人為善日不足學問
之道足自足讀書容喜三冬足無官此身輕且足
子孫繞膝歡娛足戒生隨分章痛足此外更何
求豐足北牕高卧睡初足芸徑土香新雨足澆
曲過從幽事足二三知己談理足臨帖敲棋意趣足
讀破万卷一編足獨宿寬然一林足飯輭粥香
一壺足時花供養一瓶足名茶當酒一杯足怪石
如山一拳足浮生足量易足天君泰然即至足
白玉蟾為周高士作足軒銘筆致蕭散語意閑雅
前後有成哲親王題跋甚精又有榮郡王跋語
亦有致咸豐丁巳獲於濟南越十一載為同治六年
丁卯偶然檢出湯和一章敢云追配古人聊以自寫
懷抱而已四月望日敔翁崇恩題記

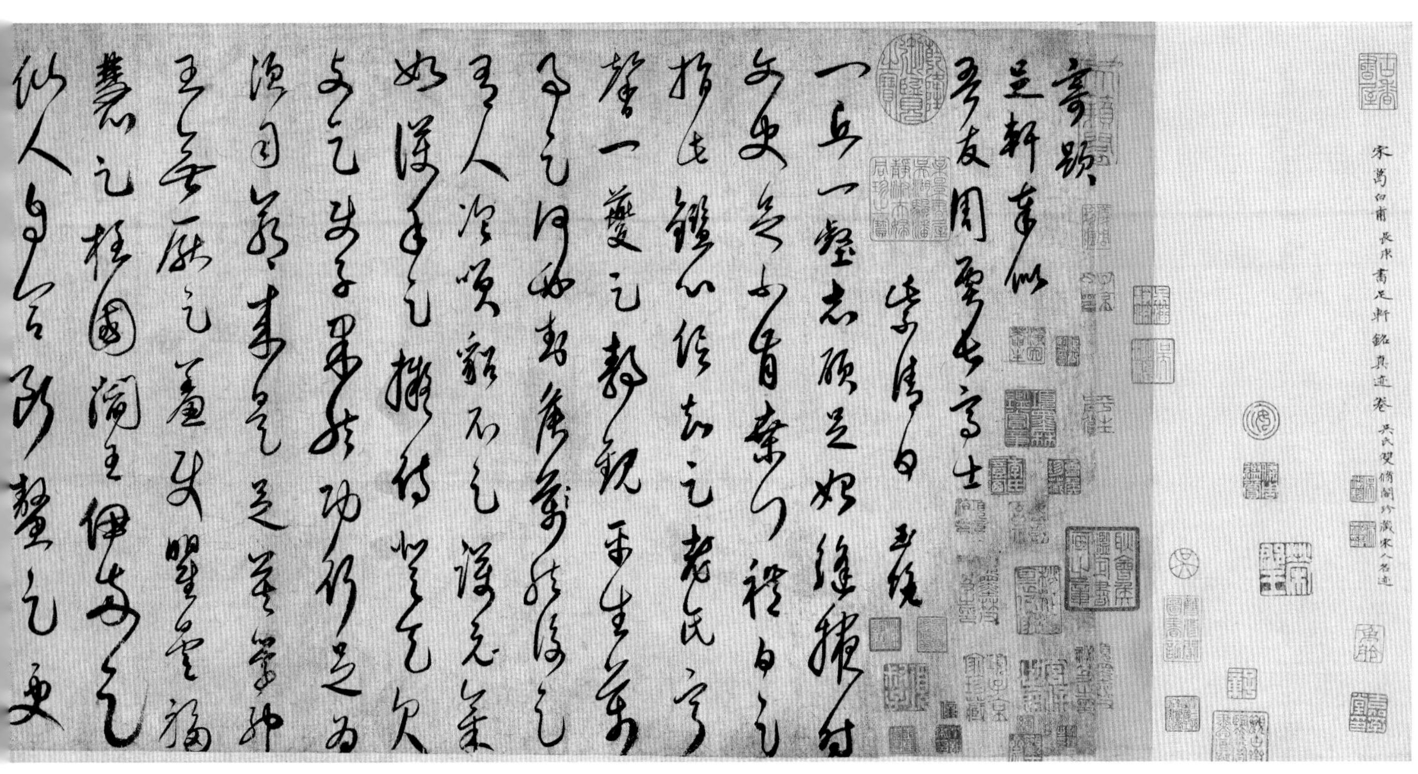

《足軒銘卷》之一

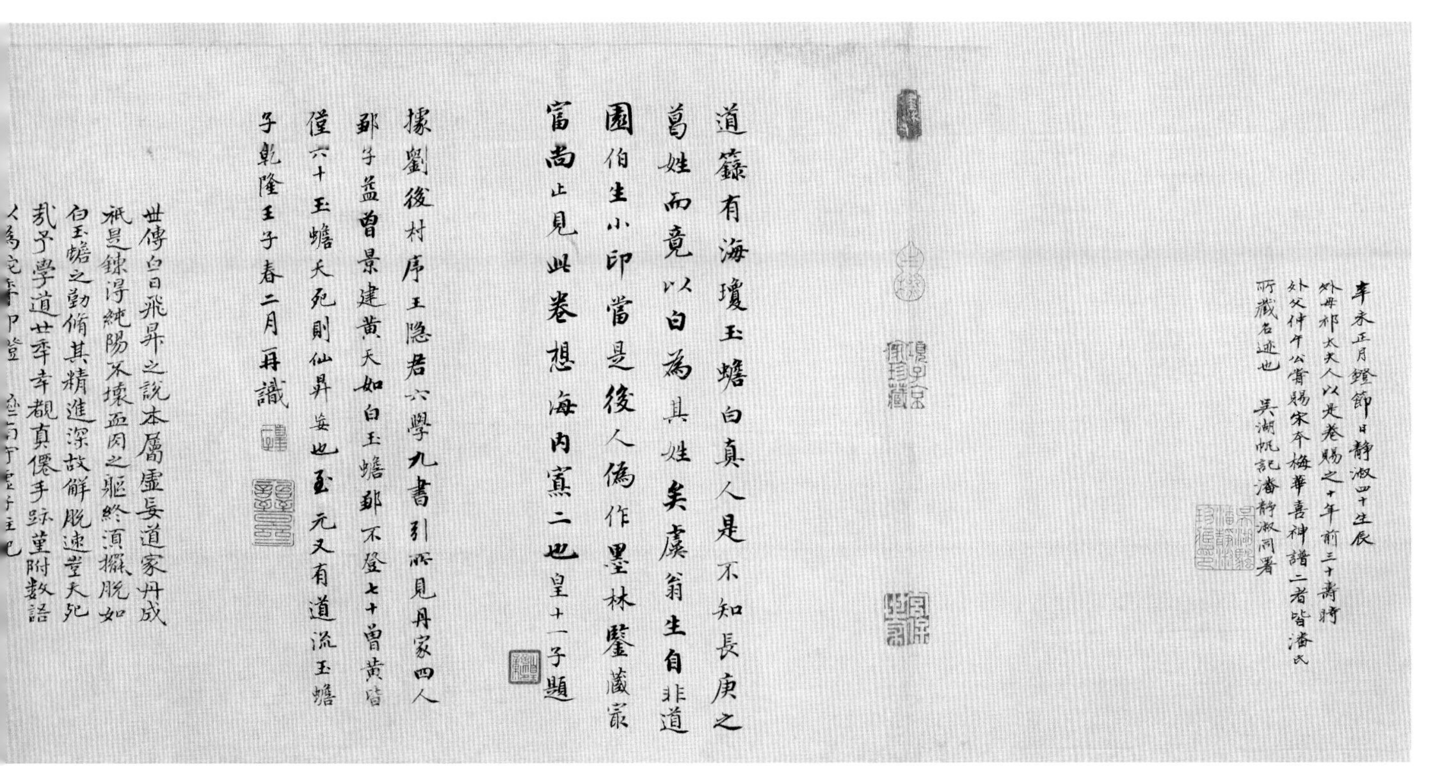

《足軒銘卷》之二

99

文天祥　行書上宏齋帖卷

紙本　行書
縱39.2厘米　橫149.9厘米

Shang Hong Zhai Tie in running script

By Wen Tianxiang
Handscroll, ink on paper
H. 39.2cm　L. 149.9cm

文天祥（1236－1283），字宋瑞，又字履善，號文山。南宋吉州廬陵（今江西吉安）人。南宋末著名大臣。二十歲中進士第一名。屢抗元兵，後被捕，元代至元十九年十二月（1283）就義。詩作被後人輯為《文山先生全集》。

此帖書於南宋咸淳元年（1265），文天祥時年三十歲。關於此書書寫原由，明代李時勉說："蓋度宗初接位，招宏父為刑部尚書、簽書樞密院事，封南城縣侯，故公賀以此書也。"書法清疏挺竦，神采如新，古雅可愛。札中內容涉及時政，對研究當時歷史有重要價值。卷後明代李時勉，清代永瑆、綿億、李端芬、朱益藩題跋。

鑑藏印記：項元汴、卞永譽、安岐、永瑆、奕繪、綿億諸印。

歷代著錄：《珊瑚網書跋》、《式古堂書畫彙考》、《郁氏續書畫題跋記》、《平生壯觀》、《墨緣彙觀》。

（詳見附錄）

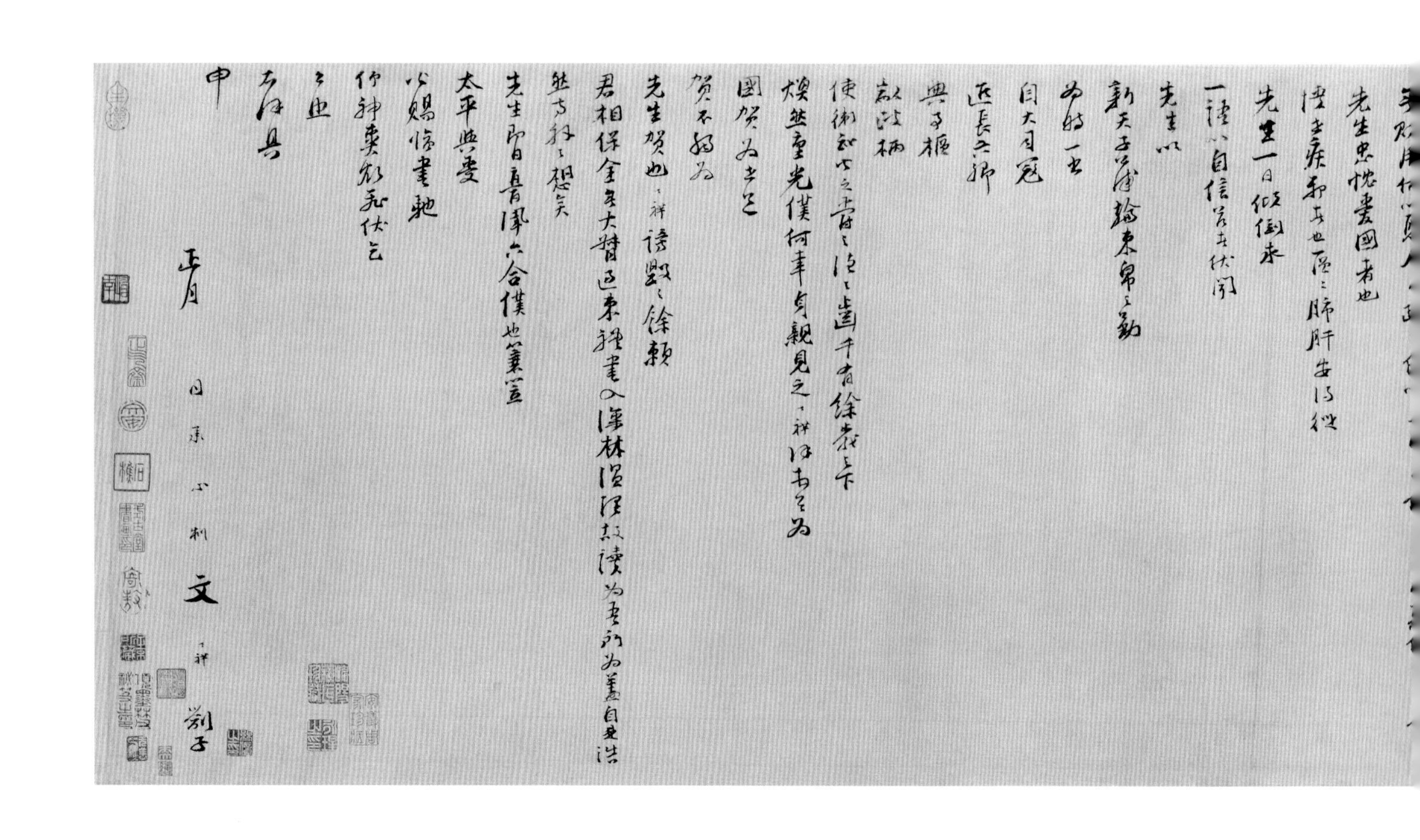

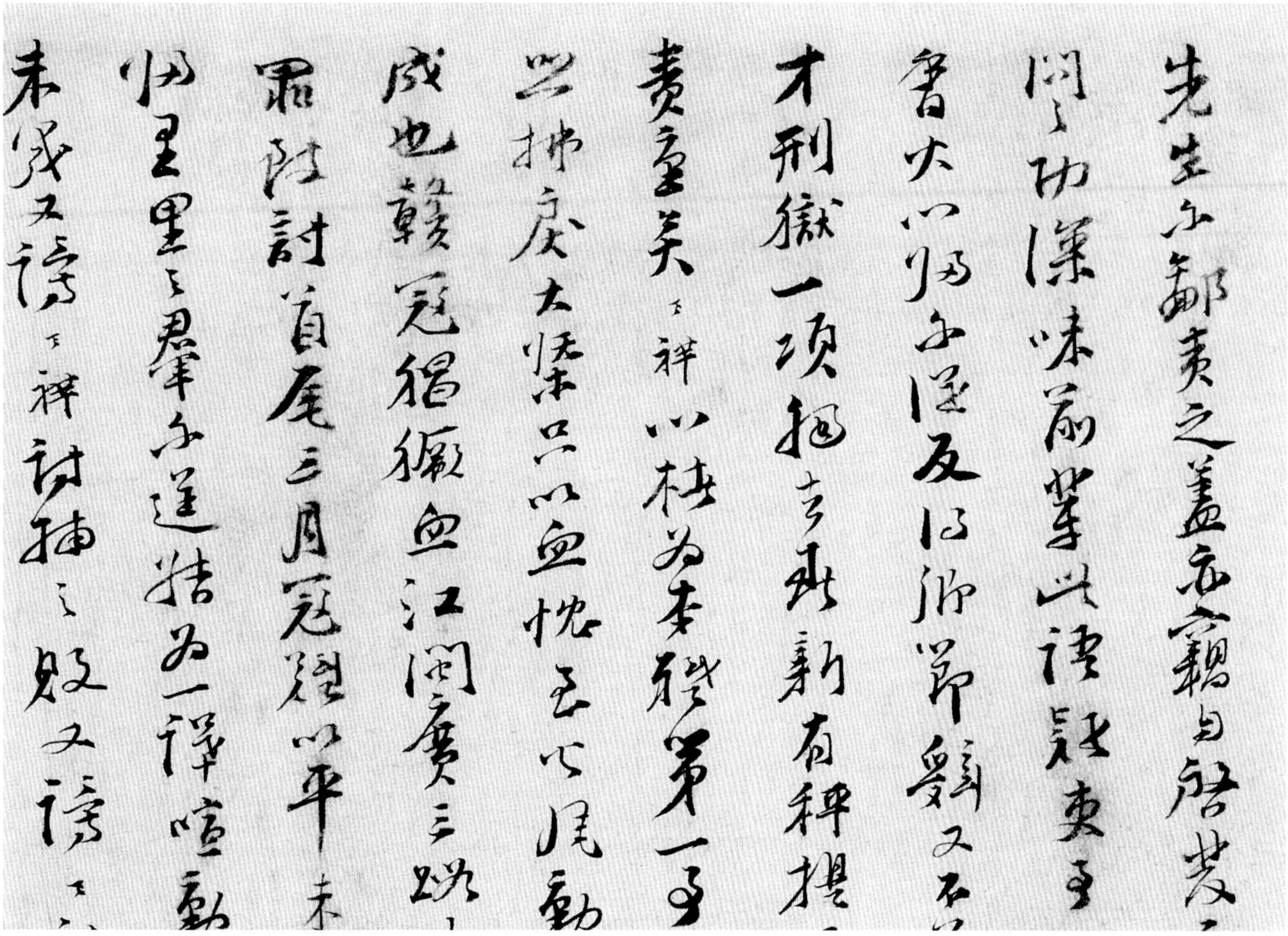

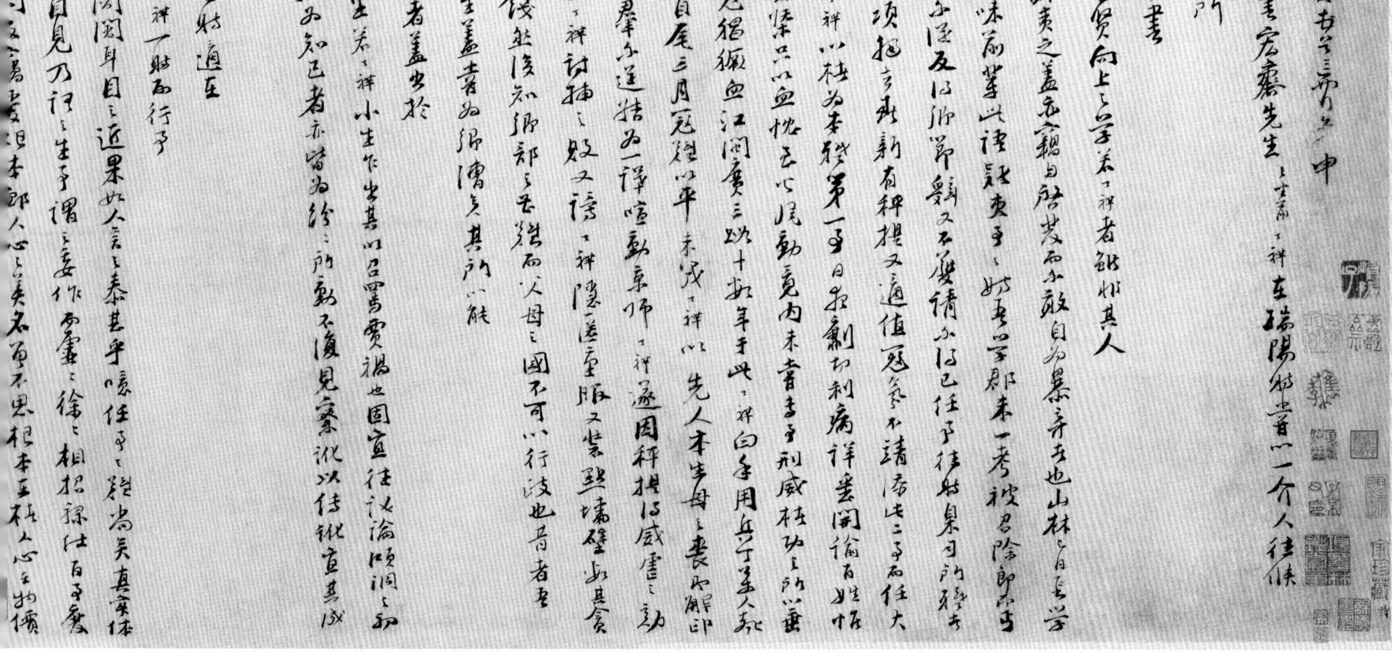

《上宏齋帖卷》之一

觀

宋詔令寶祐四年陳顯伯爲考官詔云爰柬
儒官董司文柄議論端確者必忠於體國智
略雄偉者必善於籌邊爾其決擇以成盛
觀是年文天祥第一及第

乾隆四十九年三月浙西舟中書

水東日記 于忠肅公每懸文山像於座側數十年如
一日題云烏乎文山遭宋之季殉國忘身舍生取義氣吞
寰宇誠感天地陵谷變遷世殊事異坐卧小閣困於羈
縶正色直辭久而愈厲雖欺青心可畏者天寧正而斃
弗苟而全南向再拜含笑九泉孤忠大節萬古攸傳我
瞻遺像清風凜然

三月廿一日西湖三台山謁
文忠相于太傅祠晚歸錄

每指遺文感昔賢墨痕滿目一凄然金水
事慘淡照西市枝頁危正統年指鹿朝廷
誰直道句魚將帥竟生還諸生不見何蕃
輩肯爲孤臣吠闕前

丁卯八月朔鄉後學朱益藩敬觀于文安王氏
歸硯齋同觀者閩陳寶琛江夏范迪襄宛平袁
勵準子行寬益藩謹記

右宋丞相文信公劉子一幅蓋賀邑公宏父遷官時
書也其中言在瑞陽時嘗遣一介人往候先生者蓋
公爲刑部郎官上疏論董宋臣之惡不報束裝將出
關時相遣人謂其不可差知瑞州故公在瑞州与宏
父通問也其曰郡未一考被召除郎即丐香火以歸不
從及浮鄉節者蓋公以癸亥爲瑞州甲子十月召
赴行在除禮部郎十一月除江西提刑也其曰以先人
未生母之喪解印歸里者蓋公甲子爲提刑乙丑伯
祖母梁夫人殁實公尊前未生母也其曰宏齋先生
嘗爲鄉漕者蓋宏嘗父知隆興府兼江西轉運
也其曰先生嘗竟時適在綠野者蓋宏父爲刑部
侍郎知平江府以言事召赴闕辭改知紹興又辭疑
是罷歸正在景定年公解印時也其曰先生以新
天子蒲輪束帛之勤爲時一出進長六卿典事樞
者蓋度宗初即位召宏父爲刑部尚書簽書樞密
院事封南城縣侯故公賀以此書也其曰謗毀之餘
賴君相保全無大譴逐來禮書入涂林溫理故讀自
是浩然方寸之想者蓋是時臺臣黄萬石以公不職
論罷之公於是闢文山築居第爲山水之游故云然
也及覆觀之其忠正之氣凜然見於言辭之間悦
仰慨慕之餘若將見之況當時親炙之者能不
感激興奮也歟是書今建陽縣尹張君光啓
所家藏者蓋光啓之五世從祖父日中宏父之館甥
也倖守興化起兵應延相恢復閩廣後抗節以
死是書之傳也有自光啓裝潢以示予留玩累日
敬書于後以歸之
宣德六年秋七月望日後學李時勉拜手敬書

《上宏齋帖卷》之二

輩肯爲孫臣伏闕前
五十年二月題李時勉跋字

文信國公氣節凜然炳着史冊生平未寄以書
名而殘縑斷幅間有流傳後人珍如趙璧右劉子
一通紙墨完好神采如新每一展觀令人斂容
起敬詞翰之以人增重如此章蔡輩皆善書
縱令接武鍾王視此爲何如也
嘉慶辛未六月初三日雨後敬書

光緒乙酉
外舅石樵先生獲藏文信公賀邑宏父劉子一通戊子
秋先生之喪余唁於里第内弟桐孫出此卷問跋于
余注而請曰先君之遺命也余不敏曷敢言辭按
信公生於宋端平三年丙申至[illegible]咸元年乙丑
伯祖母梁夫人殁申解官承心制説閒居文山
此劉信公三十歲時所書也向藏宏父之壻張日
中家宣德六年其五世孫光啓索跋李忠文敘端
末綦詳隆萬間歸檇李項氏曾載在墨緣彙觀
後歸安儀周爲下令之中丞鑒賞乾隆四十七年入
於成邸並李跋刻入詒晉齋摹古帖又入葉卿信
公墨蹟傳世者不概見自下今之所藏一札文衡山
所刻二律錢梅庵所刻正氣歌此分其間焉下藏
一札載入清河書畫舫余未日觀停雲人帖所刻
與此并毫髮爽其爲信公真跡無疑不得以未列
入全集或疑其僞況其議論當時全局披瀝直陳
切中窾要字字皆丹心碧血可以泣鬼神而貫金
石矣[illegible]處宇宙間有裁文字有関世道人心者不
[illegible]何翁之以人增重也桐孫其世守勿替

《上宏齋帖卷》之三

100

吳浚　行書自書詩聯句詩卷

紙本　行書
詩縱36.2厘米　橫130厘米　聯縱36.2厘米　橫141厘米

Zi Shu Shi Lian Ju Shi in running script
By Wu Jun
Handscrolls, ink on paper
H. 36.2cm　L. 130cm / H. 36.2cm　L. 141cm

吳浚，字允文，江西盱江人。南宋末曾為文天祥參贊。喜論兵，為建康參議。袁桷《清容居士集》記：吳浚"起義兵，事不濟，議降，為文丞相所殺"。

此卷署"咸淳丁卯"，為南宋咸淳三年(1267)書。書法氣秀色潤，筆調謙和，點畫精細、柔媚，一鈎一捺，溫婉取態。詩後鈐"吳浚"(朱文)、"山西"(朱文)印。聯後鈐

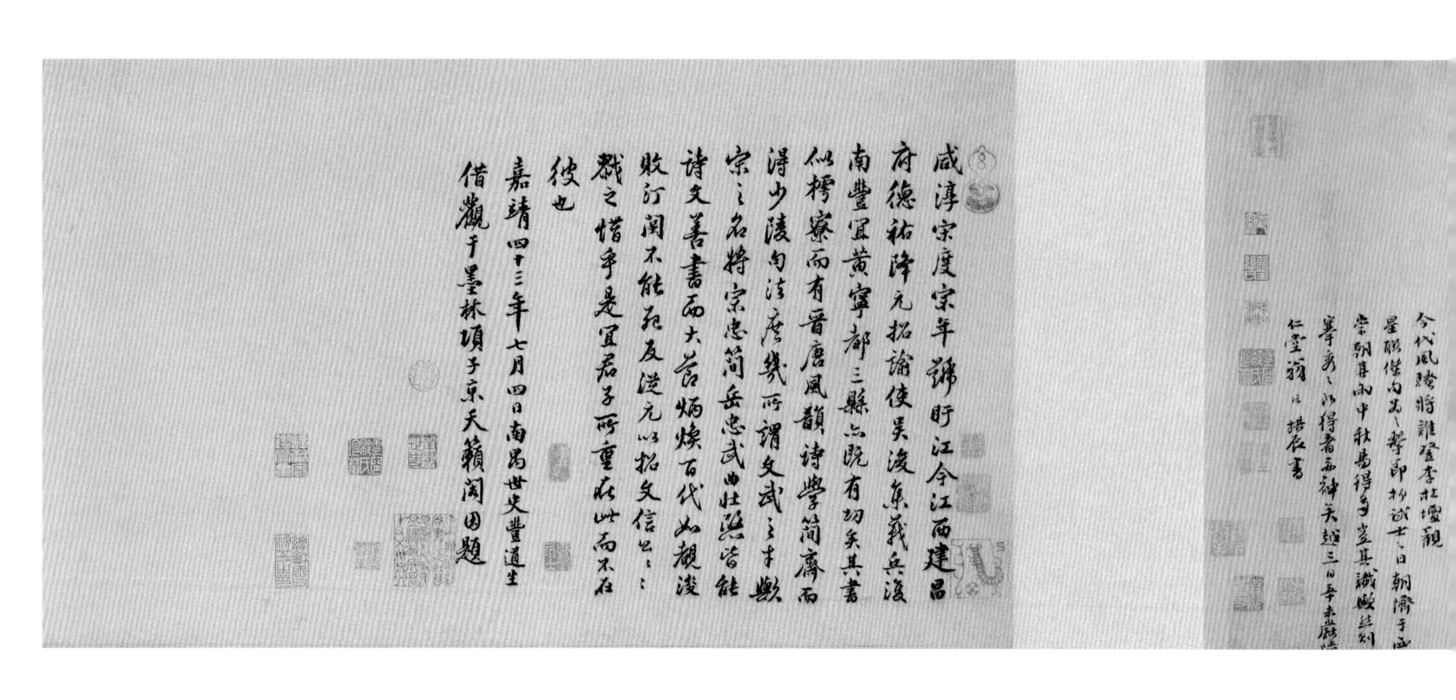

“山西”(朱文)、“國”(朱文)、“雲根”(朱文)、“虛谷”(朱文)。卷後宋代朱鑑孫、翁口，明代豐坊題跋。

鑑藏印記：“生”(朱文)、“南禺世史”(朱文)、“豐氏人叔”(白文)、“雲間鄒氏珍藏”(白文)、“苕南吳氏午峯鑑賞“(朱文)及項元汴諸印。(詳見附錄)

《自書詩聯句詩卷》之一

風捲殘雲已不多　倚欄試問夜如何
玉輪擬把長繩繫　生怕姮娥沒入河
月魄分空白影多　為盈有闕却緣何
世人錯認娑羅樹　半是青山半是河
孤蟾老矣閱人多　玉斧如飛不敢何
何似長圓如此夜　放教全影著山河
白鳳威遲舞態多　三郎去際亦如何
霓裳一曲君休聽　曾引胡塵暗兩河
月中桂子種來多　知得天香定屬何
秋色明年沿柳汁　好尋年少到三河
乾坤清氣在楳多　梅屬楊州水部何
描不移來月半種　却教疎影入秋河
東隅西極往來多　玉兔如今奈老何
璇鑑一奁塵不染　祇應長浴照河
欄檻前山夜景多　一聲長嘯入雲何
露葉點點明秋葉　坐到樓西斗插河
瓊樓玉宇更家多　天上不知今夕何
誰遣銀潢傾作酒　一時澆我舌猶河
梯上秋是路不多　劉風奈此浩然何
瑤光冷逼蕭蕭鬢　一葉蓮舟穩泛河
桂香多處月明多　共此中秋有幾何
堂上文奎炯如月　肯廊燈火聚星河
夕佳勝與入詩多　待不吟詩可奈何
過郤中秋有公事　莫將風月付談河

此院中一段奇事余就化不根
嘗吾吳闕可悅也翁

《自書詩聯句詩卷》之二

附錄

圖10

蔡襄　行書自書詩卷

釋文：

詩之三。皇祐二年十一月外除赴京

南劍州芋陽鋪見臘月桃花

可笑夭桃耐雪風，山家牆外見踈紅。為君持酒一相向，生意雖殊寂寞同。

書戴處士屋壁

長岡隆雄來北邊，勢到舍下方迴旋。三世白士猶醉眠，山翁作善天應怜。如彼發源今流泉，兒孫何數騰馬然。有起家者出其間，願翁壽考無窮年。

題龍紀僧居室

山僧九十五，行是百年人。焚香猶夜起，憙酒見天真。生平持戒定，老大有精神。須知不變者，那減故時新。

題南劍州延平閣

雙溪會一流，新構橫鮮赭。浮居紫霄傍，臥影澄川下。峽深風力豪，石陗湍聲瀉。古劍蟄神龍，商帆來陣馬。晴光轉羣山，翠色着萬瓦。汀洲生芳香，草樹自閒冶。主郡黃士安，高文勇扳賈。顧我久踈悴，霜髭漸盈把。臨津張廣筵，窮晝傳清斝。舞鼉惊浪翻，歌扇妖雲惹。驩餘適晚霽，望外迷空野。曾是倦遊人，意慮亦蕭洒。

自漁梁驛至衢州大雪有懷

大雪壓空野，驅車猶遠行。乾坤初一色，晝夜忽通明。有物皆遷白，無塵頓覺清。只看流水在，卻喜亂山平。逐絮飄飄起，投花點點輕。玉樓天上出，銀闕海中生。舞極搖溶態，聞餘淅瀝聲。客爐何暇煖，官酤（去）未能醒。薄吹飄（此字點去）消春凍，新暘破曉晴。更登分界嶺，南望不勝情。

福州寧越門外石橋看西山晚照

寧越門前路，歸鞍駐石梁。西山氣色好，晚日正相當。

杭州臨平精嚴寺西軒，見芍藥兩枝，追想吉祥院賞花，慨然有感，書呈蘇才翁　四月七日

吉祥亭下萬千枝，看盡將開欲落時。卻是雙紅有深意，故留春色綴人思。烘簾微照自生光，吹面輕風與送香。誰把金刀收絕豔，醉紅深淺上釵梁。的的花名對酒尊，欄邊沈醉月黃昏。今朝關外尋蘭惹，忽見孤芳欲斷魂。

崇德夜泊，寄福建提刑章屯田，思錢塘春月並遊

夙昔神都別，於今浙水遭。故情彌切到，佳月事追遨。太守才賢重，清明土俗豪。犀珠來戍削，鉦鼓去啾嘈。湖樹涵天闊，舡旗胸日高。醉中春渺渺，愁外自陶陶。新曲尋聲倚，名花逐種褒。吟亭披越岫，夢枕枕覺胥濤。論議刀矛快，心懷鐵石牢。淹留趨海角，分散念霜毛。鱸鱠紅隨箸予之吳江，瀧波綠滿篙君往嚴瀧。試思南北路，燈暗雨蕭騷。

嘉禾郡偶書

盡道瑤池瓊樹新，仙源尋到不逢人。陳王也作驚鴻賦，未必當時見洛神。

無錫縣弔浮屠日開

輕瀾還故潯，墜軫無遺音。好在池邊竹，猶存虛直心。

往還二十年，每見唯清吟。覺性既自如，世味隨浮沈。
琅琅孤雲姿，帳望空山岑。豈不悟至理，悲來難獨任。
即惠山泉煮茶
此泉何以珍，適與真茶遇。在物兩稱絕，於予獨得趣。
鮮香箸下雲，甘滑杯中露。嘗能變俗骨，豈特湔塵慮。
晝靜清風生，飄𣶏入庭樹。中含古人意，來者庶冥悟。

圖30

黃庭堅　草書諸上座帖卷

釋文：
諸上座為復只要弄唇嘴。為復別有所圖。恐伊執著。且執著甚麼。為復執著理，執著事，執著色，執著空。若是理，理且作麼生執；若是事，事且作麼生執。著色，著空亦然。山僧所以尋常向諸上座道。十分諸佛，十方善知識時常垂手。諸上座時嘗接手（以下點去十六字）。十訪諸佛諸善識知垂子處合委悉也。甚麼處是諸上座接手處。還有會處會取好。莫未會得。莫道揔是都來圓取。諸上座傍家行腳，也須審諦著些子精神，莫只藉少智慧，過卻時光。山僧在眾見此多矣。古聖所見諸境，唯見自心。祖師道：不是風動幡動，風動幡動者心動。但且憑麼會好，別無親于親處也。僧問：如何是不生滅底心。向伊道：那個是生滅底心。僧云：爭奈學人不見。向伊道：汝若不見，不生不滅底也不是。又問：承教有言。佛以一音演說法，眾生隨類各得解。學人如何解。向伊道：汝甚解前問有（此字點去）已是不會古人語也。因甚卻。向伊道：汝甚解，何處是伊解處。莫是于伊分中，便點與伊。莫是為伊不會問，卻反射伊麼。決定非此道理，慎莫錯會。除此兩會，別又如何商量。諸上座若會得此語也，即會得諸聖揔持門。且作麼生會。若會得一音演說，不會得隨類各解。憑麼道莫是有過無過。說麼莫錯會好。既不憑麼會說一音演說，隨類得解，九（此字點去）有個下落。始得每日空上來下去。又不當得人事。且究道眼始得。古人道：一切聲是佛聲，一切色是佛色。何不且恁麼會取。　此是大丈夫出生死事，不可草草便會拍。盲小鬼子往往見便下口，如瞎驢吃草樣。故草此一篇，遺吾友李任道。明窗淨几，它日親見古人，乃是相見時節　。山谷老人書

圖36

王詵　行草書自書詩卷

釋文：
余前年恩移清潁，道出許昌，前途小阳，留西湖之別館者幾一月。常與韓持國、范景仁泛舟嘯詠，使人頓忘去國流離之恨也。韓公德性溫厚，風度高雅，固已可愛。范公雖老而精神不衰，議論純正，白須紅面，動輒醺酣。時余有所賦詠，公即取紅蓮葉，命筆疾書，初不經思，佳辭麗句，頃刻而成，坐客莫不驚嘆也。比聞朝廷就除端明殿學士以寵之，因思方今進任老成，如公者若再起之，亦足以厚風俗耳。
潁昌湖上，余有贈諸公詩，其略曰：清影十分月，暗香千柄蓮。不知從此別，高會復何年。韓公詩曰：浩歌輕白雪，密意得青蓮。詩就西橋月，留為好事傳。而蜀公云：慣乘霄漢鶴，翻說淤泥蓮。可惜玉臺處，等閒閒幾年。蓋公不喜釋氏，故有是句，亦可一笑也。
小雨初晴迴晚照，金翠樓臺，倒影芙蓉沼。楊柳垂垂風裊裊，嫩荷無數青鈿小。似此園林無限好，流落歸來，到了心情少。坐到黃昏人悄悄，更應添得朱顏老。右蝶戀花　余舊不飲酒，近年輒能飲，故多醉中所書耳。

圖37

米芾　行書苕溪詩卷

鑑藏印記：“盭思殿印”（兩方，朱文）、“紹興”（朱文）、“白幾印章”（朱文）、“鮮于”（圓形，朱文）、“陸友”、“ □氏□壽珍玩”（白文）、“西楚王孫”（白文）、“士奇之印”（朱文）、“楊氏家藏”（朱文）、“仝卿珍賞”（朱文）、“仝卿”（三方，朱文半印），項元汴諸印，梁清標諸印，清乾隆、嘉慶、宣統內府諸印，項氏“獨”字編號。

歷代著錄：《珊瑚網書跋》、《吳氏書畫記》、《式古堂書畫彙考》、《郁氏續書畫題跋記》、《平生壯觀》、《大觀錄》、《石渠寶笈初編》，刻《三希堂法帖》（諸字未損）、延光室影印本（諸字未損）。

釋文：

將之苕溪戲作呈諸友　襄陽漫仕黻

松竹留因夏，溪山去為秋。久賡白雪詠，更度采菱謳。縷會（此字點去）玉鱸堆案，團金橘滿洲。水宮無限景，載與謝公遊。

半歲依修竹，三時看好花。懶傾惠泉酒，點盡壑源茶。主席多同好，羣夆件不諱。朝來還矗簡，便起故巢嗟。

余居半歲，諸公載酒不輟，而余以疾，每約置膳清話而已。復借書劉、李、周三姓。

好懶難辭友，知窮豈念通。貧非理生拙，病覺養心功。小圃能留客，青冥不厭鴻。秋帆尋賀老，載酒過江東。

仕倦成流落，遊頻慣轉蓬。熱來隨意住，涼至逐緣東。入境親疎集，他鄉彼此同。暖衣兼食飽，但覺愧梁鴻。

旅食緣交駐，浮家為興來。句留荊水話，襟向卞峯開。過剡如尋戴，遊梁定賦枚。漁歌堪畫處，又有魯公陪。

密友從春拆，紅薇過夏榮。團枝殊自得，顧我若含情。漫有蘭隨色，寧無石對聲。卻憐皎皎月，依舊滿舡行。

元祐戊辰八月八日作

圖51

米芾　行楷書破羌帖跋贊卷

釋文：

右將軍金紫光祿大夫王羲之書，八十一字贊

昭回于天垂英光，跨頡歷籀化大荒。煙華澹穠動彷徉，一噫万古稱天章。鸞誇虬舉鵠序行，洞天九九通寥陽。茫茫十二小劫長，璽完神訶命芾藏。　癸未歲太常玉堂手裝　左司郎中黃誥

隋珠荊玉爛生光，際天蟠地射八荒。嗟我一見猶激昂，而況好古真元章。不買金釵十二行，以彼易此歸華陽。天公六丁氣焰長，雷電取去宜深藏。　職方郎中劉涇

至人代天發幽光，手生蒼華秀蕪荒。万夫蛇蚓謝軒昂，斷是龍被五色章。大珠自點玉著行，印跋翕受交混茫。公其敬識神理長，不畀正眼非歸藏。　承議郎薛紹彭

寶晉不空來夜光，滄浪一濯聊治荒。至寶無價誰低昂，懷允押尾開元章。楷字不見褚影行，永和歲月今茫茫。傳至太平隨世長，金題玉躞重珍藏。　劉涇

金十五萬一色光，平生好奇非破荒。神明頓還兒昂昂，冠佩肅給系寶章。曉趍大庭動鵷行，但笑不與見者忙。北窗捲舒化日長，何必絕人洗而藏。　紹彭

晉大司馬至洛陽，威略已著摧破羌。聲馳江左傳國光，右軍筆陣爭堂堂。妙用作意驅俊鋩，驚鴻乍起遊龍翔。仁祖無奕烏衣郎，掛名篇末流遺芳。開元散落王涯藏，聯翩飛動蔑寄行。料簡鑑賞盛有唐，傳授視此真印章。

圖96

趙孟堅　行書自書詩卷

釋文：

得宗老大年小景及永年乳龐，共為一手卷，因成感賦。

大年工繪事，能作鷗鷺在秋江，永也軋難兄，胡然屬意藐此龐。我觀題紀考世代，爰知忠誠在保邦。乙酉歲直當崇寧，馴至大觀當升平。潦上正覓海東青，金虜將合海上盟。事起渺微當豫計，犬羊種息潛滋生。宗老心心為宗祏，畫此豈是矜筆力。古聞工執藝以諫，盈成要在防墮昊。君不見，石勒識自王夷甫，祿兒見早張相國。勿謂一星火生石，燎原可致天地赤。此犬在乳已吠噬，須識忘恩能肆逆。嗚呼，逝者不可追，題作鑑觀留座側。

　西塘道

西塘道，西塘道，自古行人此中老。行人底事於此忙，盡趨名利向錢塘。錢塘今為帝都寓，似古長安而洛陽。誰人不願新豐遇，若無汲引難騰驤。又誰不願陶朱富，若非命達空徊徨。徒把朱顏與紺髮，三十餘年兩鬢霜。賦此長歌開斗酒，命裏有時終底有。

　題天文地理圖

看雲直北長安是，曾聞夜半天星落。清時無象已致平，閒看斗掛欄杆角。我家山河二百州，半沒羶腥逾二紀。坐披輿圖鬢已凋，馬嘶半夜秋風起。

　永嘉施雁山，以雁蕩圖求題

未返煙霞舊隱居，故將蕩景寫成圖。孤煙遙起客空老，得似臣心念鞏無。

　恭跋淵聖皇帝青城歸帖　臣孟堅

唐人不諱前朝事，天寶征行盡見詩。北嚮龍髯攀莫返，

宗臣血淚暗空垂。

靈巖寺乃吳王故宮，遊覽有感

初登山背路崎嶇，歸向山前卻坦途。知是離宮因作寺，直於絕頂見平湖。色將妖豔成從越，事著興微可鑑吳。百二十年成浪過，枕戈嚐膽有人無。

舞傀儡

由來線索弄精神，今卻詼諧使活人。畢竟到頭誰個是，世間那識假和真。

寄湯仲能

燈青窗白夜沈沈，熟數塵蹤溯杳冥。已自無心雲淡淡，不應逐計鼠營營。發生最普唯春力，幽隱旁昭是月明。只恐梅花霜下角，動人未必似秦箏。

樂天吟成，必示童隸，欲人易曉。然自謂知我者惟鲂衢耳。甚哉，見知之難也。樂天既易簡於詞，尚何知之鮮。詞易曉，旨則深，有所為而為，非竹石蟲魚，風煙花木而已。此其惟鲂衢知，人莫皆知之。但不若是，則不足為樂天。日高花影重，風暖鳥聲碎者流，又非鲂衢所與，況其次者乎。江湖方事新巧，余乃若然，信不遇也夫。

此軸友人求寫，居多感興，尚未付。屬仇香高鑑見取，因以歸之。時開慶元九廿二日題　孟堅頓首

圖99

文天祥　行書上宏齋帖卷

釋文：

天祥皇懼頓首。三覆□申，侍讀尚書宏齋先生之坐前。天祥在瑞陽時，嘗以一介人往候先生盤所，先生賜之書，教之以聖賢向上之學。若天祥者，雖非其人，先生不鄙夷之，蓋亦竊自啟發，而不敢自為暴棄者也。山林之日，長學問之功，深味前輩此語。疑吏事事妨吾學，郡未一考，被召除郎，而丐香火以歸。不從，反得卿節，辭又不獲請，不得已任事。往時臬司所職者，才刑獄一項，獨去春新有秤提，又適值寇氛不靖，添此二事，而任大責重矣。天祥以楮為本職第一事，日夜劘切，利病詳悉，開諭百姓，惟恐拂戾。大概只以血忱至公，風動竟內，未嘗專事刑威，楮功之所以垂成也。贛寇猖獗，血江、閩、廣三路，十數年於此。天祥白手用兵丁萬人，聲罪致討，首尾三月，寇難以平。未幾，天祥以先人本生母之喪，即解印歸里。里之羣不逞結為一，譁喧動京師。天祥遂因秤提得威虐之劾。未幾，又謗天祥討捕之敗，又謗天祥隱匿重服，又裝點牆壁，數其貪私，不直一錢。然後知鄉鄙之甚難，而父母之國不可以行政也。昔者，吾宏齋先生，蓋嘗為鄉漕矣。其所以能鎮服一路者，蓋出於宿德重望。若天祥小生乍出，其以召罵賈禍也固宜。往議論澒洞之初，縉紳之號為知己者，亦皆為紛紛所動，不復見察，訛以傳訛，宜其成哄。獨先生當時適在綠野，凡天祥一時所行事，先生得之閭閻耳目之近，果如人言之泰甚乎。噫，任事之難尚矣。真實體國，以政事自見，乃謂之生事，謂之妄作。而虛虛徐徐，相招祿仕，百事廢馳，一切不問，反竊愛根本，恤人心之美名。曾不思根本在楮，人心在物價。無財用，何以□人，無政事，何以立國。奈何其是非顛倒之甚邪。先生忠忱愛國者也，憤世疾邪者也。區區肺肝，安得從先生一日傾倒，求一語以自信。玆者伏聞先生以新天子蒲輪束帛之勸，為時一出，自大司寇進長六卿，典事樞，촖政柄，使衞武公之爵之德之齒千有餘歲之下煥然重光，僕何幸身親見之。天祥謹頓首為國賀，為世道賀，不獨為先生賀也。天祥謗毀之餘，賴君相保全，無大督過。束禮書，入深林，溫理故讀，為吾所為，自是浩然方外之想矣。先生即日膏澤六合，僕也蓑笠太平，與受公賜。臨書馳仰，神爽欲飛。伏乞台照，右謹具申。正月日　承心制文天祥劄子

圖100

吳浚　行書自書詩聯句詩卷

釋文：

越王臺

□　王（此字點去）王歌舞地，南國古繁雄。水闊山光迴，天低海氣通。

千舠民蜑雨，一塔賈胡風。欲問興亡事，松聲自半空。

寄蕭冰厓、練橘里、黃立軒

被夢金川月，回頭玉樹風。煙村涵暮紫，霜葉顫晴紅。謀國諸賢在，忘年古道同。乾坤雲一片，吾意未終窮。

早發

顥氣澄初曉，清江百丈秋。槳搖山勢動，船帶日□流。
禽噪應知曙，魚沉若避鉤。閒身非復昔，征棹莫□□。

一雨

一雨千紅盡，春風奈老何。暝雲含楚思，新漲動吳波。
天地端倪出，朝廷俊傑多。馬蹄江上路，吾意獨蹉跎。

重過瑞江金

水瘦灘聲健，天寒霜意新。犬牙舟過石，魚貫路行人。
到眼心應識，回頭跡易陳。時平刀劍息，先官問遺民。

道中即事

露白霜清曉氣浮，菊花滿意為誰秋。西風畢竟真廉吏，
狼籍金錢散不收。林葉聲乾山影瘦，斬新霜氣欲無秋。
菊花猶護西風局，自在籬根夢蓐收。

客中

斷雁嘯雲天試霜，客中何事不淒涼。玉梅約住春風信，
更讓黃花半月香。

山行

溪水冷冷清見沙，鏡□歷歷走魚蝦。樹經霜後無多葉，
梅入冬來第一花。

春日

畫堂簾箔碧籠葱，午夢模糊燕語中。微雨嫩晴天似醉，
鬧紅吹上海棠風。

春詞

是處蕭聲破碧雲，翠妝依舊鎖閒春。東風不負庭前柳，
只負庭前（此二字點去）年年看柳人。

六言

草間路六七里，溪上梅三四花。日落鳥聲何處，山空犬
吠誰家。

採蓮曲

見蓮知蒔實，尋藕漫絲長。六月天邊露，何時結得霜。

太乙真人畫像

真人讀何書，一葉凌浩漾。不見此舟輕，但覺天地小。

安期生

安期聳身坐，揮斥遊八極。若遇謫仙人，鯨背分半席。
時咸淳丁卯書于天台貢闈　盱江山西吳浚允文書

棘闈受得樹涼多，耿耿孤燈奈夜何。後夜中秋可無月，
雨工先為洗銀河。中秋此去日無多，笑問青天雨若何。
舊日仙槎應好在，西風吹送上天河。雨到中秋易得多，
素娥爭奈漏天何。青天四壁漫漫夜，星鬼誰人見渡河。
雨聲釀得客愁多，欲賞清秋作計何。莫唱劉郎黃鶴句，
西風舉目異江河。三台高處五雲多，如此好天良夜何。
曾記長淮看月否，玉人底處唱西河。月下敲詩得句多，
詩成句句敵陰何。夜涼不禁詩腸渴，欲作長鯨吸九河。
風捲玄雲已不多，倚欄試問夜如何。玉輪擬把長繩系，
生怕孤蟾沒入河。月魄分它日影多，有盈有闕卻緣何。
世人錯認娑羅樹，半是青山半是河。孤蟾老矣閱人多，
玉斧如霜不敢何。何似長圓如此夜，放教全影着山河。
白鳳威遲舞態多，三郎此際意如何。霓裳一曲君休聽，
曾引胡塵暗兩河。月中桂子種來多，知得天香定屬何。
袍色明年沾柳汁，好尋年少到三河。乾坤清氣在梅多，
梅屬能詩水部何。惜不移來月中種，卻教疏影入秋河。
東隅西極往來多，玉兔如今奈老何。 瑶鑑一奩塵不染，
只應夜夜浴明河。欄檻前山夜景多，一聲長嘯入云何。露
華點點明秋葉，坐到樓西斗插河。瓊樓玉宇更寒多，天
上不知今夕何。誰遣銀潢傾作酒，一時澆我舌懸河。梯
上秋旻路不多，剛風奈此浩然何。瑤光冷逼蕭蕭髮，一
葉蓮舟穩汎河。桂香多處月明多，共此中秋有幾何。堂
上文奎炯如月，修廊燈火粲星河。夕佳朝爽入詩多，待
不吟詩可奈何。過卻中秋有公事，莫將風月付談河。